DUMONT

Reise-Taschenbuch

Siiri Klose

dresden & sächsische schweiz

Senkrechtstarter

Das historische Pflaster auf dem Neumarkt? Täuscht natürlich. Auf dem Neumarkt ist tatsächlich alles neu, selbst der fein gemeißelte Sandstein im Vordergrund. Er ist die Bekrönung einer der vier Glockentürme der Frauenkirche. Dort, wo jetzt die Menschen laufen, lag nach 1945 jahrzehntelang nur ihr riesiger Schutthaufen, umgeben von ein paar Baubaracken und der nächsten Ruine: Auch das Residenzschloss bestand bis in die 90er-Jahre hinein nur aus Fassadenresten. Diese lange Ruinenzeit verhinderte auch lange jegliche Neubebauung des Neumarkts – und ermöglichte damit paradoxerweise seine Auferstehung nach historischen Vorbildern.

Überflieger

Dresden und die Sächsische Schweiz — aus Sandstein gemacht und von der Elbe durchflossen. Mal eben drüberfliegen und entdecken – alles so schön grün hier!

Perfekt zum Verlaufen: Dresdner Heide
Mit Terrassen bis hinunter zum Fluss
Schloss Albrechtsberg
Ausblick ins Elbtal für alle
Lingnerschloss
Waldschlößchenbrücke
Schloss Eckberg
Im Tudorstil
Der Grund für die Aberkennung des Welterbetitels
Alles voller Villen hier
Für Elberadweg-wanderungen
Loschwitz
Biergarten-selig
Einst viel wichtiger als Dresden
Aschenbrödels Schloss
aussichtsreich
Schloss Moritzburg
Meißen
Weinbergslagen
Radebeul
Die Romantiker fanden's malerisch
#asienliebe
Schloss Pillnitz
Hohnstein
Auch andere Städte haben schöne Kirchen …
Pirna
Bastei

Kreuz und quer

Fundstücke — es sind viele Details, die die Stadt liebenswert machen. Zwischen Kunst gucken und Elbwiesen stellt sich automatisch eine langsamere Gangart ein – die sich im quirligen Szeneviertel der Neustadt schnell wieder beschleunigen kann.

Dresdens Wohnzimmer

»Auf den Elbwiesen liegen an 'nem Sonnentag« verdichtete Dresdens dienstältester Rapper Dynamike ein Lebensgefühl zur Hymne. Denn in der Tat betrachten die Dresdner ihre Elbwiesen als erweitertes Wohnzimmer – gern auch mit Festival-Stimmung, sobald die Sonne scheint.

Jung und anders

Auf knapp 9 ha breitet sich die Äußere Neustadt aus – und plötzlich zeigt sich Dresden von einer ganz neuen Seite. Zwischen Albert- und Alaunplatz drängen sich Kneipen, Cafés und Lädchen für dies und das dicht an dicht. Das Gründerzeitviertel weist den jüngsten Altersdurchschnitt von ganz Dresden auf: Alle Studenten wollen hier wohnen und als junge Familien auch wohnen bleiben. Ausgehen, leben und arbeiten gelingt hier auf engstem Raum und verleiht den Straßen bei sommerlichen Temperaturen ein fast südländisches Flair.

Alles neu in der Altstadt

Nach den Luftangriffen am 13. Februar 1945 lag Dresdens Innenstadt in Trümmern. Ob Zwinger, Semperoper, Schloss, Albertinum oder Frauenkirche: Allzu alt sind die historischen Gebäude also gar nicht. Der Zwinger wurde zuerst wieder aufgebaut. Er war 1936 gerade saniert worden, und die Fachleute, die damit betraut waren, konnten gleich wieder zur Tat schreiten.

Mantegna, Tizian, Raffael? Check! Ming-Porzellan? Check! Weltuntergangsstimmung dank originalem Maya-Codex? Check! Dresdens Kunstschätze sind legendär – und das völlig zu Recht. Wer sich nicht entscheiden kann: Die Sixtinische Madonna in der Gemäldegalerie Alte Meister ist immer ein guter Anfang.

Forschungshauptstadt Dresden

In Dresden steckt viel Wissenschaft: Die Technische Universität sammelt Exzellenzcluster. Fraunhofer, Max Planck, Leibniz, Helmholtz: Alle sind nicht nur mit einem, sondern gleich mehreren Instituten vertreten. Unter 1000 Beschäftigten widmen sich 33 der Forschung (München: 28). Der Mikroelektronik-Sektor Silicon Saxony im Norden der Stadt und der Unicampus im Süden überziehen die Stadt mit einem feinen Netzwerk.

Kuchen versuchen

Sie ist nach wie vor der Renner jeder Dresdner Bäckerei, die noch selber backt: Abends sind die Bleche mit der Eierschecke zuverlässig leer. Doch über dieses Flaggschiff der lokalen Backtradition sollten Sie all die anderen Blechkuchen nicht übersehen! Saisonal mit Sauerkirschen, Rhabarber, Stachelbeeren oder Apfelmus unter der Streusel-, Baiser- oder Zuckergussdecke.

»Die Dresdner fragen einen gar nicht, ob einem die Stadt gefällt. Sie sagen es einem.«
Umberto Eco

Kurz mal raus

Vom Stadtbummel zur Wandertour sind die Distanzen in Dresden kurz. Im Elbtal gelegen, hat die Stadt an ihren Rändern überall aussichtsreiche Ziele. Rechtselbisch sind die Hänge ohnehin Teil der Stadtlandschaft – und führen auf direktem Weg in den Wald: Die Dresdner Heide im Norden sorgt für 17 Prozent Wald im Stadtgebiet.

Und jetzt: Musik!

Staatskapelle, Philharmonie, Kreuzchor und Kapellknaben: Dresdens uralte Musiktradition sorgt für eine hochmusikalische Gegenwart. Aktuell entdecken die Dresdener ihre Stadt am liebsten mit der Band 01099 neu.

Selbstgemachten Kuchen wie von Oma gibt's im Hofcafé in der Kunsthofpassage.

Inhalt

Vor Ort

Altstadt 34

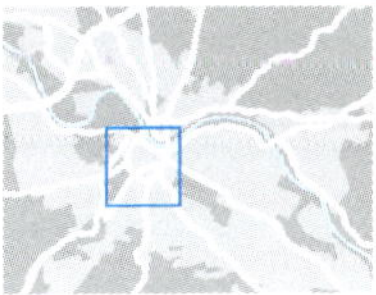

Innere und Äußere Neustadt mit Hellerau 68

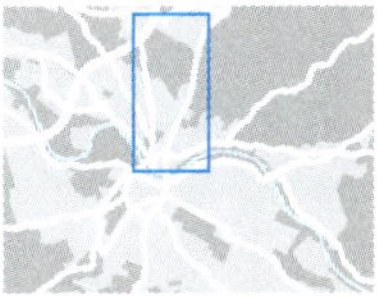

Großer Garten und Äußere Altstadt 112

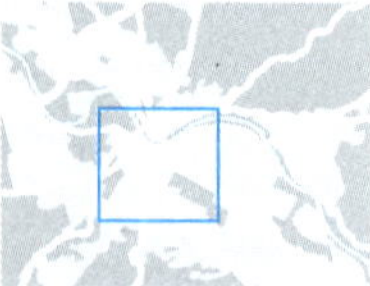

Elbvororte 138

Radebeul, Moritzburg und Meißen 170

Weine da probieren, wo sie wachsen.

Wer solche Felsen hat, der hat auch Kletterer – in der Sächsischen Schweiz sind beide allgegenwärtig.

Sächsische Schweiz 210

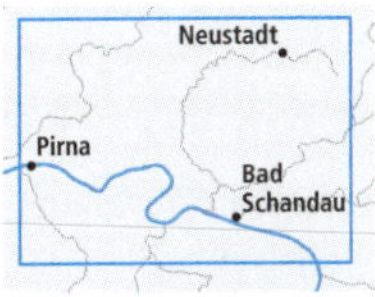

Das Kleingedruckte

Das Magazin

Stadtlandschaften

In der Mitte die Elbe — sie verbindet die schönsten Dresdner Viertel zu einer Stadt mit fließenden Übergängen zur Landschaft.

Turm an Turm in der Altstadt

Rathausturm, Frauenkirche, Kunsthochschul-Kuppel, Hausmannsturm, Hofkirche, Semperoper: Zusammen ergeben sie eine eindrucksvolle Altstadt-Silhouette. Doch die wichtigste Rolle für Dresdens Stadtwerdung spielte die Augustusbrücke. Um das Jahr 1200 stand die erste: Sie machte aus dem slawischen Dörfchen Dezdany einen wichtigen Handelsknoten und bald darauf eine Stadt. Beste Entwicklung in der jüngeren Vergangenheit: Fußgänger haben ideale Flanierbedingungen, seit die Brücke autofrei ist.

So barock!

Dresdens Augusteisches Zeitalter reichte von 1697 bis 1763 – in dieser Zeit regierten die sächsischen Kurfürsten August der Starke und später sein Sohn Friedrich August als Könige auch Polen. Sie überzogen ihre Residenz Dresden mit feinstem Barock: Zwinger und Hofkirche sind würdige Vertreter dieses opulenten Baustils. Weniger berühmt ist der sogenannte Stalinbarock: In diesem ebenfalls recht opulenten sozialistischen Klassizismus wurden die Straßen rund um Dresdens Altmarkt zwischen 1945 und 1960 wieder aufgebaut. Auf der Wilsdruffer Straße erscheint die Städtepartnerschaft mit St. Petersburg nur naheliegend.

Kein bisschen neu: die Innere Neustadt

Anders, als der Name »Neustadt« vermuten lässt, entstand ein Großteil des Viertels auf Dresdens nördlicher Elbseite bereits 1685. Nach einem Großbrand wurde Sachsens Kurfürst August der Starke persönlich zum Städteplaner und bestimmte die Verläufe der Hauptstraße und der Königstraße. In »Neue Königstadt« ließ er das ehemalige »Altendresden« damals umbenennen. Die Bezeichnung schliff sich zu Neustadt ab.

Hält jung: die Äußere Neustadt

Nördlich des Albertplatzes schuf die Gründerzeit ein dichtes Straßenkarree, das sich mittlerweile zum idealen Experimentierquartier für Ideen entwickelt hat. Ladengeschäfte, Cafés, Restaurants, Hinterhöfe und Clubs liegen dicht an dicht. In der DDR war das Viertel für den Abriss vorgesehen, die heruntergekommenen Häuser wurden nicht mehr vermietet. Doch vom Wohnungsmangel geplagt, mieteten sich junge Menschen bald selbst ein und prägten den Begriff ›Instandbesetzer‹. Bis heute weist die Äußere Neustadt den jüngsten Altersdurchschnitt von Dresden auf – auch wenn die Mieten des Szeneviertels mittlerweile zu den höchsten der Stadt zählen.

Alles ein bisschen besonders: Loschwitz & Blasewitz

Seit das Blaue Wunder 1893 eingeweiht wurde, ist die Loschwitzer und Blasewitzer Zeit als Dresdner Sommerfrische vorbei. Doch einen gewissen Idylle-Anteil haben beide Villenviertel ins Heute gerettet: Die Elbwiesen sind besonders breit, die Bäume in den Blasewitzer Villengärten besonders alt und die Pfade (Leite) am Loschwitzer Elbhang besonders steil, mit weiten Aussichten über Dresdens Osten.

Vom guten Leben im Garten: Hellerau

In der Gartenstadt Hellerau sollten sich die Arbeiter der Deutschen Werkstätten selbst mit frischem Obst und Gemüse versorgen können. Das viele Grün und Blumenbunt rund um die Häuser zeigt bis heute, wie menschenfreundlich die Ideen der Lebensreform gedacht wurden.

Schnell raus ins Grüne

Norden, Osten, Süden, Westen: waldig, gebirgig, hügelig, sanfthügelig. Die vielgestaltige Landschaft rund um Dresden hat viel zum Ruhm der Stadt beigetragen. Die Romantiker priesen die urwüchsigen Felsformationen der Sächsischen Schweiz, die Brücke-Maler probten den Expressionismus als Lebensform in der sommerlichen Teichlandschaft Moritzburgs, und das raue Erzgebirge barg nicht nur das Silber, mit dem die sächsischen Kurfürsten reich wurden, sondern sorgte auch für die technischen Grundlagen einer rasanten Industrialisierung im 19. Jh.

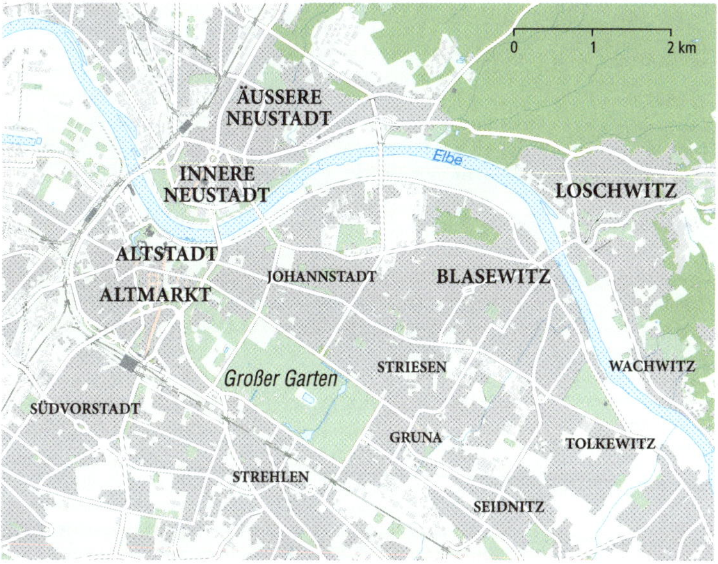

Essen ist mehr

Kaffeesachse — die jungen Dresdner können das Wort nicht mehr hören, impliziert es doch behäbig viel Zeit zum genussvollen Nachmittagstratsch, und die haben sie nicht. Nichtsdestotrotz sind sie genauso verwöhnt wie alle Dresdner, was die Palette des wichtigsten Kaffeezubehörs betrifft: Gebäck, Kuchen und Torten backen die Dresdner Bäcker und Konditoren in wunderbarer Vielfalt und Güte.

Im Raskolnikoff lässt es sich drinnen und draußen prima sitzen und plauschen. Ein echtes Urgestein der Dresdner Neustadt.

Morgens – oder besser vormittags?

Die Brunch-Kultur ist in Dresden sofort auf einen guten Boden gefallen. Zahlreiche Cafés widmen den Sonntag diesem reichhaltigen Früh- bis Mittagstisch – und bieten an den anderen Tagen ein opulentes Frühstück an.

Mittags was Deftiges

Deftig oder süß – das sind die beiden Eckpfeiler der originär Dresdner Essenskultur. Den Mittagstisch haben die thüringischen und böhmischen Nachbarn mit ihren Kartoffelklößen mitgeformt. Dazu wird gern ein Sauerbraten gereicht, zu dessen lokaler Zubereitungsart Buttermilch und ein Pulsnitzer Soßenkuchen gehört (ein Lebkuchen ohne Glasur). Kartoffeln und Quark sind die wesentlichen Bestandteile der Quarkkeulchen, die zusammen mit Apfelmus ohne Weiteres den Nährwert eines Hauptgerichts erreichen. Auch die Krautwickel – in Weißkohlblätter gewickeltes, kümmelgewürztes Hackfleisch – verweisen auf einen bäuerlichen Ursprung.

Im Alltag haben die Dresdner wenig Interesse daran, sich von derartigen Magenfüllern für den Rest des Tages lahmlegen zu lassen. Gerade die Neustadt, in der sich viele Freiberufler selbst mit einem Mittagessen versorgen, hält auch ein großes Imbissangebot vorrätig – aus aller Herren Länder, von Suppenbar bis Soulfood Sisters. Ein sächsischer Evergreen schafft es allerdings bis in vegane Restaurants: Die Kartoffelsuppe bekam ihre Würze schon immer von Sellerie, Lauch und Liebstöckel.

als satt werden

Viel Butter, noch mehr Rosinen und erhebliche Mengen von Zitronat und Orangeat gehören in den Dresdner Stollen. Ohne dieses schwere, dichte Gebäck wäre die Weihnachtszeit in Dresden unvorstellbar. Im 14. Jh. – da ist in den Quellen zum ersten Mal vom Stollen bzw. Striezel die Rede – half er den Menschen über die vorweihnachtliche Fastenzeit hinweg. Mit der Erlaubnis von Papst Innozenz VIII., für den Teig Butter zuzulassen, bekam der fade Striezel um 1491 das Zeug zu einer Festtagsspeise. Heute wacht der Schutzverband der Dresdner Bäcker über die Tradition und das Siegel »original Dresdner Stollen«. Zum Stollenfest am 2. Advent auf dem Striezelmarkt wird ihm die größte Huldigung zuteil.

›Konditern‹ am Nachmittag

Kaffee und Kuchen hält Leib und Seele des gemeinen Dresdners zusammen. Die gut 400 Jahre kurfürstlich-königlicher Hofhaltung in Dresden haben ihre Spuren vor allem in der Raffinesse der Gebäckzubereitung hinterlassen: Mindestens fünf verschiedene Blechkuchen hat bis heute jede Bäckerei im Angebot, in den allermeisten Fällen bei Weitem mehr. Die berühmte Eierschecke darunter ist oft nicht einmal der leckerste!

Ein Radeberger geht immer!

Ein Pils am Abend

Das Abendbrot besteht auch in Dresden in erster Linie aus Brot. Zum Misch- oder Roggenvollkornbrot gibt es oft eine Knacker – so nennt sich die würzige Mischung aus gewolftem Rindfleisch und Schweinebauch, die im Räucherofen zu einer festen, knackigen Wurst gereift ist. Auch eine Fettbemme ist schnell gemacht – Griebenschmalz auf der Schnitte, mit einer sauren Gurke oben drauf. Die ideale Begleitung ist ein Pils: Nicht so dünn wie im Südwesten, nicht so herb wie im Norden, eng verwandt mit der böhmischen Braukunst sind die sächsischen Biere.

Dolce Vita an der Elbe

Die Elbwiesen sind ein lebenswichtiger Bestandteil des Wohnens in Dresden. Sobald die Temperaturen es zulassen, steigen alle paar Meter kleine Rauchsäulen auf: Zwar ist das Grillen in der Öffentlichkeit nur in bestimmten Bereichen zugelassen (www.dresden.de/grillen), aber das Neustädter Elbufer gehört in großen Teilen dazu. Für Picknicks ohne Feueranschluss gibt es ohnehin keine Einschränkungen – was Sie an Sommerabenden an den belebten Elbwiesen ablesen können. Natürlich profitieren auch die Biergärten von ihrer Elblage und der günstigen Anbindung an den Elberadweg.
Ein paar Meter höher beheimatet sind die Straußwirtschaften in den Weinbergen – saisonal geöffnete Weinausschänke im Freien, die die Weinbauern selbst betreiben. Die von Lutz Müller (s. S. 145) ist eine der bekanntesten, in Wachwitz hat Freytags Weingarten (www.freytags-weingarten.de) in den warmen Monaten geöffnet, und das Winzerehepaar Rogge hat einen der schönsten Freisitze: www.pillnitzer-weinberg.de. Noch viel mehr Straußwirtschaften sind in den Radebeuler und Meißner Weinbergen zu finden: www.radebeul.de/Straußwirtschaften+und+Weinausschank.html.

Die Elbwiesen als erweitertes Wohnzimmer

Guten Appetit – aber wohin zum Essen?*

In folgenden Gegenden können Sie sich selbst umsehen und spontan entscheiden:

Weiße Gasse D5: Die Gasse ist in der Stalinbarock-Bauweise der 50er-Jahre entstanden – und der Stil scheint Bars und Restaurants anzuziehen. Inzwischen ist hier die größte Gastronomiedichte der Altstadt zu finden, was auch in die umliegenden Straßen bis zum Altmarkt abstrahlt.

Schiller- und Körnerplatz J4: Die beiden Plätze links und rechts der Elbe verbindet das Blaue Wunder. Wer also im Clara Weincafé, bei Kleinert's oder im Körnergarten nicht fündig wird, kann es auch auf der anderen Seite in der Villa Marie, im Schillergarten oder bei Charlottes Enkel versuchen.

Haupt- und Königstraße D3/4: Die beiden ›Magistralen‹ der Inneren Neustadt verbindet ein kleinteiliges Gassengewirr mit zahlreichen Gelegenheiten zur Einkehr. Das Angebot reicht von böhmisch-deftiger Kost bis zu Sushi-Variationen. Infos unter www.barockviertel.de.

Äußere Neustadt E2/3: Zwischen Albert- und Alaunplatz liegt nahezu immer ein Café, ein Restaurant oder sonst eine Gelegenheit zu einem Imbiss in Sichtweite. Nirgends ist Dresdens Küche so international wie hier.

* Wo Sie in den verschiedenen Stadtgegenden gut essen können, steht an Ort und Stelle im Buch.

TYPISCH DRESDEN

T

Legendäre Eierschecke: Ein dreilagiger Kuchen, dessen oberste Schicht aus einer Mischung aus schaumig geschlagenen Eiern, Butter und Vanillepudding besteht, die mittlere aus Quark und Pudding, unten versucht ein dünner Boden aus Hefeteig mühsam, das Ganze zu tragen.
Wein aus dem Elbland: Den Wein soll Bischof Benno 800 n. Chr. ins Elbtal gepflanzt haben – mit seiner Hilfe ließ sich sicher besser missionieren. Die Weinberge ziehen sich von Pirna bis Diesbar-Seußlitz, Dresden liegt genau in der Mitte. Die besten Weine kommen aus der Winzergenossenschaft Meißen, von Schloss Wackerbarth und den Weingütern von Prinz zur Lippe in Proschwitz, Karl Friedrich Aust in Radebeul oder Klaus Zimmerling in Pillnitz.

Bier passt zu allem: Sachsen ist die Bier-Hochburg Deutschlands, und bis zur Radeberger Brauerei sind es von Dresden aus nur knappe 16 km. Auch das Dresdner Felsenkeller- und Feldschlösschen-Pils gibt es in jedem Supermarkt. Feldschlösschen gibt mit dem »Schwarzen Steiger« auch ein gutes Beispiel für die uralte sächsische Tradition des Schwarzbiers. Die Spätshops der Neustadt führen außerdem die lokal gebrauten Marken wie das Lohrmanns Brew, das im Kraftwerk Mitte gebraut wird, das »Vier Vogel Pils« und das Lößnitz Pils.
... auch zu Biergärten: Am schönsten lässt sich das Pils natürlich im Biergarten trinken. Die beste Lage haben die an der Elbe, z. B. der Elbsegler, Johannstädter Fährgarten, der Elbegarten am Körnerplatz und der Schillergarten gegenüber.

Ausgewählt

Hochgelobt

Seite 81
Caroussel Nouvelle: In der Coronazeit ging zwar der Stern verloren, doch Küchenchef Sven Vogel heimst dennoch für seine saisonal-regionalen Menüs – darunter immer ein vegetarisches – höchstes Lob ein. **D 3**

Seite 109
Elements: Küchenchef Stephan Mießner verbindet fantasievoll-frische Kompositionen mit spannender Industriearchitektur. **E/F 1**

Seite 183
Restaurant Atelier Sanssouci: In der barocken Villa in Radebeuler Weinbergslage entstehen aus regionalen Zutaten und Rezepten faszinierend neue, sterngekrönte Gerichte. Karte 3, **B 1**

Seite 162
Weinkulturbar: Am besten sofort reservieren. Den Abend und vor allem die Weine auf Silvio Nitzsches Empfehlung vergisst niemand, deshalb wollen alle noch mal in die kleine Bar. **H 5**

Seite 97
Genuss Atelier: Wenige Zutaten, maximales Aroma, Sandsteingewölbe oder Elbblick von der Terrasse. **F/G 3**

Neue Trends

Seite 97
Lila Soße: Klassische Gerichte mit neuen Zutaten, dargereicht in Einweckgläsern und in Dresdens schönstem Innenhof. **E 3**

Seite 109
Schmidt's: Im Sommer unter Kastanien, im Winter im Pförtnerhaus der alten Deutschen Werkstätte Hellerau, immer mit verführerischer Karte. oberhalb **E 1**

Seite 160
Lingnerterrassen: Plinsen (Eierkuchen) mit Nougat verfeinert, Flecke-Eintopf mit Trüffeln – durchaus raffiniert. **H 3**

Seite 161
Clara – Das Weincafé: Herzhafte und süße Kleinigkeiten und eine erprobte Weinauswahl. **J 4**

Seite 124
e-Vitrum: Futurismus für Architektur, Autobau und Currywurst mit Limonenmayonnaise. **E 5**

Einfach Dresden

Seite 124
Wachstube und Torwirtschaft: Deftige Gerichte zum Bier im Großen Garten. **E5/6**

Seite 125
Sachsenmarkt: Kulinarische Entdeckungsreise zwischen Salzgurken, Pferdeknackern und Kartoffelsuppe. **E5**

Seite 134
Café Friedrichstadt: Karte mit Klassikern der sächsischen Küche. **C4**

Seite 168
Pillnitzer Elbblick: Würzfleisch, Kartoffelsuppe, Rinderroulade und Quarkkeulchen …
außerhalb **L7**

Seite 136
Fährgarten: Biergarten unter Birken und Kastanien. Bier frisch vom Fass und Bratwurst frisch vom Grill. **F3**

Seite 161
Bäckerei Wippler: Eierschecke vom Könner.
J4

Gesund, vegan und vegetarisch

Seite 97
Falscher Hase: Vegane Gerichte auf kleiner Karte zu unkompliziertem Flohmarkt-Charme. **E2**

Seite 161
Kleinert's Spezialitäten: Leichte deutsch-mediterrane Speisen mit exzellenten Zutaten. **J4**

Seite 100
Altes Wettbüro: Gerichte voll Fantasie und Leichtigkeit im Sommergarten oder in Szeneclubatmosphäre. **D3**

Seite 99
Scheunecafé: Wegen Umbau der Scheune befindet es sich zurzeit ›im Exil‹. Internationale Gerichte, immer vegetarisch, oft vegan. **E3**

Süßes & Kaltes

Seite 63
Grand Café: Das Coselpalais lockt mit hausgemachten Kuchen, Torten, Eisbechern und Kaffeesorten. **D4**

Seite 161
Elbegarten: Der schönste Biergarten an der Elbe. **J4**

Seite 162
Café Toscana: Beliebteste Adresse der Dresdner für Stollen, Kuchen und Torten. **J4**

Lieblinge

Seite 153
Os2 Sommerwirtschaft: Komischerweise nie voll, aber immer allerbester Kaffee zum selbst gebackenen Kuchen. **J4**

Seite 162
Delizia – Ristorante & Weinbar: Auf dem Weißen Hirsch residiert sogar der Stadtteil-Stammitaliener in einem einstigen Kurhaus. **K3**

Seite 47
T1 Bistro & Café: Charmant eingerichtetes Pförtnerhäuschen mit heißer Schokolade oder Softeisausgabe im Kraftwerk Mitte. **C4**

P

PREISE IN DIESEM REISEFÜHRER

€ bis 13 Euro
€€ 13 bis 26 Euro
€€€ über 26 Euro
für ein Hauptgericht oder Menü

Flanieren

An Schaufenstern entlanglaufen — durch Märkte stöbern, das Besondere entdecken …

Schaufenstermeilen

Prager Straße bis Altmarkt: D 5
Die Filialenmeile der großen Ketten von H&M bis MediaMarkt zieht sich vom Inneren des Hauptbahnhofs bis zur Altmarkt-Galerie mit 200 Läden im Hinterhof des Altmarkts. Die Centrum Galerie mit 62 Läden liegt auch auf dem Weg. S. 64

Neumarkt: D 4/5
Kleinere Ladenflächen und ein exklusiveres Angebot sind rund um die Frauenkirche zu finden. Edel-Boutiquen, Parfümerien, Schmuckgeschäfte, Cafés und Restaurants bestimmen das Bild. Komprimiert sind diese Läden in der Einkaufspassage QF zu finden. S. 49

15 Lädchen und Cafés auf einen Streich birgt der Kunsthof zwischen Alaun- und Görlitzer Straße.

W

WO DRESDEN EINKAUFT

Die Dresdner Supermarktkette Konsum führt die meisten regionalen Produkte im Sortiment (S. 84). Eine Besonderheit sind die Läden der Verbrauchergemeinschaft (VG, S. 262) mit regionalen Bioprodukten. Die größte Auswahl an Lebensmitteln ist in der Galeria-Markthalle (s. S. 64) zu finden.

Haupt- und Königstraße: D 3/4
Flanieren unter Platanen, vorbei an Schuh-, Interieur-, Buch- und Klamottengeschäften mit nicht alltäglicher Auswahl. Je mehr es Richtung Königstraße geht, desto exklusiver werden die Lädchen. S. 71 ff.

Alaun- und Louisenstraße: E 3
Klamotten, Accessoires, Kinkerlitzchen, schräge Geschäftsideen und schräges Design – das alles ist geballt im Kunsthof (S. 96) zu finden und frei über die Äußere Neustadt verteilt überall dort, wo sich gerade keine Kneipe angesiedelt hat. S. 89

Schillerplatz und Körnerplatz: J 4/5
Modeketten wie more & more neben Boutiquen, Bücher neben Brillen, Feinkost neben Cafébetrieb – auf beiden Seiten des Blauen Wunders ist eine gute Ladenmischung zu finden. S. 149

&

Flohmärkte

Elbeflohmarkt E4
Trödel, echte Antiquitäten, aufgemöbelte Möbel und ausrangierter Kinderzimmerinhalt.
S. 135

Altes Heizhaus D/E3
Überbleibsel aus Haushaltsauflösungen, grob sortiert – ein herrliches Durcheinander! S. 99

Fundstücke

Seite 63
Sächsischer Heimatschutz: Hat das schönste Sortiment erzgebirgischen Weihnachtsschmucks. D5

Seite 64
Meissen Signature Store in der QF Passage: Schwerter-Porzellan auf drei Ebenen an der Frauenkirche. D4

Seite 64
A. Lange & Söhne: Die Uhren aus dem nahen Glashütte gehören zu den begehrtesten bei Uhrenliebhabern. D4

Seite 162
Sweetwater: Gute Auswahl an Klassik- bis Pop-Tonträgern mit fachkundiger Beratung. J4

Seite 98
art + form: Originalgrafiken ortsansässiger Künstler plus feine Papeterie-Auswahl. E3

Märkte

Seite 125
Sachsenmarkt: Immer freitags großer Bauernmarkt mit Produkten aus der Umgebung. E5

Seite 84
Neustädter Markthalle: Großer Konsum-Supermarkt und kleine Spezialitäten- und Nippesädchen. D3/4

Von Kopf bis Fuß

Seite 84
Atelier für Einzelstücke: Filigraner Schmuck, Hingucker-Taschen und noch ein paar Accessoires mehr, die sonst keiner hat. D4

Seite 98
Tranquillo: Lässige Schnitte, designt in Dresden und mit dem GOTS-Siegel produziert. E3

Seite 98
Lindegruen: Charmante Kleiderkollektion. E3

Seite 98
Ultramaringelb: Zwei Schmuckdesignerinnen, zwei Handschriften im Umgang mit Metall und Stein. E3

Seite 110
Bettina Kletzsch: Textilinterpretationen zwischen Kunst (Muster) und Mode (Schnitte). E3

stöbern

Diese Museen …

Über 50 Museen besitzt Dresden — aber welche lohnen wirklich? Hier ein paar Meinungen.

Neues und Historisches Grünes Gewölbe

Der größte grüne Diamant der Welt gehört seit 1742 zum Inventar des Grünen Gewölbes. Im Residenzschloss lässt er sich besichtigen – allerdings wetteifern dort noch sehr viel mehr Schätze aus der barocken Juwelierkunst um Aufmerksamkeit. Und noch sehr viel mehr hochkarätige Sammlungen um Besucher. S. 61, D4

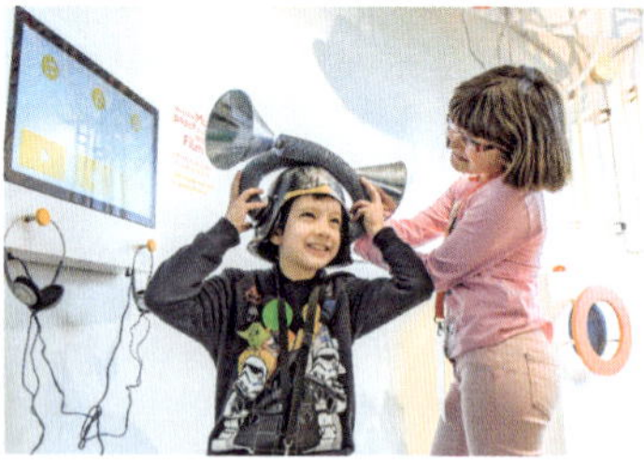

Deutsches Hygiene-Museum

Nicht vom tiefengereinigten Namen abschrecken lassen: Hier geht es um den Menschen von seiner spannendsten Seite. Um die Geburt und den Tod, um Ernährung und Sexualität, um die Zusammenhänge von Denken, Fühlen und Sehen. Das hauseigene Kindermuseum ist den fünf Sinnen gewidmet – ein Indoor-Spielplatz mit Blitzlerneffekten. S. 115, D/E5

Technische Sammlungen

Historische Rechenmaschinen und Silizium-Wafer, Plattenkameras und Ultraschallsensorik: In diesem Museum geht es um die Anfänge der Zukunft. Und im Erlebnisland Mathematik und Physik begreift nicht nur der Nachwuchs die Naturgesetze. S. 160, H6

Gemäldegalerie Alte Meister

Raffael, Tizian, Veronese, Vermeer, Dürer, Holbein, Rembrandt und Rubens – für die Gemäldegalerie sollten Sie Zeit einplanen. Zumal die Skulpturensammlung mit all ihren antiken Glanzstücken noch das ganze Untergeschoss füllt. S. 60, D4

Verkehrsmuseum

Die Entwicklungsgeschichte der Transportmittel und die physikalischen Gesetze dahinter. Mitgebrachte Kinder sorgen für die Bobbycar-Rushhour im Verkehrsgarten. S. 49, D4

F

FREIER EINTRITT

Fr ab 12 Uhr: alle Städtischen Museen und Galerien
Mo 18–21 Uhr: Militärhistorisches Museum
bis 17 Jahre: Museen der SKD

Gedenkstätte Bautzner Straße

Das meiste in dieser Untersuchungshaftanstalt der Stasi ist noch original erhalten. Wer hier warum inhaftiert wurde, erklären Schautafeln – noch besser ist es aber, das bei den Führungen (Mo 14 Uhr) live zu erfahren. S. 169, **G 3**

Militärhistorisches Museum der Bundeswehr

Krieg ist viel mehr als Soldaten und Waffen. Ursachen und Folgen geht dieses Museum mit seinem auffälligen Libeskind-Umbau kein bisschen kriegsverherrlichend nach. S. 95, **E/F 1/2**

Stadtmuseum

Neben dem gigantischen Aktionismus der Kurfürsten und Könige wirkt das bürgerliche Dresden schnell etwas blass. Zu Unrecht, beweist das Stadtmuseum. Die hofunabhängige künstlerische Entwicklung verzeichnet die Städtische Galerie im selben Haus. S. 62, **D 5**

Lügenmuseum

Auf dem Elberadweg von Dresden nach Radebeul liegt der Gasthof Serkowitz. Hinter der Tür liegt ein Wunderland: Der Künstler Richard von Gigantikow hat die Räume mit blinkendem Seemannsgarn durchwoben. Elvis orgelt im Schrank, Zahnbürsten fahren Karussell, Teppichklopfer klappern im Takt, Besucher werden verzaubert. S. 183, Karte 3, **B 1**

Panometer

Ein Gasometer von 1880 im Dresdner Stadtteil Reick ist das Gehäuse für die täuschend echt wirkenden, 25 m hohen 360-Grad-Stadtansichten von Yadegar Asisi. Darin lässt er das Dresden des Jahres 1756 wiederauferstehen (im Wechsel mit »Dresden 1945«). Am schnellsten lässt es sich per S-Bahn (Haltestelle Dresden Reick) erreichen. S. 134, **G 7**

S

STÄDTISCH/STAATLICH

Das Kürzel SKD steht für die Staatlichen Kunstsammlungen Dresden. Dazu zählen die 16 Museen im Zwinger, in der Gemäldegalerie, im Residenzschloss, im Albertinum, im Jägerhof und im Schloss Pillnitz (www.skd.museum).
Das Stadtmuseum und die Technischen Sammlungen betreibt die Stadt Dresden, dazu weitere sieben Museen und Galerien (www.museen-dresden.de).

… lieben wir!

Nachtschw

Gastronomie-Hotspot Münzgasse – eigentlich klar bei der Lage!

Mit Semperoper, Schauspielhaus und der Philharmonie im Kulturpalast hält die Altstadt ihre Monopolstellung für alles Klassische. Zwischen den ehrwürdigen Tempeln der Hochkultur lassen sich zahlreiche Möglichkeiten zur Einkehr finden. Die Frauenkirche ist der Mittelpunkt einer Fülle von Restaurants und Cafés am Neumarkt. Rund um die Weiße Gasse reihen sich die Cafés und Restaurants, und auf dem Weg zum Kraftwerk Mitte, in dem mittlerweile die Staatsoperette und das theater junge generation residieren, haben sich viele Café-Oasen angesiedelt. Doch den Ruf als Ausgehviertel macht der Neustadt so schnell keiner streitig. Ein dichtes Angebot an Kneipen, Bars, Cafés, Clubs und Restaurants bestimmt das Bild zwischen Albert- und Alaunplatz, nirgends sonst in Dresden sind die Straßen abends und nachts so belebt. Die aufgekratzte Stimmung geht fließend in die lebhafte Festkultur der Bunten Republik Neustadt, des Schaubudensommers und des Hechtfestes über. Ein Stück weiter nördlich bietet der nostalgische Chic des Industriegeländes die ideale Infrastruktur für Clubs mit elektronischer Musikkultur. In lauen Sommernächten fliehen die Dresdner an die Elbwiesen, mit Vorliebe ans Königsufer rund um das Gelände der Filmnächte. Dann ist auch die Hochsaison der Biergärten an der Elbe.

* Wohin am Abend? Bei jedem Viertel sind ausgewählte Adressen und Tipps gelistet.

ärmereien

Da ist nachts was los …

Altstadt D4/5
Oper, Konzert, Schauspiel, eingerahmt vom Jazzclub Tonne und dem Stromwerk im Kraftwerk Mitte ergibt eher gezieltes Ausgehen als Treibenlassen. S. 34

Äußere Neustadt E2/3
Die richtige Kneipe finden im Fadenkreuz der Alaun- und Louisenstraße? Kein Problem. Es sind genug für alle da! Auch gut: Die Clubs und das Nachtleben vor den Spätshops. S. 86

Königsufer im Sommer D/E4
Die Konzerte der Filmnächte am Elbufer lassen sich auch von den Wiesenplätzen daneben gut verfolgen. Und die Altstadt-Silhouette hinter der Leinwand ist großes Kino! S. 85

Industriegelände F1
Die Industriehallen stammen teilweise noch aus der Jahrhundertwende, die Musik darin ist dafür umso heutiger. S. 109

Körnerplatz J4
Zu einer Handvoll guter Weincafés kommt im Sommer noch das Dolce Vita der Biergärten mit Elbeblick. S. 149

Cocktail & Co. – was trinken

Seite 65
Twist Bar: Für Eigenkreationen berühmte Rooftop-Bar. D4

Seite 64
Café Rauschenbach deli: Abends eher Bar als Café. Karte 2, D5

Seite 65
Gin House: Gleich an der Frauenkirche und mehr Plüsch als Bitter. Karte 2, D4

Seite 85
Herz American Bar: Erst mal finden, dann nicht wieder gehen. Karte 2, D3

In Sachen Cocktails bleiben in Dresden keine Wünsche offen.

S

STRASSENBAHNEN FÜR NACHTSCHWÄRMER

Die GuteNachtLinien 2, 3, 4, 6, 7, 11, 12 und 13 sowie Bus 62 und 68 fahren Fr, Sa und vor Feiertagen bis 22.45 Uhr alle 15 Min. und bis 4.45 Uhr alle 30 Min. Bei den nächtlichen Postplatztreffen warten die Linien aufeinander, damit alle Mitfahrer gut umsteigen können. Mit »Alita«, »T« oder »Tax« markierte Buslinien fahren als Linientaxi. 20 Min. vorher anrufen unter 0351 857 1111. www.dvb.de

Seite 101
Pinta Bar: In der ältesten Cocktailbar der Neustadt wird immer noch stilbildend geschüttelt. Karte 2, **E 3**

Seite 101
Hebedas: Mehr Kneipe als Bar. Mehr Bier, als gut tut. Karte 2, **E 3**

Seite 161
Clara – Das Weincafé: Wein, Bohème und das Elbufer mit Blauem-Wunder-Blick in Reichweite. **J 4**

Seite 162
Weinkulturbar: Riesige Auswahl an Weinen und Silvio Nitsche, der sie alle kennt. **H 5**

Musik hören

Seite 100
Blue Note: Urgestein-Bar mit Livekonzerten, vor allem Jazz. Ruhegebot, wenn gespielt wird. **E 3**

Seite 100
Altes Wettbüro: Club mit gutem Geschmack: gilt für die Konzerte genauso wie für die Speisekarte. **D 3**

Seite 101
Ostpol: Genauso oft Kneipe wie Konzertsaal. Karte 2, **E 2**

Seite 136
Beatpol: Diese Institution des handverlesenen Band-Bookings hat sie alle gehabt – und wird sie alle bekommen. außerhalb **A 3**

Seite 101
Alter Schlachthof: Konzerthalle mit Charisma und gut gepflegtem Programm. **D 2/3**

Seite 101
Groove Station: Bands, die schneller, lauter und härter sind. Und wenn nicht: Tischkicker geht immer. **E 3**

Seite 64
Jazzclub Tonne: Alle Spielarten des Jazz kaum 100 m neben der Frauenkirche. **E 4**

Tanzen

Seite 101
Club Koralle: Der kleine Kellerclub serviert elektronische Musik in der Neustadt. **E 3**

Seite 163
Saloppe: Die Sommerwirtschaft zieht ihre Besucher mit All-Time-Favorites und Elbblick an. **G 3**

Seite 109
Club Paula: Mit elektronischer Musik im umgebauten Trafohaus ist die Paula eine würdige Vertreterin der Clubs im Industriegelände. **F 1**

Seite 65
Stromwerk im Kraftwerk Mitte: Großraumdisco mit schicker Kulisse. **C 4**

Kultur aktuell

Seite 99
Scheune: Kulturelles Herz der Neustadt, wegen Umbau bis 2026 im Provisorium. **E 3**

Seite 101
Hole of Fame: Kleines Ladenlokal mit Lesungen, Ausstellungen, Filmen und Theater. **E 2**

Seite 105
HELLERAU – Europäisches Zentrum der Künste (Festspielhaus): Bühnenkunst: Tanz, Performances, Konzerte, Experimente. außerhalb **F 1**

Kino

Seite 136
Programmkino Ost: Guter Filmgeschmack in drei Sälen im Dresdner Osten. **J 6**

Im Sommer geht das Scheune-Programm nahtlos ins Außengelände über.

Seite 100

Thalia Cinema. Coffee and Cycling: OmU-Filme und Publikumslieblinge in der Spielzeitverlängerung, direkter Kneipenanschluss. Karte 2, **E3**

Seite 100

Schauburg: Programmkino-Tempel aus den 20er-Jahren mit fünf Sälen. Karte 2, **E2**

Theater, Oper, Ballett

Die Staatskapelle in der **Semperoper** (**D4**) und die Philharmonie im **Kulturpalast** (**D5**) sorgen für Opern und Konzerte von allererster Güte. Dazu kommen die regelmäßigen Auftritte des Kreuzchors in der **Kreuzkirche** (**D5**). Die **Staatsoperette** (**C4**) im Kraftwerk Mitte ist auf Operetten und Musicals spezialisiert. Die Bühnen des **Großen Hauses** (**D4**) in der Altstadt und des **Kleinen Hauses** (**E3**) in der Neustadt füllt das Staatsschauspiel. Das **theater junge generation** (**C4**) und das **Societaetstheater** (**D3**) haben sich ebenfalls dem Schauspiel verschrieben. Für amüsante Abende sind die **Herkuleskeule** (**D5**) mit politischem Kabarett, der **Theaterkahn** (**D4**), das **Boulevardtheater** (**C5**), die **Comödie** (**C5**), der **Friedrichstatt Palast** (**C4**) und das Travestietheater **Carte Blanche** (**E3**) zuständig. Eine traditionsreiche Off-Bühne bietet das **Projekttheater** (**E3**) in der Neustadt.

A

AKTUELLE PROGRAMMINFOS

Einen Überblick über Konzerte, das aktuelle Theaterprogramm und alle anderen Kulturevents geben die Dresdner Stadtmagazine Sax und Dresdner (www.cybersax.de, www.dresdner.nu) und das Veranstaltungsportal https://augusto-sachsen.de.
Tickets: online unter www.konzertkasse-dresden.de, offline: Konzertkasse im Florentium, Ferdinandstr. 12, Mo–Fr 10–19, Sa 10–16 Uhr
Semperoper-Tickets: www.semperoper.de, Besucherservice: Schinkelwache, Theaterplatz 2, Mo–Fr 10–18, Sa 10–17, Jan.–März 10–13 Uhr
Staatsschauspiel-Tickets: www.staatsschauspiel-dresden.de, T 0351 491 35 67, Besucherservice: Theaterstr. 2, Mo–Fr 10–18.30, Sa 12–18 Uhr

Wo du schläfst,

Und dafür bietet Dresden viele Optionen — ob private Atmosphäre, mal was ganz Neues probieren oder luxuriös wohnen.

Die schönsten Dresdner Stadtviertel liegen fast ausnahmslos an der Elbe. Für Menschen, die es nicht weit ins Nachtleben haben wollen, sind die Innere und die Äußere Neustadt interessant. Die Altstadt bietet kurze Wege zu Museen, Barockarchitektur und Einkaufstempeln. Loschwitz und Blasewitz mit ihren breiten Elbwiesen vor der Haustür sind trotz aller Großstadt ringsum ruhig und verträumt und bieten Spaziergänge oder Radtouren ins Grüne vor der Haustür.

Viele der großen Hotels haben inzwischen ein flexibles Preisbildungssystem, sodass der tatsächliche Übernachtungspreis in der Hauptsaison (zu der in Dresden neben den Frühlings- bis Herbstmonaten vor allem der Dezember gehört) zum Teil erheblich über dem hier angegebenen Minimum liegen kann. Parkplätze schlagen – vor allem in der Innenstadt – manchmal extra zu Buche. In der Alt- und in der Neustadt gehört zu fast jedem Parkplatz eine Parkuhr.

Viel Dresden-Feeling

Mit Schloss-Zugang

Kempinski Taschenbergpalais, D 4: Frisch generalsaniert hat Dresdens erstes Haus am Platz gerade erst wiedereröffnet. Ursprünglich ließ August der Starke das Palais 1706 von Matthäus Daniel Pöppelmann für seine Mätresse, die Gräfin Cosel, bauen, gleich neben seinem Residenzschloss und mit diesem durch eine Brücke verbunden.

Altstadt, Taschenberg 3, 01067 Dresden, T 0351 491 20, www.kempinski-dresden.de, EZ/DZ ab 263 €

Die Frauenkirche im Blick

Steigenberger Hotel De Saxe, D 5: Trotz der barock anmutenden Fassade ist das Innere angenehm schlicht-modern; Besuche im Restaurant und in der Hotelbar im überdachten Innenhof sind auch für Nicht-Hotelbewohner eine Empfehlung.

Altstadt, Neumarkt 9, 01067 Dresden, T 0351 438 60, www.steigenberger.com, EZ/DZ ab 108 €

Dieser Blick!

Hotel Schloss Eckberg, H 3: Das Elbpanorama hinter der Terrasse verleiht jedem Frühstück eine mondäne Note, die Parkanlage um das Schloss adelt sogar Walkingrunden. Elbhanglandschaft, Tudorstil, Holzvertäfelungen und ein wenig Toskana gehen eine märchenhafte Verbindung ein.

Loschwitz, Bautzner Str. 134, 01099 Dresden, T 0351 809 90, www.schloss-eckberg.de, EZ ab 85 € (im Kavaliershaus)

Mit Stil und Stern

Hotel Bülow Palais, D 3: Die barocke Fassade zu opulenter Einrichtung täuscht – das Hotel ist ein Neubau und verfügt über Cigar-Lounge und Day-Spa mit Saunen und Fitnessraum. Das beste Verwöhnprogramm aber liefert der hervorragende Küchenchef Sven Vogel im hauseigenen Gourmet-Restaurant Caroussel Nouvelle.

Innere Neustadt, Königsstr. 14, 01097 Dresden, T 0351 800 30, www.buelow-palais.de, EZ/DZ ab 165 €

Mit Canalettoblick

Bilderberg Bellevue Dresden, D 4: Das Hotel Bellevue inmitten der Gärten am Königsufer der Neustädter Elbseite hat den romantischsten Blick auf Dresdens berühmte Altstadtsilhouette zu bieten. Außerdem gibt es zwei Restaurants und ein Café mit Gartenterrassen und ein großes Spa mit Schwimmbad, Sauna und Fitnessraum.

Innere Neustadt, Große Meißner Str. 15, 01097 Dresden, T 0351 80 50, www.bilderberg-bellevue-dresden.de, EZ ca. ab 105 €, DZ ca. ab 115 € (belegungsabhängig)

Der Zeit irgendwie voraus

Hommage an A. R. Penck

Penck Hotel Dresden, C 4: Das altstadtnahe Design-Hotel entwarf der Mailänder Denis Santachiara. Die Wände zieren A. R. Pencks Werke. Im Café-Restaurant gibt's gute mediterrane Küche.

Altstadt, Ostra-Allee 33, 01067 Dresden, T 0351 492 27 35, www.penckhoteldresden.com, EZ/DZ ab 85 €

Klare Linie

Innside by Melia, D 4: Gleich neben der Frauenkirche lässt das Hotel den Neubau klar erkennen und macht beim Interieur genauso weiter – sachlich, einladend, angenehm klar. Mit Rooftop-Bar!

Altstadt, Salzgasse 4, 01067 Dresden, T 0351 79 51 50, www.melia.com, EZ/DZ ab 128 €

Internationale Moderne

Pullman Hotel Dresden, D 5/6: Am beeindruckendsten ist die Aussicht aus den Panoramafenstern der Zimmer. Vis-à-vis dem Hauptbahnhof und direkt an der Einkaufsmeile Prager Straße gelegen, gibt das Hotel ein gelungenes Beispiel dafür ab, wie schick ein sozialistischer Plattenbau mit geradlinigem Holz- und Lederinterieur wirken kann.

Altstadt, Prager Str. 2c, 01069 Dresden, T 0351 481 41 09, www.pullman-hotel-dresden.de, EZ ab 69 €, DZ ab 90 €

Opulent-elegant

Gewandhaus, D 5: Erbaut 1770, ausgestattet nach den neuesten Parametern des opulenten Interieur-Designs. Der überdachte Innenhof mit vielen Balkonen und die großzügigen Raumhöhen verleihen allem eine französische Note. Das Restaurant des Hauses hat sich auf Steaks

bist du zu Hause

spezialisiert, das Café ist eine der besten Patisserien Dresdens.

Altstadt, Ringstr. 1, 01067 Dresden, T 0351 49 49 0, www.gewandhaus-hotel.de, EZ/DZ ab 143 €

Wenn es einfach sein darf

Barrierefrei mit Tradition

Hotel Martha, D 3: Die Traditionsherberge (seit 1899) im Barockviertel ist ein guter Ausgangspunkt, um die Alt- und Neustadt zu Fuß zu entdecken. Die Zimmer sind zum Teil im Biedermeierstil eingerichtet. Zwei Doppelzimmer, ein Apartment und sämtliche Hotelbereiche sind barrierefrei.

Innere Neustadt, Nieritzstr. 11, 01097 Dresden, T 0351 817 60, www.hotel-martha.de, EZ ab 87 €, DZ ab 113 € mit Frühstück

Glas, Stahl, Porzellan

Motel one, D 5: An dem Gebäuderiegel gegenüber dem Zwinger fallen schon von Weitem außergewöhnliche Leuchter ins Auge. Glasfassaden, Natursteinwände und türkisfarbene Polsterecken prägen die riesige Empfangshalle, die das Architekturbüro Knerer und Lang entwickelte.

Altstadt, Postplatz 5, 01067 Dresden, T 0351 383 80, www.motel-one.com, EZ ab 94 €, DZ ab 116 €

Idylle an der Elbe

Plantagengut Hosterwitz, außerhalb L 7: In seinen vier Zimmern und drei Apartments vereint das Plantagengut noch mal sämtliche Vorteile des dörflichen Stadtteils: Ruhe, Gartenidylle und die Elbwiesen vor der Haustür.

Hosterwitz, Laubegaster Str. 2, 01326 Dresden, T 0351 43 84 44 28, www.pension-dresden-urlaub.de, EZ/DZ ab 54 €, Fewo ab 85 €

Traumlage

Hofgärtnerhaus, E 4: Das ehemalige Hofgärtnerhaus steht auf der Brühlschen Terrasse. Zentraler und dabei ruhiger kann man es nicht haben. Die Gästezimmer im Gemeindehaus der Evangelischen Gemeinde sind modern und zweckmäßig möbliert und mit Bad und TV ausgestattet.

Altstadt, Brühlscher Garten 4, 01067 Dresden, T 0351 43 82 30, www.ev-ref-gem-dresden.de, EZ ab 53 €, DZ ab 60 €, Ferienwohnung 90 €/4 Pers., Frühstück wird angeboten.

Klein und fein

Bed & Breakfast am Schillerplatz, J 5: Eine stilvoll eingerichtete Pension im ältesten und kleinsten Haus am Schillerplatz. In unmittelbarer Nachbarschaft liegen der Elberadweg und die Restaurants Schillergarten und Villa Marie. An den Markttagen (Di, Do, Sa) direkt vorm Haus wirkt die Zeit wie stehen geblieben.

Blasewitz, Schillerplatz 10, 01309 Dresden, T 0351 31212772, www.bb-schillerplatz.de, EZ/DZ ab 85 €

Mitten im Szeneviertel

Hostel Mondpalast, E 3: Hier sollten Gäste übernachten, die neugierig auf Dresdens Nachtleben sind. Das Frühstücksbuffet in der zugehörigen Bar nutzen sogar Einheimische, Lesungen und Konzerte am Abend sind nicht selten. Außerdem gehört eine Küche zum Selberkochen zum Haus.

Äußere Neustadt, Louisenstr. 77, 01099 Dresden, T 0351 563 40 50, www.mondpalast.de, EZ/DZ ab 37 €

D

DAS PASSENDE BETT SELBST SUCHEN

Übernachten in einer Villa
https://villa-freisleben.de
www.la-campagnola-dd.com
www.villa-via-lapis.com

Mit mehreren Hotels in Dresden
www.motel-one.de
www.nh-hotels.de
www.ihg.com

Jugendherbergen
www.jugendherberge.de

Ferienwohnungen
www.dresden-pension.de
www.ferienwohnungen-dresden.com
www.airbnb.de
www.fewo-direkt.de

In Dresden gilt eine Beherbergungssteuer für alle Privatreisenden. Sie beträgt 6 Prozent des Übernachtungspreises.
Alle Infos: www.dresden.de/beher bergungssteuer

Familientauglich

LaLeLu Mini-Hostel, E 2: Das kleine Hostel liegt im Hinterhaus. Ob Weltraum- oder Dschungelzimmer – die fantasievolle Einrichtung sorgt dafür, dass sich Reisende aller Altersstufen wohlfühlen können. Zusammen mit der hellen Wohnküche entsteht eher der Eindruck einer komfortablen WG als eines Hotels.

Königsbrücker Str. 70, 01099 Dresden, T 0173 351 52 17, www.lalelu-hostel.de, EZ ab 40 €, DZ ab 60 €

Freakig

Gästehaus Mezcalero, E 2: Mexiko stand Pate bei der farbenprächtigen Gestaltung der Zimmer. Mal sind sie mit Hochbett versehen, mal mit mosaikverziertem Regal. Frühstück gibt's – einem Ausgehviertel angemessen – bis 12 Uhr. Die Lage im Hinterhaus bewahrt vor dem Verkehrslärm der Königsbrücker Straße.

Königsbrücker Str. 64, 01099 Dresden, T 0351 81 07 70, www.mezcalero.de, EZ ab 39 €, DZ ab 55 €

Backpacker

Lollis Homestay, E 2/3: Weltreisende finden hier eine Super-Lage in der Neustadt, Mitreisende im Café, Werkzeug, Leihräder und ein Bett für 16 € im 8er-Zimmer. Doppelzimmer und ein Apartment für Familien gibt's auch.

Görlitzer Str. 34, 01099 Dresden, T 0351 810 84 58, www.lollishome.de, EZ ab 42 €, DZ ab 48 €

Ferien in der Wohnung

Familienfreundlich

Pension/Apartments am Zwinger, C 4: Die zwei Gründerzeithäuser bieten zweckmäßig eingerichtete Zimmer und Apartments mit Küchenzeile. Altstadt, Elbe und Haltestellen liegen in Laufweite.

Altstadt, Maxstr. 5–7, 01067 Dresden, T 0351 89 90 01 00, www.aparthotel-zwinger.de, EZ ab 61 €, DZ ab 54 €, Apartments ab 81 €

Alles unter einem Dach!

Felix, D 4: Vis-à-vis dem Zwinger soll hier Wohnen, Arbeit und Erholung unter einem Dach Platz finden – und auch darauf: Das Felix ist Concierge, Co-Workingspace, Rooftop-Bar und Restaurant in einem. Die Zimmer und Apartments lassen sich auch langfristig mieten.

Altstadt, Kleine Brüdergasse 5, T 0351 32 03 39 60, www.dein-felix.de/dresden, EZ/DZ ab 118 €

Vor

Ort

Das Neustädter Elbufer holt die Natur in die Stadt. Beides liegt in Dresden oft nur wenige Schritte voneinander entfernt.

Altstadt

Kunst, Kultur und Kirchen — zwischen Theaterplatz und Neumarkt liegen Dresdens Highlights spaziergängerfreundlich nah beieinander. Zwischendurch gibt es auch noch ein paar hübsche Cafés.

Eintauchen

Seite 37

Semperoper ✪

Das mehrfach wiederaufgebaute Meisterwerk von Gottfried Semper begeistert Opernfans aus aller Welt. Mit ihr und der Gemäldegalerie renommiert der Theaterplatz, so viel er kann.

Seite 40

Zwinger ✪

Sandstein in Hoch(barock-)Form: Im Zwinger verschmelzen Architektur und Skulptur, Barock und Rokoko zu einem begehbaren Meisterwerk. Die Nymphen bewohnen ein eigenes Bad, und rund um den Zwingergraben wird es sogar richtig grün.

Welches Gebäude bezeichnen die Dresdner als Zitronenpresse?

Seite 45

Residenzschloss ✪

Nahezu 600 Jahre diente es den Wettinern als Amts- und Familiensitz. Jetzt steckt es voller Kunstschätze. Dass dazwischen 50 Jahre als Ruine lagen, ist den Malereien an der Fassade nicht anzusehen.

Seite 46

Kraftwerk Mitte

Irgendwann war das Kraftwerk zu alt, um Dresden ausreichend mit Energie zu versorgen. Doch seit die Staatsoperette und das theater junge generation dort eingezogen sind, leuchten in dem Areal viele kreative Geister.

&

Seite 49

Neumarkt mit Frauenkirche ✪

Die Frauenkirche und der Neumarkt ringsherum – das sind zwei besondere Geschichten. Beide erzählen auf ihre Weise von der Sehnsucht der Dresdner nach ihrer alten Stadt. Als es darum ging, die Ruine und die Brache ringsum wieder in den Stadtraum zu integrieren, wedelten Investoren zunächst mit ganz anderen Bauplänen – die ganz bestimmt nicht so einladende Caféhausplätze hervorgebracht hätten.

Seite 54

Städtebau im Sozialismus

Kulturpalast, Altmarkt und Rundkino – Dresdens architektonische Nachkriegsgeschichte ist modern, fantasievoll – und öfter mal auch ziemlich schräg, wie das Wandbild »Der Weg der Roten Fahne« beweist.

Seite 66

Die zwei Engel der Sixtina

Die beiden omnipräsenten Engelköpfe sind nur ein kleines Detail der Sixtinischen Madonna. Und Raffaels berühmtes Gemälde ist nur ein Detail zwischen all den anderen Werken in der Gemäldegalerie Alte Meister.

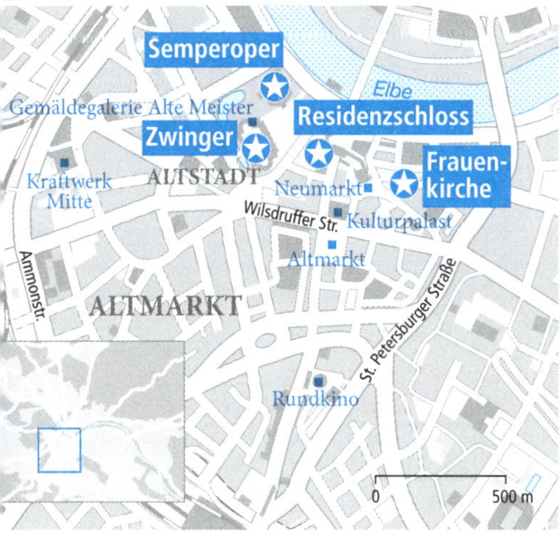

Der Kulturpalast birgt eine charmante Kombination: für tagsüber die bequemen Leselandschaften der Stadtbibliothek, für den Abend einen tollen Konzertsaal.

»Ich trat in dieses Heiligtum, und meine Verwunderung überstieg jeden Begriff, den ich mir gemacht hatte.« Johann Wolfgang von Goethe über die Gemäldegalerie Alte Meister

erleben

Wiederbelebung durch Wiederaufbau

D

Dresden zeigt, wie viel Seele einer Stadt in ihrer gebauten Geschichte steckt. Am Theaterplatz erzählt jeder verbaute Sandstein von der Zeit als Hauptstadt des sächsischen Kurfürsten- und Königtums. Die Museen hinter den Prachtfassaden präsentieren die hochkarätigen Kunstsammlungen des Freistaates, und genau hier, zwischen Schloss und Zwinger, haben die sächsischen Kurfürsten sie auch zusammengetragen.

Die Bauzeugnisse der näheren Umgebung reichen von der Renaissance bis ins 19. Jh., mit einem Intensivkurs in Barock am Zwinger. Was man den augenscheinlich mit reichlich Patina versehenen Gebäuden zwischen Theaterplatz und Neumarkt nicht ansieht: Jedes einzelne von ihnen stand nach dem Zweiten Weltkrieg nicht mehr oder nur als ausgebrannte Ruine. Das historische Zentrum Dresdens ist das Ergebnis eines langen und mühsamen Wiederaufbaus, der am Neumarkt teilweise noch immer nicht abgeschlossen ist. Ganz anders das Bild zwischen Altmarkt und Hauptbahnhof: Hier wollte Dresden nach der Zerstörung im Zweiten Weltkrieg vor allem eines – schnell wieder funktionieren, und zwar als moderne, weltläufige Großstadt. Das Ergebnis lässt sich auf der Prager Straße begutachten.

ORIENTIERUNG

O

Reisekarte: D 4/5
Ausgangspunkte: Postplatz und Theaterplatz liegen in direkter Nachbarschaft. Den Postplatz als großen Straßenbahntreffpunkt fahren die Linien 1, 2, 4, 8, 9, 11 und 12 an, außerdem Buslinie 68. Wer sich von der Haltestelle Synagoge aus der Innenstadt nähern möchte, fährt mit den Linien 3 und 7. Am Altmarkt halten die Linien 1, 2 und 4.
Rundgang: Zwischen Postplatz und Theaterplatz liegt der Zwinger. Er sollte am Anfang des Rundgangs stehen, gefolgt von der Semperoper, dem Residenzschloss und der Hofkirche. Vorbei am Fürstenzug gelangt man zum Johanneum und zum Neumarkt mit der Frauenkirche. Von dort führt die Münzgasse zur Brühlschen Terrasse. Auf ihr können Sie bis zum Albertinum und der Synagoge auf dem Hasenberg flanieren. Südlich dieses fürstlich-barocken Innenstadtabschnitts schließen sich der bürgerliche Altmarkt und die moderne Prager Straße an.

Rund um den Theaterplatz

D4

Namensgeber des Theaterplatzes ist das Königliche Hoftheater, ein Vorgängerbau der Semperoper. Weitere berühmte Mitspieler der Platzlandschaft sind die Gemäldegalerie Alte Meister, die Hofkirche und das Residenzschloss. Eine der bedeutendsten Nebenrollen spielt die **Augustusbrücke** ❶, die ebenfalls von hier aus über die Elbe führt: Sie ist eine Nachfolgerin der sagenumwobenen Furt, die den Handelskarawanen um 800 n. Chr. ermöglichte, hier die Elbe zu überqueren – der eigentliche Nucleus Dresdens.

Das alles macht den Platz zum idealen Ausgangspunkt für einen schnellen Überblick über Dresdens Who's who der Architekturgeschichte! Gemessen an den historischen Bauten, die den Theaterplatz umgeben, ist er selbst stadtgeschichtlich relativ neu. Nachdem das Gelände nicht mehr als Festungsanlage gebraucht wurde, wollte August der Starke eigentlich das Zwinger-Ensemble bis zur Elbe fortführen. Allerdings verzettelte er sich in seinen vielen Bauvorhaben. Erst 1837 übertrug sein Urenkel König Friedrich August II. dem Architekten Johann Gottfried Semper die Gestaltung des heutigen Theaterplatzes samt Opernhaus und Gemäldegalerie.

Semperoper

Während gewachsene Stadtplätze häufig von geschlossenen Häuserfronten umgeben sind, bekommt auf dem Theaterplatz jeder Architektur-Solitär einen angemessenen Solo-Auftritt. Die Hauptrolle allerdings gebührt der **Semperoper** ❷. Mit ihrer mächtigen halbrunden Architektur

Lauter Solitäre: Der Hausmannsturm gewährt den Überblick über Semperoper, Gemäldegalerie und das Residenzschloss.

Dresden Altstadt

Ansehen

1. Augustusbrücke
2. Semperoper
3. Zwinger
4. Gemäldegalerie Alte Meister
5. König-Johann-Denkmal
6. Schinkelwache
7. Residenzschloss
8. Hofkirche/St. Trinitatis
9. Fürstenzug
10. Stallhof
11. Johanneum
12. Frauenkirche
13. Coselpalais
14. Ständehaus
15. Sekundogenitur
16. Anlegestelle Sächsische Dampfschifffahrt
17. Kunsthochschule
18. Lipsiusbau
19. Albertinum
20. Sphinxgruppe und Delphinbrunnen
21. Moritzmonument
22. Neue Synagoge
23. Kulturpalast
24. Kreuzkirche
25. Gänsediebbrunnen
26. Neues Rathaus
27. Gewandhaus
28. Landhaus
29. Hauptbahnhof
30. Festung Dresden
31. Stadtmuseum und Städtische Galerie

Essen

1. Mensa Brühl
2. Grand Café
3. Dean & David
4. Brühlscher Garten
5. Opera – Bar & Dining
6. Café Solino

Einkaufen

1. Sächsischer Heimatschutz e.V.
2. Altmarkt-Galerie
3. Galeria
4. Centrum-Galerie
5. QF Passage
6. Advent auf dem Neumarkt
7. A. Lange & Söhne

Ausgehen

1. Jazzclub Tonne
2. Bärenzwinger
3. Kulturpalast
4. Café Rauschenbach deli
5. Kristallpalast
6. Rundkino
7. Twist Bar
8. Gin House
9. Stromwerk im Kraftwerk Mitte

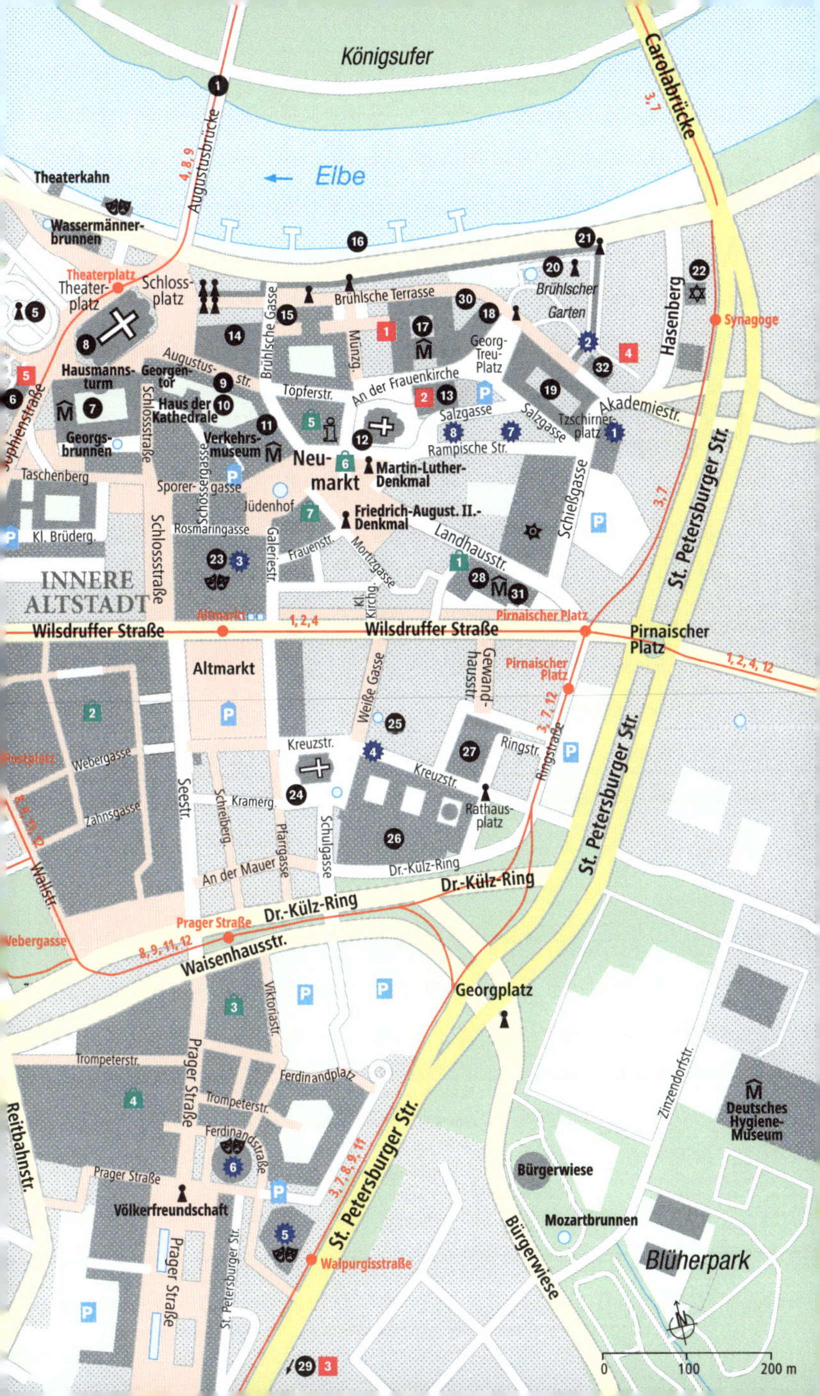
Königsufer
Elbe
Carolabrücke
3, 7
Augustusbrücke
4, 8, 9
Theaterkahn
Wassermänner-brunnen
Theaterplatz
Theater-platz
Schloss-platz
Brühlsche Terrasse
Brühlscher Garten
Hasenberg
Synagoge
Brühlsche Gasse
Münzg.
Georg-Treu-Platz
Hausmanns-turm
Georgen-tor
Augustus-str.
Haus der Kathedrale
Töpferstr.
An der Frauenkirche
Salzgasse
Akademiestr.
Tzschirner-platz
Rampische Str.
Verkehrs-museum
Neu-markt
Martin-Luther-Denkmal
Georgs-brunnen
Taschenberg
Sporer-gasse
Schlossstraße
Schössergasse
Jüdenhof
Friedrich-August. II.-Denkmal
Landhausstr.
Schießgasse
St. Petersburger Str.
Kl. Brüderg.
Rosmaringasse
Galeriestr.
Frauenstr.
Moritzgasse
Kl. Kirchg.
INNERE ALTSTADT
Altmarkt
1, 2, 4
Pirnaischer Platz
Wilsdruffer Straße
Gewand-hausstr.
Weiße Gasse
3, 7, 12
Ringstraße
Postplatz
Webergasse
Zahnsgasse
Seestr.
Kreuzstr.
Ringstr.
Rathaus-platz
Schreiberg.
Kramerg.
Pfarrgasse
Schulgasse
An der Mauer
Dr.-Külz-Ring
8, 9, 11, 12
Wallstr.
Prager Straße
Waisenhausstr.
Georgplatz
Viktoriastr.
Trompeterstr.
Ferdinandplatz
Prager Straße
Ferdinandstraße
Zinzendorfstr.
Deutsches Hygiene-Museum
Reitbahnstr.
Völkerfreundschaft
Bürgerwiese
Mozartbrunnen
Blüherpark
3, 7, 8, 9, 11
Walpurgisstraße
St. Petersburger Str.
0
100
200 m

TOUR
Der barockt!

Spaziergang durch den Zwinger

Infos

D 4

Start: Kronentor beim Postplatz

Dauer: ca. halbstündiger Spaziergang

Öffnungszeiten Café: Di–So 10–18 Uhr

Festungen zu Festspielplätzen!
Normalerweise ist ein Zwinger 3 der dunkle, klamme Innenteil zwischen den Mauern einer Festungsanlage. Wie in aller Welt passt der Name zu diesem fröhlichen, verspielten Stück Architektur, das in erster Linie zur reinen Zierde gebaut wurde? Der **Wallpavillon** legt eine Spur: An dieser Stelle begannen 1710 die ersten Arbeiten zum Umbau der alten Festungsanlage vor der Stadt. Bauherr war der sächsische Kurfürst und polnische König August der Starke. Seine Vorliebe für alles Asiatische erstreckte sich auch auf Orangen- und Zitronenbäumchen. Bald hatte sein Hofgärtner 1000 Stämmchen in Pflege – und ein Platzproblem. Die unbebaute Fläche zwischen Stadt- und Festungswall, praktisch gegenüber vom Schloss gelegen, war ein idealer Standort für eine Orangerie.

Weiterbildung auf Staatskosten
Mit seinem Landbaumeister Matthäus Daniel Pöppelmann (1662–1736) und seinem Hofbildhauer Balthasar Permoser (1651–1732) hatte August der Starke zwei geniale Gestaltungskünstler am Hof. Pöppelmann hatte er bauvorbereitend auf Bildungsreise nach Wien, Rom und Neapel geschickt. Permoser lernte in Salzburg Bildhauer, arbeitete in Wien und viele Jahre in Italien, bevor ihn der Kurfürst an den sächsischen Hof holte. 1710 begannen sie, aus dem Sandstein der Sächsischen Schweiz den **Mathematisch-Physikalischen Salon** zu bauen, setzten als nördliches Pendant den **Französischen Pavillon** dazu und verbanden beide mit geschwungenen **Bogengalerien.** Der Wallpavillon prunkte in der Mitte. An seiner Stirnseite trägt Permosers Herkules die Weltkugel, und sicher sah sich August in der Figur angemessen verkörpert. Schließlich steht Herkules auf dem sächsisch-polnischen Wappen mit den Insignien A. R. – Augustus Rex. Polnischer König war August übrigens seit 1697.

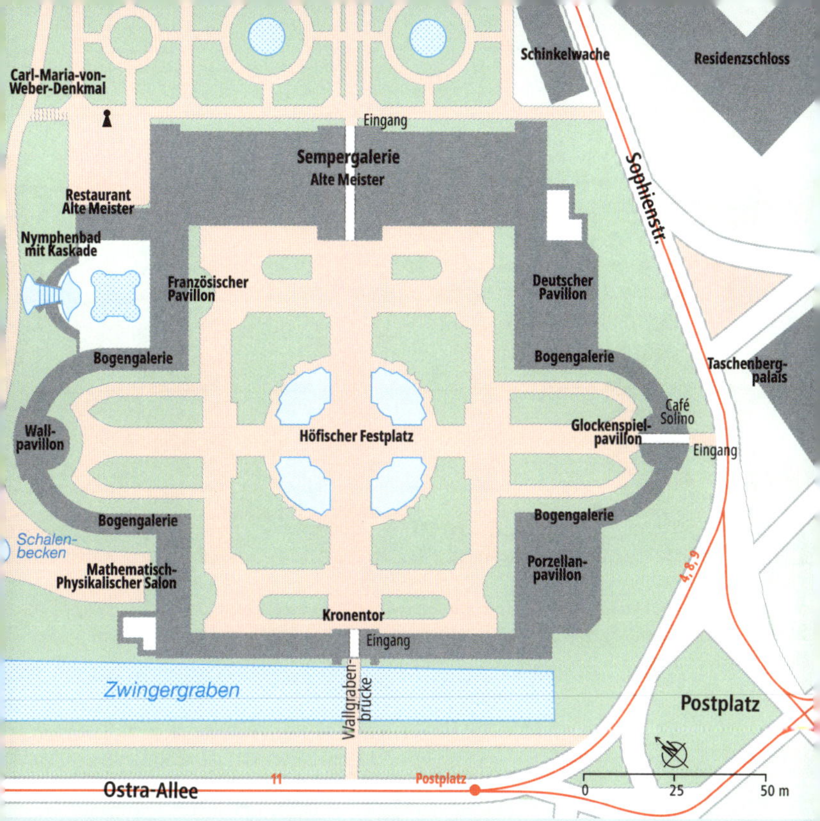

Handgelenk statt Generalplan

Einen Generalplan für den Zwinger gab es nicht, das Baugeschehen folgte den Ideen, Notwendigkeiten und finanziellen Mitteln des Kurfürsten. 1714 trieb er den Bau der **Langgalerie** auf der alten Festungsmauer im Süden voran. Über die verschlungenen Treppen des Wallpavillons gelangen Sie auf die Balustrade – eins der vielen Details, die zeigen, wie genial Pöppelmann die Repräsentationswut des Hochbarocks mit der Verspieltheit des aufkommenden Rokokos verschmolz.

Barocke Poolanlage

Permoser vervollkommnete die architektonische Vorlage derart organisch mit seinen Sandsteinskulpturen, dass eins ohne das andere nicht denkbar ist. Seine größte Meisterleistung ist das **Nymphenbad** zwischen Wall- und Französischem Pavillon – es ist nur von der Balustrade aus zugänglich. Ein Wasserfall ergießt sich zwischen steinernen Meeresgöttern und

Achten Sie mal auf die Gesichter der Skulpturen: Da sind richtige Charakterköpfe dabei!

Einen Logenblick über die Balustrade gewährt das Solino.

Delfinen. Unten raffen verdächtig anmutige Nymphen in muschelbekrönten Nischen ihre Badelaken.

Wandeln zum Kronentor

Überhaupt Skulpturen: Auf dem Weg zum **Kronentor** sind die Göttinnen der Fruchtbarkeit, Bacchanten, Atlanten und Putti aller Art vollzählig versammelt. Wenn Sie genau hinschauen, finden Sie darunter viele Charaktergesichter. Die Krone auf dem Kronentor verkörpert – natürlich! – die polnische Krone, die August der Starke schon für sich gesichert hatte, aber auch gern noch an seinen Sohn weitergeben wollte.

In der Porzellansammlung oder im Mathematisch-Physikalischen Salon geht der Ausflug in die Verlängerung.

Einkehr mit Aussicht

Die Ostseite mit dem **Glockenspielpavillon** (heute der Zugang zur Porzellansammlung) als spiegelbildliche Entsprechung des Wallpavillons entstand 1719 schließlich, um einen Festspielplatz für die Hochzeit des Kurprinzen zu erhalten. Geplant war noch, Galerien und Höfe bis an die Elbe fortzusetzen. Doch August der Starke verzettelte sich mit seinen vielen Bauvorhaben. Der Zwinger, planungsoffen zur Elbseite, erhielt für über ein Jahrhundert eine provisorische Holzwand. Neben dem Kassenbereich für die Porzellansammlung betreibt das **Café Solino** im Glockenspielpavillon eine kleine Kaffee- und Kuchenausgabe. Im Sommer stehen die Stühle auf der Balustrade – ganz nah dran an Permosers drallen Putten und mit einem Panorama-Blick auf den Innenhof des Zwingers.

dominiert sie alle anderen Formen. Ursprünglich baute Semper 1838–41 das Königliche Hoftheater. Richard Wagner leitete dort die Hofkapelle (heute Staatskapelle), bis er 1849 – genau wie Semper – Dresden verlassen musste. Beide hatten sich am Dresdner Maiaufstand beteiligt, der kein geringeres Ziel hatte, als den sächsischen König zu stürzen und eine Republik auszurufen. Da ebendieser König bei beiden auch als Auftraggeber fungierte, war ihre Karriere in Sachsen damit beendet. Fast! Das Hoftheater brannte 1869 ab, und die Dresdner baten doch wieder Semper, ihnen eine Oper zu bauen. Der kam zwar nicht selbst, entwarf aber und schickte seinen Sohn zur Ausführung: Der neuen Opernfassade verlieh er eine Rustika-Gliederung nach dem Vorbild der italienischen Palazzi des 15. Jh. Trotz des Rückgriffs auf alte Formen war Sempers Architektur revolutionär: Seinem Baukörper ist abzulesen, wo sich das Foyer, die Treppenhäuser und die Bühne befinden – ein Vorläufer des ›form follows function‹ also.

Studienzweig Restaurierung

Nach ihrer zweiten Zerstörung im Zweiten Weltkrieg entschied die DDR-Regierung, die sonst wenig zimperlich mit geschichtsträchtigen Ruinen umging, 1976 überraschend den Wiederaufbau der Oper. Original-Baupläne gab es nicht, Gewerke wie Marmorierer oder Stuckateur waren in der DDR-Planwirtschaft ausgestorben. Andererseits wurde 1974 der Studiengang Restaurierung an der Dresdner Kunsthochschule eingerichtet und die chronische Unterversorgung mit Baustoffen für den Opernbau ausgesetzt. 1985 eröffnete der »Freischütz« von Carl Maria von Weber (1786–1826) das neue Haus – natürlich nicht einfach so: Der »Freischütz« war auch die letzte Vorstellung vor der Zerstörung im Februar 1945. Weber leitete die Hofkapelle von 1819 bis 1826 und steht in einer langen Reihe großer Namen, die Dresden musikalischen Weltruhm bescherten: Heinrich Schütz versorgte im 16. Jh. die Hofkapelle mit seinen Kompositionen. Richard Wagner brachte mit ihr den »Fliegenden Holländer« und den »Tannhäuser« zur Uraufführung, Richard Strauss feierte mit der Hofkapelle seinen Durchbruch als Komponist des »Rosenkavaliers«, Robert Schumann betätigte sich als Chorleiter. Noch bis 2024 leitet Christian Thielemann die Sächsische Staatskapelle und sorgt in guter alter Tradition für das richtige Maß an Triumph und Skandal.

Gemäldegalerie Alte Meister

D4

Der zweite platzbestimmende Solist stammt ebenfalls von Semper: Die **Gemäldegalerie Alte Meister** ❹ (auch »Sempergalerie« genannt) bildet den südlichen baulichen Abschluss des Theaterplatzes. Semper versuchte, sein Bauwerk harmonisch in das Zwingerensemble einzupassen. So wählte er zwar schweren

B

GEBROCHENES BRIEFGEHEIMNIS

Jahrhundertelang rätselte die Fangemeinde, welcher Art der Brief des »Brieflesenden Mädchens« sein könnte. Eine Rechnung? Ein Liebesbrief? Mutters Ermahnungen? Ein Rezept? Was las man denn 1657 eigentlich so, als Johannes Vermeer van Delft das Bild malte?
Eine Restaurierung des Gemäldes brachte 2018/19 einen Amor ans Licht, dort, wo bisher mehrere Jahrhunderte lang nur ockerfarbene Wand war. Das Rätsel ist gelöst. Wie schade.

Sandstein für das Untergeschoss, um es an die Rustika-Fassade der Semperoper anzupassen, gestaltete aber die oberen Stockwerke mit reichem Figurenschmuck, der typisch für den Zwinger ist. Auch die Gemäldegalerie brannte 1945 aus. Der damalige, heute für seine Führermuseums-Ankäufe heftig umstrittene Galeriedirektor Hans Posse ließ die Kunstwerke allerdings bereits 1942 in Bergwerke auslagern. Eine russische Trophäenkommission fand sie dort unversehrt und schaffte sie 1945 mit der heimkehrenden Sowjetarmee nach Russland.

Alte Dresdner haben es den Russen bis heute nicht vergessen, dass die sowjetische Regierung 1955/56 den allergrößten Teil der Werke an die DDR zurückgab, darunter auch die Sixtinische Madonna. Bis dahin hatten sie die Gemäldegalerie bereits wieder aufgebaut.

Investitionen zahlen sich aus

Heute noch mal eine Gemäldesammlung anlegen wie die Alten Meister in der Dresdner Gemäldegalerie? Keine Chance. Werke der bekannten Namen aus Renaissance, Manierismus und Barock gelangen ganz, ganz selten auf den Kunstmarkt und erzielen Preise jenseits der staatlichen Ankaufsetats. Doch auch früher waren die Kunstkäufe keine Schnäppchen. Unter den sächsischen Kurfürsten tat sich Friedrich August II., der Sohn Augusts des Starken, durch die spektakulärsten Ankäufe hervor. Seine Ausgaben für Kunst schmälerten sein Budget fürs Militär, was sich im Siebenjährigen Krieg rächen sollte, als Sachsen von Preußen besetzt wurde. Dresden aber lebt noch immer sehr gut von diesen Investitionen. Seit der Generalsanierung vor wenigen Jahren ist auch die Skulpturensammlung bis 1800 nun ebenfalls mit eingezogen und sorgt für ein spannendes Bezügespiel zwischen Malern und Bildhauern.

Theaterplatz 1, www.skd.museum, Di–So 10–18 Uhr

König-Johann-Denkmal

König Johann von Sachsen (1801–73, Regierungszeit 1854–73), dem das **Reiterstandbild** ❺ vor der Oper gewidmet ist, war ein gelehrter König: Unter dem Namen »Philalethes« übersetzte er Dantes »Göttliche Komödie« ins Deutsche. Zu seinem Korrespondenz- und Freundeskreis zählten Carl Gustav Carus, Johann Wolfgang von Goethe und Ludwig Tieck. Der Schlachtenbummler auf dem Reiterdenkmal wird ihm wenig gerecht. Doch für den Bildhauer Johannes Schilling (1828–1910), der es 1889 schuf, galt: Ein König ist ein König – und der gehört nun mal aufs Pferd, auch wenn er lieber am Schreibtisch sitzt.

Schinkelwache

Preußische Strenge

Gar nicht passend zur prunkvoll-prächtig verspielten Dresdner Formensprache ist die **Schinkelwache** ❻, mit der er sich den Platz teilt: Tatsächlich entwarf sie Karl Friedrich Schinkel 1833 in Form eines griechischen Tempels. Sein strenger Klassizismus sollte in Berlin stilbildend werden. Inzwischen verbindet das Restaurant **Opera** 5 Schinkels Strenge mit opulenten Gerichten.

Besucherdienst der Semperoper: Mo–Fr 10–18, Sa, So 10–17 Uhr

H

HOCH UND GUCKEN

Der Hausmannsturm mit Mauerresten aus dem 11. Jh. ist nicht nur der älteste Gebäudeteil des Dresdner Schlosses, sondern auch der aussichtsreichste.
(April–Okt. Mi–Mo 10–18 Uhr)

Residenzschloss

D4

Die Schinkelwache bewachte vor allem das **Schloss** 7 hinter ihr. Das scheint ganz selbstverständlich: Die dicken, schwarzgrün patinierten Sandsteinmauern wirken schließlich so, als stünden sie da seit Anbeginn aller Zeiten. Mal abgesehen davon, dass sie im 16. Jh. dort errichtet wurden, überstand dieser Teil des Schlosses tatsächlich als einziger den Bombenangriff von 1945 so, dass im baulich von jeher besonders geschützten Grünen Gewölbe im Erdgeschoss noch eine einzelne Stuckdecke heil blieb. Der Rest des Schlosses bestand bis in die 1980er-Jahre aus rußgeschwärzten Fassaden ohne Innenleben.

Mit viel Fantasie, Hartnäckigkeit und der Hilfe zahlreicher Bergungseinsätze der Dresdner gelang es den Denkmalschützern 1986, der DDR-Regierung den Beschluss zum Wiederaufbau abzuringen – immer mit dem Argument, den sächsischen Kunstsammlungen, die sich damals im Albertinum drängten, genügend Raum zu geben. Die finanziellen Mittel von insgesamt 350 Mio. € standen allerdings erst nach der Wiedervereinigung bereit.

L

NICHT LÄCHELN!

Die Wachablösungen in der Polizeiwache vor dem Schloss müssen ähnlich spektakulär gewesen sein wie heute die vorm Buckingham Palace. Wie es in Schloss und Wache im frühen 20. Jh. zuging, beschreibt Arnold Vieth von Golßenau alias Ludwig Renn sehr lebendig in seiner 1944 im mexikanischen Exil erschienenen Autobiografie »Adel im Untergang«.

Wiederaufbau als Museum

In einem beispiellosen Kraftakt aus filigranen Restaurierungsarbeiten, durch-

Alles Wettiner: Der Fürstenzug zieht sich über 101,90 m Schlossfassade.

TOUR
Energiezentrum

Ein Spaziergang durch die Wilsdruffer Vorstadt

Infos

C4

Hin & Weg: S-Bahnhof Mitte, Straßenbahnhaltestelle Bahnhof Mitte, Linie 1, 2, 6, 10, 11

Strecke: knapp 2 km

Dauer: 1 Std.

Equipment: Geld zum Essengehen

Dresden hat wenig neusachliche Architektur, dafür gleich ein massives Stück am **Schützenplatz.** Doch das breite, hohe DGB-Haus ist dort längst nicht mehr allein. Der lang gezogene Platz gehört zur Wilsdruffer Vorstadt, einem Stadtteil, der bisher so knapp neben der glamourösen Altstadt wenig eigenen Charakter zeigte. In den letzten Jahren hat sich das geändert. Auch das **Schießhaus** (mit Restaurant, www.zum-schiesshaus.de), das sich bis ins 16. Jh. zurückverfolgen lässt, ist nicht mehr allein auf weiter Flur, sondern in einen kleinen charmanten Platz eingebettet – der besonders hübsch wird, wenn das **Alua Vegan Café** (www.alua.de) oder das **Moka Café** (Facebook.com/coffeemokadd) von nebenan Tische und Stühle unter die Linden stellen. Allerdings: Bildhübsche kleine Cafés wird es auf dieser Route noch einige geben.

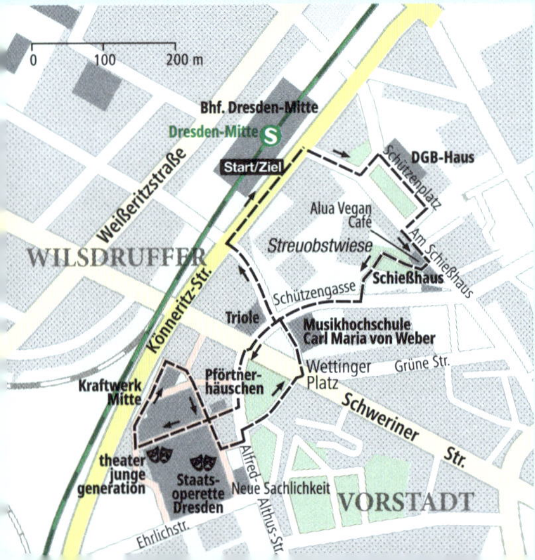

Plötzlich liegt eine **Streuobstwiese** zwischen all den Straßen und Häuserzeilen – verwuchert und verwunschen, als wäre sie ein übrig gebliebener Garten aus der Vorstadt-Zeit. Doch ihre Existenz ist kein Zufall: Für Pflege und Erhalt hat sich das **Umweltzentrum Dresden** stark gemacht. Es hat seine Büros gegenüber. Das Haus mit Baujahr 1701 ist eins der ganz wenigen Altbestände des Viertels (mit vegetarischem Restaurant, www.brennnessel-dresden.de). Gleich daneben schiebt sich der futuristische Kon-

zertsaal-Anbau der **Musikhochschule Carl Maria von Weber** ins Bild. Kurz unter der großen Platane Platz nehmen und dem Piano-Drama, den gesummten Tonleitern und den zwölftönernen Klarinettentrillern zuhören, die aus den geöffneten Fenstern der Übungsräume wehen (Veranstaltungsprogramm: www.hfmdd.de). Dass gleich um die Ecke ein **Geigenbauer** (www.saitenspiel-zeug.de) seine Werkstatt hat und vorn noch das **Bläseratelier Triole** (www.triole.de) sitzt, ist nur folgerichtig.

Streuobstwiesen-Überraschung beim Umweltzentrum

Am Wettiner Platz bewacht das **Pförtnerhäuschen** den Eingang zum Areal des ehemaligen **Kraftwerks Mitte.** In seinem einladenden winzigen Gastraum sorgt das **T1 Bistro & Café** für einen netten Imbiss (www.kraftwerk-mitte-dresden.de/einziehen/wir-sind-hier/t1-bistro-cafe.php). Eindrucksvoll sind natürlich auch die rot geklinkerten Kraftwerksgebäude aus dem 19. Jh. dahinter. Die wichtigsten Neu-Nutzer sind die **Staatsoperette** und das **theater junge generation.** 2017 eröffneten sie ihre neuen Häuser, und parallel füllte sich das Areal mit allem, worüber vorher nur lange nachgedacht wurde: Tanzsäle und Restaurants, Probenräume und Theater. Die Staatlichen Kunstsammlungen haben ihre Puppentheatersammlung hier untergebracht, das **Heinrich-Schütz-Konservatorium** ist ebenfalls eingezogen.

Tipp: Im Kraftwerk-Mitte-Areal gibt es noch eine weitere empfehlenswerte Einkehr-Adresse, nämlich das Restaurant »Neue Sachlichkeit« (www.rauschgastronomie.de).

Zwischen ehemaligem Reaktanzenhaus, Maschinenhalle und Abspannturm erstreckt sich ein industriezeitliches Gassengewirr. Manche Gebäude auf den 4 ha sind noch in dem Zustand, in dem sie 1996 nach der Abschaltung des Kraftwerks zurückgelassen wurden, andere aufpoliert und sandgestrahlt. Alle zusammen produzieren immer noch Energie!

dachten Rekonstruktionen und sinnvollen Neubauten entstand das Schloss mitsamt seinen verschiedenen Bauphasen von der Frührenaissance um 1417 bis zum Historismus um 1901 in den letzten 35 Jahren neu.

Der kleine Schlosshof, der dank der modernen Membrankuppel inzwischen als Besucherempfang dient, ist der Ausgangspunkt zu einmaligen Sammlungen (s. S. 61).

Kathedrale St. Trinitatis

Was sich da östlich noch wie ein Mississippidampfer ins Bild schiebt, ist das Kirchenschiff der **Hofkirche** ❽ (Kathedrale St. Trinitatis). Seit August der Starke im Jahr 1697 zum Katholizismus übertrat, um als Bewerber für die polnische Krone in Frage zu kommen, blieben die sächsischen Kurfürsten beim katholischen Glauben. Der Skandal muss für die protestantischen Sachsen im Mutterland der Reformation perfekt gewesen sein. Die Dresdner wurden also lange im Unklaren darüber gelassen, dass der italienische Baumeister Gaetano Chiaveri hier ein katholisches Gotteshaus in feinstem römischem Barock bauen sollte. 1755 konnte sie geweiht werden. Sichtbarer Ausdruck der politisch-religiösen Schwierigkeiten ist der um das Mittelschiff im Kircheninnern gelegte Prozessionsgang – geschaffen, um die Dresdner nicht mit öffentlichen Prozessionen zu provozieren. Die Logen beiderseits des Hauptaltars ließen sich durch den Übergang direkt vom Schloss aus erreichen.

Die 78 Heiligenskulpturen auf der Balustrade und in den Nischen fertigte Lorenzo Mattielli, der vorher am Wiener Hof arbeitete – die Kontakte der Wettiner zu den Habsburgern waren eng, die Gattin Friedrich Augusts II. war immerhin die Kaisertochter Maria Josepha. Im Inneren liegt die Wettiner Gruft, in der auch das Herz Augusts des Starken beigesetzt ist. Seine Gebeine liegen in Krakau. Natürlich ist auch die sonstige Ausstattung entsprechend qualitätvoll: Das Altarbild mit Christi Himmelfahrt stammt von Anton Raphael Mengs, die Kanzel von Balthasar Permoser und die Orgel von dem großen sächsischen Orgelbauer Johann Gottfried Silbermann.

www.bistum-dresden-meissen, Mo–Do 10–17, Fr 13–17, Sa 10–17, So 12–16 Uhr

Vorbei an allen Fürsten

Die Augustusstraße hinter der Hofkirche verbindet den Schlossplatz und den Neumarkt. An der 100 m langen Außenwand des Stallhofes entlang reitet der **Fürstenzug** ❾. Zuerst führte ihn Wilhelm Walther 1876 als Sgraffito aus. Weil es aber so schnell verwitterte, wurde es noch einmal auf 24 000 Meißener Porzellanfliesen abgebildet.

Der Zug zeigt die Wettiner Herrscherreihe von 1123 bis 1904. Anführer Konrad der Große regierte von 1123 bis 1156 als Graf die Markgrafschaft Meißen. Das entsprach dem Wissensstand zur Entstehung des Sgraffitos. Doch 1889 fanden sich Archivunterlagen, die nachwiesen, dass König Heinrich IV. schon 1089 den Wettiner Grafen Heinrich I. von Eilenburg mit der Markgrafschaft Meißen belehnt hatte. Damit waren die Wettiner die älteste ununterbrochen regierende Dynastie in Deutschland.

Hinter dem Wandbild verbirgt sich der **Stallhof** ❿, zu betreten über einen unscheinbaren Hofeingang beim **Johanneum** ⓫ und im Durchgang des Georgenbaus. Es ist einer der ältesten Turnierplätze der Welt, mit Pferdeschwemme und schiefer Ebene für die Tiere. Der 100 m lange Gang diente zur Aufbewahrung der Turnierwaffen und verband den Pferdestall – heute das Johanneum – mit dem Georgenbau. Nicht nur zu Zeiten der Ritterturniere hatten Pferde einen höheren Stellenwert als geringe Bedienstete und wurden entsprechend komfortabel untergebracht. Die kurfürstlichen Tiere erhielten ihren Stall 1588 nach Entwürfen von Giovanni Maria Nosseni. Kurfürst Friedrich August II., der ebenfalls gern zur Jagd ritt, geriet 1745 allerdings in einen Interessenkonflikt mit seiner Leidenschaft für Gemälde. Um sie unterzubringen, ließ er Oberlandbaumeister Johann Christoph Knöffel das Gebäude zur Gemäldegalerie umbauen. 1950 zog das **Verkehrsmuseum** ein.

Neumarkt

Neumarkt und Frauenkirche sieht man noch ein bisschen an, dass sie ziemlich neu sind. Zumindest für Dresdner ist ihr Vorhandensein immer noch keine Selbstverständlichkeit. Der schwarze Ruinenzahn der Frauenkirche mit der Brache ringsum ist immer noch Teil des aktiven Gedächtnisses.

Frauenkirche

Die Geschichte der **Frauenkirche** ⓬ führt zurück in das 11. Jh., als am heutigen Standort eine Kirche namens »Zu unserer Lieben Frau« im sorbischen Gau Nisani errichtet wurde. Sie war das zweite christliche Gotteshaus in der Mark Meißen, diente der Mission der Sorben und als Zentrum der ersten deutschstämmigen Siedler. Später besuchte die Dorfbevölkerung vor der Stadtmauer Dresdens die romanische Kirche. Dresdens Hauptkirche war die Kreuzkirche und blieb es auch, als ab 1551 die Frauenkirche ebenfalls zu Dresden gehörte. Mit der Zeit bot diese den Gläubigen nicht mehr genug Platz und wurde immer baufälliger.

1722 erhielt Ratszimmermeister George Bähr (1666–1738) vom Oberbauamt den Auftrag, eine neue Kirche zu errichten. Der Grundstein wurde im August 1726 gelegt – nach großen Kontroversen. Bähr, der bis dahin nur kleine Kirchen gebaut hatte (z. B. die Loschwitzer Kirche), traute man den großen Wurf nicht zu.

Anstelle des üblichen Altarraums der katholischen Kirchen, der von der Gemeinde der Gläubigen getrennt ist, ließ Bähr einen Zentralbau auf einem quadratischen Grundriss von 45 × 45 m errichten, der Altar, Kanzel und Orgel in einem Kanzelaltar vereinigte. Darauf erhebt sich auf acht Pfeilern eine Kuppel bis in 95 m Höhe, die schnell zu einem Wahrzeichen Dresdens wurde. Sie gab auch Anlass zu heftigen Streitigkeiten: Konnte der Bau sie tragen? Tatsächlich

F

LIEBER FRÜHER ALS HEUTE

Die Gesellschaft Historischer Neumarkt ist etwas sehr, sehr Typisches für Dresden. Gewarnt von den ersten Nachwende-Bausünden gründeten Dresdner Bürger 1999 einen Verein mit dem Ziel, eine Bebauung nach historischem Vorbild beim Neumarkt durchzusetzen. Zwar wurden sie dafür oft als gestrig belächelt, doch für das Umfeld der Frauenkirche setzten sie eine Gestaltung durch, die sehr viel stimmiger geraten ist als beispielsweise die des nahen Postplatzes, auf dem niemand länger verweilen möchte. Vorbild sind sie auch: In Frankfurt/M. forderte eine Bürgerinitiative nach dem Leitbauten-Modell des Neumarkt-Vereins die Rekonstruktion besonders wichtiger Häuser in der Frankfurter Altstadt (www.neumarkt-dresden.de).

waren die acht Mittelpfeiler mit dem Kuppelgewicht überlastet. Trotzdem hielt die Kirche rund 200 Jahre stand, bevor 1938–42 Sicherungsmaßnahmen ergriffen werden mussten.

Solopart der Frauenkirche

Die Kirche überdauerte sogar die Bombennacht am 13. Februar 1945. Erst gegen Mittag des folgenden Tages fiel sie in sich zusammen. Die Sandsteinpfeiler verloren durch das Feuer ihre Festigkeit, die Kuppel stürzte ein. Die schwarze Ruine mahnte in DDR-Zeiten gegen den Krieg. An jedem 13. Februar gedachten die Dresdner hier mit Kerzen der Zerstörung Dresdens. Daraus entstand ein Kristallisationspunkt der oppositionellen Friedensbewegung, die die Remilitarisierung der DDR hinterfragte. Nach der Wende pervertierten Neonazis diese Tradition, indem sie Dresden als Opfer des Zweiten Weltkriegs stilisierten.

Die Idee eines Wiederaufbaus ist ein Wendekind. Bereits 1993 wurden die Steine des Schutthaufens geborgen. Elf Jahre später saßen Turmhaube und Turmkreuz an Ort und Stelle, schließlich wurde die Frauenkirche im Oktober 2005 geweiht (mehr dazu s. Magazin S. 273).

Neuzeitliches Gassengewirr

Wie nebenbei entstand gleich ein ganzes Viertel mit: Die Straßen und Gassen, die rund um den Neumarkt in alle Richtungen abgehen, sind alle in den letzten 25 Jahren entstanden. Und mit ihnen auch die Cafés und Restaurants, die jetzt nötig sind, um die Frauenkirche aus einiger Entfernung hoch und runter zu betrachten.

Langlebige Cosel

Nach dem Bombenangriff 1945 und der Sprengung der Reste 1956 schienen die Häuserzeilen rund um die Frauenkirche für alle Zeit verloren. Das originalgetreu restaurierte **Coselpalais** ⓭, eingeweiht im Jahr 2000, war das erste Stück wiederaufgebauter Neumarkt. Das Original baute Julius Heinrich Schwarze 1762–64 für Graf Friedrich August Cosel, den unehelichen Sohn, den August mit der Gräfin Cosel hatte. Heute beherbergt es das **Grand Café** 2.

An der Frauenkirche 12, www.coselpalais-dresden.de, Mo–Do, So 11–23, Fr, Sa 11–24 Uhr

Brühlsche Terrasse

Leichte Brise von Norden, schwerer Historismus von Süden – und dazwischen großzügige 600 Meter, die ganz und gar dem Flanieren gewidmet sind: Die Brühlsche Terrasse auf der alten Dresdner Festungsmauer steht über den Dingen – vor allem zehn Meter über dem Autoverkehr. So bleibt der Blick auf die Elbe angenehm ungestört.

Ein Balkon zum Flanieren

Schon zu Beginn des 18. Jh. hatte die Festungsanlage entlang des Elbufers (1546–51) ausgedient. Kurfürst Friedrich August II. schenkte das Bauwerk 1739 dem Staatsminister seines Vertrauens: Graf Heinrich von Brühl (1700–63). Brühl war nicht kleinlich, wenn es darum ging, die sächsischen Staatsfinanzen zur Verschönerung seines persönlichen Umfelds einzusetzen. Die Kasematten in der Bastion ließ er verschließen – sehr zur Freude der Archäologen, die in den letzten Jahren ein Stück unberührtes 18. Jh. ausgraben konnten. Auf den breiten Festungsmauern ließ er eine Art Privatpark mit Galerie, Palais und Bücherei anlegen.

Als der Graf starb, hatte seine Finanzpolitik zusammen mit dem Siebenjährigen Krieg zu Sachsens Bankrott beigetragen. Kein Wunder, dass er bei den Nachfolgern des Kurfürsten Friedrich August II. nicht sonderlich beliebt war. An der Stelle seines Palais steht heute das **Ständehaus** (14). Seit 1868 ermöglicht es die Freitreppe jedem Normalsterblichen, das Ensemble zu betreten.

Sekundogenitur

Die Thronchancen zweitgeborener Prinzen schieben Herrscherhäuser unmissverständlich nach hinten – sie sind zweite Garnitur und bewohnen deshalb die **Sekundogenitur** (15). Davon gab es in Dresden einige. Die auf der Brühlschen Terrasse 3 gehörte Johann Georg von Sachsen, dem Bruder des letzten sächsischen Königs.

Das Café Vis à Vis zog mit dem Wiederaufbau 1957 ein. Natürlich hat es die schönsten Außenplätze, und natürlich spiegelt sich das in den Preisen wider. Beim Blick über die Elbe fallen die natürlichen Uferstreifen auf, die sich zusammen mit den Elbwiesen durch die ganze Stadt ziehen. Als Dresden mit dem Beginn der Industrialisierung sprunghaft an Bevölkerung zulegte und die Begierden nach Bauland stiegen, wehrten sich die Bürger gegen die Befestigung der Ufer. So verhinderten sie Großbauten in Elbnähe, die in der Folge Hochwasserschutzmauern gebraucht hätten. So aber darf die Elbe nach wie vor unbehelligt über die Ufer treten, und die Elbwiesen reichen bis ins Herz der Stadt.

Sächsische Dampfschifffahrt

Immer wieder ganz gemacht

Direkt zu Füßen der Brühlschen Terrasse liegen die Anlegestellen und das Kartenhäuschen der **Sächsischen Dampfschiff-**

Kunst im Rücken, die Elbe voraus: Auf der Brühlschen Terrasse wurde das Flanieren quasi erfunden.

fahrt ⓰. Die rhythmischen Schaufel- und Dampfmaschinengeräusche ihrer Schaufelraddampfer sind charakteristisch für den Dresdner Sommer in der Stadt. Dass die Baujahre der Flotte im späten 19. und frühen 20. Jh. liegen, war ursprünglich keine geniale Idee des ortsansässigen Tourismusmarketings, sondern eine Folge der DDR-Mangelwirtschaft: Als die Ausflugsdampfer andernorts durch modernere Motorschiffe ersetzt wurden, hatte Dresden dafür kein Geld. Und irgendwann waren sie genügend aus der Zeit gefallen, um unsterblich zu werden.

Mai–Okt., Servicestation: Terrassenufer; Servicecenter: Georg-Treu-Platz 3, T 351 86 60 90, www.saechsische-dampfschiffahrt.de

Kunstmeile

Alte Mauern für neue Kunst

Einer der historistischen Kracher, die Eingang in Dresdens Stadtsilhouette gefunden haben, ist die **Kunsthochschule** ⓱. Sie leitet eine Kunstmeile ein, zu der noch der Lipsiusbau und das Albertinum gehören. Ihre gerippte Glaskuppel mit der goldenen Fama obendrauf erkannten die Dresdner bald als ›Zitronenpresse‹. Bereits August der Starke hatte eine Malerschule in Dresden eingerichtet. Im Laufe der Jahrhunderte lehrten Canaletto, Caspar David Friedrich, Ludwig Richter, Gottfried Semper, Oskar Kokoschka und Otto Dix an der Schule, später studierte Gerhard Richter hier, bis ihm der Kunstbegriff der DDR zu engstirnig vorkam.

Dafür wird er jetzt öfter im **Lipsiusbau** ⓲ nebenan ausgestellt – der mit der griechischen Tempelfront, die allerdings genauso alt ist wie die Kunsthochschule – beide Gebäude gehören im Grundriss zusammen. Die Staatlichen Kunstsammlungen nutzen diese Kunsthalle für Sonderausstellungen aller Art.

B

BILDERSTREIT

Dass sie immer weniger Gemälde aus der DDR-Zeit in der Ausstellung wiederfanden, empörte die Dresdner in den vergangenen Jahren sehr. Bei dem Streit, der durch zahlreiche Medien und Diskussionsrunden mäanderte, ging es bald um mehr als den vermissten »Peter im Tierpark« von Harald Hakenbeck, Werner Tübkes »Sizilianischen Großgrundbesitzer« oder Wolfgang Mattheuers »Sisyphos«. Es bahnte sich auch ein Unbehagen seinen Weg, die Deutungshoheit über die eigene Geschichte verloren zu haben: In der 17-köpfigen Riege der Museumsdirektoren bei den Staatlichen Kunstsammlungen Dresden haben drei einen ostdeutschen Hintergrund. Zumindest »Peter« ist inzwischen wieder öfter zu sehen.

Georg-Treu-Platz 1, www.skd.museum, Di–So 10–18 Uhr, Eintritt 5 €, erm. 4 €

Von Romantik bis Gegenwart

Das **Albertinum** ⓳ schließlich vereint die Festungs- mit der Kunstgeschichte. In ihm steckt noch das Zeughaus, das 1559–63 zur Verwahrung von Kriegsmaterial erbaut wurde. Trotz zahlreicher Umbauten ist der Renaissancestil von damals noch zu erahnen, vor allem im Rustika-Geschoss aus Sandsteinquadern, den Gurtgesimsen und den Spitzgiebeln über den Fenstern. Die Kunst in Form einer Abgusssammlung zog im 19. Jh. ein, und der Keller barg das Depot – was sich beim Jahrhunderthochwasser 2002 als schlechte Idee herausstellte, als er mit Wasser voll lief. Mittlerweile schwebt die Kunst über dem Innenhof – über der Decke, die nur so tut, als würde über ihr der Himmel für Licht sorgen.

Die Fama (Gottheit des Ruhmes, aber auch des Gerüchts) auf der Kuppel der Kunsthochschule alias ›Zitronenpresse‹

Brühlscher Garten

Am Ende wartet der Garten auf der alten Jungfernbastei. Die **Sphinxgruppe** und der **Delphinbrunnen** 20 sind noch barocke Originale, die ehemalige Hofgärtnerei ist jetzt ein Gemeinde- und Gästehaus der reformierten Kirche. Jeder Stadtführer weist hier auf eine Delle im Geländer hin, angeblich von August dem Starken per Daumendruck hineingepresst – allerdings gab es zu Augusts Zeiten die Anlage noch gar nicht.

Gar nicht so unscheinbar

Das **Moritzmonument** 21 auf der Festungsmauer-Ecke in Über-Kopf-Höhe wird schnell übersehen und scheint auch wenig spektakulär: Ein Mann in Rüstung gibt einem anderen sein Schwert, dahinter wartet der Tod. Kurfürst August von Sachsen (1526–86) ließ es zu Ehren seines Bruders Moritz von Sachsen (1521–53) um 1555 errichten. Dieser Moritz errang für Sachsens Herrscher die Kurfürstenwürde. Dass es ihm gelang, sie – symbolisiert durch das Kurfürstenschwert – an seinen Bruder weiterzugeben, als er selbst bei der Schlacht von Sievershausen tödlich verwundet wurde, war keine Selbstverständlichkeit. Seitdem waren die sächsischen Kurfürsten eine feste Größe im europäischen Machtgefüge.

Neue Synagoge

Der Doppelkubus gegenüber besteht aus der **Synagoge** 22 und dem Gemeindezentrum. Beide wurden 1998–2001 an der Stelle des Hasenbergs errichtet, an der am 9. November 1938 die erste von Gottfried Semper 1839/40 erbaute Synagoge von den Nazis zerstört worden war. Bei dem Neubau vereinten das Architektenbüro Wandel, Hoefer und Lorch die Lage des Grundstücks mit der Ost-Ausrichtung der Synagoge. Die Würfelform orientiert sich

K

DIE KLEMPERER-TAGEBÜCHER

Die Nazis ermordeten die Hälfte der rund 5500 Mitglieder der jüdischen Gemeinde in Dresden. Victor Klemperer, Sohn eines Rabbiners, Literaturwissenschaftler und Schriftsteller, überlebte die Gräueltaten an der Seite seiner deutschen Frau, musste mit ihr aber in ein ›Judenhaus‹ ziehen und Zwangsarbeit verrichten. Diese Zeit hielt er in seinen Tagebüchern fest. Ein lesenswertes Dokument über den schleichend-reißenden Ausbruch einer menschenfeindlichen Diktatur. **(Ich will Zeugnis ablegen bis zum letzten. Tagebücher 1933–1945,** Victor Klemperer)

TOUR
Architektur und Macht – Städtebau im Sozialismus

Spaziergang durch DDR-Architektur

Infos

D 5–6

Start: Am Altmarkt

Dauer: ca. halbstündiger Spaziergang

Der **Altmarkt** verdankt sein heutiges Aussehen der Anweisung zum ›Nationalen Bauen‹, mit der Stalin 1950 die Richtung vorgab: Architektur sollte sich an der traditionellen, regionaltypischen Bauweise orientieren. Die Berliner Stalinallee, heute Karl-Marx-Allee, ist das bekannteste Beispiel. Walter Ulbricht entschied für Dresden, am Altmarkt zu beginnen und ihn für seine neue Funktion als Aufmarschplatz zu vergrößern. Der Sandstein als Baumaterial schlug die Brücke zur Dresdner Vorkriegsarchitektur, und die Fassaden zitierten den dresdentypischen Barock mit Balustern, Risaliten und gesprengten Giebeln. Doch nach wenigen Jahren erwies sich das Nationale Bauen als zu teuer, zudem starb ihr Protektor Stalin 1953. Sein Nachfolger Chruschtschow entstalinisierte auch die Baukultur.

Einzug der Moderne

Das erste sichtbare Zeichen der neuen Ära ist der **Kulturpalast** 23 (Schlossstr. 2). Ursprünglich sollte er als »Haus der Partei« über 100 m im Stil der Moskauer Lomonossow-Universität in die Höhe ragen und damit symbolisieren, dass die Arbeiter- und Bauernmacht alles Dagewesene übertrumpfen würde. Wolfgang Hänsch reichte dennoch einen flachen Entwurf ein – und das Wunder geschah: Die Kommission in Moskau entschied sich 1962 für diese Variante. In den Jahren 1966–69 wurde gebaut.

Die sozialistische Einkaufsstraße

Der Architekt Hans Konrad, der 1962 zusammen mit Peter Sniegon, Kurt Röthig und Manfred Arlt einen Bebauungsplan für die Prager Straße fertigte, erinnert sich: »Wir hatten den Auftrag, die Prager Straße als zusammenhängenden Fußgängerbereich für den internationa-

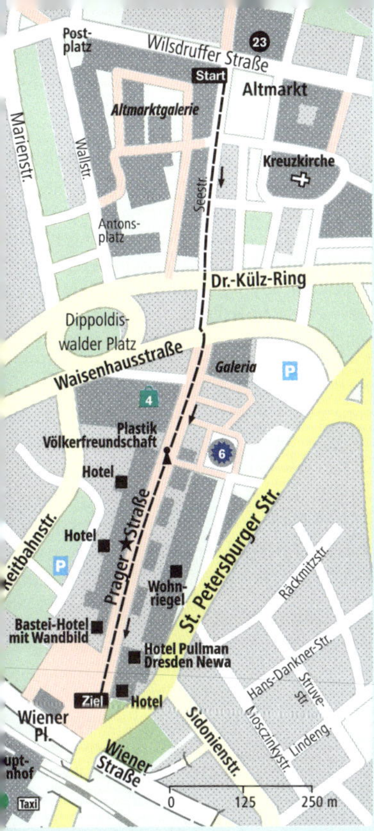

len Tourismus zu gestalten. Das sollte mit industriellen Baumethoden, mit Skelettbau und genormten Fertigbauteilen, erfolgen. Wir näherten uns also zwangsläufig der Moderne der Zwanziger Jahre, was bedeutete: klar und einfach bauen«, so Konrad. Vorbilder gab es viele: Vor allem die Einkaufsstraße Lijnbaan, die im ebenfalls kriegszerstörten Rotterdam 1952 fertiggestellt worden war, beeinflusste die Stadtplaner in Dresden. Deren Mängel aber wollten sie nicht wiederholen: »Der Fußgängerbereich bestand nur aus Büros, Banken und Läden. Nach Feierabend war da Schluss. Deshalb haben wir auch Wohnungen geplant.« So fügte sich eins zum anderen: **Hotels** für Touristen. Das **Rundkino** 6 zum Amüsieren. Blumenbeete und die Springbrunnenflächen für ein gutes Klima. Das Warenhaus **Centrum-Galerie** 4, Läden und Restaurants zum Einkaufen und Einkehren. Der **Wohnriegel** für die Dresdner. »Um den Raum zu kriegen, haben wir uns gedacht: Hier die Kammstellung der Hotels im Westen mit den schmalen Verbindungsbauten dazwischen. Im Osten die geschlossene Wohnzeile. Die Pavillons davor zur Belebung des Ganzen«, sagt Konrad. Auch Künstler arbeiteten mit. Die Stahlplastik **»Völkerfreundschaft«** von Wolf-Eike Kuntsche ist heute ein Hingucker. Das Wandbild **»Dresden grüßt seine Gäste«** von Kurt Sillack und Rudolf Lipowski am Restaurant des **Bastei-Hotels** bildete einst den Hintergrund für ein überlebensgroßes Lenin-Denkmal, inzwischen verdecken es Geschäftshäuser.

Kein Sinn für DDR-Architektur

Die Nachwende-Stadtplanung strafte das DDR-Ensemble mit Verachtung. Das faszinierende Zusammenspiel aus leichten, futuristisch anmutenden Fassaden, bunten Blumenbeeten und riesigen Springbrunnen wurde einer pflegeleichten Konsumarchitektur geopfert. Dabei verkannten die Nachwende-Planer völlig, dass auch Einkaufsstraßen erst liebenswert werden, wenn sie nicht nur dem Geldausgeben dienen.

an den ersten Tempeln der Israeliten. Im Inneren hängt ein golden schimmerndes Metallgewebe wie ein Zelt im Raum. Sein Muster aus Davidsternen symbolisiert das Stiftszelt, in dem Moses die Bundeslade unterbrachte. Der Verein Hatikva bietet unter seiner Homepage einen Stadtplan zum jüdischen Dresden an.

Neue Synagoge, Hasenberg 1, T 0351 656 88 25, www.hatikva.de, Führungen 6 €, erm. 4 €, Dauer ca. 1 Std.

Rund um den Altmarkt

Wenn der Theaterplatz der Salon der Wettiner ist, dann ist der Altmarkt die gute Stube der Dresdner Bürger. Oder besser: Er war es bis zur Zerstörung 1945. Der sozialistische Städtebau dachte weniger an den Dreiklang von Bürgerhäusern, Geschäften und Kirche. Für die heutige West- und Ostfront des Altmarkts legte Walter Ulbricht am 31. Mai 1953 höchstpersönlich den Grundstein. Der lange als Stalinbarock verpönte Baustil der damals gebauten Häuser ist längst rehabilitiert: Auch Kritiker räumen ein, dass die Bauten eine hohe Qualität aufweisen und sich durch die barocken Zitate nahtlos in das Stadtbild einfügen.

Ähnlich erging es den DDR-Bauten auf der Prager Straße – nach der Wende wurde sie arg verschlimmbessert. Viele Dresdner bedauern, dass diese größte Einkaufsmeile der Stadt mittlerweile nur noch wenige Stellen aufweist, die nach 1989 nicht komplett überbaut wurden (s. Tour S. 54).

Gute Stube im Stalinbarock

Der Altmarkt entstand vor der Kirche St. Nikolai, der späteren Kreuzkirche, die in der ersten Hälfte des 12. Jh. gebaut wurde. Entsprechend nutzten sie vor allem Kaufleute. Um das Jahr 1300 kam vermutlich das erste Rathaus der Stadt hinzu, verbürgt ist das Jahr 1489 für die Eröffnung der ersten Apotheke. Seine Bekanntheit hat der Platz vor allem durch den **Striezelmarkt**, der seit 1434 alljährlich in der Vorweihnachtszeit seine Buden aufschlägt – natürlich auch mit einigen Striezeln, die heute allerdings auch in Dresden Stollen heißen. Hinter den Arkaden der Westseite führt ein Durchgang zur **Altmarkt-Galerie** 2 – mit ca. 300 Geschäften und Cafés das größte Shopping-Center der Stadt.

Kulturpalast

Der **Kulturpalast** 23 an der Nordseite des Marktes war 1966 ein kleiner Sieg über den Willen des großen Bruders in Moskau: Eigentlich sollte an der Stelle eine Art Lomonossow-Universität emporragen – die Dresdner fürchteten sich vor dieser Architektur im stalinistischen Zuckerbäckerstil. Doch nach Stalins Tod 1953 setzte sich Wolfgang Hänsch mit seinem modernen Entwurf für eine Stadthalle durch, die er mit einem eleganten Foyer und einem Saal für Philharmonie und leichte Muse ausstattete. Vom einstigen sozialistischen Kulturbetrieb zeugen die Reliefs der Bronzetüren, die Dresdens Stadtgeschichte eng mit der Arbeiterbewegung verknüpfen, und das Wandbild »Weg der Roten Fahne« von Gerhard Bonzin an der Westfassade.

Der Konzertsaal der Dresdner Philharmonie im Inneren wurde 2017 neu eröffnet, nach einem kompletten Neubau des Saales zugunsten einer deutlich besseren Klangqualität. Bei dieser Gelegenheit zog auch die Städtische Bibliothek ins Haus – ein genialer Schachzug der Stadt, denn so ist der Kulturpalast nun auch tagsüber mit Leben gefüllt. Das geräumige Café Solo an der Ecke zur

Lieblingsort

Viele Menschen, viel Ruhe

Das Kunststück, diese vermeintlichen Gegensätze zu vereinen, gelingt den großen **Foyers des Kulturpalastes** ㉓. Die langen Fensterfronten lassen den Blick über die Geschäftigkeit des Altmarkts schweifen, aber hier oben ist es immer so, als würde die Zeit sehr, sehr leise verstreichen. Nicht etwa, weil hier geistig so intensiv gearbeitet würde, denn als Lesesäle sind die Sitzgruppen vor den Eingängen zur Bibliothek nicht gedacht. Irgendein Kleinkind krabbelt auch immer die Treppen hoch, gefolgt von einem behütenden Elternteil. Irgendwelche Teenager sind immer in ihre Smartphones versunken. Irgendwelche Hipster tippen immer auf ihren Notebooks, und irgendwelche Rentner lesen ihre Zeitungen. Aber all diese Generationen sitzen zusammen. In einem Raum, in aller Ruhe.

Zentralbibliothek, www.bibo-dresden.de, Mo–Sa 10–19 Uhr

Schlossstraße war von der Eröffnung weg ein Publikumsliebling. Besonders im Winter kann es hier richtig voll werden.
Schloßstr. 2, www.kulturpalast-dresden.de, tgl. 9–24 Uhr

Kreuzkirche

Die **Kreuzkirche** 24 ist die älteste Kirche Dresdens, schon im 12. Jh. gab es an dieser Stelle eine Nikolaikirche. Die Fassade der Kreuzkirche zeigt die spätbarocke Variante von 1792, den Turm stellte Gottlob August Hölzer 1788 fertig. Ihren jetzigen Namen trägt die Kreuzkirche nach einem Splitter vom Kreuz Christi, den Constanze von Österreich im Jahr 1234 in die Ehe mit Markgraf Heinrich dem Erlauchten einbrachte. Diese Reliquie machte Dresden zu einem bedeutenden Wallfahrtsort in Sachsen.

B

BESINNUNG AUF DAS WESENTLICHE

In der Vorweihnachtszeit ist das Weihnachtsoratorium von Johann Sebastian Bach, gesungen vom Dresdner Kreuzchor, ein fester Programmteil in der Kreuzkirche. Überhaupt hat der Chor im Dezember fast täglich ›Dienst‹. Der Chorgesang in dem schmucklosen Kirchenraum macht bewusst, dass Weihnachten ein besinnliches Fest ist – auch wenn draußen der Striezelmarkt orgelt (Weihnachtsoratorium, Dresdner Kreuzchor, Kartenvorverkauf ab Mitte Okt. über die Konzertkasse im Haus An der Kreuzkirche 6, T 0351 439 39 39 oder www.kreuzkirche-dresden.de, Mo, Di, Do, Fr 10–14, Mi 14–18 Uhr).

Mindestens seit dem Jahr 1300 gehört die Kreuzschule, deren Schulgebäude heute in Dresden-Blasewitz steht, zur Kirche. Schon im 14. Jh. finden sich Nachrichten über den Kreuzchor, der aus dieser Schule hervorging und heute Weltruhm genießt. Zu hören ist er zu den Gottesdiensten und Vespern am Wochenende (s. a. Kasten).

Von der Kreuzkirche blieben 1945 nur die Außenmauern stehen, der Innenraum wurde bis auf ein Altarrelief und ein Altargemälde durch die Feuersbrunst zerstört. Schon 1955 – zehn Jahre nach dem Bombenangriff – weihten die Dresdner die Kirche nach den wichtigsten Baumaßnahmen wieder ein. Der Rohverputz im Innenraum und die karge Ausstattung waren erst als Provisorium gemeint, doch inzwischen verstehen sie viele Kirchenbesucher als Mahnung an die Schrecken des Krieges. Der 94 m hohe Glockenturm lässt sich besteigen.
An der Kreuzkirche 1, www.dresdner-kreuzkirche.de, Mo–Fr, So 10–18, Sa 10–15 Uhr

Und jetzt was essen

Auf der östlichen Seite des Altmarktes führt die Gasse »An der Kreuzkirche« zur Weißen Gasse, in der es rund um den **Gänsediebbrunnen** 25 auch endlich etwas zu essen gibt. Also: einiges. Restaurants, Cafés, Steakhäuser, Italiener reihen sich dicht an dicht. Auch nicht weit: das Rathaus und das Landhaus.

Neues Rathaus

Das **Neue Rathaus** 26 von 1910 ist ein kafkaesker Bau: Sechs Innenhöfe verbergen sich in dem unregelmäßigen Gebäudekomplex mit mal vier, mal fünf Stockwerken. Der achteckige Turm mit einer Höhe von 98 m ist nach dem Schlossturm (101 m) der zweithöchste Punkt in der Innenstadt und demonstriert bür-

gerliches Selbstbewusstsein – schließlich krönt die Spitze noch der 4,90 m hohe Goldene Rathausmann. Welches Gebäude ist hier höher? Die Figur, geschaffen von Richard Guhr um 1910, wurde zu einem Wahrzeichen Dresdens. Sie ist aus Kupfer getrieben, 1700 kg schwer, trägt als Krone einen Mauerkranz, hält segnend die rechte Hand über die Elbstadt und leert mit der anderen ein Füllhorn. Im Treppenhaus des Turms sind Jugendstilmalereien erhalten, auch im Treppenaufgang von der Goldenen Pforte zum Festsaal. Eine Würdigung der Wiederaufbauleistungen, die Frauen in der zerbombten Stadt in den Jahren nach dem Krieg vollbrachten, ist die Skulptur der »Trümmerfrau« von Walther Reinhold gegenüber dem Haupteingang.
Dr.-Külz-Ring 19

Gewandhaus und Landhaus

Gleich neben dem Rathaus steht das barocke **Gewandhaus** 27 von 1770, damals Sitz der Stände, heute ein Luxushotel (www.gewandhaus-hotel.de, www.mariott.com).

Vorbei an der Rückfront mit dem barocken Wandbrunnen von Hofjuwelier Johannes M. Dinglinger geht es über die breite Wilsdruffer Straße hinüber zum **Landhaus** 28. Nach Entwürfen des Hofbaumeisters Friedrich August Krubsacius entstand es 1775 als Sitz der sächsischen Landstände (Parlament) und ist besonders im Inneren ein Schmuckstück: Ein doppelläufig geschwungener Treppenaufgang ergänzt die spätbarocken mit Rokoko-Formen. Er führt zum **Stadtmuseum** (s. S. 62) mit seiner Ausstellung zur Dresdner Geschichte.

Vom Landhaus ist es nur ein Katzensprung bis zur Frauenkirche.

Prager Straße

Die Seestraße an der Südwestseite des Altmarktes führt zum Dr.-Külz-Ring und dann weiter zur Prager Straße. Sie entstand erst relativ spät in der Dresdner Stadtgeschichte: 1851 wurde sie als Verbindung zwischen Stadtkern und dem 1852 eröffneten Böhmischen Bahnhof angelegt. Böhmen mit dem nur 200 km entfernten Prag war damals ein wichtiger Wirtschaftspartner Sachsens. Als der Bahnhof 1892 zum Hauptbahnhof aufstieg, avancierte die Prager Straße endgültig zum eigentlichen Zentrum Dresdens voller Geschäfte und Geschäftigkeit.

Die Pusteblumen-Wasserspiele der Künstlerin Leonie Wirth sind die absoluten Publikumslieblinge auf der Prager Straße.

Shoppingmeile

Das Kaufhaus zur Linken, heute **Galeria** 3, schloss 1993 eine Baulücke, an der sich exemplarisch die Kraftlosigkeit der letzten DDR-Jahre zeigte: Eigentlich sollte die Prager Straße hier mit einem monumentalen Hochhaus enden. Sie schaffte es aber nur bis zum Rundkino, danach klaffte über Jahrzehnte eine Baulücke. Zu den fantasievolleren Neubauten gehört der **Ufa- bzw. Kristallpalast** 5 von 1998, projektiert von dem Wiener Architekturbüro Coop Himmel b(l)au. Das benachbarte **Rundkino** 6 von 1972 birgt heute ein Cinemagnum-3D-Cineplex-Kino. Ansonsten reihen sich links und rechts der Springbrunnen alle Einzelhandelsketten, die auch in jeder anderen Großstadt zu finden sind. Noch mehr von ihnen sind in der **Centrum-Galerie** 4 zu finden.

G

GESCHICHTSTRÄCHTIG

Für die Dresdner hat der **Hauptbahnhof** eine besondere Bedeutung: 1945 war er die Durchgangsstation für Tausende Ostflüchtlinge – und 1989 noch einmal: Hier rollten die Züge hindurch, die die DDR-Flüchtlinge aus der Prager Botschaft in die Bundesrepublik brachten. Hunderte Dresdner versammelten sich damals an den Gleisen: Manche in der dürftigen Hoffnung, vielleicht mitfahren zu können. Manche, um zu demonstrieren, dass sie die Flüchtlinge nicht als den ›Abschaum‹ ansahen, als den die DDR-Regierung sie stets bezeichnete. Die Dresdner Montagsdemonstrationen, die die Wende einleiteten, nahmen hier ihren Ausgang.
Lesetipp: **Die verkauften Pflastersteine,** Thomas Rosenlöcher

Hauptbahnhof

Das nächste Einkaufszentrum verbirgt sich im **Hauptbahnhof** 29. Er löste 1892 den Böhmischen Bahnhof ab. Daran, dass hier einst der Kopfbahnhof der Einzelstrecke Dresden–Prag lag, erinnert noch der Name »Prager Straße«. Die beauftragten Architekten orientierten sich bei der Erweiterung am Gare du Nord in Paris und an allem, was die Baugeschichte hergab: eine Neuauflage der Renaissance und des Barocks für den Sandstein, Stahlskelettbau für die Glasüberdachung der drei Hallen. Der Architekt Norman Foster bespannte 2002 die einzelnen Dachfelder mit Hightech-Material aus lichtdurchlässiger Glasfaser, die das Innere in ein angenehmes Licht taucht.
Wiener Platz 4

Museen

Die ganz Großen

4 **Gemäldegalerie Alte Meister:** Neben Raffaels »Sixtinischer Madonna« (s. Zugabe S. 66) gehören 350 der 780 ausgestellten Werke in der Gemäldegalerie zur italienischen Malerei, darunter riesige Tafelbilder von Veronese und die Dramen Tintorettos. Die Veduten Bernardo Belottos (1721–80), bekannt als Canaletto, bilden das barocke Dresden ab und sind vielleicht auch für die ewige Sehnsucht der Dresdner nach ihrer Vorkriegsstadt verantwortlich – schließlich brachte Canaletto bei aller architektonischen Genauigkeit auch ein bisschen italienisches Flair in die Dresdner Stadtansichten.

Hochkarätig ist auch die flämische und holländische Malerei des 17. Jh. Der Flame Peter Paul Rubens ist mit »Leda mit dem Schwan« und »Bathseba« (1635) vertreten, Anthonis van Dyck mit seinem »Heiligen Hieronymus« (1617). Auf holländischer Seite ist Rembrandts »Raub des

Ganymed« (1635) zu sehen, außerdem Johannes Vermeers »Brieflesendes Mädchen« (1657). Zur deutschen Malerei gehört Albrecht Dürer mit »Sieben Schmerzen Mariä« (1495). Der Katharinenaltar (1506) ist ein Hauptwerk von Lucas Cranach d. Ä., kurfürstlich-sächsischer Hofmaler in Wittenberg und Weimar. Von Hans Holbein d. J. stammt das großartige Renaissanceporträt »Charles de Solier, Sieur de Morette« (1534). Und das sind ja nur die Alten Meister! Die Neuen Meister im Albertinum machen dann mit Caspar David Friedrich bis Gerhard Richter weiter.

Theaterplatz 1, www.skd.museum, Di–So 10–18 Uhr, Eintritt 12 €, 14–17 Jahre frei

Sächsische Geschichte

❼ **Schloss:** Im Georgenbau beleuchtet die Dauerausstellung des **Münzkabinetts** neben der europäischen auch die sächsische Entwicklung der Münzen.

Das **Kupferstichkabinett** beherbergt eine der größten und gehaltvollsten Grafiksammlungen der Welt. Die europäische Juwelierkunst lässt sich im **Neuen und Historischen Grünen Gewölbe** bewundern, seltene osmanische Prunkwaffen und sonstige militärische Ausstattung in der märchenhaften **Türckischen Cammer,** das abendländische Waffen- und Rüstungsaufgebot aus der Zeit zwischen dem 16. und 18. Jh. im neu gebauten Riesensaal der **Rüstkammer** und dazu die Renaissancekleidung und sonstige königliche Utensilien in den Ausstellungen **»Weltsicht und Wissen um 1600«** und **»Kurfürstliche Garderobe«.** Letztlich erging es den Wettinern nämlich wie anderen Familien auch, die lange in einem Haus mit viel Platz wohnen: Während sie von 1465 bis 1918 ununterbrochen vom Schloss aus über Sachsen herrschten, sammelte sich einiges an. Selbst die Gartengeräte der kurfürstlichen Majestäten sind erhalten geblieben.

Taschenberg 2, www.skd.museum, Mo, Mi–So 10–18, Fr bis 20 Uhr

Den »Hofstaat zu Delhi« fertigte Johann Melchior Dinglinger 1708 als Tafelaufsatz – er sollte Tafelrunden zu Gesprächseinstiegen inspirieren. Heute tut er das im Neuen Grünen Gewölbe.

Textilien wie dieses 300 Jahre alte osmanische Dreimastzelt vertragen kaum Licht. Eine ausgeklügelte Minimalbeleuchtung verleiht deshalb der ganzen Türckischen Cammer die Aura von 1001 Nacht.

Von Romantik bis Gegenwart

⓳ **Albertinum:** Die Skulpturensammlung und die Gemäldegalerie Neue Meister bestreiten zusammen den Ausstellungsbereich »Kunst von der Romantik bis zur Gegenwart«, beginnend mit Werken von Caspar David Friedrich und Ludwig Richter. Carl Spitzweg, Arnold Böcklin, Paul Gauguin, Gustav Klimt, Otto Dix und Wolfgang Mattheuer führen durch das 20. Jh.

K

KUNSTBILDUNG

Im Juli lässt sich die geballte Ladung Kreativität in der HfBK besichtigen: Zur Jahresausstellung präsentieren die Kunststudenten ihre Arbeiten in den Ateliers im Erdgeschoss, die Diplomarbeiten in der schuleigenen Galerie Oktogon. Dort finden auch das ganze Jahr über spannende Ausstellungen statt: www.hfbk-dresden.de.

Die Gegenwart ist raumfüllend mit Gemälden von Gerhard Richter, A. R. Penck und Georg Baselitz vertreten.

Tzschirnerplatz 2, www.skd.museum, Di–So 10–18 Uhr

Gefechtsbereit

㉚ **Festung Dresden:** Die Festungs-Vergangenheit der Brühlschen Terrasse wird in den Kasematten unterhalb des Lipsiusbaus lebendig. »Festung Xperience« lässt Moritz von Sachsen sprechen und seine Zeit mit Videosequenzen auf den alten Festungsmauern auferstehen. Zu sehen sind Torhallen, Wachstuben, Gänge und Überreste einer Gießerei. Johann Friedrich Böttger war dazu verdammt, hier unten Gold herzustellen – was ihm bekanntlich in Form von Porzellan gelang.

Eingang über Georg-Treu-Platz, www.festung-dresden.de, tgl. 10–18 Uhr

Stadtgeschichte

㉛ **Stadtmuseum:** Für Dresdner besteht die eigentliche Funktion des Museums in seiner Weihnachtsausstellung. Eine Etage tiefer hat die **Städtische Galerie** ihre Ausstellungsräume und präsentiert dort Künstler mit einer Verbindung zu Dresden – von Otto Griebel bis Günther Hornig.

Wilsdruffer Str. 2, www.museen-dresden.de, Di–So 10–18, Fr 10–19 Uhr

Essen

Ehrliche Preise

1 **Mensa Brühl:** Die Gastronomie der Brühlschen Terrasse verlangt für ihre 1A-Tourismuslage natürlich einen Aufpreis, oft unabhängig von der Qualität der Speisen. Auch Mensaessen gehört nicht zur Gourmetliga, aber die Preise sind ehrlich – und schöner als im Innenhof der Kunsthochschul-Cafeteria kann man ohnehin nicht sitzen. Zwei Gerichte, eins davon vegetarisch, dazu Getränke, Kaffee und Kuchen.

Brühlsche Terrasse 1, Zugang über Münzgasse (Seiteneingang HfbK), T 0351 47 94 01 11, www.studentenwerk-dresden.de/mensen, Mo–Fr 10.30–15 Uhr, €

King-Size-Blick

2 **Grand Café im Coselpalais:** Das barocke Coselpalais bietet einen Frauenkirchenblick zu sächsischen Weinen. In der Kaffeezeit locken hausgemachte Kuchen, Torten, Eisbecher und Kaffeesorten, zum Mittagessen die französische Küche.

An der Frauenkirche 12a, T 0351 496 24 44, tgl. Mo–Do, So 11–23, Fr, Sa 11–24 Uhr, €€

Schnell & zügig

3 **Dean & Davis:** Salate, Sandwiches, Bowles, Currys, überwiegend vegetarisch und vegan – und die ruhigsten Plätze in der Hauptbahnhof-Hektik.

Hauptbahnhof Dresden, Wiener Platz 4, T 0351 41 75 53 48, https://deananddavid.com, tgl. 10–20 Uhr, €

Spaziergangs-Abschluss

4 **Brühlscher Garten:** Das Café und Restaurant steht genau zum richtigen Zeitpunkt am richtigen Ort: Am Anfang der Anlage sorgt es mit seiner üppigen Frühstücksauswahl ab 8 Uhr dafür, dass der Tag gut beginnt (So, Fei Brunch 32,90 €).

Brühlscher Garten 4, www.bruehlscher-garten.de, Mo 8–10.30, Di–Do, So 8–18, Fr, Sa 8–20 Uhr, €–€€

Für Besichtigungspausen

5 **Opera – Bar & Dining:** Was für eine Kombi – Stern-Koch Benjamin Biedlingmaier und Stephan Herz von der beliebtesten Bar Dresdens kredenzen jetzt gemeinsam saisonale Küche und perfekte Drinks.

Am Theaterplatz 4, T 0351 85 09 61 08, www.herz.bar, tgl. 11–24 Uhr, Hauptgerichte ab 20 €

Aussichtsreich

6 **Café Solino:** Im Obergeschoss des Glockenspielpavillons ist nicht viel Platz. Die Auswahl an Kaffee und Kuchen ist dafür erlesen. Die Terrassenplätze auch: gleich vis-à-vis den barocken Sandsteinskulpturen.

Glockenspielpavillon, Facebook: Solino.dd, Di–So 10–18 Uhr

Einkaufen

Direkt vom Erzeuger!

1 **Sächsischer Heimatschutz e.V.:** Der Charme der erzgebirgischen Volkskunst erschließt sich auf den Weihnachtsmärkten nicht immer. Ausgesucht schöne Figuren und Pyramiden werden in der Beratungsstelle des Landesvereins Sächsischer Heimatschutz e.V. verkauft.

Friesengasse/Landhausstraße, www.saechsischer-heimatschutz.de Mo, Di, Do, Fr 10–17, Mi 10–18 Uhr

Über 200 Läden

2 **Altmarkt-Galerie:** Eine Passage zum Verlaufen und Unbedingt-was-kaufen.

Geadelt von einem Apple Store – und auch sonst fehlt kaum eine Kette.

Webergasse 1, www.altmarkt-galerie-dresden.de, Mo–Sa 10–20 Uhr

Größte Lebensmittelabteilung

3 **Galeria:** Das Galeria-Untergeschoss ist nichts für Entscheidungsschwache, denn schnell landen ein paar mehr Käsesorten im Beutel als geplant und dazu ein bisschen zu viele passende Weine im Korb.

Prager Str. 12, https://galeria-markthalle.de, Mo–Sa 9.30–20 Uhr

Riesig

4 **Centrum-Galerie:** Große Ladengalerie mit Sport-, Mode-, Kosmetik-, Innengestaltungs- und Elektronikgeschäften, im Untergeschoss zahlreiche Imbissangebote.

Prager Str. 15, T 0351 20 58 65 00, www.centrumgalerie.de, Mo–Sa 9.30–20 Uhr

Exklusiv

5 **QF Passage:** Designermode, Meissen Signature Store, Glashütter Uhren und tolle Restaurants – im »Quartier an der Frauenkirche« kommt nichts von der Stange.

An der Frauenkirche 1, T 0351 48 43 38 97 55, www.qf-passage.com, Mo–Sa 10–19 Uhr

Weihnachtsstimmung

6 **Advent auf dem Neumarkt:** Der Striezelmarkt ist zwar der bekannteste Dresdner Weihnachtsmarkt, aber stimmungsvoller ist der »Advent auf dem Neumarkt«. Kopfsteinpflaster, Herrnhuter Sterne und ein paar Schafe im Stall von Betlehem sorgen für hochdosierte Nostalgie. Kein Wunder, dass dieses Motiv so oft für Weihnachtskalender verwendet wird.

Am Neumarkt, www.adventaufdemneumarkt.de, 1. Advent–23.12., tgl. 11–22 Uhr

Zeitzeugen

7 **A. Lange & Söhne:** Ferdinand Adolph Lange gründete als erster Uhrmacher im frühen 19. Jh. im nahen Glashütte seine Firma. Inzwischen zählt sie zu den gefragtesten Luxusherstellern mechanischer Uhren.

Neumarkt 15, T 0351 481 85 050, www.alange-soehne.de, Mo–Fr 10–18, Sa 10–16 Uhr

Ausgehen

Jazz im Palais

1 **Jazzclub Tonne:** Das Kurländer Palais, 1728 von Oberlandbaumeister Johann Christoph Knöffel für Graf Wackerbarth erbaut, hat einen musikalischen Unterbau: Seit 1982 veranstaltet der Jazzclub Tonne im Keller Konzerte zwischen traditionellem und Modern Jazz.

Tzschirnerplatz 3–5, T 0351 802 60 17, www.jazzclubtonne.de

Studentenleben

2 **Bärenzwinger:** Der »Bärenzwinger« ist Dresdens ältester Studentenclub und bis heute eine Kulturkneipe mit Konzerten, Lesungen, Kino, Partys und dem legendären Sommertheater.

Studentenclub Bärenzwinger, Brühlscher Garten, T 0351 495 14 09, www.baerenzwinger.de

Sieht gut aus

3 **Kulturpalast:** Die Dresdner Philharmonie hat hier ihren Konzertsaal, das Kabarett Herkuleskeule seine Bühne und die Bibliothek den besten Blick auf den Altmarkt. Der beste Grund, in den Kulturpalast zu gehen, ist die Architektur.

Schloßstr. 2, www.kulturpalast-dresden.de, T 0351 486 68 66

Ledersessellümmeln

4 **Café Rauschenbach deli:** Stellvertretend für alle Kneipen und Restaurants auf der Kreuzstraße und der Weißen Gasse steht das Rauschenbach – ein gastronomisches Chamäleon, das je nach

Tageszeit Brunch, warme Mahlzeiten und Cocktails gleich gut kann.

Weiße Gasse 2, 0351 821 27 60, www.rauschenbach-deli.de, Mo, Di 9–16, Mi–Do 9–23, Fr 9–24, Sa 10–24, So 10–18 Uhr

Dreidimensional

5 Kristallpalast und 6 Rundkino: Die beiden Multiplexkinos stehen nebeneinander – das runde aus den 70er-Jahren hat sieben Säle und ist auf 3D-Filme spezialisiert, der Kristallpalast bespielt acht Säle.

Ufa-Kristallpalast: St. Petersburger Str. 24a, www.ufa-dresden.de
Rundkino: Prager Str. 6, www.cineplex.de

On the Rooftop

7 Twist Bar: Im sechsten Stock des Hotels Innside by Meliá, berühmt für seine Eigenkreationen.

Salzgasse 4, T 0351 79 51 50, Sept.–Juni tgl. 18–24, sonst tgl. ab 21 Uhr, im Patio 16–22 Uhr

Exzellente Bitterstoffe

8 Gin House: Alkoholische Besonderheiten mit Wacholder und 120 wechselnden Zutaten, serviert in rosarotem Plüsch.

Rampische Str. 1, T 0351 41 72 70, www.dresden-ginhouse.de, Mo–Do, So 20–1, Fr, Sa 19–1 Uhr

Unter Strom

9 Stromwerk im Kraftwerk Mitte: Der Großraumclub setzt die Leute mit Hip Hop bis Soul dort unter Strom, wo in den 1920er-Jahren die Stromversorgung für die Bahn herkam.

Wettiner Platz 7, T 0351 65 29 62 25, www.stromwerk-dresden.de

Infos

- **Zwinger:** Das Ticket für die Gemäldegalerie Alte Meister beinhaltet auch den Besuch der Skulpturensammlung bis 1800, des Mathematisch-Physikalischen Salons und der Porzellansammlung: 14 €, erm. 10,50 €, bis 17 Jahre frei. Einzeln beträgt der Eintritt 6 €, erm. 4,50 €, bis 17 Jahre frei.
- **Residenzschloss:** Für die Königlichen Paraderäume Augusts des Starken, das Neue Grüne Gewölbe, die Rüstkammer mit Türckischer Cammer, das Münzkabinett, das Kupferstich-Kabinett und den Hausmannsturm (April–Okt.) bieten die Kunstsammlungen das Kombiticket Residenzschloss für 14 €, erm. 10,50 €, an, bis 17 Jahre frei. Zeitkarte für das Historische Grüne Gewölbe: 14,50 €, als Kombiticket mit den anderen Schlossausstellungen 24,50 €, Sonderausstellungen des Kupferstichkabinetts: 6 €, erm. 4,50 €, bis 17 Jahre frei.
- **Albertinum:** Für die Ausstellung »Kunst von der Romantik bis zur Gegenwart«, die Sonderausstellungen des Hauses und die Skulpturensammlung ab 1800. Für alle Ausstellungen der Kunstsammlungen (außer Historisches Grünes Gewölbe) gibt es zudem ein Tagesticket für 24 €.
- **Zeit im Museum:** Eigentlich verlangen alle Ausstellungen der Staatlichen Kunstsammlungen Dresden einen eigenen Vor- oder Nachmittag. Die Gemäldegalerie Alte Meister ist jedoch groß genug für einen ganzen Tag (www.skd.museum).

A

ANEKDOTE ZUM SCHLUSS

Das Wort »Dollar« kommt vom sächsischen »Taler« – der sächsische Dialekt lässt sich ja hervorragend heraushören. Der Rohstoff für den sächsischen Silbertaler aus 27 g Silber kam direkt aus dem Erzgebirge – die Gelddruckmaschine der sächsischen Kurfürsten. Der Weg und vor allem die Form lassen sich im Münzkabinett verfolgen.

Zugabe

Madonna nostra!

Die »Sixtinische Madonna« in der Gemäldegalerie

Als die »Sixtinische Madonna« 1742 nach Dresden kam, musste sie noch mit Coreggios »Heiligen Nacht« um das Prädikat ›beliebtestes Bild der Gemäldesammlung‹ kämpfen. Doch ab dem 19. Jh. galt gerade ihre stille Trauer zusammen mit der Ausgewogenheit der Komposition und des Lichts als Zeichen innerer Größe.

Beide Bilder stammen aus den Ankäufen des Kurfürsten und Königs von Polen August III. Der Sohn Augusts des Starken – ein leidenschaftlicher Kunstliebhaber – trug den größten Teil des heutigen Bestands der Alten Meister zusammen. In Italien, Paris, Amsterdam, Prag und Wien waren Kunstkäufer für den sächsischen Hof unterwegs. Der größte Coup gelang 1742 mit dem Ankauf der Sammlung von Francesco III., dem Herzog von Modena. Unter den 100 Gemälden war Correggios »Heilige Nacht«, Tizians »Zinsgroschen«, Veroneses »Hochzeit zu Kana«, Werke von Andrea del Sarto, Annibale Carragio und Guido Reni.

Nur einer fehlte: Raffael. Für einen zweifelsfrei echten durfte gern ein Vermögen gezahlt werden. Der Onkel des Leibmedicus von August III. wusste, dass die Mönche in Piacenza ein Werk des Renaissance-Großmeisters besaßen und dringend Geld für die Sanierung ihres Klosters benötigten.

Das unbekannte Meisterwerk

Raffael (Raffaelo Santi, 1483–1520) malte gerade die Privatgemächer von Papst Julius II. im Vatikan aus, als der Pontifex ihn 1512 beauftragte, die »Sixtinische Madonna« für den Hauptaltar der damals neu errichteten Klosterkirche San Sisto in Piacenza zu malen. Dort angebracht, hatten Maria und das Jesuskind den gekreuzigten Jesus unmittelbar vor Augen. Ihr Gesichtsausdruck ist von der Ahnung um das Ende bestimmt. Auch der alte Mann wies ursprünglich auf das Kreuz. Er stellt Sixtus dar, Papst und Märtyrer aus dem 3. Jh. Ebenso wie die heilige Barbara rechts im Bild ist er ein Stiftungsheiliger der Kirche San Sisto.

An seinem abgeschiedenen Standort wurde das Gemälde kaum bekannt. Dennoch verzögerte sich der Ankauf durch den Sächsischen Kurfürsten durch Probleme, die den heutigen verblüffend gleichen: Nach langen Preisverhandlungen befürchtete der Landesherr Herzog Philipp von Parma (nicht zu Unrecht) den Verlust eines bedeutenden kulturellen Erbes. Als er umgestimmt war, tat sich der Zoll schwer mit einer Ausfuhrgenehmigung. Erst zwei Jahre später

»Macht Platz für den großen Raffael!« (August III., seinen Thron zur Seite schiebend)

floss der Kaufpreis von 18 000 Dukati, der Gegenwert eines kleinen Schlosses, an die Mönche, und die Madonna hielt in Dresden Einzug.

Solokarriere zweier Engel

Die beiden Engel am unteren Bildrand bilden ein Gegengewicht zu Maria mit dem Kind. Die imaginäre Mittelachse des Gemäldes verläuft genau zwischen ihnen – Raffael ließ extra ein Flügelchen weg, um sie sichtbar zu machen. In anderen Gemälden des Künstlers tauchen diese Art Engel eher als Amor-Knaben oder Putti aus der antiken Götterwelt auf. Anders als die schemenhaften Engelsköpfe im Hintergrund des Bildes sind die beiden weniger himmlisch entrückt als bubenhaft real.

In der 1855 neu eröffneten Sempergalerie bekam die Sixtinische Madonna einen Ehrenplatz, der hohen Qualität des Gemäldes angemessen. Eine ganz eigenständige Karriere machten die beiden Engel: Sie schmückten bald alle möglichen Dinge des Alltags – vom bestickten Kissen über Frühstückstassen bis zur Bettwäsche. ■

Hat ganz schön was gekostet und bringt jetzt viel ein: Die Sixtinische Madonna ist das berühmteste Werk unter den Alten Meistern.

Innere und Äußere Neustadt mit Hellerau

Dresdens nördliche Elbseite — ist anders. Jünger, schräger, flaniertauglich und trotzdem temporeich.

Seite 72

Goldener Reiter

Der Goldene Reiter ist das Wahrzeichen der Inneren Neustadt. Kein Geringerer als August der Starke reitet da in römischer Rüstung Richtung Polen.

Seite 78

Japanisches Palais

Das barocke Schmuckstück wird von wechselnden Ausstellungen der Staatlichen Kunstsammlungen und der Senckenberg Naturhistorischen Sammlungen belebt. Immer schön: der Park Richtung Elbe hinterm Haus.

Die Elbufer lassen sich am besten auf zwei Rädern erkunden.

Eintauchen

Seite 90

Scheune

Nach wie vor die erste Adresse für Konzerte, Poetry-Slams, Partys, Comedy. Mainstream ist fast das einzige Ausschlusskriterium für Auftritte aller Art. Und natürlich alles, was mit Nazis zu tun hat. Das Urgestein der Subkultur wird zurzeit saniert – es gibt Interimsstätten.

Seite 92

Auf den Spuren Erich Kästners

Als kleiner Junge beobachtete Erich Kästner das geschäftige Treiben am Albertplatz. Die Figuren in seinen Kinderbüchern haben viel mit der Äußeren Neustadt zu tun.

Seite 95

Militär-historisches Museum

Seit Daniel Libeskind das alte Arsenalgebäude mit einem »V« durchschnitten hat, ist das Militärhistorische Museum ein sehr ehrliches Museum über Waffen, Kriege und das Leid, das sie mit sich bringen. Es steht übrigens nicht zufällig genau an dieser Stelle: Die Albertstadt wurde Ende des 19. Jh. als Garnisonstadt für die Königlich Sächsische Armee gebaut.

Seite 102

Hellerau

Die Haus-Garten-Kombination ist ein städtebaulicher Volltreffer: Wer Inspiration zur Gartengestaltung sucht, komme hierher und flaniere durch die Sträßchen mit Namen wie »Heideweg«, »Am Pilz«, »An den Teichwiesen« oder »Auf dem Sand«.

&

Seite 105

Festspielhaus

Heinrich Tessenow begann 1909, das Festspielhaus zu bauen (heute HELLERAU – Europäisches Zentrum der Künste), zu einer Zeit, als solcherlei Gebäude gar nicht verschnörkelt genug aussehen konnten. Wie viel mehr Kraft in der Reduktion steckt, spüren Sie, wenn Sie unter dem Eingangsportal stehen.

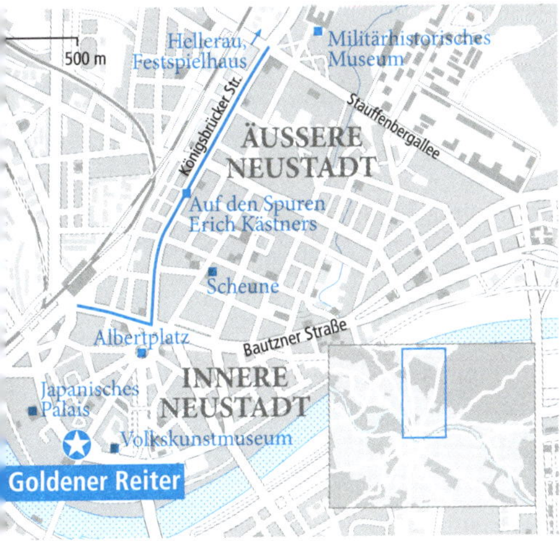

Was ist eine Leuchterspinne? Oder ein Raachermannl? Das Volkskunstmuseum weiß es.

»Der Albertplatz war die Bühne. Ich saß zwischen Jasmin und Bäumen in der Loge und konnte mich nicht satt sehen.« Erich Kästner

erleben

Innere Neustadt

D

Die Altstadt mag imposant sein. So ein flirrendes Blätterdach wie das der Platanenallee auf der Hauptstraße kann sie allerdings nirgends vorweisen. Dabei sorgt dieses grüne Licht unter den Bäumen sofort für Flanierstimmung. Allerdings stecken noch ein paar mehr städtebauliche Ausgefeiltheiten im Konzept der Inneren Neustadt – ohnehin ein irreführender Name für den rechtselbischen Stadtteil. Denn schon die ältesten Erwähnungen und Karten der Stadt aus dem 10. und 11. Jh. beschreiben eine Siedlung dies- und jenseits der Elbe. Während der Name »Dresden« an der heutigen Altstadt haften blieb, wurde die andere Seite als Altendresden bekannt – bis zum Brand im Jahr 1685, der 336 der 357 Häuser in Schutt und Asche legte.

ORIENTIERUNG O

Reisekarte: D/E 3/4
Info: Mit dem Rundgang durch die Innere Neustadt starten Sie am besten am Denkmal Goldener Reiter, gehen durch die Fußgängerzone der Hauptstraße zum Albertplatz und von dort an der Königstraße mit ihren Barockhäusern zum Japanischen Palais. Von dort führt der Weg am Königsufer zurück zur Augustusbrücke und zum Goldenen Reiter.
Verkehrsmittel: Am Neustädter Markt liegt die Straßenbahnhaltestelle der Linien 4, 8 und 9. Am Albertplatz (DVB-Servicepunkt) sind Haltestellen der Straßenbahnlinien 3, 6, 7, 8 und 11. Am Königsufer verläuft auch der Elberadweg.
Parken: An der Sarrasanistraße und am Palaisplatz gibt es Parkplätze.

Eine Bauordnung für die Neue Königstadt

Noch im Jahr des Brandes legte Stadtbaumeister Wolf Caspar von Klengel einen Plan vor, der als erster Bebauungsplan Dresdens in die Geschichte einging. Mit der Einrichtung des Oberlandbauamtes 1718 kam der Wiederaufbau der »Neuen Königstadt«, kurz »Neustadt«, in Gang. Gebäudehöhe, Material, Schmuck und Farbe der Fassaden: Alles wurde genau vorgegeben, damit die neue Stadt dem Schönheitsempfinden Augusts des Starken durch Wohlgestalt und Symmetrie entsprach. Auf der Königstraße ist am besten zu erkennen, welches Straßenbild er sich vorgestellt hatte.

Hauptstraße

Große Wirkung durch drei Achsen

Alle Wege führen zu August dem Starken. Besonders in der Inneren Neustadt hat er es darauf angelegt: Drei Achsen sollten seine »Neue Königstadt«, kurz Neustadt, erschließen. Der Goldene Reiter reitet schon mal voran über die **Hauptstraße,** die vom Neustädter Markt zum Albertplatz führt. Dort enden auch die beiden anderen Hauptachsen: die **Königstraße,** die am Japanischen Palais beginnt, und die **Albertstraße.** Diese drei Hauptachsen der Neustadt zeichnen sich noch heute deutlich im Straßenplan ab. Zwischen Haupt- und Königstraße sind viele barocke Bürgerhäuser erhalten geblieben – das Areal wird oft als Barockviertel bezeichnet. Die **Augustusbrücke** leitet Fußgänger direkt zur Hauptstraße weiter. Die heutige entwarf Wilhelm Kreis 1910, weil ihre Vorgängerin von Pöppelmann zu niedrige Bögen für den zeitgemäßen Schiffsverkehr hatte.

Barocke Vorzeigearchitektur

Gleich neben dem Brückenabgang erhebt sich das **Blockhaus ❶,** 1732–39 nach Plänen des Oberlandbaumeisters Zacharias Longuelune (1669–1748) als Neustädter Wache zur Sicherung des Brückenkopfes und als Zollhaus errichtet. Die Bezeichnung geht auf die Bedeutung des Wortes Block (= Riegel) zurück, passt aber auch zum strengen Stil der französischen Akademie, den Longuelune in Dresden einführte. Bis Ende des Ersten Weltkriegs war hier das Königliche Kriegsministerium untergebracht. Im Krieg zerstört, baute man das Gebäude 1980 wieder auf – hinter dem Rücken der SED-Parteispitze in Berlin: Die erfuhr davon erst durch eine Einladung zu einem Fest in dem Gebäude.

Seit den beiden Hochwassern 2002 und 2013 ist es geschlossen, wird aber auf große Aufgaben vorbereitet: Das **Archiv**

Auf der Hauptstraße werden die Füße leicht und der Schritt beschwingt. Zeit scheint hier keine Rolle zu spielen.

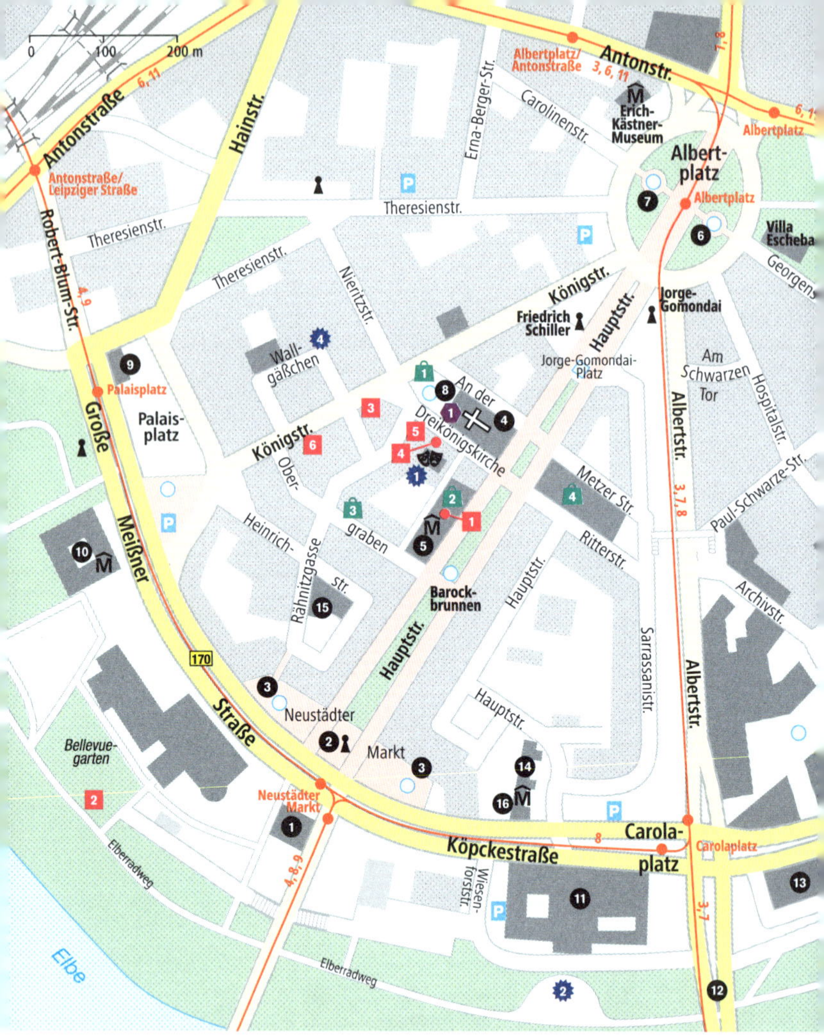

der Avantgarden — Egidio Marzona (ADA)** zieht hier 2024 ein, eine Kunstsammlung, die der deutsch-italienische Mäzen Egidio Marzona 2016 den Staatlichen Kunstsammlungen übergab. Das Berliner Architekturbüro Nieto Sobejano Arquitectos hat dafür einen schwebenden Betonquader ins Haus montiert.

Neustädter Markt, https://archiv-der-avantgarden.skd.museum

Goldener Reiter

Noch zu Lebzeiten Augusts des Starken begannen verschiedene Künstler am Hof mit den Arbeiten am **Standbild des Goldenen Reiters** ❷, das die Machtfülle des Herrschers noch einmal auf sich vereinen sollte. Drei Jahre nach seinem Tod (1733) wurde es aufgestellt. Der sächsische Kur-

Innere Neustadt

Ansehen

1. Blockhaus/Archiv der Avantgarden — Egidio Marzona (ADA)
2. Goldener Reiter
3. Eckbrunnen
4. Dreikönigskirche
5. Kügelgenhaus
6. »Stilles Wasser«
7. »Stürmisches Wasser«
8. Rebeccabrunnen
9. Akzisehäuschen
10. Japanisches Palais
11. Finanzministerium
12. Carolabrücke
13. Sächsische Staatskanzlei
14. Jägerhof
15. Kunsthaus Dresden
16. Museum für sächsische Volkskunst/Puppentheatersammlung

Essen

1. Winzerstube »Zum Rebstock«
2. Elbsegler
3. Caroussel Nouvelle
4. El Español
5. Pastamanufaktur
6. Café Caféklatsch

Einkaufen

1. Markt am Rebeccabrunnen
2. Kunsthandwerkerpassagen
3. Atelier für Einzelstücke
4. Markthalle

Bewegen

1. Turm der Dreikönigskirche
2. Fahrrad-Mietstation

Ausgehen

1. Societaetstheater
2. Filmnächte am Elbufer
3. Kleines Haus
4. Herz American Bar

---

fürst und polnische König ließ sich von Jean Joseph Vinaches (Modell) und Ludwig Wiedemann (Ausführung) in der Gewandung eines römischen Imperators verewigen. Die Statik ist kompliziert: Die zwei Hinterbeine und der Schweif sind die Dreipunktstütze, auf der alles steht. Das gelang mit einem Gerüst im Inneren und kupfergetriebenen Blechen für die äußere Hülle. Auf die kommt regelmäßig eine neue Vergoldung – zuletzt 187 g.

Von Barock eingefasst

Die beiden spätbarocken **Eckbrunnen** ❸ von Benjamin Thomae (um 1740) sind ein Überbleibsel des kriegszerstörten Neustädter Rathauses und symbolisieren mit ihren Nymphen, dem Wasser speienden Delfin und dem Knaben mit Fisch Elbe und Weichsel, die zwei Hauptflüsse im Herrschaftsbereich eines sächsischen Kurfürsten und polnischen Königs. Die riesigen Platanen sind schon in den ersten Planungen der Straße aus dem 18. Jh. zu sehen. Unzerstört blieben auf der Hauptstraße nur die Häuser der Nummern 9 bis 19 – in Richtung Albertplatz gesehen links. Die rechte Straßenseite wurde bis zur Metzer Straße als Wohn- und Geschäftsstraße mit Wandelgängen in Plattenbauweise aufgebaut und teilweise modernisiert. Nur am Neustädter Markt ist noch immer nicht abschließend geklärt, ob eine Modernisierung oder ein Abriss besser wäre.

Die Tricks der Stadtplaner

Bei der Anlage der Neuen Königstadt im 18. Jh. täuschten die Stadtplaner Länge vor, indem sie die Hauptstraße auf den 540 m zum Albertplatz immer schmaler werden ließen. Für diesen Effekt stand die nach dem Brand bereits neu aufgebaute **Dreikönigskirche** ❹ sichtbar im Weg.

TOUR
Von der Marienbrücke zum Blauen Wunder

Unterwegs auf dem Elberadweg

Entlang der Elbe offenbart sich die eigentliche Schönheit Dresdens: die innige Verbundenheit von Natur- und Kulturraum.

Start mit Canaletto-Blick

Der ›Canaletto-Blick‹ auf der anderen Elbseite zeigt Dresdens Altstadt mit ihren Türmen. Die dazugehörige **Augustusbrücke** ist zugleich Dresdens älteste: Zwar stammt die heutige aus dem Jahr 1910, doch an dieser Stelle lag die Elbquerung, die Dresden vor über 800 Jahren überhaupt erst attraktiv für Händler und Siedler machte. Im Sommer führt der Weg an der riesigen Open-Air-Leinwand der **Filmnächte am Elbufer** 2 vorbei, das **Finanzministerium** 11 steht auch im Winter. Und schon folgt die nächste Brücke: Die **Carolabrücke** 12 errichteten Ingenieure 1967–71 als Ersatz für die von den Deutschen höchstpersönlich gesprengte.

Am Königsufer

Hinter der schlossartigen **Staatskanzlei** 13 beginnt der Staudengarten, markiert von einem attraktiven Bo-

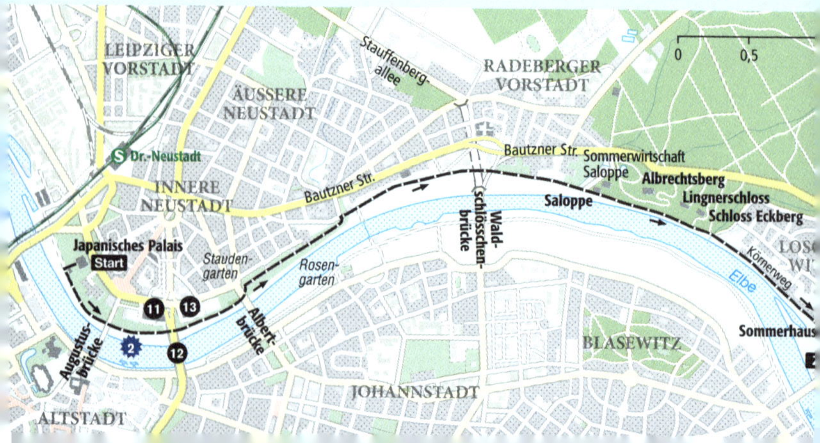

Infos

D3–J4

Start: Königsufer vor dem Japanischen Palais

Dauer: ca. 2 Std. per Rad (mit Zeit für Besichtigungen), zu Fuß ca. 5 Std. (mit Einkehr zwischendurch)

genschützen. Die Skulptur des Bildhauers Ernst Moritz Geyger von 1902 ist mittlerweile das Maskottchen der lokalen schwul-lesbischen Szene, beispielsweise heißt ein Sportverein »Der Bogenschütze« Dresden e.V.

Rosen, Villen und Schiller-Zeitgeist in der Konserve

Hinter der **Albertbrücke** ist der **Rosengarten** mit seinem Restaurant und Café (www.rosengarten-erleben.de) ein schöner Ort zum Verweilen. Die Anlage von 1936 birgt heute fast 150 Rosensorten und einige Skulpturen. Kurz danach können Sie entscheiden: Mit der Personenfähre »Johanna« geht es zum Radweg auf der Johannstädter Seite – besonders sonnabends eine gute Wahl, wenn drüben Flohmarkt ist (https://flohmarkt-sachsen.de/elbeflohmarkt). Dagegen spricht das besonders holprige, aber auch besonders idyllische Ende dieser Tour auf dem **Körnerweg:** Wieder einmal eins dieser Zeitlöcher, die direkt ins Jahr 1785 zu reichen scheinen, als Friedrich Schiller sich hier gerade in Christian Gottfried Körners **Sommerhaus** (Körnerweg Nr. 6) einquartierte.

Eine umstrittene Brücke

Vorher noch kreuzt der Körnerweg die **Waldschlößchenbrücke,** die Dresden ob des unsensiblen Eingriffs in die Elblandschaft den Welterbetitel kostete. Das nächste Gebäude am Weg ist die **Saloppe.** 1875 war sie Dresdens erstes Wasserwerk. Inzwischen wurde es zu Wohnungen umgebaut. Die eigentliche Attraktion liegt ca. 100 m höher: Dort residiert die **Sommerwirtschaft Saloppe** (s. S. 163) mit Biergarten und einem Tanzraum, der zwar für den Andrang des nächtlichen Partyvolks viel zu klein, aber vielleicht gerade deshalb so gerne besucht ist.

Drei Schlösser und ein Treidelpfad

Oberhalb der Sandsteinmauern, die nun folgen, liegen die drei Elbschlösser **Albrechtsberg, Lingnerschloss** und **Schloss Eckberg.** Eine unscheinbare Pforte gewährt Einlass in ihren großen Park. Später wird der Weg zu holprig zum Radfahren. Dafür erinnert er an die Elb-Treidler, die ihn beim Schiffe-elbaufwärts-Ziehen nutzten. Erst die Erfindung der Dampfmaschine, die ab Mitte des 19. Jh. die Dampfschifffahrt möglich machte, bereitete diesem Berufszweig ein Ende.

Lieblingsort

Der Canaletto-Blick

»Dresden vom rechten Elbufer unterhalb der Augustusbrücke« – dieser Ansicht der Stadt träumen die Dresdner auf ewig hinterher. Das Bild hängt in der Gemäldegalerie Alte Meister und stammt von dem Vedutenmaler Bernardo Belotto, genannt Canaletto. Als er es 1748 malte, war der Turm der Hofkirche noch eingerüstet. Am **Königsufer,** dort, wo der Park des Hotels Bellevue beginnt, markiert ein roter Rahmen die beste Position für alle, die nach Canalettos genauem Standort fahnden. Doch sehr viel besser lässt sich das Flair natürlich auf den Elbwiesen genießen. In der Nähe des Biergartens **Elbsegler** 2, der noch ein paar Eiskugeln oder eben ein Bier dazu reicht.

Flugs ließ August eine Interimskirche errichten, um als frischgebackener Katholik die protestantische Gemeinde nicht zu verärgern, ließ dann die wiederaufgebaute Dreikönigskirche abreißen und – leicht versetzt – in den Jahren 1732–39 an heutiger Stelle wieder aufbauen.

Treffpunkt der Romantik

Das **Kügelgenhaus** 5 (Hauptstr. 13) ist Teil der **Kunsthandwerkerpassagen** 2, ein zusammenhängendes Barockensemble mit Restaurants, Läden und Schauwerkstätten in den Durchgängen zu den hinteren Gärten – das unzerstörte Barockhäuser-Trio auf der Hauptstraße. Den Namen hat es von dem Schriftsteller Wilhelm von Kügelgen (1802–67), der es in seinem Buch »Jugenderinnerungen eines alten Mannes« wiederum das Gottessegen-Haus nannte: »An Gottes Segen ist alles gelegen« steht an der Fassade. 1808 zog sein Vater, der Historienmaler Gerhard von Kügelgen (1772–1820), mit Familie hierher. Sein Haus entwickelte sich zum Treffpunkt der Frühromantiker in Dresden. Die Maler Caspar David Friedrich (1774–1840), Philipp Otto Runge (1777–1810), Georg Friedrich Kersting (1785–1847) und Johann Christian Clausen Dahl (1788–1857) verkehrten hier mit Christian Gottfried Körner und Heinrich von Kleist. Ihnen ist jetzt das **Museum der Dresdner Romantik** im Haus gewidmet.

Bürgerliche Theatergründung

Im Hof der Hauptstraße Nr. 19 befindet sich in einem Seitengebäude das erste Theater der Stadt bürgerlicher Herkunft: Das **Societaetstheater** 1 gründeten Dresdner Bürger 1779. Dorthin gelangt man über die Straße »An der Dreikönigskirche«. Der Hof selbst ist eine kleine barocke Oase mit Pavillon, Kräutergarten und Draußenplätzen der **Winzerstube »Zum Rebstock«** 1.

An der Dreikönigskirche 1 a, T 0351 803 68 10, www.societaetstheater.de

Die Kirche beiseite geschoben

Matthäus Daniel Pöppelmann und George Bähr richteten die Dreikönigskirche zur Hauptstraße aus und versetzten dafür den Altar in den Westen und den Turm gleich mit. Turm und Altarraum befinden sich auf der von der Hauptstraße abgewandten Westseite: Nur mit diesem Verstoß gegen die hergebrachten Regeln der Kirchenbaukunst, die den Altar stets im Osten positionierten, gelang die Fassadenreihe in einer Linie an der Hauptstraße. Der 87,5 m hohe Turm (1858) lässt sich besteigen.

Im Kircheninneren, gegenüber dem Eingang, sind Reste des 7 m hohen barocken Altars von Benjamin Thomae (1682–1751) zu sehen – der auch die beiden Nymphenbrunnen vorn beim Goldenen Reiter schuf und übrigens in der benachbarten Nr. 19 wohnte. Unter der Orgelempore ist ein bedeutendes Dresdner Renaissancekunstwerk angebracht: Das 12,47 m lange und 1,22 m hohe Totentanz-Relief mit 27 Figuren von Christoph Walther I. aus der ersten Hälfte des 16. Jh. war ursprünglich farbig und schmückte das Georgentor im Residenzschloss.

An der Dreikönigskirche 12, www.hdk-dkk.de, Mo–Fr 10–18 Uhr, Turm der Dreikönigskirche: Hauptstr. 23, Mi–So 12–16, 5/4 €, bis 17 Jahre 1,50 €

Königstraße

Scharnier zur Äußeren Neustadt

Das Wasserthema der beiden Elbe- und Weichselnixen vom Anfang der Hauptstraße nehmen die beiden Brunnen am Albertplatz wieder auf: Robert Diez schuf **»Stilles Wasser«** 6 und die gegenüberliegenden **»Stürmischen Wogen«** 7 im Jahr 1894. Benannt ist der Platz nach König Albert, in dessen Regierungszeit

S

SCHAUBUDEN IM SOMMER

Wie großartig Kleinkunst sein kann, beweisen unzählige Akteure aus ganz Europa beim alljährlichen **Schaubudensommer.** Drei Tage lang wimmelt es auf der Hauptstraße von Kultur in Kurzform: Pantomime, Schauspiel, Tanz, Artistik, Gesang. Komisch, tragisch – und immer ein großes Fest der Fantasie!
www.schaubudensommer.de

(1873–1902) der Ausbau Dresdens zur Garnisonsstadt fällt. Damals begann die Stadt, sich an dieser Stelle weiter nach Norden auszustrecken – die Äußere Neustadt trägt ihren Namen also nicht ganz zu Unrecht.

Zurück ins alte Dresden führt die Königstraße. Die Häuser von Barock bis Biedermeier entstanden nach der Bauordnung Matthäus Daniel Pöppelmanns mit höchstens drei Stockwerken, symmetrischer Fassadengliederung, Gurtgesimsen und Quadern für das Erdgeschoss. Etwas von dem Charme Dresdens vor der Zerstörung lebt auf der 300 m langen Königstraße weiter. Dem stillen Flair des Viertels lässt sich gut in einem der kleinen Restaurants rund um den **Rebeccabrunnen** ❽ (1858) hinter der Dreikönigskirche nachspüren. In den Gassen ringsherum – Heinrichstraße, Obergraben, Rähnitzgasse oder Wallgäßchen – gibt es zahlreiche Galerien, Design- und Antiquitätenläden.

Plötzlich Palaisplatz

Der Palaisplatz hat seinen Namen vom Japanischen Palais, auch wenn es inzwischen kaum noch erkennbar über die vierspurige Große Meißner Straße winkt. Das **Akzisehäuschen** ❾ diesseits der Straße (Palaisplatz 2) wurde 1827–29 in klassizistischer Manier errichtet und ersetzte das Stadttor, das mit dem Abbruch der Stadtmauer im Jahr 1817 abgeräumt wurde. Daher auch der Name: Akzise bedeutete Zoll und meinte hier die Torabgabe im Mittelalter.

Japanisches Palais

Das **Japanische Palais** ❿ hätte es allerdings verdient, von hier aus direkt angesteuert zu werden. August der Starke ließ nicht umsonst die Königstraße extra darauf zulaufen: Es ist eben deutlich mehr als eine großzügig proportionierte Stadtvilla.

Im Jahr 1717 kaufte August das kurz zuvor errichtete Holländische Palais einem holländischen Diplomaten ab, denn er brauchte Platz für die vielen Gäste, die während der Hochzeitsfeier des Kurprinzen im Jahre 1719 zu erwarten waren. Schließlich ging es darum, dessen Eheschließung mit Maria Josepha, der Habsburger Kaisertochter, der ganzen Welt (damals im Wesentlichen Europa) sehr, sehr genau vor Augen zu führen. Und den Machtanspruch der sächsischen Kurfürsten und polnischen Könige gleich mit. Gleichzeitig wollte August seine riesige Sammlung japanischen, chinesischen und Meissener Porzellans unterbringen. Dafür konzipierte Matthäus Daniel Pöppelmann, der auch schon den Zwinger baute, 1729 nach Anweisungen des Kurfürsten den Umbau des Holländischen Palais zur Vierflügelanlage mit einer Kuppel als Krönung. Handzeichnungen belegen, dass August kompetent in die Baumaßnahmen eingriff. Auch sonst waren alle beteiligt, die in Dresden Rang und Namen hatten: Auf Zacharias Longuelune gehen die klassizistischen Einflüsse und die Lisenenarchitektur (Pilaster gliedern und betonen die Sandstein-Fassade) zurück, Jean de Bodt schuf die Fassade, die zum Palaisplatz zeigt.

Im Dreiecksgiebel lässt sich die Bestimmung des Palais ablesen: Asiaten und Europäer, die Porzellan herstellen, huldigen der Saxonia. Die Chinoiserien der konkav geschwungenen Kupferdächer entsprechen der damaligen Orientmode. Der Tod Augusts des Starken im Jahr 1733 verhinderte den Innenausbau zum Porzellanmuseum. Bis 1780 wurde das Palais von der Porzellanmanufaktur als Magazin genutzt, dann zogen öffentliche Sammlungen ein. Inzwischen nutzen die Senckenberg Naturhistorische Sammlungen und die Staatlichen Kunstsammlungen das Palais für wechselnde Ausstellungen.

Palaisplatz 11, Ausstellungen: www.senckenberg.de und www.skd.museum, Di–So 10–18 Uhr

Hinterm Haus: Platz für Boule

Der barocke Park des Palais auf der Elbseite wurde auf den ehemaligen Befestigungsanlagen angelegt. Inzwischen ist er eine Ruheoase unter uralten Bäumen, mit viel Platz für die verschiedensten Bedürfnisse zwischen Wiese-Liegen und Boule-Spielen. Der Japanische Pavillon (auch Milchpavillon) von Karl Paul Andrae mit den stündlich spielenden Bronzeglocken wurde 1936 im Zuge einer umfassenden Neugestaltung des Neustädter Elbufers aufgestellt. Der Übergang zum benachbarten Park des Hotels **Bilderberg Bellevue** (s. S. 29) ist fließend. Hier und im Freiluftcafé **Elbsegler** 2 ist der Blick auf Dresdens Altstadtsilhouette am schönsten (s. Lieblingsort S. 76). Straßenseitig ist im Hotelkomplex noch das barocke Bürgerhaus der Großen Meißner Straße 15 mit dem kursächsischen Wappen im Mittelteil erhalten geblieben – als einziges Haus, das die Kriegszerstörung von 1945 überstand.

K

KUNST IM PARK II

Das »Räumlich gebrochene Band« im Park vor dem Hotel Bellevue schuf der Dresdner Maler und Bildhauer Hermann Glöckner (1889–1987) in den 1980er-Jahren nach einem Entwurf von 1967. Glöckner erhielt in der DDR nur selten Ausstellungsgelegenheiten für seine konstruktivistische Kunst, zeigten seine Werke doch nicht deutlich genug den siegenden Sozialismus. Das Bellevue aber errichteten japanische Architekten um 1985. Offensichtlich hatten sie nicht die gleichen Berührungsängste.

Von der Augustusbrücke zum Jägerhof

Unter der Augustusbrücke hindurch führt der Elbeweg am Prunkbau des **Finanzministeriums** 11 (Carolaplatz 1) vorbei, das von 1890 bis 1894 mithilfe französischer Reparationszahlungen erbaut wurde. Architekt Otto Wanckel sah sich in der Tradition Sempers. Das Giebelbild von Anton Dietrich zeigt Saxonia beim Geldeinnehmen. Die Freiluftarena Richtung Elbe dient im Sommer dem beliebtesten Open-Air-Spektakel Dresdens, den **Filmnächten am Elbufer** 2.

Ein ähnliches Bild mit ähnlichen Mitspielern ergibt sich eine Brücke weiter. Der **Carolabrücke** ⓬ sieht man ihre Herkunft aus den 1960er-Jahren an: kühn gespannter Beton mit Betonung auf der autogerechten Stadt. Dahinter wieder ein historistischer Koloss: Die **Sächsische Staatskanzlei** ⓭ (Archivstr. 1) wurde 1900–06 als Gesamtministerium erbaut. Die Architekten Edmund Waldow und Heinrich Tscharmann wollten dem Gebäude mit neobarocken und neoklassizistischen Elementen eine autoritäre Aura verschaffen. Nur drei Jahre später entstand übrigens das Festspielhaus Hellerau (s. S. 105) mit seinen klaren Linien und geometrischen Formen. Diese beiden Gebäude mit ihrer markanten Rückwärtsgewandtheit einerseits und der resoluten Zukunftsgläubigkeit andererseits markieren gut das stete Spannungsfeld dieser Stadt.

Mittendrin ganz altes Dresden

Über den verkehrsreichen und unwirtlichen Carolaplatz gelangt man zum **Jägerhof** ⓮. Er entstand auf dem Gelände eines Augustinerklosters, das im Zuge der Reformation aufgelöst wurde. Diesmal war es der Kurfürst August von Sachsen, der 1568–1617 ein Jagdschlösschen bauen ließ. Erhalten blieb der Westflügel. Mit seinen drei Türmen mit den charakteristischen Hauben, dem Renaissancegiebel und dem Altan ist es eins der wenigen Renaissance-Zeugnisse und eins der ältesten Gebäude in Dresden. Nach der Nutzung als Kavalleriekaserne richtete der Volkskundler Oskar Seyffert 1913 hier das Volkskunstmuseum ein (s. Magazin S. 268). Zum Goldenen Reiter sind es nur wenige Schritte.

Köpckestr. 1, Di–So 10–18 Uhr, Eintritt 5 €, erm. 4 €

Auch eine Möglichkeit, die Stadt zu entdecken: In den Sommermonaten laufen die Nachtskater immer freitags verschiedene Touren, hier geht es über die Carolabrücke.

Museen

So fing es an

❶ Archiv der Avantgarden — Egidio Marzona (ADA): Der italienische Kunstsammler und Verleger Egidio Marzona hat seit den 1960er-Jahren nahezu alles gesammelt, was mit der Avantgarde des 20. Jh. zu tun hat – Flyer, Schallplatten, Möbel, Tagebücher.

Blockhaus, Neustädter Markt 19, https://archiv-der-avantgarden.skd.museum, eröffnet Anf. Mai 2024

Mit Gottes Segen

❺ Kügelgenhaus: Museum der Dresdner Romantik. Bei Kügelgens hat sich Christian Gottfried Körner mit seinem spannenden Freundeskreis eingeladen: Das Museum beleuchtet den Kreis um Novalis, Ludwig Tieck, Heinrich von Kleist, E. T. A. Hoffmann, Caspar David Friedrich, Carl Maria von Weber, Robert Schumann, Richard Wagner und einige mehr.

Hauptstr. 13, T 0351 804 47 60, www.museen-dresden.de, Mi–Fr 10–17, Sa, So, Fei 12–17 Uhr, 4 €, erm. 3 €

Mineralien, Mammut & Co.

❿ Senckenberg Naturhistorische Sammlungen Dresden: Tierkunde, Mineralogie und Geologie im Japanischen Palais. Dresdens naturhistorische Sammlung ist eine der ältesten weltweit. Zu sehen sind jeweils kleine Ausschnitte in wechselnden, oft besonders kinderfreundlich ausgerichteten Sonderausstellungen.

Japanisches Palais, Palaisplatz 11, T 0351 892 63 26, www.snsd.de, 2 €, erm. 1 €

Verhandlungssache Kunst

⓯ Kunsthaus Dresden – Städtische Galerie für Gegenwartskunst: Das Wohnhaus aus dem frühen 18. Jh. birgt wechselnde Ausstellungen mit Gegenwartskunst, die sich mit gesellschaftlichen Tendenzen auseinandersetzt.

Rähnitzgasse 8, T 0351 804 14 56, www.kunsthausdresden.de, Di–Do 14–19, Fr–So 11–19 Uhr, 4 €, erm. 2,50 €, Familien 6 €

Volkskunst ohne Tümelei

⓰ Museum für sächsische Volkskunst und Puppentheatersammlung: Erzgebirgische Volkskunst und sorbische Trachten, Bauernstuben-Interieur und Brauchtums-Utensilien sind stilvoll im 400 Jahre alten Jägerhof untergebracht.

Köpckestr. 1, T 0351 49 14 45 02, www.skd.museum, Di–So 10–18 Uhr, 5 €, erm. 4 €

Essen

Mit lauschigen Plätzen draußen

1 Winzerstube »Zum Rebstock«: Gute Auswahl sächsischer Weine zu gut gekochter sächsischer Küche ergibt auf den Hofplätzen ein Dolce Vita.

Hauptstraße 17, T 0351 563 35 44, Di–Fr 15–23, Sa, So 13–23 Uhr, €€

Mit dem berühmten Blick

2 Elbsegler: Ein Biergarten am Königsufer kann gar nicht viel falsch machen. Dieser hier setzt auf maritime Atmosphäre.

Große Meißner Str. 15/Königsufer, www.bilderberg-bellevue-dresden.de, April–Sept. Fr, Sa ab 15 Uhr, €

Immer wieder preisgekrönt

3 Caroussel Nouvelle: Im Restaurant des Hotels Palais Bülow kocht Sven Vogel: klassisch, international, gern vegetarisch.

Königstr. 14, T 0351 800 31 40, www.buelow-palais.de/restaurants-bar, tgl. 12–14, 18–22 Uhr, €€€

Zum Sitzen und Gucken

4 El Español: Die Tapas schmecken am besten unter den Linden am Rebeccabrunnen.

An der Dreikönigskirche 7, T 0351 804 86 70, www.elespaniol.de, tgl. 11–22, Fr, Sa bis 23 Uhr, €€

TOUR
Kunst gucken in den Seitengassen

Galerienrundgang in der Inneren Neustadt

Infos

D 3/4

Start: Japanisches Palais ⑩

Weitere Infos: www.langenachtdergalerienundmuseen.de

Dresdens Galerienszene ist in den Seitengassen der Königstraße zu finden – eine kunstsinnige Gelegenheit, dem Barockviertel näherzukommen und dabei die zeitgenössische Kunst nicht aus den Augen zu verlieren.

Hinauf zur Königstraße

Die Kunstsammlungen nutzen das **Japanische Palais** ⑩ (s. S. 78) mit Vorliebe als Spielwiese für neue Denk- und Kunstansätze. Perfekt zur Einstimmung auf zeitgenössische Kunst! Gegenüber liegt die Königstraße – und gleich zu Beginn der **Kunsthandel Ladrón de Guevara** (Nr. 8, www.ladron-de-guevara.de, Mo 11–18, Di–Fr 12–18, Sa 11–16 Uhr). An den Wänden: Impressionisten, Expressionisten, sonstige Klassiker in Malerei und Zeichnung. Dazu passt das antike Mobiliar.

Hinüber zum Obergraben

Nichts daran war normal, als 1978 der Künstler- und Freundeskreis um Eberhard Göschel, Peter Herrmann, Ralf Winkler (A. R. Penck), Jochen Lorenz und Bernhard Theilmann in der Nr. 9 eine Druckwerkstatt einrichteten. Ohne Absegnung der DDR-Behörden? Ohne die ging eigentlich nichts. Doch die Obergrabenpresse existierte bis 2008. Bis heute gibt es in der Gasse eine hohe Galeriendichte. Den Anfang macht die **Galerie FLOX** (Obergraben 10, www.galerie-flox.de, Mi, Do, Fr 13–19, Sa 11–17 Uhr) mit Kunst aus dem ländlichen Raum. Vorsicht, mit Provinz hat das Ausstellungsprogramm nichts zu tun!

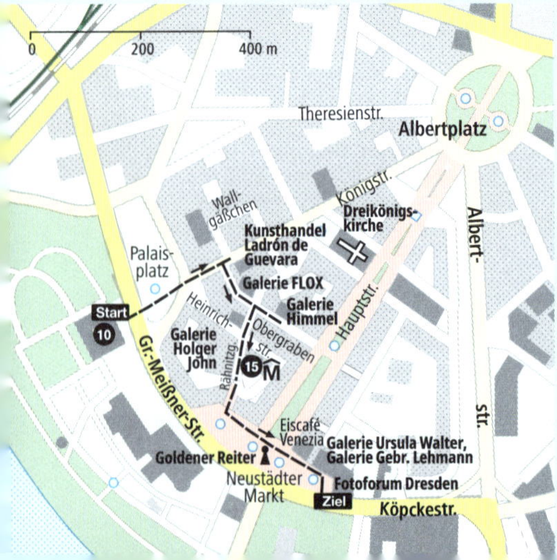

Kunst mit eindeutiger Aussage

Die ehrwürdige **Galerie Himmel** (Obergraben 8, www.galerie-himmel.de, Mo–Fr 10–18, Sa 10–16 Uhr) bietet einen guten Einblick in die lokale Kunstgeschichte, die in Dresden so lokal gar nicht ist: Gerda Lepke, Werner Tübke, Claus Weidensdorfer, Curt Querner oder Fritz Tröger sind eine Bekanntschaft wert.

Supermans Bruchlandung
Schon in Sichtweite müsste sich jetzt die **Galerie Holger John** (Rähnitzgasse 17, www.galerie-holgerjohn.de, Di–So 14–19 Uhr) befinden. Zumindest unübersehbar: Supermans Bruchlandung davor. Dass Ernsthaftigkeit nicht zwingend zum Kunstbegriff gehört, macht John mit jeder seiner fröhlichen Ausstellungen deutlich.

Kritisch sowieso
Zehn Schritte weiter hat das **Kunsthaus Dresden** ⓯ (Rähnitzgasse 8, www.kunsthausdresden.de, Di–Do 14–19, Fr–So 11–19 Uhr, Eintritt 4 €, erm. 2,50 €) seinen Sitz. Die städtische Galerie hat sich sozialkritischer Kunst verschrieben – jede Ausstellung ein Statement zur Lage der Nation oder auch gleich der Welt.

Aufgestöbert am Neustädter Markt
Jetzt einmal die Hauptstraße queren und am Eiscafé Venezia vorbei in den unbeachteten Winkel östlich des Goldenen Reiters vorstoßen: Die **Galerie Ursula Walter** (Neustädter Markt 10, www.galerieursulawalter.de, Do–Fr 15–18, Sa 12–16 Uhr; Künstler u. a. Christoph Rodde, Patricia Westerholz) und die **Galerie Gebr. Lehmann** (Neustädter Markt 11/12, www.galerie-gebr-lehmann.de, Di–Fr 11–18, Sa 11–16 Uhr; Urgestein: Eberhard Havekost, Olaf Holzapfel, Martin Mannig) setzen in ihrer Nische des sozialistischen Städtebaus ein Statement fürs Unperfekte, ergänzt um die Ausstellungen zeitgenössischer Fotokunst im benachbarten **Fotoforum Dresden** (Neustädter Markt 12, Do, Fr 16–19, Sa 12–16 Uhr, www.fotoforumdresden.de) – übrigens ein perfekter Platz für abendliches Herumlungern.

Schnell & gut

5 **Pastamanufaktur:** Hier wird Pasta, frisch aus der Nudelmaschine, mit Stil serviert.

An der Dreikönigskirche 3, T 0351 323 77 99, www.diepastamanufaktur.de, Mo–Sa 10–22 Uhr, €€

Perfekte Torten

6 **Café Caféklatsch:** Handgemachte Sandwiches zum Frühstück, selbst kreierte Torten fürs Konditern am Nachmittag. Und lauschig ist es auch!

Königstr. 8, T 0351 81 15 79 22, www.cafeklatsch-dresden.de, Mo–Fr 9–18, Sa 9.30–18 Uhr, €€

Einkaufen

Frisch geerntet

1 **Markt am Rebeccabrunnen:** Sonnabends ist Markttag rund um den Rebeccabrunnen. Eine gute Gelegenheit, ein paar frische Spezialitäten aus der Region kennenzulernen. Die meisten der Erzeuger, die hier ihre Produkte direkt vermarkten, produzieren nach den Regeln der ökologischen Landwirtschaft.

Bauernmarkt Königstraße, www.dresden.de/maerkte, Sa 9–13 Uhr

Ausgesucht und handgefertigt

2 **Kunsthandwerkerpassagen:** Antiquitäten, Volkskunst, Bücher, Keramik, Goldschmiede und Porzellan: In den drei Durchgängen der barocken Bürgerhäuser verbirgt sich mehr, als es zunächst scheint.

Hauptstr. 9–19, z. B. **Antiquitäten »Am Goldenen Reiter«**, Mo–Fr 10–19, Sa 10–18 Uhr; **Goldschmiedewerkstatt Barbara Oehlke,** www.barbaraoehlke.de, Di, Do, Fr 10–19, Mi 10–15, Sa 10–16 Uhr; **Kunst & Handwerk Richter,** Di–Fr 10–19, Sa 10–16 Uhr

Viel zu schön

3 **Atelier für Einzelstücke:** Die schlichten, zart-raffinierten Schmuckstücke der Designerin Sandra Coym bleiben wie ein Ohrwurm im Kopf, bis man sie kauft. Gilt leider auch für die handgenähten Taschen.

Obergraben 15, T 0351 323 17 06, www.sandracoym.de, Di–Fr 10.30–19, Sa 10–15 Uhr

K

KONSUM IN DER MARKTHALLE

›Konsum‹ wird in Dresden mit kurzem ›u‹ und langem ›m‹ ausgesprochen, Betonung auf der ersten Silbe. Gemeint ist der Supermarkt, der zu DDR-Zeiten die Kaufhalle war. Der erste Konsumverein Dresdens wurde bereits Ende des 19. Jh. gegründet. In der ehemaligen Reithalle auf der Metzer Straße ist eine der größten Filialen zu finden (mit Frischetheken). Zum Sortiment gehören viele Produkte regionaler Herkunft: Wer einen Wein aus dem Elbtal mit nach Hause nehmen möchte, wird hier fündig. Das Russisch Brot kommt aus der Dresdner Backstube von Dr. Quendt, es gibt Bautzner Senf und saure Gurken aus dem Spreewald.

Konsum-Markt Neustädter Markthalle 4: Metzer Str. 1, www.konsum.de, https://markthalle-dresden.de, Mo–Sa 8–20 Uhr

Bewegen

Einmal hoch

1 **Turm der Dreikönigskirche:** Das Altstadtpanorama mit all den anderen Türmen ist die Belohnung für den Aufstieg auf 87 m Höhe.

Hauptstr. 23, www.hdk-dkk.de, Mi–So 12–16 Uhr, 5/4 €, bis 17 Jahre 1,50 €, bis 6 Jahre frei

Rad und Strom leihen

2 **Mietstation:** Die gut gewarteten Fahrräder und E-Bikes kann man sich

auch ins Hotel liefern lassen. Doch auch die Zentrale liegt nur wenige Schritte vom Elberadweg entfernt.

Glacisstr. 5, www.mietstation-dresden.de, Mo–Sa 10–13, 14–18, So 10–13, 16–18, Sa Rückgabe auch bis 19 Uhr, E-Bike (Tag) 29 €, Fahrrad (Tag) 12 €

Ausgehen

Bürgerliche Institution

1 **Societaetstheater:** Theater war in Dresden Sache der Kurfürsten. Doch 1779 gründete die Bürgerschaft ihre eigene Bühne. Jederzeit: zeitkritische Stücke.

An der Dreikönigskirche 1a, T 0351 803 68 10, www.societaetstheater.de

Ganz großes Kino

2 **Filmnächte am Elbufer:** Die Riesenleinwand markiert den Sommerbeginn. Jeden Abend gibt's einen Film oder ein Konzert – Roland Kaiser kommt jedes Jahr!

Carolaplatz/Königsufer, T 0351 65 67 09 21, www.filmnaechte.de, Juli/Aug.

Zeitgenössisches Theater

3 **Kleines Haus:** Junge Bühne des Schauspielhauses, Experimentierbühne und Inszenierungen zeitgenössischer Stücke. Leicht verdaulich: handfester Mittagstisch und preiswerte Snacks im Bistro neufneuf (schöne Terrasse!).

Glacisstr. 28, T 0351 491 35 55, www.staatsschauspiel-dresden.de, Bistro neufneuf: T 0351 82 61 72 90, Mo, Di 11–15, Mi–Fr 11–20, Sa, So 17–20 Uhr, €

Versteckte Lieblingsbar

4 **Herz American Bar:** Dass auch ein Aperitif eine regionale Note haben kann, beweist der *mustard cucumber* im allseits beliebten Spreewald-Martini, den Barchef Stefan Herz wie alle Drinks mit großer Lässigkeit kredenzt.

Wallgäßchen 4, T 0351 85 09 61 08, www.herz.bar, Di–So 18–1, Sa bis 2 Uhr, €€

Sommer ist, wenn die Filmnächte ihre Leinwand aufgebaut haben – die sich übrigens zum Bühnendach für Konzerte umwandeln lässt.

Äußere Neustadt

S

Streetart überzieht Fassaden, die Modelabels in den Schaufenstern sind gar nicht so selten regionaler Herkunft, und zwischen Alaun- und Louisenstraße gibt es keine zehn Meter ohne Einkehrmöglichkeit. Die Straßen sind so belebt, als wäre irgendwo ein Fest – für mediterrane Länder normal, für Ostsachsen selten. Und beim Festefeiern lässt sich die Neustadt ohnehin nicht so schnell etwas vormachen: Jedes Jahr aufs Neue weigert sich die BRN (Bunte Republik Neustadt), ein normales Straßenfest zu werden.

Hier wollen alle wohnen

Deshalb schaffen sie es immer wieder, eine Wohnung oder ein Zimmer in der Neustadt zu ergattern: All die jungen Neuankömmlinge, die zum Studieren nach Dresden kommen, oder weil sie sich mit einer Idee selbstständig machen wollen, weil ein Job herführte, oder weil sie die Stadt so toll fanden – in erster Linie natürlich wegen der Neustadt, dem Dresdner Szeneviertel. Auch wenn diese Szene zunehmend ihre Schwierigkeiten hat, Freiräume zum Ausprobieren zu finden, die steigenden Mieten zu bezahlen oder zur Ruhe zu kommen. Denn an Sommerwochenenden enden Neustädter Nächte erst, wenn die Sonne zu sehr blendet.

ORIENTIERUNG

O

Reisekarte: E 2/3
Das Viertel entdecken: Vom Albertplatz führt die Alaunstraße zum Alaunplatz und (beispielsweise) über die Görlitzer Straße zur Louisenstraße, dann die Martin-Luther-Straße hinunter zum Martin-Luther-Platz. Von dort führt die Böhmische Straße zurück zur Alaunstraße.
Verkehrsmittel: Zentrale Haltestellen der Straßenbahnlinien: Albertplatz (Linie 3, 6, 7, 8, 11); Bautzner Straße/Rothenburger Straße (Linie 6, 11, 13), Bischofsweg (7, 8, 13); S-Bahn-Haltestelle: Dresden-Neustadt, Dresden-Bischofsplatz (S1 Schöna–Dresden–Meißen).
Parken: In den Parkhäusern Bautzner Straße 29 (über dem Rewe) und Albertplatz (im Gebäudekomplex des Simmel-Hochhauses) ist nahezu immer ein Platz frei.
News und Infos: Auf www.neustadt-ticker.de werden die News zum Viertel akribisch zusammengetragen. Die ideale Quelle, wenn gerade das lokale Stadtteilfest BRN ansteht.

Vom Albertplatz bis zur Prießnitz

Zur Bebauungsgeschichte

August der Starke gab das sandige, für Landwirtschaft ungeeignete Gebiet vor den Toren Dresdens 1701 zur Bebauung frei. Von den ersten ein- bis zweistöckigen Häusern inmitten von Gärten ist kaum eine Spur geblieben. Doch mit dem Industrialisierungsschub nach dem Sieg über Frankreich um 1870 begann ein sagenhafter Gründer- und Bauboom. Vorgärten wurden ebenso zu Bauland gemacht wie Höfe zu Hinterhöfen. Im Rückblick haben die Stadtplaner der Gründerzeit alles richtig gemacht mit der zu den Straßen geschlossenen Blockbebauung, die ein reiches Hinterhofleben führen. Die sächsische Bauordnung erlaubte nur freistehende Hofgebäude, was die Berliner Form der Mietskasernen verhinderte. Dennoch

K

MIT KÜCHEN ZUR VILLA

Carl Eschebach, der 1902 die neobarocke Villa am Albertplatz errichten ließ, gehörte um die Wende zum 20. Jh. zu Dresdens bekanntesten Persönlichkeiten. Sein Verdienst: Er war der weltweit größte Hersteller von Eisschränken und ab den 1930er-Jahren bekannt als Hersteller moderner Küchenmöbel und Badewannen. Wegweisend war das Design der Eschebach Original-Reform-Küche mit variablem Schranksystem, das jedem Raum und Bedarf angepasst werden konnte. Heute hat die Dresdner Volksbank ihren Sitz in der Villa und macht sie in wechselnden Ausstellungen zugänglich. Georgenstr. 6, www.volksbank-dresden-bautzen.de, Mo–Fr 9–13, Mo 9–16, Di, Do 9–18 Uhr

Zu dieser Villa brachte es Carl Eschebach mit seinen Küchenmöbeln und Eisschränken. Heute wird hier Kunst ausgestellt.

stieg die Einwohnerzahl: von 14 000 um 1840 auf 40 000 um 1900. Das Nordbad ist Zeuge des Versuchs, dabei die Hygiene aufrechtzuerhalten.

Ein reines Wohnviertel war und ist die Neustadt trotzdem nicht. In den kleinen und größeren Hinterhoffabriken sind inzwischen Werkstätten und Clubs eingezogen (z. B. **Down-Town** (11) und **Groove Station** (12)). Die Straßenfronten werden ohnehin fast durchgängig von Ladengeschäften belebt.

Dresdens erstes Hochhaus

Ab der Straßenbahnhaltestelle der Linien 6 und 11 gehört der Albertplatz der Äußeren Neustadt. Als standesgemäßes Empfangskomitee könnte das elfstöckige **Hochhaus** (1) (Antonstr. 2a) auf der Nordwestseite gelten: Es war Dresdens

Äußere Neustadt

Ansehen

1 Hochhaus
2 Villa Augustin/Erich-Kästner-Museum
3 Kunsthof
4 Pionierkaserne
5 Arsenal/Militärhistorisches Museum
6 Rädlersche Schule
7 Martin-Luther-Kirche
8 Alter Jüdischer Friedhof
9 Kraszewski-Museum

Essen

1 Raskolnikoff
2 Lila Soße
3 Café Neustadt
4 Genuss Atelier
5 Combo Bar
6 Falscher Hase
7 Café Oswaldz

Einkaufen

1 Kunsthofpassage
2 Pfunds Molkerei
3 Lindegruen
4 art + form
5 Ultramaringelb
6 Tranquillo
7 Schmidt Kunstauktionen Dresden
8 Altes Heizhaus

Bewegen

1 Nordbad

Ausgehen

1 Scheune und Scheunecafé
2 Projekttheater
3 Theaterruine St. Pauli
4 Carte Blanche
5 Filmtheater Schauburg
6 Thalia Cinema. Coffee and Cycling
7 Blue Note
8 Bar Holda
9 Katy's Garage
10 Altes Wettbüro
11 Down-Town
12 Groove Station
13 Club Koralle
14 Boys Bar
15 Ostpol
16 Alter Schlachthof
17 Pinta Bar
18 Hebedas
19 Hole of Fame

erstes Hochhaus, errichtet 1928 als Stahlskelettbau von Hermann Paulick. Inzwischen hat es der Simmel-Markt in seine Großmarktimmobilie eingebettet. Übrigens ist das schiefergedeckte Minihaus vor dem Supermarkteingang das Brunnenhaus des Artesischen Brunnens auf dem Albertplatz. Ebenfalls ein passender Neustadt-Auftakt: die **Villa Augustin** 2 (Antonstr. 1, s. S. 92). Sie gehörte einst dem Onkel Erich Kästners und birgt heute das **Erich-Kästner-Museum.** Er selbst sitzt als Bronzefigur auf der Mauer.

Alaunstraße

In die Gründerzeithäuser der Alaunstraße haben sich mittlerweile viele

Gebäude gemischt, die nach der Wende entstanden. Die Brachen an dieser Hauptmagistrale der Neustadt wurden besonders schnell mit neuen Gebäuden gefüllt. Dem Flair tut es keinen Abbruch: Unzählige Läden und Restaurants reihen sich dicht an dicht, unzählige Fahrradfahrer, Besuchertrupps und Autos bewegen sich geschickt umeinander und um die Straßenauslagen herum.

Eine Scheune als Subkultur-Motor

Einen wesentlichen Anteil am Status Szeneviertel, am Belebungspegel und letztlich auch am Ausbau der Alaunstraße hat die **Scheune** 1. Der architektonisch eher unspektakuläre Bau wurde in den 1950er-Jahren als Jugendclub erbaut und bekommt zurzeit eine Runderneuerung. Zu Underground-Ruhm kam das Haus, weil hier zu DDR-Zeiten »die anderen Bands« mit Punk und Ska auftraten. Noch heute ist die Scheune mit Filmen, Konzerten, Poetry-Slams, Partys und Comedy eine Spielstätte der Subkultur. Zur Infrastruktur gehört neben dem Freigelände rings ums Haus irgendwie auch der Platz davor, der zwar optisch als Tiefpunkt des zeitgenössischen Städtebaus durchgehen kann, doch immerhin genügend Platz zum Herumlungern bietet – eine der Kernkompetenzen der Neustadt, für die sie so geliebt wird.

Alaunstr. 36–40, www.scheune.org

Alaunplatz

Eine grüne Oase

Andere Orte, für die die Neustadt geliebt wird, sind der **Kunsthof** 3 (s. Lieblingsort S. 96) und schließlich der Alaunplatz. Offenkundig ist er ein Park – aber Platz heißt er dennoch. Ursprünglich diente er seit 1830 als militärisches Exerziergelände. Er war der Ausgangspunkt für die Entstehung der dahinter gelegenen Kasernen- oder Albertstadt (s. Tour S. 94). Heute ist der Alaunplatz die größte und am intensivsten genutzte Grünfläche der Neustadt, auf der jede Art von sozialer Interaktion stattfindet: Fußballspiel mit der Seminargruppe, Jonglieren mit Freunden, Trommeln mit jedem, der auch eine Trommel hat. Die Kinder- und Hunde-Dichte übertrifft jeden anderen Teil der Stadt.

Königsbrücker Straße/ Stauffenbergallee

Der Exerzierplatz war sozusagen die Vorhut der Albertstadt, die nördlich davon ab 1869 entstand. Das Sächsische Kriegsministerium nahm Umstrukturierungen in der Sächsischen Armee und die französischen Reparationszahlungen zum Anlass, eine funktionale, moderne Kasernenstadt für 20 000 Soldaten zu bauen. Die Stauffenbergallee diente als Hauptachse, Heer- und Paradestraße. Die **Pionierkaserne** 4 auf der Königsbrücker Straße 88 ist heute Sitz des MDR-Landesfunkhauses. Das **Arsenal** 5 (Olbrichtplatz 2), 1874 klassizistisch-barock von Sempers Nachfolger Hermann Nicolai erbaut, seit 2010 von Daniel Libeskind mit einem Keil aus perforiertem Stahl versehen, birgt das **Militärhistorische Museum der Bundeswehr** (s. S. 95). Die Garnisonskirche St. Martin (Stauffenbergallee 9) entstand im Jahr 1900 als Simultankirche für verschiedene Glaubensrichtungen.

Louisenstraße

Wenn die Alaunstraße die Nord-Süd-Achse der Neustadt bildet, dann durchmisst die Louisenstraße ihre West-Ost-Ausdehnung. Wo die beiden ehemaligen Feldwege sich kreuzen, liegt das Zentrum der Neustadt. Die **Rädlersche Schule** 6 (Louisenstr. 59) ist eins der ältesten Häuser des Viertels – in der Tat fallen die schlichte Fassade mit kleinen Fenstern und die gerade mal zwei Stockwerke auf. Im Jahr 1789 eröffnete ein gewisser Dr. Rädler hier mit der Volks- und Industrieschule mit Waisenhausanschluss eine der frühesten Dresdner Vorortschulen. Das kleine Medaillon über der Tür empfiehlt nach wie vor »Bete und arbeite«.

Über eine Hofeinfahrt der Nr. 48 gelangt man zum **Nordbad** 1. Es wurde 1896 unter dem Namen Germaniabad im Neoklassizismus errichtet und war bis zu seiner Schließung 1982 eine wichtige Wasch- und Bademöglichkeit im Viertel, da in den meisten Wohnungen ein Bad fehlte – übrigens bis in die 1990er-Jahre hinein. Inzwischen ist es ein Hallenbad und hat mit seinem Glasdach, der Galerie und den kannelierten gusseisernen Säulen eine nostalgische Note. Auf der anderen Straßenseite, in der Nr. 47, liegt das **Projekttheater** 2, eine kleine Bühne für Theaterexperimente.

https://dresdner-baeder.de, www.projekttheater.de

Martin-Luther-Platz

An der Martin-Luther-Straße lohnt es sich, vom Weg abzukommen und sich auf dem Martin-Luther-Platz wiederzufinden. Die großzügig ausgestatte-

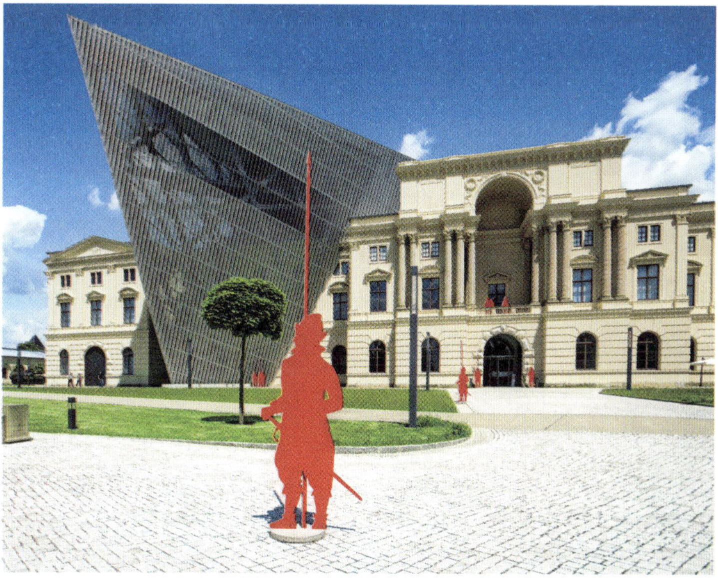

Daniel Libeskinds Keil im Militärmuseum schafft im Inneren des ehemaligen Arsenals Platz für militärisches Großgerät.

TOUR
Auf den Spuren Erich Kästners

Spaziergang durch die Neustadt

Als Kästner 1899 geboren wurde, platzte die Neustadt aus allen Nähten vor lauter Aufbruch ins 20. Jh. Kästner erlebte, wie seine Mutter mit 32 Jahren den Friseurberuf lernte, er erlebte den blühenden Pferdehandel seines Onkels, und er sah, wie sein Vater, »ein guter Sattler und ein schlechter Geschäftsmann«, täglich in eine Kofferfabrik zog und nicht das Nötigste für seine Familie verdiente. Gesellschaftliche Schieflagen brachte Kästner als Schriftsteller so präzise auf den Punkt, dass seine Gedichte und Geschichten bis heute zu den beliebtesten im deutschen Literaturkanon gehören.

Obwohl Kästner mit 20 Jahren Dresden verließ, hat ihn die Stadt nie losgelassen.

Ankunft und Abfahrt

In »Emil und die Detektive« wird Emil am **Neustädter Bahnhof** von seiner Mutter in den Zug nach Berlin gesetzt. Erich Kästners Eltern kamen dort an, als sie aus Döbeln fortzogen, um ihr Glück in Dresden zu versuchen. Ihr kleines Glück lässt sich in Kästners Kindheitserinnerungen »Als ich ein kleiner Junge war« nachlesen. Der Bahnhof markierte auch Kästners Abschied von Dresden: 1919, mit 20 Jahren, verließ er die Stadt seiner Kindheit.

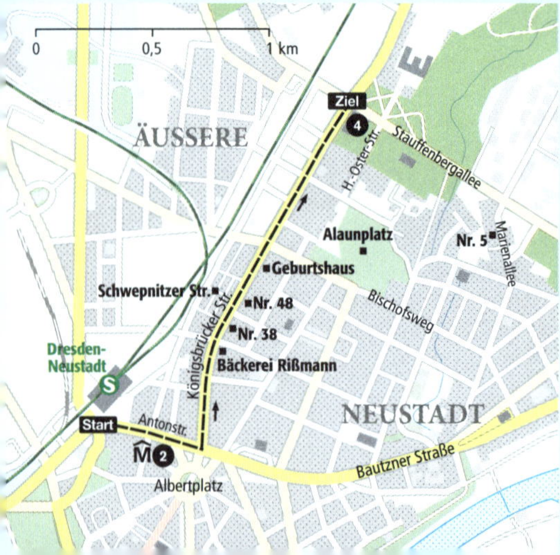

Gesellschaft für die Tante

Die **Villa Augustin** ❷ (Antonstr. 1) liegt direkt am Albertplatz. Kästners Onkel Franz Augustin hatte als Pferdehändler ein Vermögen gemacht und bezog diese Villa 1915. Seine tatkräftige Frau fremdelte mit dem großen Haus und holte sich gern den Neffen zur Gesellschaft. Von der Gartenmauer aus

Infos

E 2/3

Start: Bahnhof Neustadt (Straßenbahnlinie 3, 6, 11)

Dauer: ca. 2 Std.

Website: www.erich-kaestner-museum.de

Öffnungszeiten: So–Fr 10–18 Uhr, Eintritt 4 €, erm. 3 €, Familien 10 €

beobachtete der junge Erich das Treiben auf dem Albertplatz. Eine Knabenfigur aus Bronze erinnert heute daran und verweist auf das **Erich-Kästner-Museum** im Erdgeschoss der Villa.

Die ›anhängliche‹ Königsbrücker Straße

»Die Straße und ich kamen voneinander nicht los«, schreibt Kästner. In der Tat: Solange er in Dresden wohnte, wohnte er hier. »Je mehr sich die Königsbrücker Straße von der Elbe entfernt, um so unfeierlicher und unherrschaftlicher geriet sie. Die Vorgärten wurden seltener und schmäler. Die Häuser waren höher, meist vierstöckig, und die Mieten waren billiger«, schreibt er. In der Nr. 66, seinem **Geburtshaus,** wohnten die Kästners im vierten Stock – ein Zeichen, dass sie nicht sehr begütert waren. Bald darauf zog die Familie in die **Nr. 48,** dann in die **Nr. 38:** »Wir zogen tiefer, weil es bergauf ging.« Die Miete bewältigte die Familie nur mit Untermietern – stets junge Lehrer, die dem kleinen Erich Lust auf den Lehrerberuf machten. Doch auf dem **Fletcherschen Lehrerseminar (Marienallee Nr. 5)** in der Albertstadt erkannte er: »Ich war kein Lehrer, sondern Lerner.« Sein Studium in Leipzig finanzierte er sich bereits mit Theaterkritiken und Gedichten.

Von der **Bäckerei Rißmann** in der Nr. 32 (gegründet 1908) orderte Erich Kästner noch seinen Stollen, als er schon in München wohnte. In der **Schwepnitzer Straße** schräg gegenüber befand sich der Konsumverein, in dem der kleine Erich allmorgendlich Mamas Einkaufsliste abarbeitete.

Wache schieben am Operetten-Schauplatz

In Kästners Kindheit hielt die Königlich-Sächsische Armee auf dem **Alaunplatz** Kaisermanöver und Königsparaden ab, die »prächtigsten und teuersten Revuen und Operetten, die ich je in meinem Leben gesehen habe«. Als Kästner 1917–18 während seines Militärdienstes vor der **Pionierkaserne** ❹ (heute MDR-Landesfunkhaus, Königsbrücker Str. 88) Wache schob und von Sergeant Waurich getriezt wurde, lernte er das Militär hassen. Der heutige Alaunplatz, den die Neustadt-Bewohner als öffentliches Wohnzimmer betrachten, hätte ihn bestimmt gefreut: Auf dem alten Exerzierplatz erhalten nicht einmal mehr Hunde Befehle.

Das heutige Dresden würde Kästner gefallen – zumindest in der Neustadt.

TOUR
Vorsicht, Militärgebiet!

Ein Spaziergang entlang der Prießnitz

Infos

E/F 1–3

Strecke: ca. 5,5 km

Dichte Gründerzeitbebauung und dichter Wald leben an der Prießnitz einträchtig nebeneinander. Doch eine besondere Stadtteilgeschichte kann auch der Wald nicht verbergen.

Der kleine Bach **Prießnitz** mündet in die Elbe und gibt dort einen kleinen Wildnis-Vorgeschmack – von Familien dankbar genutzt, um Kinderfüße ins Wasser zu halten und ein Eis vom nahen **Café im Rosengarten** (Carusufer 12, www.rosengarten-erleben.de) zu essen.

Vorher fließt die Prießnitz durch Hinterhöfe. Den Eingang zur Heide markiert ein hohes **Tor** – beim Hinaufsehen wird klar, dass es ein Bogen der Carolabrücke ist, über die die Staufenbergallee führt.

Dahinter wird es waldig, obwohl keine 50 m westlich das **Militärhistorische Museum der Bundeswehr** ❺ (www.mhmbw.de) und östlich die Gebäude der Offiziersschule des Heeres liegen. Dieser Teil Dresdens ist die **Albertstadt**, um 1870 unter der Ägide des sächsischen Königs Albert als riesiger Kasernenkomplex angelegt und noch immer für militärische Zwecke genutzt. Zu dieser besonderen Stadtteilgeschichte gehören auch die **Soldatenfriedhöfe** an der Marienallee. Zu ihr geht es über den Neuen Brückenweg hinaus aus dem Prießnitzgrund. Auf dem **Garnisonsfriedhof** liegen die Soldaten der Roten Armee, die am 8. Mai 1945 in Dresden einmarschierte, und auch all jene, die bis zum Abzug der Sowjetarmee 1992 hier beerdigt wurden. Der **Nordfriedhof** auf der anderen Straßenseite (am Kannenhenkelweg 1) wurde 1901 für die sächsischen Militärangehörigen angelegt.

Die **Marienallee** führt zur Stauffenbergallee. Bis zur Carolabrücke – diesmal von oben – sind es nur ein paar Meter. An ihr führt eine Treppe wieder hinunter zum Eingangstor am Prießnitzgrund.

Kästners Geist ist allgegenwärtig – hier als Denkmal am Albertplatz.

ten Bürgerhäuser ringsum lehnen sich im Erscheinungsbild an die deutsche Renaissance an. Der Platz mit der neogotischen **Martin-Luther-Kirche** ❼ im Zentrum entstand als einziger in der Neustadt in den Jahren 1883–87 nach einem Bebauungsplan. Östlich, wo die schmale Pulsnitzer Straße abgeht, gewährt ein kleines Tor Einblicke in den **Alten Jüdischen Friedhof** ❽. Zwischen 1751 und 1869 bestattete hier die jüdische Gemeinde ihre Toten, nachdem Graf Brühl endlich die Genehmigung zur Bestattung im Stadtgebiet gegeben hatte. Vorher mussten die Juden ihre Toten bis ins Böhmische schaffen, um sie mit Würde begraben zu können.

Pulsnitzer Str. 12, Besichtigung über das jüdische Zentrum Hatikva, Pulsnitzer Str. 10, T 0351 802 04 89, www.hatikva.de

Östlich der Prießnitz

Die Prießnitz (s. Tour links), der kleine, unscheinbare Bach, der sich aus der Heide durch die Hinterhöfe der Prießnitzstraße schlängelt, ist die Grenze. Dahinter ändert sich das Bild: An der Bautzner Straße weichen die Mietshäuser Villen mit großzügigen Gärten, die – ebenfalls ab 1860 – im Gefolge der nördlich gelegenen Garnisonen für höhere Militärgrade entstanden. Näher kommen kann man einer dieser Villen mit dem **Kraszewski-Museum** ❾ (Nordstr. 28).

Museen

Zeit zum Lesen

❷ Erich-Kästner-Museum: Die Villa Augustin gehörte Kästners reichem Onkel. Im »mobilen interaktiven micromuseum« muss der Besucher aktiv werden: In kunstvoll verschachtelten Regalsystemen, Schubladen und Vitrinen befindet sich Material zu Kästners Leben. Auch Lesungen und andere Veranstaltungen (s. Website).

Antonstr. 1, T 0351 804 50 86, www.erich-kaestner-museum.de, Mo, Do, Fr, So 10–17, Mi 12.30–17 Uhr, 6 €, erm. 4 €, Familien 13 €

Armeezubehör

❺ Militärhistorisches Museum der Bundeswehr: Ein von Daniel Libeskind gestalteter keilförmiger Neubau aus perforiertem Stahl durchdringt die Fassade des Arsenalbaus von 1856 und macht das Museum so zu einem würdigen Ort für moderne Ausstellungsgestaltung. Technisches Gerät folgt einer chronologischen Ordnung, dazwischen werden Themen wie »Tiere und Militär« oder »Schutz und Zerstörung« behandelt.

Lieblingsort

Stöbern und genießen

Die **Kunsthofpassage** 1 in der Neustadt ist wirklich kein Geheimtipp mehr, aber sie beherbergt nach wie vor mein liebstes Goldschmiede-Lädchen, ist immer gut für einen Espresso bei Neumanns Tiki und nötigt mich zuverlässig jedes Mal, meine Zeit und mein Geld in den vielen kleinen Kinkerlitzchenkramläden zu verplempern. Die Gründerzeit-Häuser wurden im Zuge einer Generalsanierung nach der Wende von jungen Künstlern gestaltet und säumen seitdem mit ihren fantasievollen Fassaden einen Hof der Fabelwesen, einen Hof des Lichtes und einen Hof der Elemente – fröhliche Beispiele dafür, was aus alter Bausubstanz werden kann.

Adresse s. S. 98, Eingang über Alaunstr. 70 und Görlitzer Str. 23/25, www.kunsthof-dresden.de

Olbrichtplatz 3, T 0351 823 28 03, www.mhmbw.de, tgl. 10–18, Mo bis 21 Uhr, 5 €, erm. 3 €, Familien 10 €

Sächsisch-polnische Freundschaft

9 Kraszewski-Museum: Hier wohnte der polnische Historiker und Schriftsteller Józef Ignacy Kraszewski (1812–87), bekannt für seine Trilogie »Gräfin Cosel«, »Brühl« und »Aus dem Siebenjährigen Krieg«. Eine Ausstellung illustriert sein Leben und Werk. Der Garten ist eine der wenigen Ruheoasen der Neustadt.

Nordstr. 28, T 0351 804 44 50, www.museen-dresden.de, Mi–So, Fei 13–18 Uhr, Eintritt 4 €, erm. 3 €

Essen

Geschichtsträchtig

1 Raskolnikoff: Die Bar Raskolnikoff gehört zum Szene-Urgestein der Neustadt. Das Restaurant daneben ist berühmt für sein Frühstück und kocht mit wenig Aufwand und regionalen Zutaten internationale Leibgerichte. Am schönsten ist der kleine Hof mit seinen Wasserspielen, dem verwilderten Garten und Tischen auf Holperpflaster (auch Gästezimmer).

Böhmische Str. 35, T 0351 804 57 06, www.raskolnikoff.de, tgl. 10–2 Uhr, €€

Malerisch

2 Lila Soße: Zwischen den sonnengelben Häuserfassaden des Kunsthofes, auf holprigem Kopfsteinpflaster und an rustikalen Holztischen ist die Atmosphäre einfach stimmig. Die Gerichte kommen in Weckgläsern.

Alaunstr. 70, T 0351 803 67 23, www.lilasosse.de, Mo–Fr 16–22, Sa, So 12–22 Uhr, €€

Zeitiges Frühstück

3 Café Neustadt: Schlichte Caféhausstühle, eine gute Auswahl von Tageszeitungen und eine gute Frühstückskarte (bis 15 Uhr).

Bautzner Str. 63, T 0351 899 66 49, www.caneu.de, Mo–Fr 8–15 Uhr, €€

Mehr aus wenig

4 Genuss Atelier: Eine Terrasse mit Elbblick und der Gewölbekeller einer Villa ist Dresdens leider nicht mehr geheimer Tipp. Reservieren empfiehlt sich unbedingt, um im Genuss Atelier der Geschwister Marcus und Nicole Blonkowski einen Platz – und vor allem eines ihrer hervorragend gekochten Gerichte – zu bekommen. Aus wenigen Zutaten Speisen mit ganz viel Aroma kreieren – so lautet das Motto der beiden.

Bautzner Str. 149, T 0351 25 02 83 37, www.genuss-atelier.net, Di–Fr 17–23, Sa 12–15.30, 17–23 Uhr, €€€

Retro

5 Combo Bar: Das Tagescafé mit abendlichem Barbetrieb scheint direkt aus den 1970er-Jahren entsprungen, mit weißen Freischwingern und orangefarbenen Kugellampen. Auf der Karte: Kaffeespezialitäten, eine breite Auswahl an Milchshakes, ausgefallene Limonaden und Cocktails.

Louisenstr. 66, www.combo-cafe-bar.eatbu.com, Mo–Do 8–24, Fr 8–1, Sa 14–1, So 14–19 Uhr, €€

Vegane Speisen

6 Falscher Hase: Dresdens erstes veganes Restaurant verdankt sein Überleben dem richtigen Stadtteil (das Hechtviertel gilt als neue Neustadt) und dem richtigen Mix aus Snacks, Salaten und warmen Tagesgerichten auf einer kleinen Karte. Drinnen Flohmarktmöbel-Charme, draußen vis-à-vis die St. Pauli-Ruine.

Rudolf-Leonhard-Str. 3, T 0351 30 95 91 12, www.falscher-hase.com, Di–Fr 17–22, Sa, So, Fei 13–22 Uhr, €

Kaffee- und Kunstkonsum

7 Café Oswaldz: Vineeth Surendranath überwacht seine gesamte Kaffeekette mit Argusaugen: Herkunft, Röstung, Zubereitung – alles ausgesucht und gut begründet. Aber abgesehen davon macht es einfach Spaß, hinter den großen Scheiben zu sitzen und Passanten zu gucken – oder zeitgenössische Kunst: Die Wände werden regelmäßig neu damit bespielt.

Bautzner Str. 9, T 0351 27 57 18 63, www.oswaldz.de, Tram 6, 11 Albertplatz, tgl. 9–18 Uhr

Einkaufen

Hübsche Dinge

1 Kunsthofpassage: Sixties-Mode, Feng-Shui-Haus, Goldschmiede, Kleinkram-Lädchen, Eiscafé und Kneipe inmitten bunter, fantasievoll gestalteter Höfe.

Alaunstr. 70/Görlitzer Str. 23, www.kunsthof-dresden.de

Kacheln & Käse

2 Pfunds Molkerei: s. Kasten unten. Die Schafs-, Kuh- und Ziegenkäse vom Bauern sind natürlich lecker. Doch es sind vor allem die handbemalten Villeroy & Boch-Fliesen aus dem 19. Jh., die hier beeindrucken. Im Bistro im 1. Stock kann man einen kleinen Imbiss einnehmen – es werden verschiedene Käseplatten angeboten (T 0351 810 59 48, tgl. 10–18 Uhr).

Bautzner Str. 79, T 0351 80 80 80, www.pfunds.de, Mo–Sa 10–18 Uhr

F

FRISCHMILCH FÜR DIE NEUEN GROSSSTÄDTER

Pfunds Molkerei 2 ist ein Überbleibsel des Milchimperiums von Paul Gustav Leander Pfund. Als junger Landwirt erkannte er den Mangel an ungepanschter Milch in der rasant wachsenden Neustadt. Um zu beweisen, dass seine Milch original und frisch von der Kuh kam, betrieb er ab 1879 eine Schau-Molkerei. Bald stand der Name Pfund auch auf Kondensmilch, Babynahrung und Milchseife.

Mode mit Eigenmarke

3 Lindegruen: Französische und skandinavische Mode, kleidsam für die Elbwiesen oder den Weg zum Picknick.

Alaunstr. 18, T 0172 793 14 27, www.lindegruen.de, Mo–Do 11–13, 14–19, Fr, Sa 11–19 Uhr

Kunst & Kleinigkeiten

4 art + form: Jede Menge zauberhafter Papeterie-Krimskrams, zeitgenössische Grafiken von Dresdner Künstlern und die Möglichkeit, sie rahmen zu lassen.

Bautzner Str. 11, T 0351 803 13 22, www.artundform.de, Mo–Fr 10–19, Sa 10–18 Uhr

Feingold in Form

5 Ultramaringelb: Zwei Schmuckdesignerinnen mit unterschiedlichen Handschriften gestalten zarte Blütenringe, massive Ketten und immer ein bezauberndes Schaufenster.

Görlitzer Str. 23/Kunsthof, T 0351 802 54 45, www.ultramaringelb.de, Mo–Fr 11–14, 15–19, Sa 11–16 Uhr

In Dresden designt

6 Tranquillo: Die farbenfrohe Mode des Hauses wird genauso wie die Wohntextilien in Dresden designt und fair in indischen und nepalesischen Manufakturen produziert. Von dort stammt auch der größte Teil der Taschen, Portemonnaies und Mützen.

Rothenburger Str. 43, www.tranquillo-shop.de, Mo–Fr 10–19, Sa 10–18 Uhr

Gemälde, Porzellan, Möbel

7 Schmidt Kunstauktionen Dresden: Was bei den Auktionen (einmal im

Ab 2025 kann man wieder der guten alten Neustadt-Tradition frönen und vor dem Kulturzentrum Scheune herumlungern.

Quartal) nicht unter den Hammer kommt, gibt es im Nachverkauf – darunter bedeutende Künstler aus Dresden und Umgebung, seltenes Meissener Porzellan und klassizistische Möbel.

Bautzner Str. 99, T 0351 81 19 87 87, www.schmidt-auktionen.de, Mo–Fr 10–18 Uhr

Großes Trödellager

8 **Altes Heizhaus:** Hier landet alles, was bei Haushaltsauflösungen übrig bleibt. Die Pflanzenabteilung wird aber direkt vom Gärtner bestückt!

Stetzscher Str. 4, T 0172 366 67 96, www.theresienhof-dresden.de, aktuelle Öffnungszeiten s. Website

Bewegen

Schwimmen & Saunieren

1 **Nordbad:** s. S. 91.

Louisenstraße 48, www.dresdner-baeder.de/hallenbaeder/nordbad-dresden/

Ausgehen

Jugendkultur auch für Große

1 **Scheune:** Die Scheune war schon vor der Wende ein Szenetreff. Die Hauptrolle spielen nach wie vor Konzerte zwischen Pop und Punk, die wegen Umbaus (bis ca. Anfang 2025) zurzeit aber im Containerbau Blechschloss vor der Scheune und an anderen Orten stattfinden. Das **Scheunecafé** (internationale vegetarische und vegane Gerichte) befindet sich zurzeit ›im Exil‹ (s. u.).

Alaunstr. 36/40, T 0351 32 35 56 40, www.scheune.org; **Scheunecafé:** Görlitzer Str. 20, https://scheunecafe.de, Di–Do 17–21, Fr 17–22, Sa 9–22, So 9–14 Uhr

Experimentierbühne

2 **Projekttheater:** Freies Off-Theater, in Wendezeiten gegründet und bis heute eine Bühne für Tanz, Theater, Lesungen …

Louisenstr. 47, T 0351 810 76 00, www.projekttheater.de

H

ABSTECHER INS HECHTVIERTEL

Zwischen Rudolf-Leonhard-Straße und Hechtstraße ist das Tempo geruhsamer, die Atmosphäre ursprünglicher. Rund um die als Off-Theater genutzte **Kirchenruine St. Pauli** 3 am Königsbrücker Platz gibt es eine Reihe schöner Einkehradressen, beispielsweise die Tagesbar mit Restaurant **Sankt Pauli** (Tannenstr. 56, https://sankt-pauli.in).

Unter freiem Himmel

3 **Theaterruine St. Pauli:** In der großen, dreischiffigen Kirchenruine aus roten Klinkersteinen stellen Profis und Laien bemerkenswerte Theaterproduktionen von Goethe bis Godot auf die Beine. Außerdem gibt es hier Konzerte – von Klezmer über Blues und Jazz bis zu Klassik. In der näheren Umgebung haben sich kleine, feine Restaurants und Kneipen angesiedelt.

Königsbrücker Platz, T 0351 272 14 44, www.pauliruine.de, Mai–Okt.

Travestie-Shows

4 **Carte Blanche:** In dem Travestie-Theater kommen Kabarett, Showtanz und ganz viel Glamour auf die Bühne. Vorsicht mit der ersten Reihe!

Prießnitzstr. 10/12, T 0351 20 47 20, www.carte-blanche-dresden.de

Guter Filmgeschmack, groß

5 **Filmtheater Schauburg:** Dresdens ältestes Kino aus den Goldenen Zwanzigern. Fünf Säle, eine Bar, neben dem normalen Programm oft Filmwochen zu bestimmten Regisseuren, Ländern, Themen.

Königsbrücker Str. 55, T 0351 803 21 85, www.schauburg-dresden.de

Guter Filmgeschmack, klein

6 **Thalia Cinema. Coffee and Cycling:** Kleines, sympathisches Programmkino, oft OmU, mit Kneipenanschluss.

Görlitzer Str. 6, T 0351 652 47 03, www.thalia-dresden.de

Livemusik und oft bis früh

7 **Blue Note:** 1997 eröffnete Bar mit Livemusik – überwiegend Jazzkonzerte –, die auch nach 3 Uhr meist noch richtig voll ist.

Görlitzer Str. 2b, T 0351 8 01 42 75, www.jazzdepartment.com, tgl. ab 18 Uhr

Grundsympathisch

8 **Bar Holda:** Hohe Normalitätsquote – hier geht's ums Trinken und Fußballgucken ohne Chichi. Zum Lößnitz-Pils der Hausbrauerei gibt's Sardinen.

Martin-Luther-Platz 4, T 0162 310 91 35, Mo–Fr 17–1, Sa, So 18–1 Uhr

Tanzschuppen mit Biergarten

9 **Katy's Garage:** Alternativ angehauchte, vor allem bei Studenten beliebte Örtlichkeit zum Tanzen nach Reggae, Indie, Hip-Hop und natürlich Rock. Im Sommer mit Biergarten.

Alaunstr. 48/Ecke Louisenstr., T 0351 656 77 01, www.katysgarage.de, Mai–Sept. ab 16, Okt.–April ab 20 Uhr

Schäbig schön

10 **Altes Wettbüro:** Kleiner Club mit 60er-Jahre-Möblierung, in dem entweder eine behagliche Atmosphäre herrscht (mit gutem Restaurantangebot übrigens: mediterran und fantasievoll!) oder alles tanzt. Schöner Sommergarten!

Antonstr. 8, T 0351 658 89 83, www.altes-wettbuero.de, Restaurant: Mo–Mi 17–22, Do–So 12–15, 17–22 Uhr

Discoklassiker

11 **Down-Town:** Der altgediente Club ist für teilweise recht schrille Partys bekannt.

Katharinenstr. 11–13, T 0351 811 55 92, downtown-dresden.de, Fr, Sa 21–5 Uhr

Neustadttypisch

12 **Groove Station:** Ein Besuch ist Pflicht – die Atmosphäre und das Publikum sind typisch Neustadt. Billard und Tischfußball inklusive. Am Wochenende oft Livemusik, sonst normaler Kneipenbetrieb.

Katharinenstr. 11–13, T 0351 802 95 94, www.groovestation.de, tgl. ab 19 Uhr

Kellerkind

13 **Club Koralle:** Der kleine Kellerclub sammelt im Laufe der Nacht jeden ein, der Lust aufs Tanzen hat, und bespielt ihn mit elektronischer Musik. Kein Wunder, dass niemand so recht nach Hause will.

Richtig gute Partys und richtig gutes Essen gibt es im Alten Wettbüro.

Rothenburger Str. 30, www.club-koralle.de, Fr, Sa ab 23 Uhr

Queere Szene

14 **Boys Bar:** Die Boys Bar ist ebenfalls ein Urgestein in der Dresdner Szene, mit beliebten Themenabenden (z. B. Science-Quiz, Cher).

Alaunstr. 80, T 0351 563 36 30, www.boys-dresden.de, Di–Do 20–1, Fr, Sa 20–3 Uhr

Tanzschuppen

15 **Ostpol:** Retro-Design zum Kachelofen, Bühne und Platz zum Tanzen, regelmäßig Bandbetrieb.

Königsbrücker Str. 47, www.ost-pol.de, Mo–Do ab 20, Fr–So ab 21 Uhr

Konzerthalle

16 **Alter Schlachthof:** Die beiden Hallen des früheren Schlachthofes haben die richtige Größe für Konzerte, Comedyshows und Bestseller-Lesungen.

Gothaer Str. 11/Ecke Leipziger Straße, T 0351 43 13 10, www.alter-schlachthof.de

Dienstälteste Bar

17 **Pinta Bar:** Der ältesten Cocktailbar der Neustadt macht immer noch niemand vor, wann gerührt und wann geschüttelt wird. Und die Barkeeper sind einfach nett.

Louisenstr. 49, T 0351 810 67 61, www.pinta-cocktailbar.de, tgl. ab 19 Uhr

Alterslos, aber nie erwachsen

18 **Hebedas:** Alles, was von einer Kneipe erwartet wird: Bier, Pfeffi, randvoll, verraucht.

Rothenburger Str. 30, T 0351 895 10 10, www.hebedas.de, tgl. ab 19 Uhr

Laden für Subkultur

19 **Hole of Fame:** Ausstellungen, Lesungen, Konzerte, Vorträge, Projekte und ein Bartresen haben Platz in diesem kleinen Tante-Emma-Laden für Kultur.

Königsbrücker Str. 39, www.holeoffame.de

Gartenstadt Hellerau

N

Nördlich der Neustadt, zu weit, um mal eben hinzulaufen, aber zu interessant, um es einfach zu ignorieren, liegt Hellerau. Die Deutschen Werkstätten Hellerau (Moritzburger Weg 67) sind der Grund, warum diese Siedlung entstand.

Mit seinen praktischen, klaren und schönen Möbeln errang der Tischlermeister Karl Schmidt auf Weltausstellungen erste Preise und stieg in Deutschland zum Marktführer auf. Mit seinen serienmäßig gefertigten »Maschinenmöbeln« war er so erfolgreich, dass er seine 1898 gegründete Fabrik vergrößern musste. Bei der Gelegenheit dachte er richtig groß und für sämtliche seiner Angestellten gleich mit: Als er 1907 das sandige Gebiet des Heller-Berges kaufte, ging es um alles – als Anhänger der Lebensreform-Bewegung war es sein Ziel, eine Synthese von Leben und Arbeiten zu erreichen, seinen Arbeitern Würde und Selbstbestimmung zu gewähren. Geeignet dafür schien ihm die Idee der Gartenstadt des Engländers Howard Ebenezer von 1898: Fabriken, Arbeiter, kulturelle Angebote und Landschaft sollten gleichermaßen einfließen, wenn es galt, Städte zu erweitern.

Auf dem Heller erwarb er dafür 140 ha Land. Von 1909 bis 1913 entstanden darauf 345 Einzel- und Reihenhäuser rings um die Möbelfabrik. Drei Architekten prägten das Ensemble: Richard Riemerschmid orientierte sich an der Romantik und entwarf den Bebauungsplan für die Gesamtanlage. Hügel blieben erhalten, die Straßen folgen den topografischen Gegebenheiten. Hermann Muthesius plante nach dem Vorbild englischer Landhäuser; Heinrich Tessenow bevorzugte einen entschlackten, zweckmäßigen Baustil. Von ihm stammt das fast spröde wirkende Festspielhaus Hellerau – wie radikal der Bau damals gewirkt haben musste, wird deutlich, wenn man sich vergegenwärtigt, dass nur ein Jahr früher der Staatskanzlei-Koloss am Königsufer entstand.

O

ORIENTIERUNG

Reisekarte: nördl. **E 1/2**
Das Viertel entdecken: Hellerau liegt ca. 7 km nördlich der Neustadt. Die Straßenbahnlinie 8 hält u. a. an den Haltestellen »Am Hellerrand« und »Am Festspielhaus« (ca. 20 Min.). Am bequemsten ist es, ein Fahrrad mit in die Bahn zu nehmen und damit vor Ort die ruhigen Straßen zu erkunden. Per Rad ist auch die Wandertour (s. S. 108) in die Neustadt gut zu schaffen.

Hellerau

Markt und Zipfel

Die Westseite des Marktes erscheint wie ein mittelalterlicher Dorfkern. Mit den Rundbogenfenstern der Ladenpassage und den unzähligen Dachgauben nahm sich Riemerschmid eine kleinstädtisch-dörfliche, damals als ›natürlich‹ geltende Architektur zum Vorbild. Entlang der Straße »Am grünen Zipfel« baute Riemerschmid um 1910 die ersten Häuser der Siedlung, wobei er durch die unterschiedliche Anordnung der schlichten Reihenhäuser ein langweiliges Straßenbild vermied. Dass es sich hier um eine Gartenstadt handelt, wird schnell deutlich: Vor und hinter den Häusern blüht es überall. Erschrocken über die Auswüchse der Industrialisierung in Form dunkler Hinterhofwohnungen, stickiger Arbeitsplätze und hoher Sterblichkeit wollte Karl Schmidt seinen 450 Arbeitern die Möglichkeit geben, sich per Garten selbst zu versorgen und die Raumaufteilung in den Häusern mit Leichtbauwänden selbst vorzunehmen.

Im Herzen der Siedlung

Auf zur Schraubzwinge

Das Herzstück der Siedlung ist der in den Jahren 1909/10 entstandene Komplex von Karl Schmidts Möbelfabrik am Südhang, den Richard Riemerschmid entwarf. Von oben ergeben die Gebäude der **Deutschen Werkstätten Hellerau** ❶ die Form einer Schraubzwinge – ein Zeichen des Tischlerhandwerks. Wichtiger aber war, dass die Arbeiter unter optimalen Luft-, Raum- und Lichtverhältnissen arbeiten konnten. Formal nahm Riemerschmid Anleihen an der Bautradition der Gutshäuser.

Hellerau ist der Beweis, dass auch komplett aus dem Boden gestampfte Stadtviertel nicht wie vom Reißbrett wirken müssen.

Die Werkstätten ab 1950

Das »Modell 50642« ist ein Stuhl aus gebogenem Holz, den Horst Menzel um 1950 in den Deutschen Werkstätten Hellerau entwickelte. Er gilt als unzerstörbar. Heute wird der Stuhl dennoch wie ein rohes Ei behandelt: Auktionshäuser taxieren ihn auf 800 €.

Dank des Dresdner Kunstgewerbemuseums gibt es wenigstens einen Namen und ein Geburtsdatum zu diesem Stuhl, der wahrscheinlich als erster Furnierholzstuhl der Welt in Serienproduktion ging. Doch sonst ist über seinen Designer wenig bekannt: Geboren 1910, aber wann gestorben? Wo hat er gelernt? Wer waren seine Vorbilder? Unbekannt. In der DDR waren die Hellerauer Werkstätten führend in der Möbelproduktion der DDR, aber sie produzierten eben Möbel, keine Stardesigner. Nach der Wende wollte im Osten niemand mehr diese Möbelprogramme sehen. Im Westen kannte sie keiner. Doch inzwischen stehen die gut gedachten und gut gemachten Typenmöbel mit Wurzeln im Bauhaus und Fühlern in Skandinavien bei Möbelsammlern auf der Liste – und die Namen der Designer dazu: Franz Ehrlich, Tischlerlehre im Bauhaus, schuf die »Serie 602«, die ab 1957 als Nachfolgerin von Bruno Pauls »Wachsender Wohnung« in Hellerau produziert wurde. Selman Selmanagić studierte am Bauhaus Architektur, arbeitete bei Egon Eiermann und Hans Scharoun und ab 1945 für Hellerau. Rudolf Horn folgte als Absolvent der Burg Giebichenstein in Halle. In seinen »Montagemöbeln« nahm er das Ikea-Prinzip des Selbstzusammenstellens und -bauens vorweg. Offenheit, Nützlichkeit, Einfachheit – diese Maxime Rudolf Horns fürs Design lässt sich auf viele Hellerauer Möbel aus DDR-Zeiten anwenden. Modisch sollten sie nie sein. Und sind dennoch gerade schwer in Mode. Was die Designer einte: der Blick fürs Wesentliche, fürs Praktische, für elegante Details. Und die Verachtung für modische Kurzauftritte.

Die Werkstätten produzieren tatsächlich bis heute – seit 1991 allerdings keine Möbel mehr, sondern im Metier des hochpreisigen Innenausbaus. Die Ausstattung des MDR-Landesfunkhauses und der Neuen Synagoge (s. S. 53) in Dresden sind einige Beispiele. Das moderne **Fertigungsgebäude** ❷ auf der anderen Straßenseite (Moritzburger Weg 68) stammt aus dem Jahr 2006. Während der regelmäßigen Kunstausstellungen ist es öffentlich zugänglich. Die alten Möbelklassiker sind im Kunstgewerbemuseum (s. Kasten) in Pillnitz zu sehen.

Deutsche Werkstätten Hellerau, Moritzburger Weg 68, T 0351 21 59 00, www.dwh.de, Mo–Fr 9–16 Uhr

ÜBRIGENS

Ü

Die Hellerauer Möbelproduktion zwischen 1950 und 1990 ist Teil des Schaudepots »Deutsche Werkstätten« des Kunstgewerbemuseums im Schloss Pillnitz (Kunstgewerbemuseum, www.skd.museum, Di–So 10–18 Uhr, s. S. 167).

Die Häuser der Siedlung

Ein Spaziergang durch die Siedlung ist gleichzeitig eine Schau der Vorläufer des Bauhauses. Die Deutschen Werkstätten verfolgten stets drei Ziele: Die Dinge sollten ästhetisch anspruchsvoll sein, dabei funktional und maschinell leicht reproduzierbar, um die Kosten gering zu halten. Das galt für Möbel, aber auch für Häuser. Auf dem Heideweg 15 steht das erste Holzhaus, das die Werkstätten fertigten. Architekt Karl Bertsch schuf es 1921. Das Vorbild für das Doppelhaus aus dem Jahr 1911 (Nr. 24) fand Heinrich Tessenow in Goethes Gartenhaus in Weimar. Der niedrige Zwischenbau barg Vorratskammern und Waschküche.

Helleraus

Ansehen

❶ Deutsche Werkstätten Hellerau
❷ Fertigungsgebäude
❸ Festspielhaus Hellerau – Europäisches Zentrum der Künste

Essen

1 Schmidt's
2 Lago Bar
3 Elements

Bewegen

1 Mandala Boulderhalle

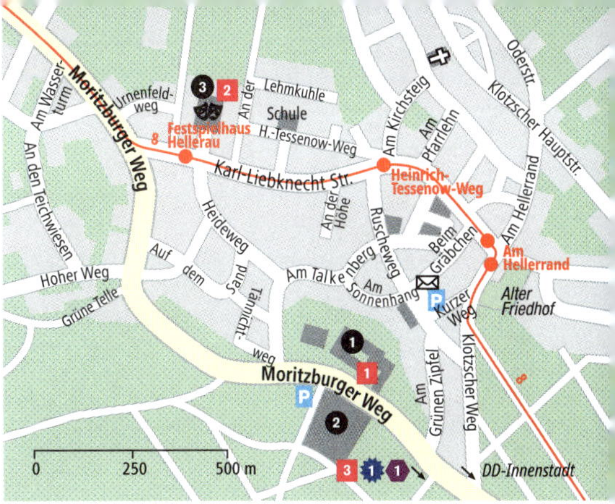

Ausgehen

1 Club Paula

Auch ein Abstecher zu der kleinen Straße »Auf dem Sand« Nr. 26 lohnt sich: Das Plattenhaus Typ 1018 entwickelte Bruno Paul 1925 aus 100 Einzelteilen. Platte bezeichnete damals Holz, die genormten Teile stellten die Werkstätten her. Der Typenbau bot 134 m² Wohnraum auf zwei Etagen und wurde mit 15 800 Mark damals in der mittleren Preisklasse für Fertighäuser angeboten.

Zurück zur Reihenhausidylle

Dort, wo »Am Talkenberg« am Ruscheweg zu »Am Schenkenberg« übergeht, steht als Nr. 20 die Eckbebauung von Richard Riemerschmid. Die kleinen Reihenhäuser der Nr. 4–26 (1911) von Heinrich Tessenow könnten als Prototyp unzähliger DDR-Einfamilienhäuser gelten. Auf der Straße »Beim Gräbchen« in Richtung Markt ändert sich das Bild: Hermann Muthesius, der die Vierfamilien- und Einfamilien-Reihenhäuser in den Jahren 1909/10 projektierte, hatte eine romantischere Auffassung von Architektur und stattete seine Häuser mit Fensterläden, Gurtgesimsen und Spitzgiebeln aus. »Am Sonnenhang« hinter dem Markt lohnt noch ein Blick auf die Holzhäuser, die erst zwischen 1921 und 1939 entstanden. Auch sie sind Typenhäuser der Werkstätten, die, seriell vorgefertigt, gegen Wohnungsnot helfen sollten. Ihre eigentliche Raffinesse steckt im Inneren: Möbel wurden speziell auf die Grundrisse abgestimmt, bis hin zu Einbaumöbeln als Raumteiler. Durch den kleinen Gondler-Park lässt sich die Karl-Liebknecht-Straße erreichen.

Festspielhaus Hellerau

Ein Ort für die Lebensreform

Dort ist auch die Adresse des architektonischen Superstars. Doch das **Festspielhaus**, heute **HELLERAU – Europäisches Zentrum der Künste** ❸, ist nicht gleich zu entdecken. Es steht weit zurückgesetzt

Lieblingsort

Der Mensch wird gut im Garten

Hinter dem Festspielhaus liegt der **Kulturgarten HELLERAU** (Karte 3, B 1), vor ein paar Jahren gegründet, um Anwohner und Flüchtlinge beim gemeinsamen Gärtnern miteinander ins Gespräch zu bringen. Inzwischen gibt es hier eine Freiluftbühne und – solange keiner auftritt – sehr viel Ruhe auf der Wiese. Das Urban-Gardening-Projekt ist der beste Ort für eine Pause und die Erkenntnis: Der Mensch wird gut im Garten (www.hellerau.org/de/mitmachen).

hinter den ehemaligen Schülerhäusern. Doch spätestens zwischen den hohen Pfeilern des Eingangsportals kann man sich der Kraft dieser Anlage kaum entziehen. Heinrich Tessenow schuf das Haus 1911 in Zusammenarbeit mit dem Schweizer Tanz- und Musikpädagogen Emile Jacques-Dalcroze. Ihm hatte Karl Schmidt die Möglichkeit eröffnet, seine »Bildungsanstalt für Musik und Rhythmus« in Hellerau anzusiedeln. Gemeinsam schufen sie einen Ort von radikaler Moderne. Jacques-Dalcroze machte in seiner Lehrmethode den Rhythmus zur Grundlage von körperlicher Bewegung und musikalischer Aufnahmefähigkeit. Sein Freund, der Schweizer Architekturtheoretiker Adolphe Appia, übertrug die rythmischen Strukturen auf das Bühnenbild. Von dieser steingewordenen Rhythmik ist letztlich auch das ganze Festspielhaus Tessenows geprägt.

T

AUSGANGSPUNKT FÜR MODERNEN TANZ

Zu den ersten Schülerinnen von Emile Jacques-Dalcrozes Bildungsanstalt gehörte Mary Wigman. Später besuchte sie auch Rudolf von Labans Schule für Kunst auf dem Schweizer Monte Verità. 1920 kam sie zurück nach Dresden und eröffnete ihre Schule für modernen Tanz (die kleine Villa an der Bautzner Str. 51 steht noch), in der Gret Palucca lernte. Gret Palucca gründete schließlich ihrerseits eine Schule für klassischen und modernen Bühnentanz in Dresden: die heutige Palucca Hochschule für Tanz (www.palucca.eu). Die wiederum arbeitet eng mit der Dresden Frankfurt Dance Company zusammen – die Company-in-Residence von Hellerau – Europäisches Zentrum der Künste.

Die Anlage beruht auf einer strengen mathematischen Ordnung: Die Seitenflügel des Festspielhauses sind um die Hälfte niedriger als der Giebel über dem Säulenportikus. Der Portikus ist der Mittelpunkt einer symmetrischen Anlage, zu der auch Schülerwohnungen und Wirtschaftsgebäude gehören, in denen heute verschiedene Kultureinrichtungen sitzen. Jacques-Dalcrozes Reformschule lotste die intellektuelle Elite Europas in das kleine Hellerau: Emil Nolde, George Bernard Shaw, Else Lasker-Schüler, Franz Kafka, Franz Werfel, Le Corbusier, Mary Wigman, Oskar Kokoschka, Henry van de Velde, Stefan Zweig und Upton Sinclair diskutierten hier über Kunst, Kultur und Moderne. Der Erste Weltkrieg beendete diese Zeit. Ab 1937 diente das Areal als Kaserne, bis 1992 als Lazarett für die stationierten russischen Soldaten. Umso enthusiastischer nahmen freie Künstler, Tänzer und Theatermacher das Haus danach wieder in Beschlag.

Heute sorgt das Europäische Zentrum der Künste dafür, dass Hellerau wieder zur Moderne gehört: Die Art Tanz, Kunst und Musik aus allen Teilen der Welt, die hier beileibe nicht nur auf die Bühne kommt, ist im besten Sinne experimentell und zukunftsweisend.

HELLERAU – Europäisches Zentrum der Künste, Karl-Liebknecht-Str. 58, T 0351 264 62 46, www.hellerau.org

Museen

Das ganze Leben in Hellerau

❸ Dauerausstellung im Festspielhaus: »Hellerau – Die Idee vom Gesamtkunstwerk« heißt die Ausstellung im Festspielhaus, die der Deutsche Werkbund Sachsen betreut. Angefangen bei den ersten Ideen 1906 bis heute wird die Entwicklung Helleraus vorgestellt.

Adresse s. oben, Mo–Fr 11–18, Sa, So 13–18 Uhr, Eintritt frei

TOUR
Auf dem Sand?

Zurück in die Neustadt per Heidewanderung

Infos

nördl. E 1

Start: ggü. Waldschänke Hellerau, Am Grünen Zipfel 2/ Moritzburger Weg
Ziel: Haltestelle Heeresbäckerei, Tram 7, 8
Strecke/Dauer: ca. 6 km, 2 Std.

Südlich vom **Moritzburger Weg** geht es ins Gebüsch: Neben einem angejahrten Garagenhof schlängelt sich ein Weg in den Wald. Er läuft zielstrebig auf den **Oberförster-Jahn-Weg** zu. Mit ihm lotst uns ein Gelber Strich durch diese Heidelandschaft. Auf dem sandigen Boden wachsen Kiefern und Ginster wie sonst nur im Märkischen. Nach einem knappen Kilometer geht es auf dem **Heller-Wanderweg** mit dem Grünen Punkt weiter. Zugegeben, die Wege sind zum Verlaufen gut geeignet. Ohne mein Smartphone, das mich zuverlässig verortet, wäre ich hier trotz der vielen Wegmarkierungen schon häufig verloren gewesen.

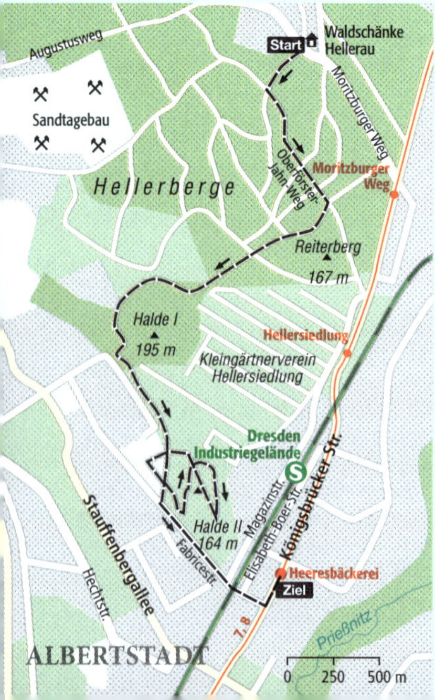

Vor allem, weil es gilt, die **Hellerberge** zu erwischen! Die beiden grünen Hügel hinter der Heeresbäckerei sind menschengemacht: Nachdem der allgegenwärtige Sand zum Abbau lockte, wurden die entstandenen Gruben mit Müll **(Halde II)** und Dresdens Trümmerschutt **(Halde I)** verfüllt. Seit 2007 läuft ihre Renaturierung. Die kurze Zeit hat der Natur zum Geländegewinn gereicht. Trampelpfade führen durch Birkenast-Vorhänge, gekieste Wege vorbei an Wildrosen und Weißdorn. Vögel übertönen aus Leibeskräften allen Autobahn- und Industrielärm aus der Nachbarschaft. Dazwischen liegen Granitblöcke wie Findlinge – künstlerisch gestaltete sind darunter und Überbleibsel der Gebäudetrümmer, die hierhergekarrt wurden, um Dresdens Straßen nach der Bombardierung wieder durchgängig zu machen. Der Landschaft geben sie eine fast surrealistische Note.

Hochsteigen heißt Runtergucken. Einen Blick auf Dresdens Norden liefern beide Hügel. Starkes Panorama!

Im Elements kocht Stephan Mießner Menüs mit Stern.

Essen

Unter Kastanien

1 Schmidt's: Im Pförtnerhaus der Deutschen Werkstätten ist das Restaurant Schmidt's untergebracht, im Sommer mit Plätzen im Hof, und immer mit einer fantasievollen, leichten, verführerischen Küche.
Moritzburger Weg 67, www.schmidts-dresden.de, Di–Sa 17–22 Uhr, €€€

Frisch gemacht

2 Lago Bar: Je nach Tageszeit Kantine oder Restaurant mit kleiner Karte und leichten Gerichten (auch vegan).
Im Festspielhaus, https://bar-lago.de, Mi, Do 12–14, Fr 12–22, Sa 17–22 Uhr, €€

Stern unterm Scheffel

3 Elements: Chefkoch Stephan Mießner redete erst mal nur von seinem Team, bevor er zugab, dass er den Stern für seine fantasievolle Internationale Küche bekommen hat. Das Deli-Angebot ist genauso einladend.
Königsbrücker Str. 96, T 0351 272 16 96, www.restaurant-elements.de, €€€

Bewegen

Hoch hinauf

1 Mandala Boulderhalle: Im Industriegelände gibt es zwar kaum noch Industrie, aber viele schöne Hallen. Die schönste hat viele Kletterwände und einen Bollerofen im Café Zeitenströmung.
Königsbrücker Str. 96, T 0351 501 90 22, https://boulderhalle-dresden.de

Ausgehen

Unbedingt modern

3 HELLERAU – Europäisches Zentrum der Künste: s. S. 107

Industriekultur

1 Club Paula: Der Club Paula steht stellvertretend für viele hier: alte Industriehallen, die hervorragend mit elektronischer Tanzmusik korrespondieren (s. Kasten unten).
Meschwitzstr. 14, T 0351 48 24 66 47, www.club-paula.de, Fr, Sa ab 23 Uhr

W

WIEDERBESIEDLUNG

Das »Industriegelände« entstand ab 1873 als militärtechnische Begleiterscheinung der Albertstadt (s. Tour S. 94). Nach dem Ersten Weltkrieg zog Zivilindustrie in die Rüstungswerke. Die Gebäude der »Zeitenströmung« gehörten bis 1990 zum VEB Strömungsmaschinenwerk. Heute nutzt sie eine Mischung aus Firmen, Restaurants, Ausstellungs- und Boulderhallen. Auch andere verwaiste Produktionshallen sind von allerfeinster Clubatmosphäre – und keine Nachbarn, die laute elektronische Musik stören könnte.

Zugabe
Die Oberlausitz im Rucksack

Die Äußere Neustadt bietet den idealen Nährboden für frische Denkweisen und Miniläden, die sie in der Auslage führen. Wie die Mode von Bettina Kletzsch.

Die Kleiderbügel in Bettina Kletzschs Großröhrsdorfer Elternhaus trugen den Namen der Familie: »Konfektionshaus G.H. Kletzsch & Sohn« stand darauf, und: »gegründet 1847«. Zwei Generationen später erledigte Bettinas Opa die Steuererklärungen für die Rucksack- und Lederwarenfabrik »Ruleu« in Bretnig. Bettinas Vater war Ingenieur bei VEB Herrenmode, Großröhrsdorf trägt das Weberschiffchen im Wappen. In der Oberlausitz aufzuwachsen heißt fast immer, dass familiäre Verästelungen ins Textile reichen, in Bandwebereien, Leinwandwebereien, Damastwebereien, in Färbereien und Nähereien. Im 19. Jh. hatte Sachsen die Führung in der deutschen Textilindustrie übernommen, mit einem deutlichen Ballungszentrum in der Oberlausitz. Nach 1945 standen hier die größten Werke des DDR-Textilkombinats Lautex. Vom Sicherheitsgurt bis zum Handtuch kam alles von hier.

Zur Beerdigung von Bettina Kletzschs Opa kamen auch die Nachfahren seines einstigen Ruleu-Arbeitgebers und erzählten von leuchtend orangen, tannengrünen und faltbootblauen Zeltbahnen, aus denen die Ruleuer bis zur Wende die bunten Steilwandzelte zusammennähten. Das ungenutzte Material fügte sich quasi nahtlos in alle Ideen ein, die den Kopf der Modedesignerin bevölkerten. In Bielefeld hatte Bettina Kletzsch gerade ihre Masterarbeit mit dem Titel »Die Relevanz des Firlefanz« abgegeben. Der Titel avancierte schnell zu einer Art Arbeitsmotto: »Mir geht es um das Glück des Findens«, sagt die heute 39-Jährige und meint damit, dass nicht ein Plan ihr Vorgehen bestimmt, sondern die Dinge am Wegesrand: Bügelperlen etwa. Und dazu dieser Gedanke: »Früher hat man daraus Untersetzer gemacht, die die Tischflächen schonen sollten. Heute ersetzt man eher den Tisch.« Perle für Perle näht sie nun Pixelmuster als Ellenbogenschoner auf ihre Pulloverkollektion. Das aufwendige Detail transportiert Kletzschs Anspruch: Mode ist kein Wegwerfartikel. Dafür ist die Herstellung von Stoffen, das Färben, Bedrucken, Vernähen, das Know-how dahinter viel zu wertvoll. Denn auch wenn der Preis für Fastfood-Mode lächerlich winzig ist: Bezahlt wird das Ganze doch. Die ganze Menschheit kämpft mit den Folgen ökologischer und sozialer Schieflagen, die durch Billigstentlohnung und Ressourcenverschleiß entstehen.

In der Oberlausitz aufzuwachsen heißt, die Welt der Mode mit einem besonderen Blick zu messen: Einst wurden die Produkte der Textilindustrie-Dörfer quer durch ganz Europa gehandelt. Nach der Wende dann das Nichts: Schließung, Rückbau, Wegzug. Von 215 000 Arbeitsplätzen blieben 25 000 bestehen. Viele Dörfer der Oberlausitz schleppen eine Industriebrache mit sich herum, in der nach der Demontage der Maschinen das eigene Selbstverständnis hastig begraben wurde. Seitdem geht es darum, eine neue Identität zu finden. Doch zwischen geputzten Umgebindehäusern und Naturerlebnispfaden kämpft sie sich wieder durch – anders als vorher, kleiner, spezialisierter und erstaunlich robust: die Textilbranche.

Die ungebrauchten Zeltplanen von Ruleu bestehen aus einem hochsolide verwebten Baumwollgewebe. Ressourcenschonender Umgang mit Material ist ein Kernanliegen von Bettina Kletzsch. Das Ergebnis sind ihre Rückenbeutel, eine leuchtend farbige, zeitgemäße Anpassung des Utensils an die Erfordernisse von radfahrenden Laptopträgern. Selbst 17-Zoll-Bildschirmbesitzer finden noch Platz für die Grillpartymitbringsel, den Familieneinkauf oder die Siebensachen fürs Wochenende am Meer. »Der erfinderische Umgang mit Dingen ist kennzeichnend für Mangelwirtschaften. Ich möchte diese Denkweise gern in die Überflussgesellschaft tragen«, sagt Kletzsch. Ihr ganzer Lebensweg setzt sich aus Fundstücken zusammen, die sie sich passend gemacht hat: Das Jahr in England, wo sie als Hilfskraft durch Kongresscenter tingelte und mit Menschen aus der ganzen Welt zusammenarbeitete. Das Modestudium selbst, scheinbar ungewöhnlich für ein Mädchen, das sich nie für Barbiepuppen erwärmen konnte, aber gern erfinden wollte. Mitgenommen hat sie ein freies Denken – mit einer soliden Verwurzelung im Oberlausitzer Textilgewebe.

Bettina Kletzsch, Laden & Werkstatt: Louisenstr. 72, www.bettinakletzsch.com ■

Bettina Kletzsch (li.) verwendet gern Vorgefundenes: Strümpfe und Kleid (re., Model: Magdalena Weniger) hat sie mit Lebensmittelverpackungen bedruckt. Die Gürteltasche ist aus Zeltplane genäht.

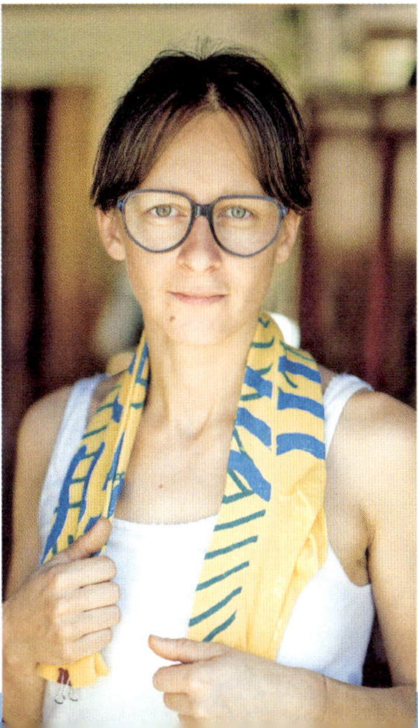

Großer Garten und Äußere Altstadt

Die Naherholungsinsel in Zentrumsnähe — viele Wege und viel Grün: Verlaufen im Großen Garten tut gut.

Eintauchen

Seite 115

Mehr als Händewaschen

»Abenteuer Mensch« ist das Motto des Deutschen Hygiene-Museums, und es ist ernst gemeint: Selbst probieren statt anschauen, begreifen statt bewundern – die Ausstellungen zeigen beeindruckend, was Museen leisten können.

Seite 116

Gläserne Manufaktur

Außen futuristische Architektur, innen e- und i-Mobilität: Die Gläserne Manufaktur ist das Zukunftslabor von VW. Den Autos kann man – nomen est omen – beim Fertigwerden zuschauen.

In unmittelbarer Nähe zum Großen Garten schlägt Dresdens Fußball-Herz.

Seite 116

Großer Garten ✪

Er ist nie zu voll und hat für alle Altersgruppen eine Ecke frei: Der Große Garten ist ein wahrer Naherholungskünstler mit frühbarockem Palais, spannenden Skulpturen, kindskopfgroßen Dahlienblüten, zahlreichen Kindervergnügen und verschwiegenen Parkbänken.

Seite 122

Botanischer Garten

Seine Außenanlagen sorgen für die zeitigsten Frühblüher und das erste Insektensummen. Die großen Gewächshäuser dämpfen die Außenwelt.

&

Seite 123

Hier lebt Tier!

Einer der ältesten Zoos Deutschlands präsentiert sich mit einem modernen Afrikahaus, einer Tundra-Anlage, zutraulichen Ziegen im Streichelgehege und vielen tollen Spielplätzen.

Seite 125

Alleskönner

Bei den Skatern im Skatepark auf der Lingnerallee sieht alles so leicht aus. Wo üben die eigentlich?

Seite 126

Blüherpark und Bürgerwiese

Die kleinen Geschwister des Großen Gartens – verspielter, entspannter und voller Überraschungen am Wegesrand. Angelegt von keinem Geringeren als dem großen preußischen Gartenkünstler Peter Joseph Lenné!

Seite 135

Elbeflohmarkt

Am größten ist die Flohmarkt-Beute ab März, wenn sich die Dresdner mit dem Frühjahrsputz dringend von zu viel Hausrat trennen wollen.

Die grüne Glaskuppel der Yenidze sieht aus wie eine Moschee, tut aber nur so.

»Fjodor Michailowitsch liebte diesen weiträumigen Park sehr, hauptsächlich wegen seines reizvollen englischen Rasens und seiner üppigen Vegetation.« Anna Dostojewskaja

erleben

Für Erholungssuchende und Wissensdurstige

W

Wer in Dresden ein wenig Ruhe sucht, findet sie im Großen Garten. Wissensdurstige können einen Besuch des Deutschen Hygiene-Museums mit dranhängen, Fußballfans ein Heimspiel von Dynamo Dresden im Stadion verfolgen.

Zwischen Altstadt und Großem Garten

Wer sich für Sehenswürdigkeiten jenseits der bekannten Highlights interessiert, wird in der Äußeren Altstadt fündig. In Laufweite des Rathauses tut sich eine Flanierlandschaft auf. Man muss nur wissen, dass es über die vierspurige Petersburger Straße geht – ja, auch die DDR baute in den Sechzigern eine autogerechte Stadt –, immer auf der Lingnerallee entlang und an der großen Baustelle vorbei, auf der einmal das Robotron-Gelände stand – das Zentrum der DDR-Computerindustrie. Jetzt soll hier ein Wohnquartier entstehen.

Sportlich, modern, museal

Dann wird es gleich immer grüner und sportlicher: Nach den Halfpipes, den Banks und Wallrides des Skateparks folgt das Georg-Arnhold-Bad, und dahinter baut sich das Rudolf-Harbig-Stadion auf. Parallel dazu schiebt sich der große weiße Kubus des Deutschen Hygiene-Museums ins Bild, fällt die schräge Architektur der Gläsernen Manufaktur auf und lässt die Parkeisenbahn einen Pfiff hören. Und dann heißt es: Entscheiden. Ins Museum? In VWs Future-Fabrik? Oder weiter geradeaus in den Großen Garten?

ORIENTIERUNG

O

Reisekarte: E/F5–7
Ausgangspunkte: Zu Fuß sind es vom Rathaus bis zum Großen Garten 1,2 km, größtenteils auf der Lingnerallee. Direkt am Großen Garten liegt die Straßenbahnhaltestelle Straßburger Platz (Linie 2, 4, 10, 12, 13). Von hier aus lassen sich auch die Gläserne Manufaktur und der Botanische Garten am besten erreichen. Die Haltestelle Georg-Arnhold-Bad (Linie 10, 13) liegt an der Hauptallee des Großen Gartens, von hier kommt man auch gut zur Bürgerwiese, zum Blüherpark, zum Rudolf-Harbig-Stadion, zum Georg-Arnhold-Bad, zum Hygiene-Museum und zum Sachsenmarkt. An der Haltestelle Zoo (Linie 9, 13) liegt der Eingang des Dresdner Zoos.

Seevorstadt

Deutsches Hygiene-Museum Dresden

In gerader Verlängerung der Hauptallee des Großen Gartens, am Georg-Arnhold-Bad vorbei, liegt das **Deutsche Hygiene-Museum** ❶ hinter seinem gewaltigen Vorplatz und der »Ballwerfer«-Bronzefigur von Richard Daniel Fabricius (1907). Als Architekt Wilhelm Kreis 1927 mit dem Bau beginnen konnte, lagen schon etliche Planungen zu diesem Museumsbau vor. Die Initialzündung setzte Karl August Lingner (1861–1916), der Hersteller des Odol-Mundwassers und Philanthrop, als er 1911 die erste Internationale Hygieneausstellung im Großen Garten ins Leben rief. Damals kamen 5 (!) Mio. Besucher. Hygiene traf einen Nerv: Gerade waren die Zusammenhänge zwischen Verunreinigung, Bakterienkulturen und Krankheiten erkannt, die wichtigsten Impfungen eingeführt und die Reformbewegung in Dresden ohnehin fest verankert. Der Erfolg der Ausstellung sollte mit dem Museumsbau verstetigt werden, allerdings fraß die Inflation Lingners Stiftungseinlagen auf, erst Jahre später stand wieder Geld zur Verfügung. Bei der Tempelfront-ähnlichen Pfeilerkolonne des Eingangsportals orientierte sich Wilhelm Kreis an der neusachlichen Fassade des Hellerauer Festspielhauses von Heinrich Tessenow. Mit Objekten wie der »Gläsernen Frau« und fatal echt wirkenden Wachsmodellen von Krankheitsbildern wurden die körperli-

Im Kindermuseum des Hygiene-Museums geht es um die fünf Sinne – in diesem Spiegellabyrinth braucht der Sehsinn Hilfe vom Tastsinn.

chen Vorgänge des Menschen anschaulich wie nie zuvor dargestellt. Bis heute ist das Museum ein Vorreiter leicht verständlicher, dabei maximal wissensvermittelnder Ausstellungsgestaltung: Mit Körpermodellen zum Anfassen, Apparaturen zum Ausprobieren, Hörstationen und vielem mehr fordert es zu Interaktionen heraus und eröffnet überraschende Perspektiven auf das menschliche Sein.

Lingnerplatz 1, T 0351 484 64 00, www.dhmd.de, Di–So 10–18 Uhr, 10 €, erm. 5 €

Gläserne Manufaktur

Am Straßburger Platz schiebt sie sich unübersehbar ins Bild: die **Gläserne Manufaktur** ❷ von VW, die 2002 eingeweiht wurde und zahlreiche Skeptiker aufatmen ließ. Die moderne Architektur aus dem Münchner Büro Gunther Henn ist um Längen spannender, als es die vorher an dieser Stelle ansässigen Ausstellungs- und Messehallen aus DDR-Zeiten je waren. Inzwischen fertigen 300 Mitarbeiter in dem langen, siebenstöckigen Glaskubus mit den Fertigungshallen Autos mit Elektromotoren, aktuell sind es Kleinserien der Kompaktklasse ID.3, außerdem lotet Volkswagen in Zusammenarbeit mit der TU Dresden hier die Möglichkeiten des intelligenten Fahrens aus. Der turmähnliche Rundbau dient der Lagerung der fertigen Autos. Wie futuristische Bausteine sind die Bauelemente dazwischen angeordnet, darunter ist auch das Restaurant **e-Vitrum** 1 (www.vitrum-dresden.de), in dem Mario Pattis eine unkonventionell zubereitete sächsische Küche kreiert – der Gault & Millau attestiert ihr regelmäßig ein »sehr empfehlenswert«.

Lennéstr. 1, Führungen: T 0351 420 44 11, www.glaeserne-manufaktur.de, Mo–Sa 9–18.30 Uhr, Restaurant: Mo–Sa 10–17 Uhr

Großer Garten ✪

Im Auftrag des sächsischen Kronprinzen Johann Georg (der spätere Kurfürst Johann Georg III.) plante Hofgärtner Martin Göttler 1676 einen Jagdgarten vor den Toren der Stadt, mit sternförmigem Wegesystem und einem Mittelpunkt, in dem noch heute das Palais im Großen Garten steht. Die Wettiner nutzten ihren 100 ha großen Privatpark für Spiele, Feste, die Fasanenzucht und Jagdessen. Doch als Namensgeber der Karcherallee, die am östlichen Ende des Parks vorbeiführt, ging Johann Gottfried Karcher in die Geschichte ein – er verlieh aller Planung und Gestaltung 1683 erst den richtigen, französischen Pfiff. Nach einem Versailles-Besuch legte der Oberlandbaumeister gerade Alleen an, symmetrische Blumenrabatten, gestutzte Hecken und einen mittigen Palaisteich, die dem unmittelbaren Umfeld des Palais noch heute einen barocken Charakter verleihen.

Der Siebenjährige Krieg mit den Preußen 1763 und die Napoleonische Schlacht um Dresden 1813 hinterließen den Park jeweils zerstört. Dann kämpften und verloren die sächsischen Kurfürsten auch noch an der Seite der Franzosen bei der Leipziger Völkerschlacht. In der Folge verwaltete der russische Fürst Repnin-Walkonski Sachsen ein Jahr lang als Generalgouverneur. Kraft seines Amtes machte er die Brühlsche Terrasse und den Großen Garten dem Volk zugänglich. Inzwischen war längst die englische Parklandschaft in Mode gekommen. Die letzten großen Veränderungen veranlasste der Gartendirektor Johann Friedrich Bouché, indem er um 1890 noch Flächen dazukaufte, den Zoo und einen Botanischen Garten einrichtete. Heute gibt es insgesamt 34 km Wegenetz (s. Touren S. 118 und S. 120).

www.grosser-garten-dresden.de

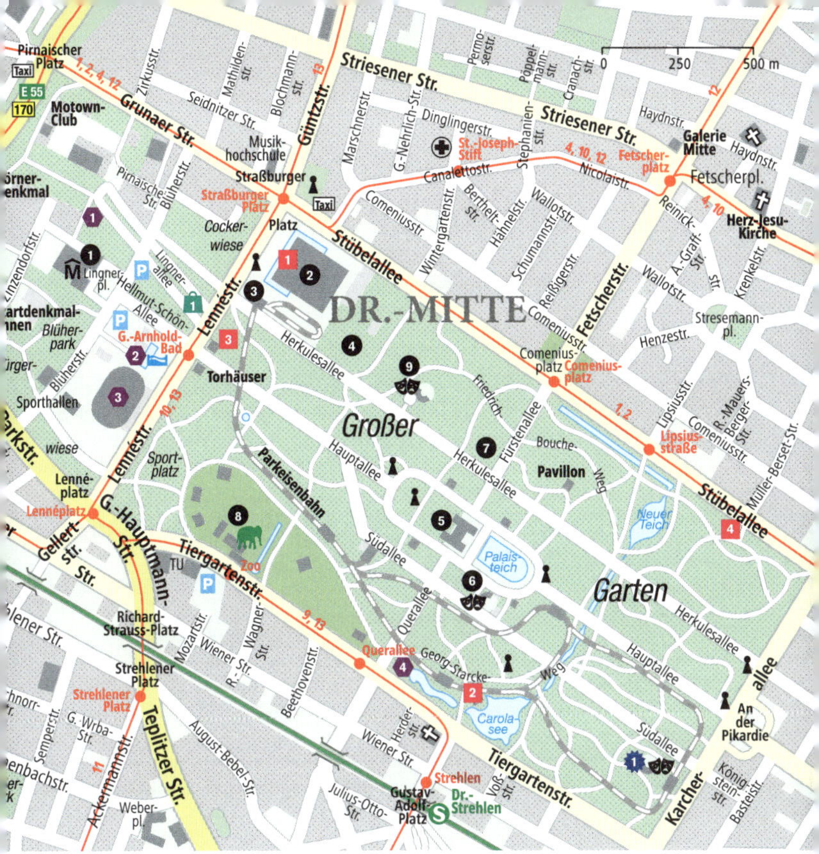

Großer Garten

Ansehen

1. Deutsches Hygiene-Museum
2. Gläserne Manufaktur
3. Hauptbahnhof Parkeisenbahn
4. Botanischer Garten
5. Palais
6. Parktheater
7. Dahlien- und Staudengarten
8. Zoologischer Garten
9. Sonnenhäusel

Essen

1. e-Vitrum
2. Carolaschlösschen
3. Wachstube/ Torwirtschaft
4. Sommerwirtschaft Paul Rackwitz »Neue Welt«

Einkaufen

1. Sachsenmarkt

Bewegen

1. Skatepark Lingnerallee
2. Georg-Arnhold-Bad
3. Rudolf-Harbig-Stadion
4. Ruderbootverleih

Ausgehen

1. Junge Garde

TOUR
Skulptur und Natur

Ein Spaziergang durch den Großen Garten

Infos

E–F 5–7

Hin & Weg: Straßenbahnhaltestelle Straßburger Platz, Linie 1, 2, 4, 10, 12, 13; Straßenbahnhaltestelle Lennéplatz, Linie 9, 10, 11, 13

Strecke/Dauer: 4 km, mind. 1 Std.

Equipment: Fernglas für Vogelbeobachtungen

Die Skulpturen im Großen Garten verdienen eine nähere Betrachtung. Auf jeder einzelnen **Brühl-Vase (1)** hinter dem Palais ist ein ganzes Lexikon der Antike versteckt. Hans Poelzigs **Art-déco-Mosaikbrunnen (2)** funkelt wie ein Eisvogel in seinem Separee, und Permosers **Herkules (3)** wirkt ungewollt komisch in seiner breitbeinigen Siegespose am Ende der Herkulesallee.

Üppigkeit am Palais

Selbst regengraue Herbsttage haben für solche Ausflüge ihr Gutes: Der Park ist menschenleer. Alleen, das Palais, die **»Geraubte Schönheit« (4)** von Pietro Balestra: alles zum ganz alleine Begehen, Angucken, Weiterlaufen. Doch so alleine ist hier niemand. Kleiber und Kohlmeisen haben eine laute Auseinandersetzung. Hinter der **»Zeit, die die Wahrheit enthüllt« (5)** bringt ein Eichelhäher tatsächlich eine Eichel in Sicherheit. Die weiße Marmorskulptur stammt übrigens von Antonio Corradini, einem veneziani-

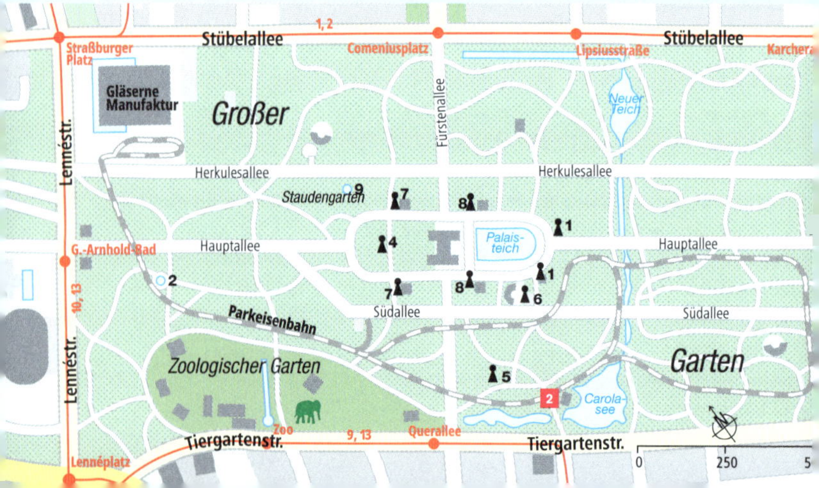

Am Palais herrscht Symmetrie.

schen Bildhauer, der in den 1730er-Jahren vom Dresdner zum Prager und zum Wiener Hof weitergereicht wurde. Verhüllte Gesichter sind sein Markenzeichen. In Dresden hat er noch diese unglaublich verspielte **Üppigkeitsvase (6)** am Palaisteich und die **Kentauren (7)** an der Hauptallee hinterlassen, von denen der südliche Deianeiro entführt und der nördliche Hippodamia belästigt – beide wehren sich höchst filigran. Und das Reich der griechischen Mythologie wird auf den sandsteinernen **Brühl-Vasen (8)** nach Entwürfen von Stefano Torelli noch belebter. Der Neapolitaner wurde später der Lieblingshofmaler von Katharina der Großen. Hier hat er Geschichten von Nymphen und Herkules als Vorwand genommen, um viele, viele nackte Frauen auf seinen Vasen unterzubringen.

Aber auf dem Weg dorthin tauchen Mandarinenten auf, ihr grafisch ausgefeilter Erpel hält sich im Hintergrund. Und dann ist da noch der Grünspecht, der ganz nach Lehrbuch die Beetwege des Staudengartens bepickt (auf der Suche nach Ameisen, sagt das Lehrbuch).

Riesendahlien im Staudengarten

Wenn man schon mal dort ist, ziehen leuchtende Farben in den Dahliengarten. Blumenköpfe groß wie Honigmelonen sperren ihre violetten, orangen oder weinrot geflammten Blütenblätter auf. Abgefallene Blumen schwimmen in der eleganten **Brunnenschale (9),** in deren Mitte die zeitgenössischste Skulptur des Großen Gartens steht: ein stählernes Endlosband von 1980. Es stammt von Peter Bergmann, dem Kunstschmied, der auch die Pusteblumen-Brunnen von Leonie Wirth und die »Völkerfreundschaft« auf der Prager Straße in Metall umgesetzt hat. Das passt gut zum Ausgangspunkt mit der ewigen Weisheit Pietro Balestras. 1722 schuf der italienische Bildhauer **»Die Zeit entführt die Schönheit«** auf dem Ehrenplatz vor dem Palais. Doch auch Marmor altert und braucht gerade eine Restaurierung.

Ausruhen und Aufwärmen: Im **Carolaschlösschen** 2 ist meist ein hübsches Plätzchen in Art-déco-Umgebung frei (www.carolaschloesschen.de).

TOUR
Blüten & Blätter aus aller Welt

Ein Spaziergang durch den Botanischen Garten

Fotoapparat für Makro-Bilder nicht vergessen!

Asien und die Sukkulenten

Der **Eingang** des Botanischen Gartens liegt unscheinbar zwischen Gläserner Manufaktur und Großem Garten. Doch welcher Schatz sich hier verbirgt, wird schon auf den ersten Metern deutlich – besonders im Frühling. Dann empfangen kräftig violette Bergenien die Besucher, kunstvoll kontrastierend mit gelben Narzissen und cremeweißen Christrosen. Dieser erste Teil stellt **Asiens Flora** dar. Die Wege führen weiter nach **Sibirien** und dann in die warme Stille des **Sukkulenten-Schauhauses.** Dort wippen Storchenschnäbel von zart bis riesig zwischen ihren dickleibigen, stachligen Nachbarn.

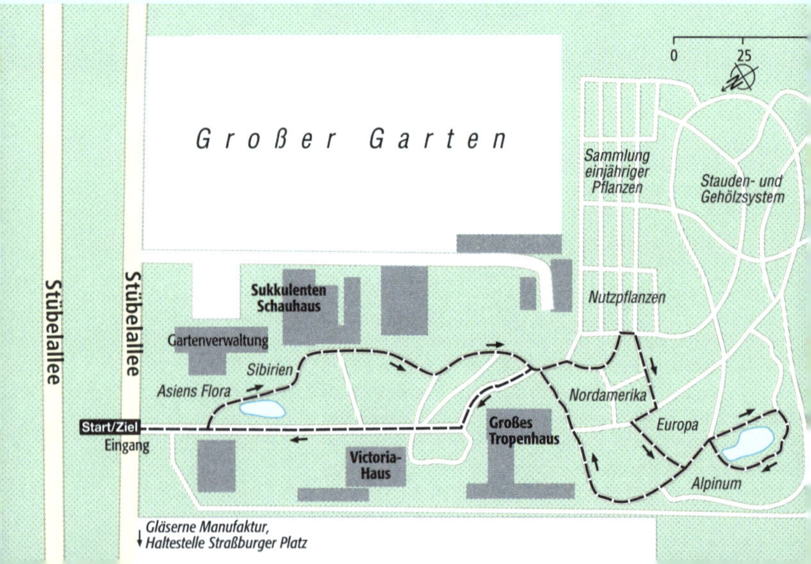

Grusonia invicta – Vorsicht, stachelig!

Infos

E5/6

Hin & Weg: Straßenbahnlinien 1, 2, 4, 10, 12, 13 bis Straßburger Platz

Dauer: mind. 30 Min.

Adresse: Botanischer Garten der TU Dresden, Stübelallee 2, T 0351 459 31 85, www.tu-dresden.de/bg

Öffnungszeiten: April–Sept. tgl. 8–18, März, Okt. tgl. 10–17, Feb., Nov. tgl. 10–16, Jan., Dez. tgl. 10–15.30 Uhr, Eintritt frei

Nordamerika und Südeuropa

Mit den geografisch sortiert angepflanzten Gewächsen waren die Dresdner 1890 übrigens die Ersten. Seit 1949 gehört der Garten mit seinen 3,25 ha zur TU Dresden und wird wissenschaftlich betreut. Die Kombination aus Primeln, Lungenkraut, Buschwindröschen, den Miniaturlilien des amerikanischen Hundszahns und den Alpenveilchen gegenüber auf den **Freilandquartieren Nordamerikas und Europas** bilden allerdings auch ganz unwissenschaftlich eine Kaskade von Frühlingsboten.

Chinesische Zwergwachteln im Tropenhaus

Die Exoten im **Großen Tropenhaus** bekommen Konkurrenz von den chinesischen Zwergwachteln, die einst irgendjemand hier aussetzte und die sich nun als Insektenvertilger nützlich machen. Wieder im Freiland, im ›bergigen‹ **Alpinum** dahinter, zeigen die einheimischen Pflanzen im Frühjahr ihre ersten Spitzen, begleitet vom Summen am **Insektenhaus** und neugierigen Eichhörnchen auf den vielen Bäumen des Terrains.

Pflanzen zum Mitnehmen

Mit etwas Glück haben die Gärtner ein paar Stecklinge zu viel angesetzt und bieten sie gegen eine Spende zum Mitnehmen an. Freitags stellen auch die Gärtnereien der Umgebung ihr Pflanzenaufgebot auf dem nahen **Sachsenmarkt** (Lingnerallee, Fr 8–16.30 Uhr) aus.

Hbf Parkeisenbahn

Der kleine **Hauptbahnhof** ❸ der Parkeisenbahn liegt gleich neben der Gläsernen Manufaktur auf der Lennéstraße und wirkt wie eine vergrößerte Modellbahn: Vom Signal über die Dampf- und E-Loks bis zum Schaffner ist alles kleiner als im Original. Die Dresdner Verkehrsbetriebe richteten die Liliputbahn 1950 für Kinder ein – doch die wollten nicht nur mitfahren, sondern sie auch betreiben. Diese Tradition setzt sich bis heute fort: Das 5,6 km lange Streckennetz mit 5 Haltestellen (Straßburger Platz, Zoo, Carolasee, Karcherallee, Palaisteich) wird von Kindern verwaltet, nur die Zugführer sind erwachsen. Am Bahnhof Zoo kann man den Zoo über einen Nebeneingang betreten (Ostern–Okt.).

Lennéstr. 5, T 0351 44 56 795, www.grosser-garten-dresden.de (> Großer Garten und Dresdner Parkeisenbahn), Ostern–Okt. Mi–Fr 13–17, Sa, So 10.30–17 Uhr

Botanischer Garten

Ebenfalls neben der Gläsernen Manufaktur, jedoch auf der anderen Seite, liegt der Eingang des **Botanischen Gartens** ❹. Angelegt wurde er bereits 1820, doch aus dieser Zeit ist – kriegsbedingt – kaum noch etwas vorhanden. Seit 1949 betreut die TU Dresden die Gewächshäuser, Beete, Bäume und Insektenhäuser der Anlage. Insgesamt wachsen hier etwa 10 000 Pflanzen, gegliedert nach Regionen wie Asien, Nordamerika, Südeuropa, Kaukasus oder »Pflanzen der Südhabkugel«. Die drei Schaugewächshäuser für Sukkulenten und tropische Pflanzen machen die Anlage auch im Winter besuchenswert.

Stübelallee 2, www.tu-dresden.de/bg, s. Tour S. 120

Torwirtschaften

Gegenüber dem Hygiene-Museum führt die Hauptallee in den Großen Garten. Links und rechts vom Eingang liegen die beiden Biergärten der **Wachstube** und der **Torwirtschaft** 3. Die beiden klassizistischen Torhäuser baute einst Johann Friedrich Thormeyer (1819), doch Schankwirtschaften an dieser Stelle hatten schon Tradition, als nur der Adel den Park betreten durfte: Hier wachten die Wärter am Eingang der 2,50 m hohen, umlaufenden Mauer. Zu ihrem Wachdienst gehörte immer auch eine Ausschankgenehmigung.

Lennéstr. 9 und 11

Palais

Am Ende der Hauptallee thront der älteste Barockbau Sachsens: Das **Palais** ❺ wurde 1678–83 unter dem Oberlandbaumeister Johann Georg Starcke erbaut. Trotz der reich mit Figuren geschmückten Fassade ist seine Form strenger als die in der Herrschaftszeit Augusts des Starken entstandenen Gebäude. Es verbindet deutsche, italienische und französische Einflüsse und birgt in seinem hinteren Hof bereits jene doppelläufigen Treppen, die so typisch für den Barock werden sollten.

1945 brannte das Palais völlig aus, zu DDR-Zeiten wurde die Fassade gesichert. Beim Wiederaufbau der Semperoper diente das Palais als Werkstatt, in der der Bühnenvorhang bemalt wurde. Seit 2002 wird das Palais wieder öffentlich genutzt: für Konzerte, Kunstausstellungen und Theateraufführungen. Unbedingt empfehlenswert ist die Floristik-Ausstellung »Dresdner Frühling im Palais« Anfang März in ungeraden Jahren. Bis auf eine Probesanierung sind Wände und Decke des Obergeschosses noch in dem Zustand, den der Krieg hinterließ – was der heutigen Nutzung fast mehr Freiräume lässt als die mit Stuck und Marmor überzogenen Wände des Originals.

Zum Palais gehören die fünf Kavaliershäuschen (in dem am Palaisteich gelegenen verbirgt sich eine öffentliche Toilette).

Hauptallee 8, Veranstaltungen: www.palais-grosser-garten.de, www.dresdner-fruehling-im-palais.de

Rudern auf dem Carolasee

In Höhe des Palaisteichs liegt das **Parktheater** ❻ aus dem 18. Jh. – eine der ersten Naturbühnen Deutschlands, die allerdings nur selten genutzt wird. Der Weg führt weiter zur Südallee und über die Querallee zum Carolasee, der mit Johann Friedrich Bouchés Landzukäufen im 19. Jh. angelegt wurde, zusammen mit dem ihn umgebenden Bestand botanisch interessanter Baumarten. Der **Bootsverleih** 4 öffnet bei gutem Wetter, der dazugehörige Imbiss ebenso (ca. Mitte April–Okt., www.bootshaus-carolasee.de). Ein paar Schritte weiter liegt das **Carolaschlösschen** 2, das von seinen Caféhausplätzen einen Blick über den See ermöglicht.

Am Kanal entlang

Am östlichen Ende des Carolasees geht ein schmaler Kanal ab, der wie der See aus dem Wasser des Kaitzbachs gespeist wird. Er führt zur Herkulesallee und dann weiter in westliche Richtung zum **Dahlien- und Staudengarten** ❼, die zwar die symmetrischen Beetanlagen in der barocken Parkumgebung des Palais fortführen, sich aber in voller Blüte an keinerlei Regeln mehr halten – dann will jede der über 1000 Blumen eine stolze Solistin sein. Gleich daneben öffnet bei schönem Wetter das Sommercafé am Palaisteich.

Zoologischer Garten

1861 gegründet, ist Dresdens **Zoologischer Garten** ❽ der viertälteste Zoo Deutschlands. Sein Markenzeichen seit Beginn ist die Haltung von Orang Utans: Der damalige Zoodirektor Gustav Brandes war der Erste, der ihre Aufzucht in menschlicher Obhut wissenschaftlich dokumentierte. Nach ihm wurde das Prof.-Brandes-Haus benannt, in dem unter anderem Bartaffen, Wollaffen und Guerezas in naturnaher Umgebung leben. Auch ein äußerst aktives Faultier hangelt sich hier direkt über die Köpfe der Besucher hinweg. Neu und so naturnah wie möglich gestaltet sind auch die Löwensavanne, das Giraffenhaus, das Orang-Utan-Haus und die Pinguinanlage.

Für Kinder kommt der Zookasper regelmäßig ins Kasperhaus (April–Okt. Di, Do, Sa, So 11, 14, 16 Uhr). Außerdem gibt es ein Streichelgehege und sechs Abenteuerspielplätze mit Korbschaukeln und Kletterwänden. Über den Ausgang am Pinguincafé gelangt man schließlich wieder zurück in den Großen Garten.

Tiergartenstr. 1, T 0351 47 80 60, www.zoo-dresden.de, April–Okt. 8.30–18.30, Nov.–März 8.30–16.30 Uhr

Sonnenhäusel

Von so einem Theater dürfte Pinocchio geträumt haben: Das **Sonnenhäusel** ❾ liegt versteckt zurückgesetzt von der Herkulesallee. Die Beschläge der torgroßen, grünen Flügeltür stellen Drachenköpfe dar, darüber strahlt eine große, gut gelaunte Sonne im Sandsteingewände. In den Sommermonaten bespielt das **theater junge generation** die Open-Air-Bühne mit gut durchdachten und großartig gestalteten Puppentheaterstücken.

Auf ein Eis ins Carolaschlösschen oder zum Rudern auf den Carolasee? Am besten beides.

Juni–Aug., Herkulesallee 1, T 0351 32 04 27 77, www.tjg-dresden.de

Museen

Alles nur menschlich

❶ **Deutsches Hygiene-Museum:** Die Dauerausstellung ist in die Themenbereiche Leben, Sterben, Essen, Trinken, Denken, Bewegung, Sexualität und Schönheit gegliedert. Die Sonderausstellungen behandeln aktuelle Aspekte der Bereiche Arbeit, Freizeit, Sprache oder Religion.

Lingnerplatz 1, T 0351 484 64 00, www.dhmd.de, Di–So 10–18 Uhr, 10 €, erm. 4 €

Essen

Intelligent speisen

1 **e-Vitrum:** Die Lage lässt sich mit Belle Etage der Gläsernen Manufaktur beschreiben, und Inhaber Mario Pattis ist der Tausendsassa der Dresdner gehobenen Gastronomie. In Kombination ergibt das eine futuristische Umgebung zum Brunch, zu einer exzellenten Currywurst oder zu ebenso futuristisch anmutenden Cocktails.

Lennéstr. 1, T 0351 420 42 50, www.vitrum-dresden.de, Mo–Sa 10–17 Uhr, €€€

Kaffeehaus in Art déco

2 **Carolaschlösschen:** Mit einer Terrasse am Carolateich kann man nicht viel falsch machen, das Café und Restaurant setzt noch eine elegante Art-déco-Anmutung obendrauf. Die Speisen sind mediterran und jahreszeitlich inspiriert, Kaffee & Kuchen gehören zum Standard.

Querallee 7, T 0351 250 60 00, www.carolaschloesschen.de, tgl. 11–22, Fr, Sa bis 23 Uhr, €€

Ausschank aus Tradition

3 **Wachstube/Torwirtschaft:** Links und rechts der Hauptallee gelegen, innen solide holzgetäfelt und außen mit Biergarten, Minigolfanlage und einigen

L

SCHÖNER LÜMMELN AUF LIEGEWIESEN

Die Südseite des Parks ist hervorragend zum Entspannen, Picknicken oder Musikhören geeignet – Letzteres immer dann, wenn in der Freilichtbühne **Junge Garde** 1 eine gute Band auftritt.

Spielgelegenheiten für Kinder versehen. Zum Bier gibt's deftige Gerichte.
Lennéstr. 11, T 0351 459 52 00, www.torwirtschaft-dresden.de, April–Okt. tgl. ab 10, Nov.–März ab 11 Uhr

Lieblingseinkehr im Freien

4 **Sommerwirtschaft Paul Rackwitz »Neue Welt«:** Sächsisches Bier, dazu eine deftige Brotzeit oder Burger, auch als vegetarische und vegane Varianten.
Stübelallee 4, T 0351 802 65 01, www.paul-rackwitz.de, wetterabhängig Mo–Sa ab 12, So ab 11 Uhr, €

Einkaufen

Marktfrisch

1 **Sachsenmarkt:** Die Erzeuger aus dem Umland bringen frisches Obst, Gemüse, Eier, Wurst und Käse auf den Markt – spannend für kulinarische Entdecker!
Lingnerallee, Fr 8–16.30 Uhr

Bewegen

Zum Wände hochfahren

1 **Skatepark Lingnerallee:** Bei gutem Wetter ist das lang gestreckte Areal immer gut bevölkert. Wer lieber allein seine Runden zieht, ist auf den schnurgerade Alleen durch den Großen Garten gut aufgehoben.

Schwimmen & Baden

2 **Georg-Arnhold-Bad:** Hallen- und Freibad mit Riesenrutsche, 25-Meter-Becken und Dresdens leckersten Pommes.
Helmut-Schön-Allee 2, T 0351 494 22 03, www.dresdner-baeder.de, Mo–Sa 10–22, So 10–18, Di, Fr auch 6–7.30 Uhr, 7 €, erm. 6 €, bis 16 Jahre 3,50 €

Dynamo!

3 **Rudolf-Harbig-Stadion:** Heimspielstätte von Dynamo Dresden. In der Vorweihnachtszeit auch vom Kreuzchor. Nächstes Spiel: www.dynamo-dresden.de.
Lennéstr. 12, T 0351 25 08 81 00, www.rudolf-harbig-stadion.com

An die Riemen!

4 **Ruderbootverleih:** Oberarmmuskelbetrieben die Fontäne im Carolateich umschiffen und ganz leise die Schwanenfamilie beobachten.
Querallee 3, T 0351 318 43 90, www.bootshaus-carolasee.de, in den Ferien tgl. 11–18 Uhr

Ausgehen

Unter freiem Himmel

1 **Junge Garde:** Die Freilichtbühne entstand 1956, um dem arbeitenden Volk Unterhaltung zu bieten. Heute treten hier die coolsten Bands auf – oder Dresdens Betroffenheitslyriker Olaf Schubert.
Karcherallee 10, T 0351 43 13 10, www.junge-garde.com, Mai–Sept.

M

MITFAHREN?

Am **Skatepark Lingnerallee** 1 treffen sich zwischen Mai und Oktober die Nachtskater auf eine Tour durch die Dresdner Innenstadt. Davor gibt's Anfängerkurse durch den Blüherpark (www.nachtskatendresden.de).

TOUR
Lennés Raffinessen

Ein Spaziergang durch Blüherpark und Bürgerwiese

Infos

D/E 5/6

Hin & Weg: Straßenbahnlinien 10, 13 bis Haltestelle Georg-Arnhold-Bad oder 9, 10, 11 und 13 bis Lennéplatz

Dauer: 1 Std.

Großer Garten kann jeder! Im benachbarten Bürgerwiesen-Blüherpark-Paar aber finden sich die Eingeweihten ein: Hier ist noch Platz und Ruhe, wenn drüben beim großen Bruder Skater, Radfahrer und Spaziergänger um freie Bahn kämpfen. Besonders geeignet für Spaziergänge ist der Freitag: Dann haben die Bauernmarkt-Stände entlang der **Lingnerallee** alles für ein Picknick auf der Wiese dabei: duftendes Brot, frischer Sauerrahm, gerade geerntete Erdbeeren oder Tomaten. Die **Bürgerwiese** und der eng dazugehörige **Blüherpark** sind wie gemacht für ein ausgedehntes Picknick!

Auf den Spuren des Chevalier de Saxe

Da ist der kastanienbeschattete **Liegeplatzrasen** mit geschwungenen Wegen und Sandsteinvasen zwischen Arnhold-Bad und dem Hygiene-Museum. In die Symmetrie der alten Barockgärten, die hier einst der Chevalier de Saxe (einer der illegitimen Söhne Augusts des Starken) anlegen ließ, leiten Herkules und Megara über, die der Prager Bildhauer Thaddäus Ignatius Wiskotschill mitsamt ihrem Kinderreichtum in Sandstein gehauen hat.

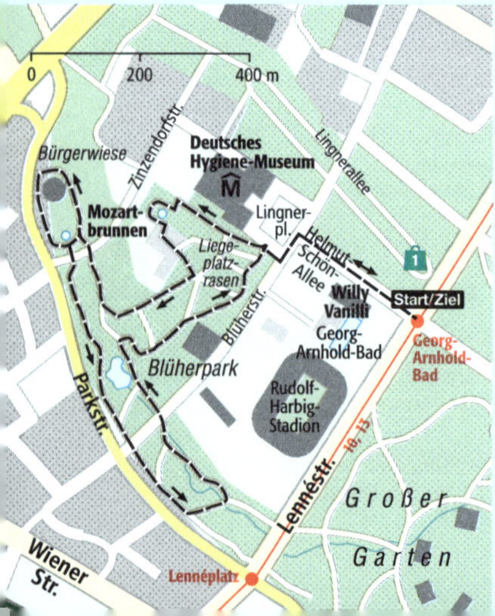

Weite, wo nur Länge ist

In Peter Joseph Lennés **Landschaft-mit-Kaitzbach-Ensemble** leitet die ebenfalls von ihm angelegte Allee über. Sie vermittelt den Parkbesuchern auf ein paar hundert Metern das Gefühl, mindestens in den Tuilerien zu wandeln. Hier zeigt sich die wahre Kunst des großen preußischen Gartengestalters: Er täuscht Weite vor, wo eigentlich nur

Mozarts Musen auf der Bürgerwiese

Länge ist. Maximal 100 m breit ist der Streifen, der sich auf einer alten städtischen Viehweide ausbreitet. Dafür ist er 700 m lang, und dazwischen liegt alles, was die Gartenkunst zu bieten hat.

Biedermeierlich gepflanzt

Die üppigen Blumenrundbeete in der Umgebung des **Mozartbrunnens** legte der Königliche Hofgärtner Carl Adolf Terscheck im Jahre 1838 noch im geordneten Geist des Biedermeiers an. Nur 20 Jahre später ging Lenné schon ganz anders an die Flächen heran: Er staute den Kaizbach zu einem See und machte ihn auf ganzer Länge zum Zentrum einer Miniaturlandschaft, in der sich Wiesen mit Birken und Rhododendren, Ginkgos und Sumpfeichen abwechseln. Nymphen lugen durchs Geäst, Eiben verschatten die Wege, und je näher der Große Garten rückt, desto wilder und ursprünglicher geben sich Rhododendren, Birken und Hyazinthen.

Mitnehm-Tipps:
Decke & Lektüre, Geld & Beutel für Markteinkäufe (Sachsenmarkt 1: Fr 8–16.30 Uhr)

Lust auf Eis?

Willy Vanilli läge sogar direkt auf dem Weg (Helmut-Schön-Allee 2b, www.willyvanilli.de, April–Sept. tgl. 11–20 Uhr).

Äußere Altstadt

D

Die Friedrichstadt im Westen, die Südvorstadt im Süden und die Johannstadt im Osten sind die drei Viertel, die direkt an die Innenstadt angrenzen. Als Dresden zum Ende des 19. Jh. seine Einwohnerzahl rasant von 50 000 auf 500 000 verzehnfachte, verwuchsen sie rasch mit der Altstadt zur Großstadt.

Was heute noch von damals übrig ist

In der einst gärtenreichen Friedrichstadt, die auch das Königshaus mit frischem Obst und Gemüse versorgte, weht manchmal noch die Vorstadtruhe durch die Straßen. Rund um die Technische Universität im Süden entwickelte sich das Forschungscluster der Stadt. Die Johannstadt im Osten war nach der Altstadt der Stadtteil, den die Bombardierung im Zweiten Weltkrieg am gründlichsten traf. Von der einst dichten Gründerzeitbebauung blieb wenig übrig. Danach hatte der Wohnungsbau oberste Priorität. Bis heute will die schmucklose Nachkriegsbebauung aus den 1950er- und 60er-Jahren nicht recht zu der guten, Elbe- und Innenstadt-nahen Wohnlage passen.

O

ORIENTIERUNG

Reisekarte: **B/C 3/4** (Friedrichstadt), **C/D 6** (Südvorstadt), **E/F 3/4** (Johannstadt)
Anreise: In die Friedrichstadt westlich der Altstadt fährt die Straßenbahnlinie 10. In die Südvorstadt und ins Universitätsviertel fahren die Straßenbahnlinien 3 und 8 sowie die Buslinie 66. Von der Johannstadt im Osten bietet sich vor allem der Elbradweg für Spaziergänge oder Radtouren entlang der Elbewiesen an.

Blick für die Details

Doch nirgends sind die Elbwiesen weiter und der Elbestrand breiter! Es lohnt sich also durchaus, auf dem Elberadweg ein Stück Richtung Osten zu radeln oder zu spazieren und im Westen und Süden hinter die Hochgleise der Bahn zu schauen.

In der Friedrichstadt erzählen der Alte Katholische Friedhof und das ehemalige Marcolinipalais vom höfischen Alltag hinter den Kulissen. Das Unigelände dekliniert die Architekturstile vom Historismus bis zur Internationalen Moderne durch. Viele Details ergeben den besonderen Charme der drei Viertel.

Friedrichstadt

Die Ostraallee zwischen dem Schauspielhaus und dem Zwinger läuft direkt auf die Friedrichstadt zu. Durch die Hochschienen der Bahn wirkt dieses Viertel wie abgekoppelt von der Innenstadt. Dahinter ploppt plötzlich eine fast ländliche Ruhe auf.

Friedrichstraße

Die Friedrichstraße beginnt gegenüber der orientalisch anmutenden **Yenidze** ❶ (s. S. 137). In der Nr. 44 wurde der Spätromantik-Maler Ludwig Richter geboren, in der Nr. 46 lebte Johann Andreas Schubert, der den ersten Elbdampfer und die erste deutsche Lokomotive konstruierte. Das Restaurant und **Café Friedrichstadt** 1 in der Nr. 38/40 besitzt einen Garten, der aus der Zeit des Biedermeiers stammen könnte.

Alter Katholischer Friedhof

Auf der Friedrichstr. 54 folgt der **Alte Katholische Friedhof** ❷, Dresdens zweitältester Friedhof, der noch besteht. Angelegt um 1720, birgt er aufwendig gestaltete Grabmale aus der Zeit des Barocks, des Rokokos und des Klassizismus. Da die Dresdner Bürger prostestantisch waren und nur die Kurfürsten katholisch, wurden hier besonders viele Mitglieder des Sächsischen Hofes bestattet – beispielsweise der Barockbildhauer Balthasar

Morbid, aber kunstvoll: Auf dem Alten Katholischen Friedhof liegt die Dresdner Prominenz der Vergangenheit. Denn katholisch waren zumeist die Mitglieder des Hofstaates.

Äußere Altstadt

Ansehen

1 Yenidze
2 Alter Katholischer Friedhof
3 Palais Brühl-Marcolini
4 Neptunbrunnen
5 Matthäuskirche
6 Matthäusfriedhof
7 Dresdner Messe
8 Viehställe
9 Russisch-Orthodoxe Kirche
10 Hörsaalzentrum
11 Neue Mensa
12 Bayer-Bau
13 Zeuner-Bau
14 Fritz-Förster-Bau
15 Landgericht
16 Galerie der Kustodie
17 Willers-Bau
18 Treffz-Bau
19 Universitätsbibliothek
20 Andreas-Schubert-Bau
21 Panometer

Essen

1 Café Friedrichstadt
2 Café am Neptunbrunnen
3 Kuppelrestaurant
4 Fährgarten
5 Café Bianco

Einkaufen

1 Elbeflohmarkt

Bewegen

1 Sportpark Ostra/ Joynext-Arena
2 Spielplätze, Tischtennisplatten etc.

Ausgehen

1 Volksfestplatz
2 Weihnachts-Circus
3 Beatpol
4 Programmkino Ost

Permoser, der Historienmaler Gerhard von Kügelgen, der Hofkapellmeister Carl Maria von Weber und sein Sohn, der Eisenbahndirektor Max Maria von Weber, oder auch der erste Direktor der Dresdner Kunstakademie, Giovanni Battista Casanova (ein Bruder des Giacomo Casanova).

Friedrichstr. 54, tgl. 7–20 Uhr

Palais Brühl-Marcolini

Der Grundbau dieses **Palais** 3, das heute das Friedrichstädter Krankenhaus beherbergt, stammt von 1727, von dem Baumeister Johann Christoph Naumann. 1736 kaufte es Graf Brühl als Sommersitz und veranlasste Umbau- und Erweiterungsmaßnahmen durch den Oberlandbaumeister Johann Christoph Knöffel. Knapp 40 Jahre später ging es in den Besitz des Ministers Graf Camillo Marcolini (1739–1814) über, der den Hofbaumeister Johann Daniel Schade beauftragte, das Palais im Sinne des Klassizismus umzuformen. Napoleon Bonaparte bezog 1813 hier auf der Rückkehr von seinem fehlgeschlagenen Russlandfeldzug Quartier. Und hier erfuhr er auch vom österreichischen Minister Fürst von Metternich, dass sich Österreich ebenfalls gegen Napoleon stellen würde. Das städtische Krankenhaus zog um 1849 ein.

Unbedingt sehenswert ist der barocke **Neptunbrunnen** 4 an der Südmauer des Gartens. Die beeindruckende, 40 m lange, dreistöckige Anlage schuf der Hofbildhauer Lorenzo Mattielli von 1741 bis 1746. Die Wasserkaskaden lassen sich am besten von einem der Freiplätze des **Café am Neptunbrunnen** 2 beobachten. Sie stehen genau davor.

Café am Neptunbrunnen, Haus N, Friedrichstr. 41, Mo–Sa 6–18, So 6–17 Uhr

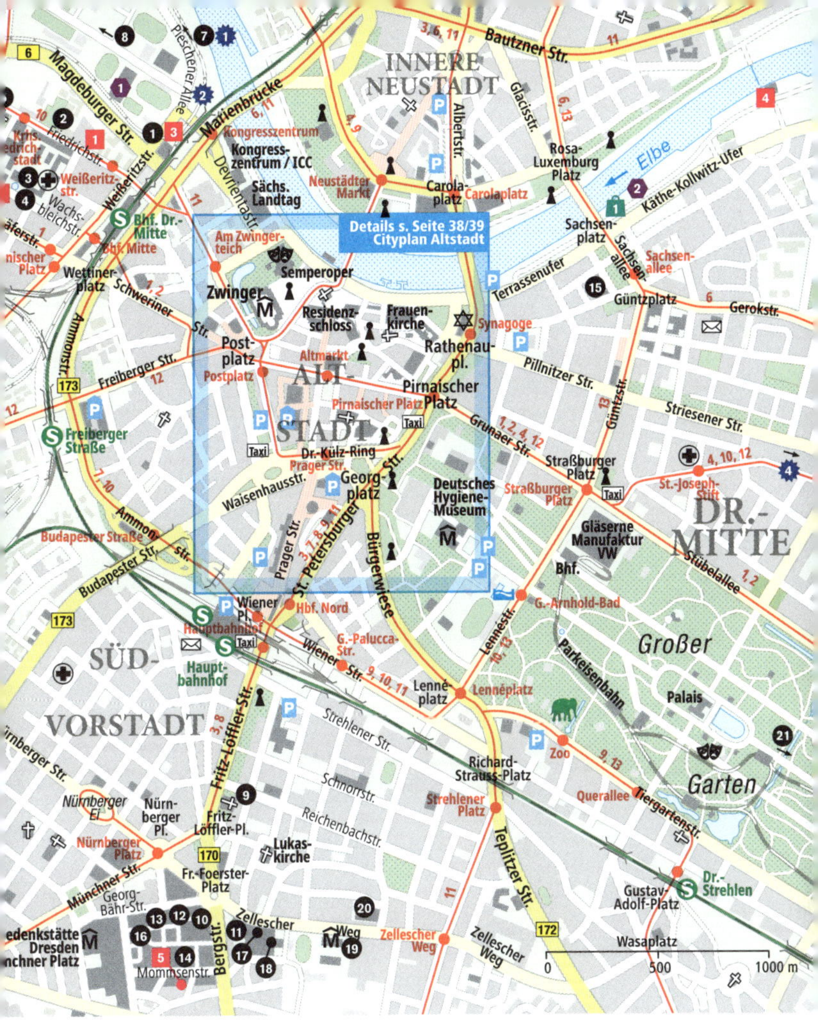

Matthäuskirche und Innerer Matthäusfriedhof

Die **Barockkirche** ❺ mit ihrer elegant geschwungenen Zwiebelhaube setzt den i-Punkt auf den beschaulichen Charakter der Friedrichstraße. Matthäus Daniel Pöppelmann baute sie 1728–32, als sich die Friedrichstraße langsam zu einer Wohngegend entwickelte. Vorher lag hier vor allem das Ostravorwerk, der landwirtschaftliche Musterbetrieb der Kurfürsten, der gleichzeitig den Dresdner Hof versorgte. Ebenfalls einen Spaziergang wert ist der verwunschene **Matthäusfriedhof** ❻.

Friedrichstr. 43, Kirche: Mo–Do 9–17, Fr 13–17, Sa 10.30–17, So 12–16 Uhr, Friedhof: März–Okt. Mo–Fr 7–20, Sa, So 8–20, Nov.–Feb. Mo–Fr 7–19, Sa, So 8–19 Uhr

Ostragehege

Von der Friedrichstraße führt eine Abkürzung entlang der Schienen oder gleich die Straßenbahnlinie 10 ins Ostragehege: Vorbei am Trümmerberg reicht die Schlachthofstraße bis zum alten Schlachthofgelände, das inzwischen von der **Dresdner Messe** 7 genutzt wird.

Der klassische Weg zur Messe führt über die Pieschener Allee. Sie beginnt gleich hinter Marienbrücke und Yenidze.

Von der sportlichen Seite

Entlang der Pieschener Allee und dem Messegelände liegen der **Sportpark Ostra** (auch Ostragehege), der Ostrapark mit Spielplätzen, zahlreiche Spielfelder und die **Joynext-Arena** 1 (vormals EnergieVerbund-Arena), in der öffentliches Eislaufen möglich ist – draußen auf der Eisschnelllaufbahn und in der Halle. Schlittschuhe lassen sich ausleihen.

Magdeburger Str. 10, www.dresden.de/eislaufen, Okt.–März, Mo–Fr 10–15, Mo, Mi, Fr, Sa 20–22, Di, Do 19.30–21.20 Uhr

L

LESETIPP

»Die Amerikaner wurden zum fünften Gebäude hinter dem Tor geführt. Es war ein einstöckiger Zementwürfel mit Schiebetüren vorn und hinten. Er war als Aufenthaltsraum für zum Schlachten bestimmte Schweine erbaut worden. Jetzt sollte er als Heim fern der Heimat für hundert amerikanische Kriegsgefangene dienen.«
Der Roman »Schlachthof Nr. 5« des amerikanischen Schriftstellers Kurt Vonnegut spielt im Gebäude der Messe Dresden (Original: Slaughterhouse Five or The Children's Crusade, erschienen 1969). In der namengebenden Nr. 5 sitzt heute die Messeverwaltung. Der Keller, in dem Vonnegut die Bombardierung erlebte, liegt unter dem Foyer der Halle 1 und lässt immer noch weiß geflieste Reste der Viehboxen erkennen. Der Ort lässt sich im Rahmen von Führungen besichtigen: www.nightwalk-dresden.de

Die Messehallen

Das Ostragehege entstand durch Sandablagerungen an der Mündung der Weißeritz. Zu Zeiten Augusts des Starken hielt der Hof hier Wild für die Jagd. 1910 entstand unter dem Architekten Hans Erlwein Dresdens Städtischer Vieh- und Schlachthof mit Kühlturm, Markthallen und Talgschmelze. 2001 zog die Dresdner Messe in Teile der alten Viehhallen.

Messering 6, T 0351 445 80, www.messe-dresden.de

Viehställe zu Ausstellungsräumen

Die ungenutzten, verfallenden **Viehställe** 8 hinter der Messe inspirierten Andrea Hilger und Mike Salomon 2007 zur ersten Ostrale – eine temporäre Ausstellung zeitgenössischer Kunst zu marode-mystischem Gemäuer. Inzwischen ist die Ostrale (www.ostrale.de) eine feste Institution, doch ihre Basis, die Viehställe, baupolizeilich gesperrt. Bis sie saniert und wieder nutzbar sind, werden neue Orte mit Gegenwartskunst aus allen Teilen der Welt bespielt.

Südvorstadt

Südlich des Hauptbahnhofs und der Bahnhochgleise beginnt die Südvorstadt. Von dem villenreichen Schweizer Viertel, das im späten 19./Anfang des 20. Jh. als Folge des Hauptbahnhofs hier entstand, blieb einiges rund um die Hübnerstraße und Leubnitzer Straße erhalten. Doch inzwischen hat der große Campus der TU Dresden diesem Stadtteil eine spannende Architekturpalette von den 60er-Jahren bis in die Neuzeit verschafft.

Russisch-Orthodoxe Kirche

Die **Zwiebelturmkirche** ❾ wurde 1872 bis 1874 für die kaiserlich-russische Gesandtschaft gebaut. Sie ist dem heiligen Simeon vom wunderbaren Berg geweiht. Die Architekten Harald Julius von Bosse und Karl Weißbach orientierten sich an der traditionellen russischen Bauweise mit Zwiebeltürmen und der Ikonostase, einer raumteilenden Bilderwand, im Inneren. Heute untersteht die Kirche dem Moskauer Patriarchat.

Fritz-Löffler-Str. 19, Bushaltestelle: Reichenbachstraße, tgl. 10–16, Sa bis 19 Uhr

TU Campus

Weiter die Fritz-Löffler-Straße hinauf, rund um den Fritz-Förster-Platz, erstreckt sich das Gelände der Technischen Universität Dresden. Das **Hörsaalzentrum** ❿ (1998; Bergstr. 64) und die **Neue Mensa** ⓫ (1978; Bergstr. 51) liegen sich gegenüber. Vor der Mensa steht Hermann Glöckners Skulptur »Mast mit zwei Faltungszonen« aus dem Jahr 1984.

In westlicher Richtung entlang der George-Bähr-Straße liegen die Hochschulgebäude, die bereits im frühen 20. Jh. erbaut wurden und vor allem elektrotechnisch-maschinenbauliche Institute beherbergen. Am Observationsturm zu erkennen ist der sogenannte **Bayer-Bau** ⓬ (1913, Martin Dülfer; George-Bähr-Str. 1). Ihm folgt der Ziegelkoloss des **Zeuner-Baus** ⓭ (1905, George-Bähr-Str. 3 c), und auch der **Fritz-Förster-Bau** ⓮ (Martin Dülfer, 1926, Mommsenstr. 6) gehört zu diesem historischen Uni-Campus.

Gedenkstätte Münchner Platz

Das 1907 als Königlich-Sächsisches **Landgericht** ⓯ eröffnete Gebäude hat längst die TU Dresden vereinnahmt. Doch eine Gedenkstätte erinnert an die fatale Rolle des Hauses ab 1933: Hier lag die zentrale Hinrichtungsstelle der Sondergerichte Prag und Brünn. Die Fallschwertmaschine, mit der im Nationalsozialismus und bis 1956 auch in der DDR insgesamt 1300 politische Gefangene hingerichtet wurden, ist noch erhalten, genauso wie der bedrückende Todeszellentrakt. Die Denkmalgruppe »Widerstandskämpfer« im Hof stammt von Arnd Wittig. An Georg Schumann, Kommunist, Journalist, Politiker und hier am 11.1.1945 hingerichtet, erinnern eine Gedenkstele und der heutige Name des Gebäudes.

Georg-Schumann-Bau der TU Dresden, George-Bähr-Str. 7, Südvorstadt, T 0351 46 33 19 90, www.stsg.de, Mo–Fr 10–16, Sa, So 10–18 Uhr

Galerie der Kustodie

Im Görges-Bau zeigt die **Galerie der Kustodie** ⓰ die Universitätssammlungen aus dem Bereich Kunst und Technik. Beides ist in den Galeriegängen rund um den Lichthof ausgestellt. Architektur, technische Geräte und Kunst bilden eigenartige Kontraste.

Helmholtzstr. 9, T 0351 46 34 03 56, https://tu-dresden.de/kustodie, Mo–Fr 8–18 Uhr

Am Zelleschen Weg

Östlich entlang des Zelleschen Weges lässt sich das ganze Architektur-Spektrum von der DDR bis zur Gegenwart ablesen: vom kühn modern gestalteten **Willers-Bau** ⓱ unter der Hausnr. 12–14 (Walter Henn, Helmut Fischer, Hans Siegert 1954), dem **Treffz-Bau** ⓲ bei Nr. 16 (Walter Henn, 1953) bis zur preisgekrönten Sächsischen Landes- und **Universitätsbibliothek** ⓳ (2003), für die das Architekturbüro Ortner & Ortner den Lesesaal und sonstige Räume des Publikumsverkehrs unter die Erde verlegte und die Räume mit einem Oberlicht auf Rasenniveau erhellte. Außen herrschen klare Strukturen vor, innen dominieren edle Materialien wie Holz und Leder. Die beiden Kuben mit den schmalen Fenstern beherbergen das Foyer, das Magazin, die Cafeteria und das **Buchmuseum** mit kostbaren nationalen und internationalen Raritäten, z. B. der Maya-Codex aus dem 13. Jh.

Gegenüber, als Nr. 19, liegt der **Andreas-Schubert-Bau** ⓴ (Helmut Fischer, Heinz Stoll, 1960). Was für ein elegantes Zeugnis der internationalen Moderne!

Sächsische Landes- und Universitätsbibliothek (SLUB), Zellescher Weg 18, www.slub-dresden.de, Mo–Sa 8–24, So 10–18 Uhr, Buchmuseum

Johannstadt

So nah an der Innenstadt – und doch wenig spannend: Die Pirnaische Vorstadt und die Johannstadt wurden 1945 am gründlichsten zerstört. Danach dominierte der Wohnungsbau nach 1945 – ab den 70er-Jahren in Plattenbauweise ausgeführt. Doch der Elberadweg führt durch eine schöne Wiesenlandschaft. Unter der Albertbrücke (1877) hindurch und vorbei an den Tischtennisplatten, Frisbee-Wiesen, Fußballfeldern und Spielplätzen. Eine schöne Einkehr unter hohen Pappeln und Kastanien bietet der Johannstädter Fährgarten an der Fähre, die die Neustadt am anderen Elbufer ansteuert. Auch der **Flohmarkt** 1 (s. Lieblingsort rechts) hat hier seinen Platz.

Museen

Stadtpanorama

㉑ **Panometer:** In einem Gasometer von 1880 lässt Yadegar Asisi das Dresden des Jahres 1756 äußerst detailgenau als 360°-Panorama wieder auferstehen. Jährlich wird mit dem Nachkriegspanorama »Dresden 1945« gewechselt – ebenso täuschend echt.

Reick, Gasanstaltstr. 8 b, T 0351 48 64 42 42, www.panometer-dresden.de, Mo–Fr 10–17, Sa, So 10–18 Uhr, Eintritt 13 €, erm. 11 €, Familien 30 €

Essen

Abtauchen

1 **Café Friedrichstadt:** Entspannung pur: Im abgeschirmten Sommergarten ist höchstens eine Amsel zu hören. Aus der Küche gibt's von der jeweiligen Jahreszeit inspirierte Gerichte.

Friedrichstr. 38/40, T 0351 49 27 88 10, www.cafe-friedrichstadt.de, Di–Do 11–22, Fr, Sa 11–1, So 11–17.30 Uhr, €€

Fontänenblick

2 **Café am Neptunbrunnen:** Gut, gastronomisch gesehen ist es ein ganz normales Krankenhauscafé. Aber mit Terrasse direkt vor dem Neptunbrunnen!

Friedrichstr. 41, Haus N, Mo–Sa 6–18, So 6–17 Uhr

Lieblingsort

Unwiderstehlicher Ramsch

Selbst nach vielen Jahren unmittelbarer Nachbarschaft ziehen mich die Ramschkisten auf dem **Elbeflohmarkt** 1 immer noch in ihren Bann. Jeden Samstag füllen Trödler das Johannstädter Elbufer an der Albertbrücke mit ihren Ständen. Professionelle Antiquitätenhändler und Haushaltsauflöser sind genauso darunter wie Halbwüchsige, die ihre Pokemon-Karten und Legosteine verscherbeln. Mit genügend Zeit und Geduld wird man auf vielerlei Art fündig: Plötzlich sind Perlmutt-Knöpfe, DDR-Design, Kinderstühle, Modellbahnen, Postkarten oder alte Lexika unwiderstehliche Objekte.

Käthe-Kollwitz-Ufer an der Albertbrücke, https://flohmarkt-sachsen.de, Sa 9–15 Uhr

Atemberaubender Blick

3 **Kuppelrestaurant:** In der Kuppel der Yenidze gelegen. Die Dachterrasse des Restaurants bietet einen atemberaubenden Blick auf die Stadt. Ähnlich atemberaubend die Preise für eine durchschnittliche Küche.

Weißeritzstraße 3, T 0351 490 59 90, www.kuppelrestaurant.de, tgl. 12–22 Uhr, €€

Kühles Bier

4 **Fährgarten:** Herrlich sind die Birken und Kastanien, die Wiesen und der Blick auf die Elbe. An die Speisen sollte man allerdings nicht zu hohe Ansprüche stellen.

Käthe-Kollwitz-Ufer, T 0351 459 62 62, www.faehrgarten.de, wetterabhängig tgl. 10.30–23 Uhr

Italienische Kantine

5 **Café Bianco:** Das Mensaessen ist gar nicht so schlecht. Hier aber sind die Preise kaum nennenswert höher, die Zutaten für die italienischen Gerichte jedoch um Längen ausgefeilter zusammengestellt. Außerdem: richtig gute, zeitgenössische Kunst an den Wänden. Außerdem: schöne abgeschiedene Gartenplätze.

Weißbachstr. 6, T 0351 310 73 80, www.cafe-bianco.de, Mo–Fr 10.30–15 Uhr

Einkaufen

DDR-Design und Kinderstühle

1 **Elbeflohmarkt:** s. Lieblingsort S. 135.

Bewegen

Eislaufen

1 **Sportpark Ostra/Joynext-Arena:** s. S. 132.

Magdeburger Str. 10, T 0351 488 52 52, www.dresden.de/de/leben/sport-und-freizeit/sport/eisarena.php

Draußen für alle

2 **Spielplätze, Tischtennisplatten, Frisbee-Wiesen, Fußballfelder:** Bei schönem Wetter heftig umlagerte Umsonst-&-Draußen-Spielgelegenheiten an der Elbe für Groß und Klein.

Zwischen Käthe-Kollwitz-Ufer und Elberadweg gelegen

Ausgehen

Rummel oder Zirkus

1 **Volksfestplatz:** Dreimal im Jahr kommt der Rummel für je zwei Wochen – in Dresden »Vogelwiese« genannt (https://rummel-dresden.de/). In der Weihnachtszeit baut hier traditionell der Zirkus sein Zelt auf (s. u.).

Weihnachtsartistik

2 **Dresdner Weihnachts-Circus:** Ein Zirkus voller Nostalgie und dabei quicklebendig, überpudert mit einer Schicht Glitzer. Das Programm besteht vorzugsweise aus Nummern von Artisten, die bei den internationalen Zirkusfestivals in Monte Carlo und Ishewsk Preise eingeheimst haben.

Pieschener Allee 16, www.dwc.de, Mitte Dez.–Anfang Jan.

Hier spielen sie alle!

3 **Beatpol:** Mitten in der Nachtleben-Diaspora Altbriesnitz ist der Ruf dieses Konzertclubs inzwischen legendärer als der der Bands, die hier spielen.

Altbriesnitz 2a (erreichbar mit Bus 92 oder 68, Haltestelle Schunckstr.), T 0351 421 03 02, www.beatpol.de

Für Lieblingsfilme

4 **Programmkino Ost:** Das schicke Kino mit drei Sälen übernimmt die Nahversorgung mit guten Filmen im Dresdner Osten.

Schandauer Str. 73, T 0351 310 37 82, www.programmkino-ost.de

Zugabe
Schöner Fake

Die Yenidze ist eine vergrößerte Kopie der Kairoer Moschee Kait-Bay – aber eben nur eine Kopie.

Die Kuppel der Yenidze gibt der Silhouette der Stadt eine interessante Note.

Cem Özdemir traute seinen Augen nicht, als er 2014 Landtagswahlkampf-unterstützend in die sächsische Landeshauptstadt reiste: Vor seinem Zugfenster zuckelte eine lupenreine Moschee vorbei – größer und prächtiger als jede andere in Deutschland. Die Yenidze in Dresden hat alles, was die Kairoer Moschee Kait-Bay auch hat: Minarette, Hufeisenbögen, rot und weiß gemauerte Farbbänder, die sich über die ganze Fassade ziehen. Die grüne, gläserne Kuppel bereichert kunstvoll die ohnehin dichte Kuppel- und Turmsilhouette der Stadt.

Nur dass die Yenidze eben keine Moschee ist – und auch nie war. Der Architekt Hermann Martin Hammitzsch (1872–1945) griff zu dieser Verkleidung, weil zur Bauzeit ab 1907 in Sichtweite des Stadtzentrums keine Fabrikgebäude errichtet werden durften, die als solche erkennbar waren. Zum anderen kannte die Orientbegeisterung der Europäer zu jener Zeit keine Grenzen. Wer immer es sich leisten konnte, brach auf nach Ägypten. Als Ludwig Borchard, Mitglied der Deutschen Orient-Gesellschaft, 1912 die unglaubliche Nofretete in Armana ausgrub, schauten ihm Prinz Johann Georg von Sachsen nebst Prinzessin Mathilde über die Schulter. Mit seiner Idee, die »Orientalische Tabak- und Cigarettenfabrik Yenidze« in dieser werbewirksamen Form bauen zu lassen, ging der Tabakunternehmer Hugo Zietz also mit der Zeit. Unter dem Mantel einer jahrhundertealten mamlukischen Grabmoschee verbaute sein Architekt Hammitzsch den allermodernsten Stand der Technik: In der Yendize steckt einer der ersten Stahlskelettbauten Europas. Die Fabrikarbeiter stellten die Salem-Zigaretten in großen, lichtdurchfluteten Hallen her – industriell, maschinell, der Schornstein im ›Minarett‹ verborgen. Unter der Kuppel waren Sozial- und Ruheräume für die Angestellten untergebracht.

Zur Zigarettenherstellung und als Lager für Tabak wurde die Yenidze bis zur Wende genutzt. Inzwischen dient sie als Bürogebäude. Direkt unter der 62 m hohen gläsernen Kuppel hat das Kuppelrestaurant auch Terrassenplätze mit einer weiten Sicht über Dresden (www.kuppelrestaurant.de). ■

Elbvororte

Loschwitz, Pillnitz, Elbschlösser — warum Dresden für seine Lage gerühmt wird, erklärt sich links und rechts des Blauen Wunders. Auf den steilen Elbhängen erheben sich die Schlösser und Villen in Amphitheater-Lage über dem Fluss.

Seite 142

Schlosspark

Preußisch-romantisch: Im gemeinsamen Schlosspark der Schlösser Albrechtsberg und Lingnerschloss ergänzen sich Landschaft und Gartengestaltung. Ein Spaziergang führt über Panoramawege, zu Aussichtsterrassen und versteckten Schönheiten.

Seite 150

Standseilbahn & Schwebebahn

Eine aussichtsreiche Kurztour auf den Elbhang und wieder hinunter. Technik, Waggons und die Villen der Umgebung – alles atmet pure Nostalgie.

Wie kommt eine Villenkolonie zu dem Namen »Weißer Hirsch«?

Eintauchen

Seite 154

Fernsehturm

Irgendwann soll das Restaurant in 145 m Höhe wieder in Betrieb genommen werden. Bis dahin bieten Ausflüge zum Fernsehturm zwar keine Turmbesteigung, aber eine malerische Tour durch den Wachwitzgrund.

Seite 158

Künstler von Loschwitz

Künstler schätzen die Loschwitzer Idylle bereits seit dem 17. Jh. Die Begüterten legten sich einen Sommersitz zu, andere mieteten sich bei ortsansässigen Winzern ein. Ein Spaziergang folgt ihnen auf den Fersen.

&

Seite 161

Elbegarten

In dem großen Elbegarten direkt am Blauen Wunder frönten zu DDR-Zeiten die Künstler des Elbhangs einer fröhlichen Opposition. Für den Fall, dass das Bier im Imbiss-Kiosk alle war, brachte man sich vorsichtshalber eins mit. Inzwischen gibt es Burger, Obatzter oder Flammkuchen zum Radeberger Pils und immer noch diese riesigen Kastanien und diesen einzigartigen Blick auf die Elbe.

Seite 164

Schloss Pillnitz ✪

Wegen der Liebe Augusts des Starken zu allem Asiatischen trägt das Schloss Pagodendächer und chinesisch inspirierte Fassadenmalerei – insgesamt eine höchst filigrane Erscheinung, die aus jedem Besuch ein Sommermärchen macht.

Seite 169

Gedenkstätte Bautzner Straße

Die »Bautzner Straße« ist über 8 km lang, doch zu DDR-Zeiten war sie das Synonym für genau eine Adresse: den Sitz der Stasi. Den Gefängnistrakt von damals macht eine Gedenkstätte zugänglich.

In der Bäckerei Wippler schmeckt nicht nur die Eierschecke hervorragend.

[…] auf Deinem Zimmer läßt sichs
refflich arbeiten.« Schiller an Körner,
n dessen Sommerhaus in Loschwitz
r 1786 wohnte.

erleben

Der Elbhang zwischen Loschwitz und Pillnitz

W

Wer die Idylle sucht, wird zwischen Loschwitz und Pillnitz fündig. Hier scheint die Zeit stehen geblieben zu sein – aber wann? Im 19. Jh., als mit der Elbbrücke Blaues Wunder und den Bergbahnen technische Innovationen Einzug hielten und der Körnerplatz seine städtische Bebauung bekam? Oder im 18. Jh., als die Elbtreidler mit schweren Schritten die Kähne flussaufwärts zogen? Oder als die Leute in Blasewitz und Loschwitz noch vom Wein und vom Fischfang lebten?

Künstler und begüterte Ruhesuchende wussten diese landschaftlich reizvolle Gegend früh zu schätzen. Schon im 18. Jh. kauften sie sich alte Winzerhäuser und Landhäuser als Sommersitze. Das Viertel Weißer Hirsch entwickelte sich, als eine eisenhaltige Quelle in der Dresdner Heide auf findige Geschäftsleute traf, die rund herum einen ganzen Kurort bauten. Heute gilt es als Goldstaubviertel von Dresden – mit tatsächlich luxuriöser Lage. Denn zum Blick auf das Elbtal gesellt sich die Dresdner Heide im Rücken. Wo sonst haben Großstädte einen direkten Waldzugang? Mit Waldwegen, die Jahrhunderte alt und wirr genug sind, um schnelles Verlaufen zu garantieren.

ORIENTIERUNG

O

Reisekarte: H 3
Elbschlösser: Der Haupteingang zur Parkanlage liegt an der Bautzner Str. 132. Am Elberadweg gibt es ebenfalls einen Eingang zu Füßen des Lingnerschlosses.
Elbvororte: Der Rundgang beginnt ca. 3 km weiter beim Parkhotel, dem Zentrum des Weißen Hirschs. Er führt durch die Villen am Lahmannring hinunter zum Körnerplatz, dem zentralen Platz in Loschwitz, zum Blauen Wunder und zum Schillerplatz in Blasewitz.
Tram 11 (zzt. Bus 11) hält an der Haltestelle »Elbschlösser«. Zwei Stationen weiter folgt die Haltestelle »Plattleite« am Parkhotel. Am Körnerplatz halten die Busse 61, 63 und 84, am Schillerplatz die Straßenbahnlinien 6 und 12.

Die Vororte Loschwitz, Wachwitz, Niederpoyritz und Hosterwitz unten an der Elbe haben sich ihre ländliche Idylle bewahrt, trotz des dichten Verkehrs, der inzwischen den Körnerplatz und die Pillnitzer Landstraße beansprucht. In die Nebenstraßen kommt er nicht – die sind viel zu verwinkelt. Und sobald die Elbe ins Blickfeld rückt, zieht sowieso Muse ein.

Elbschlösser

Schloss Albrechtsberg, Lingnerschloss und Schloss Eckberg – einträchtig residieren die drei über den Weinbergen am Loschwitzer Elbhang. Rings um sie erstreckt sich ein großer **Park,** der nicht nur gewaltige Bäume, sandsteinbefestigte Wege und ein römisches Prinzenbad in petto hat, sondern immer wieder auch einen grandiosen Blick auf das Dresdner Elbtal (s. Tour S. 142).

Schloss Albrechtsberg H3

Graf Findlater – genauer: Lord James Ogilvy, 7. Earl of Findlater, Viscount of Reidhaven – verliebte sich 1803 in die Loschwitzer Hänge zwischen Mordgrund und Schotengrund. Er kaufte fünf der acht Loschwitzer Weinberge von Angehörigen des Dresdner Hofes. Damit bewahrte er sie bis heute vor kleinteiliger Bebauung. Denn auch als die Freifrau von Stockhausen Mitte des 19. Jh. das Grundstück samt Findlaterschem Palais erwarb, tat sie das nicht für irgendwen, sondern niemand Geringeres als den Prinzen Albrecht von Preußen. Der musste aus Preußen verschwinden, weil er die nicht standesgemäße Rosalie von Rauch geheiratet hatte, durfte in Sachsen aber selbst kein Land kaufen. Über die Freifrau von Stockhausen ließ er 1850–54 das **Schloss Albrechtsberg** 1 von dem Schinkel-Schüler und preußischen Landbaumeister Adolf Lohse im spätklassizistischen Stil bauen – mit mehreren Terrassen bis hinunter zur Elbe, einem englischen Landschaftspark und dem Römischen Bad vor

Schloss Albrechtsberg war die Residenz des Prinzen Albrecht von Preußen. Ganz freiwillig fiel dessen Wohnort-Entscheidung für Dresden nicht.

TOUR
Schlossterrassen-Hopping

Spaziergang durch den Garten der Elbschlösser

Infos

H3

Dauer: ca. 1 Std.

Start: Eingang am Elbradweg (alternativ von der Bautzner Str. 132).

Biergarten Lingnerterrassen 2: April–Mai tgl. 12–19, Juni–Aug. tgl. 12–22, Sept. tgl. 12–20, Okt. tgl. 12–18, Sa, So ab 11 Uhr

Übermannshoch und fast einen Kilometer lang ist die Sandsteinmauer an der Elbwiese, über der sich die Parks der drei Elbschlösser erheben. Doch undurchlässig ist sie nicht. Das 3,5 ha große Gelände zwischen Schloss Albrechtsberg und Lingnerschloss gehört zum öffentlichen Grün. Direkt unterhalb des Lingnerschlosses unterbricht ein unscheinbarer **Eingang (1)** die lange Mauer. Er führt hinauf zu einem baumverschatteten Panoramaweg, der so selten begangen wird, dass sämtliche Baumbewohner sich völlig unter sich wähnen. Auf Augen- und Ohrhöhe raschelt, schimpft, lockt und flitzt Lebendiges durch Unterholz und Geäst, während sich auf der anderen Seite ab und zu ein Schaufelraddampfer durch die Elbe-Stadtlandschaft da unten arbeitet.

Preußische Gartenplanung

Spätestens beim **Prinzenbad (2)** unterhalb von Schloss Albrechtsberg beginnen märchenhafte Serpentinenwege, die mal auf einem **Mini-Viadukt (3)** entlangführen, mal den Wasserfall »Sächsische Schweiz« in Szene set-

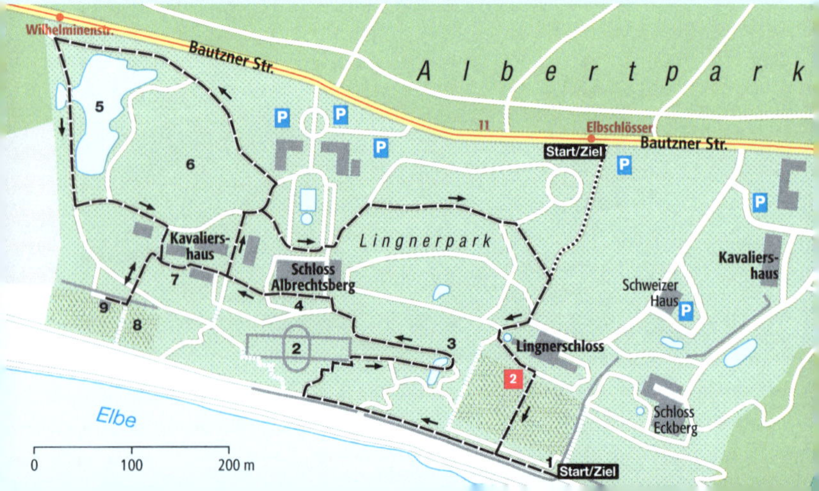

Der vermeintliche Wildwuchs folgt sorgfältiger Planung.

zen. Auch wenn der Baum- und Strauchbewuchs hier wild und zufällig gewachsen wirkt, ist er das Ergebnis der sorgfältigen Planung des Gartengestalters Eduard Neide, seines Zeichens Königlicher Garten-Direktor am Preußischen Hof (und Schöpfer des Berliner Tiergartens). Neide war bekannt dafür, dass er seine Gärten aus den örtlichen Gegebenheiten heraus entwickelte, und stand ansonsten in der Tradition der englischen Landschaftsgärten.

Wiesenblumenbiotope

Hinter der **Terrasse (4)** des Schlosses folgt der weitläufige Teil des Parks mit **Teich (5)** und Buchenriesen gen Straße. Hier einen Zwischenstopp auf der **Wiese (6)** einplanen! Wer sie auf Augenhöhe betrachtet, wird erstaunlich viele Wiesenblumenarten darauf entdecken. Kultiviert sind hingegen die Blumen im **Staudengarten (7)** zu Füßen des Kavaliershauses – eher klein und unspektakulär, dafür heimelig und mit Chance auf Spatzenkinder-Beobachtungen. Von hier aus führen die Pfade wie durch verwilderte Privatgärten hinunter zur **Weinterrasse (8)** von Lutz Müller, dem Winzer, der auch den dazugehörigen Weinberg bewirtschaftet. Ein Schloss weiter wartet der **Biergarten** 2 der **Lingnerterrassen** mit Sonnenuntergang im Westen und Stadtpanorama im Osten auf.

Im östlichen **Torhaus** gegenüber der Jugendkunstschule ist täglich von 11 bis 18 Uhr eine kleine Ausstellung über Schloss und Prinz zu sehen.

Wohnen beim Winzer

In Winzer Müllers Weinberg können Sie einen Wein trinken – oder sich gleich ganz einmieten. Im **Kavaliershaus (9)** hat er schöne Ferienwohnungen eingerichtet (T 0351 328 92 17, www.winzerlutzmueller.de).

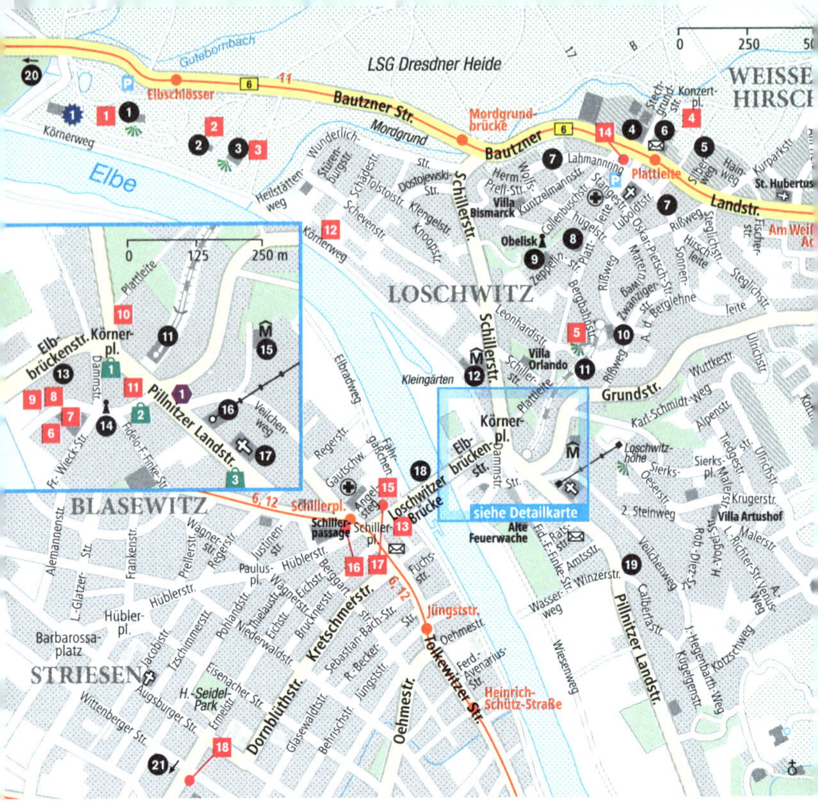

einer Säulenarkade. Zur Schlössernacht (www.dresdner-schloessernacht.de) Mitte Juli wird die Parkanlage kunstvoll illuminiert.

Der letzte Sohn des Preußenprinzen, Wilhelm von Hohenau, verkaufte 1925 das Schloss an die Stadt Dresden. Seit 1930 ist der Park öffentlich zugänglich. In DDR-Zeiten diente die Anlage Kindern als ›Pionierpalast‹, in dem Nachmittagskurse wie Ballett und Töpfern stattfanden, das Römische Bad wurde als Freibad genutzt. Davon geblieben ist die Jugendkunstschule, die im westlichen der beiden Torhäuser untergebracht ist. Seit 1977 hat das Schloss samt seiner prunkvollen Innenausstattung Bestandsschutz. Im Inneren ist das maurisch-orientalisch ausgestattete Türkische Bad mit Säulen und Ornamenttapeten besonders sehenswert, lässt sich allerdings nur im Rahmen von Führungen besichtigen. Der Kronsaal dient häufig als Spielort für klassische Konzerte.

Bautzner Str. 130

P

SCHLOSSFÜHRUNGEN

Das Schloss Albrechtsberg birgt im Inneren einige Überraschungen, lässt sich allerdings nur während der einmal im Monat stattfindenden Führungen betreten (T 0351 811 58 23, www.schloss-albrechtsberg.de, 12 €, erm. 9 €).

Elbschlösser, Weißer Hirsch und Loschwitz

Ansehen

1 Schloss Albrechtsberg
2 Lingnerschloss
3 Schloss Eckberg
4 Lahmann-Sanatorium
5 Chinesischer Pavillon
6 Parkhotel
7 Lahmannring
8 Sternwarte
9 Ardenne-Villa
10 Villa San Remo
11 Standseilbahn
12 Schillerhäuschen
13 Wohnhaus F. Wieck
14 Joseph-Herrmann-Denkmal
15 Leonhardi-Museum
16 Schwebebahn
17 Loschwitzer Kirche
18 Blaues Wunder
19 Josef-Hegenbarth-Archiv
20 Gedenkstätte Bautzner Straße
21 Technische Sammlungen

Essen

1 Straußwirtschaft
2 Lingnerterrassen/Sommerwirtschaft
3 Schlossrestaurant
4 Konzertplatz Weißer Hirsch
5 Luisenhof
6 La Campagnola
7 Kleinert's Spezialitäten
8 Clara – Das Weincafé
9 Elbegarten
10 Arabusta Kaffee-Kultur
11 Bäckerei Wippler
12 Os2 Sommerwirtschaft
13 Schillergarten
14 Delizia
15 Villa Marie
16 Charlottes Enkel
17 Café Toscana
18 Weinkulturbar

Einkaufen

1 Atelier Kleinod
2 Sweetwater
3 Loschwitzer Antiquariat

Bewegen

1 Radsporthaus Päperer

Ausgehen

1 Saloppe Sommerwirtschaft

Auf einen Wein zu Winzer Müller

Winzer Lutz Müller betreibt eine **Straußwirtschaft** 1 in seinem Weinberg unterhalb von Schloss Albrechtsberg und hält zwei Ferienwohnungen in seinem Kavaliershaus vorrätig. Schöner kann Wein nicht schmecken, und schöner kann man hinterher nicht übernachten.

T 0351 328 92 17, www.winzer-lutz-mueller.de bzw. www.winzer-mueller.de/ferienwohnung, März, April, Okt., Nov. So, Fei, Mai–Sept. Sa, So, Fei 11–19 Uhr

Lingnerschloss H3

Die rührige Hofmarschallin Frau von Stockhausen bekam für ihre Dienste ebenfalls ein kleines **Schloss** 2: Die Villa Stockhausen neben dem Schloss Albrechtsberg entwarf ebenfalls Adolf Lohse 1850–53 in spätklassizistischer Manier. 1894 kaufte Karl August Ferdinand Lingner das Anwesen. Der Dresdner Unternehmer wurde im ausgehenden 19. Jh. mit dem Mundwasser Odol reich und gab sein Geld für philanthropische Interessen wie die I. Internationale Hygiene-Ausstellung (Vorgängerin des Hygiene-Museums), ein Säuglingsheim und eine Volkslesehalle aus. Lingner starb 1916, wurde im Mausoleum auf dem Grundstück beigesetzt und stellte seine Menschenfreundlichkeit noch einmal unter Beweis: Er vererbte sein Schloss der Stadt mit der Maßgabe, es die »gesamte Bevölkerung« genießen zu lassen.

Die DDR setzte das Vermächtnis insofern um, dass der Club der Intelligenz die Räume nutzen konnte. Seit 2002 setzt sich ein Förderverein Lingnerschloss für die Sanierung ein, sammelt Spenden und stellt Förderanträge. Im Westflügel lockt das edel ausgestattete, lichtdurchflutete Restaurant **Lingnerterrassen** 2. Auf der Terrasse vor dem Schloss, wo der Blick über das Elbtal weiter nicht ausfallen könnte, serviert eine dazugehörige Sommerwirtschaft Kaffee und Kuchen zu moderaten Preisen – immer noch in memoriam an Lingners Testament.

Immer freitags um 19.30 Uhr gestalten Musiker und Sänger, Historiker, Literaten oder Filmemacher einen Abend im Lingnerschloss. Die Erlöse kommen der Sanierung des Schlosses zugute (Eintritt ca. 15 €, erm. 10 €).

Bautzner Str. 132, www.lingnerschloss.de, T 0351 646 53 82

Schloss Eckberg H3

Der Eckberg gehörte ebenfalls zu den Findlaterschen Grundstücken. 1858 erwarb es der Kaufmann John Daniel Souchay, der sich von dem Semper-Schüler Christian Friedrich Arnold ein **Schloss** 3 im Tudorstil erbauen ließ. Später zog Ottomar Heinsius von Mayenburg ein, der Pharmazeut, der in der Dresdner Neustadt die Chlorodont-Zahnpasta herstellte (in diesem Werk auf der Katharinenstr. 4 produziert die Dental Kosmetik GmbH übrigens bis heute – am bekanntesten ist sicher die Putzi-Zahncreme für Kinder.) In den Park gelangt man als Besucher des **Schlossrestaurants** 3 oder als Gast des First-Class-Hotels (s. S. 28), das 1995 ins Schloss einzog.

Bautzner Str. 134, www.schloss-eckberg.de, T 0351 809 90

Weißer Hirsch K3

Der Name »Weißer Hirsch« geht auf einen Gasthof des kurfürstlichen Kapellmeisters Christoph Bernhard von 1687 zurück. Entscheidend für die Entwicklung des Ortes aber war der Seifenfabrikant Ludwig Küntzelmann. Er kaufte 1872 den Gasthof samt Gut, um am eisenhaltigen Quellwasser aus der Dresdner Heide zu verdienen. Das Gut wurde parzelliert und für »eine Colonie von Villen und Sommerfrischen« zur Verfügung gestellt. Zum Kurbad wurde der Weiße Hirsch, als 1888 Dr. Heinrich Lahmann das Frida-Bad kaufte und die Anlage zum »Lahmann-Sanatorium« ausbaute.

Lahmanns Naturheilverfahren hatte Erfolg. Der Arzt weitete seine Kuranlage auf 30 Häuser – zumeist Villen – aus. Seine ca. 7500 Patienten jährlich kamen aus ganz Europa. Vor dem Ersten Weltkrieg kurten Rainer Maria Rilke, Franz Kafka und Thomas Mann hier oben. Der Weiße Hirsch entwickelte sich zum Sommertreff für Adel, Künstler und High Society. Die weiteren Stationen: ab 1940 Militärlazarett, nach dem Zweiten Weltkrieg Unterkunft für die sowjetischen Streitkräfte und die DDR-Elite. Andere Villen wurden in Wohnungen aufgeteilt und den Bürgern zur Verfügung gestellt. Diese Art der sozialen Durchmischung hat nach der Wende natürlich nicht lange Bestand gehabt. Der größte Teil der Villen ist heute renoviert – und die Bewohner verstehen ihr Goldstaubviertel ähnlich exklusiv wie zu Lahmanns Zeiten.

Lahmann-Sanatorium

Das **Lahmann-Sanatorium** 4 befindet sich an der Ecke Bautzner Landstraße/ Stechgrundstraße. Links der Stechgrundstraße steht die im Jahr 1896 erbaute Villa Emma von Dr. Heinrich Lahmann in Jugendstilornamentik. Dahinter befinden sich die Behandlungsgebäude, das Bad sowie die Wandelhallen. Bis 1991 wurden sie von den in Dresden stationierten sowjetischen Streitkräften genutzt – und abgenutzt. Nach ihrem Abzug verfielen die Gebäude noch mehr. Inzwischen sind Luxuswohnungen eingezogen, mitsamt einigen neu gebauten Häusern dazwischen, die den Sanatoriums-Charakter verstellen. Doch wer braucht mit so viel Wald hinterm Haus noch einen ausgedehnten Garten? Auf der Stechgrundstraße gelangt man direkt in die Dresdner Heide – und zum Konzertplatz des Sanatoriums von 1920. Inzwischen firmiert er unter dem Namen **Konzertplatz Weißer Hirsch** 4 sommers als schicker Biergarten, winters mit Eisbahn. Zu der Kurpark-Anlage weiter östlich (heute Rathauspark) gehört auch der **Chinesische Pavillon** 5 von 1911, gebaut von einer chinesischen Delegation zur I. Internationalen Hygiene-Ausstellung.

Stechgrundstr. 1

V

VILLENBEWOHNER IM SOZIALISMUS

Die Villen des Viertels Weißer Hirsch und ihre Bewohner in den letzten Jahren der DDR sind Thema von Uwe Tellkamps Roman »Der Turm« (Suhrkamp, Frankfurt/M. 2008). Seine Protagonisten liefern ein recht authentisches Bild von den Nöten oder auch Privilegien eines selbsternannten Kultur-Bürgertums.

Als Schlittschuhbahn hat der Konzertplatz eine perfekte Nutzung im Winter. Statt Bier gibt's natürlich Glühwein – hier besonders lecker mit Quittensaft.

Parkhotel

Gleich neben dem Sanatorium steht das **Parkhotel** ❻, 1914 eröffnet und einst Treffpunkt betuchter Kurgäste. Heinz Rühmann, Richard Strauss und Zarah Leander hieß die Prominenz von damals. Zu DDR-Zeiten war vor allem die Nachtbar »Kakadu« im Keller Treffpunkt der jungen Dresdner. Noch heute verbinden die meisten Einheimischen persönliche Erinnerungen mit dem Hotel: sei es an den Boogie Woogie im Kakadu oder an den letzten Hutball (s. Kasten unten).

Bautzner Landstr. 7, www.parkhotel-dresden.de

Die Plattleite hinunter

Auf der anderen Seite der Bautzner Landstraße geht die Plattleite ab – ›Leite‹ steht dabei für ›steiler Berghang‹. Auch hier stehen immer noch viele der Stadtvillen, die einst zum Lahmannschen Umfeld gehörten, beispielsweise die zehn Villen auf dem **Lahmannring** ❼. In ihnen logierten die Kurgäste bis zum Zweiten Weltkrieg.

H

DER MIT DEM HUT TANZT

Der Hutball, in den Sälen und Kellerräumen des **Parkhotels** zelebriert, ist das größte Ereignis der Dresdner Party-, Fest-, Feier- und Ballkultur. Nicht wegen wichtiger Prominenz oder teurer Ballkleider, sondern aus Freude am Tanzen und Verkleiden. Nur der Hut ist Pflicht – egal ob Einzelanfertigung oder vom Flohmarkt. Schwieriger ist es, eine Karte zu ergattern.

3. Märzwochenende, www.hutball.de

Manfred Baron von Ardenne (1907–97) betrieb seit 1955 sein Forschungsinstitut auf dem Areal, das sich hinter der Plattleite 27 erstreckt. Der in Hamburg geborene Wissenschaftler brach sein Physikstudium in Berlin ab, brachte es als Autodidakt aber auf rund 600 Patente und 34 Buchveröffentlichungen. Seine größten Leistungen waren die Entwicklungen des Rasterelektronenmikroskops und der Bildaufnahmeröhren für die Fernsehtechnik. In der Sowjetunion arbeitete er an der Entwicklung der Atombombe mit, später entwickelte er die Sauerstoffmehrschritttherapie und suchte nach einem Mittel gegen Krebs.

Die **Sternwarte** ❽ (Plattleite 19–29, Führungen: www.sternwarte-dresden.de) ließ der Physiker 1957 mit Zeiss-Objektiven bauen. In der **Ardenne-Villa** ❾ (1912, Lossow & Kühne; Zeppelinstr. 7) wohnte der Wissenschaftler bis zu seinem Tod 1997. Sein Erbe führt die Firma »Von Ardenne Anlagentechnik« fort.

Die Bergbahn der Bergbahnstraße

Hinter der Ardenne-Villa führt die Plattleite in die Bergbahnstraße. Markant ist der Turm der tiefer gelegenen **Villa San Remo** ❿ (1897; Bergbahnstr. 12), die dem Kamerahersteller Charles Noble gehörte. Noble hatte 1938 ein Dresdner Kamerawerk übernommen und entwickelte die Spiegelreflexkamera »Praktica«. Nach dem Krieg gerieten er und sein Sohn John in russische Gefangenschaft, von der aus sie 1955 nach Amerika übersiedelten.

Oberhalb der Villa liegt das Restaurant **Luisenhof** 5 – seit jeher das Ausflugslokal der Dresdner, das sie ansteuern, wenn sie ihrem Besuch zeigen wollen, wie schön ihre Stadt ist. Denn auch hier gibt's einen einzigartigen Logenblick von der Terrasse in der an Aussichten reichen Gegend.

Talfahrt im technischen Denkmal

Schräg gegenüber liegt die Station der **Standseilbahn** ⓫ (eröffnet 1895), die etwa 540 m hinunter zum Körnerplatz, dem Loschwitzer Zentrum, führt (s. Tour S. 150).

Bergbahnstr. 9, www.dvb.de/bergbahnen, Mo–Fr 6.30–21.23, Sa, So, Fei 9–21.23 Uhr

Loschwitz

J4

Körnerplatz

Der Körnerplatz, das Zentrum von Loschwitz, bietet wie der Schillerplatz auf der Blasewitzer Seite eine geschlossene, drei- bis vierstöckige Gründerzeitbebauung von 1892–99. Für die Gestaltung war der Dresdner Architekt Karl Emil Scherz zuständig, der mit Villenbauten in Blasewitz bekannt wurde. Er verwendete Renaissance-Elemente für die Giebel und spätgotische Details an den Fenstern. Inzwischen spielt die starke Verkehrsbelastung dem Körnerplatz übel mit, doch die Seitenstraßen um das Ortszentrum an der Friedrich-Wieck-Straße sind nach wie vor einen Spaziergang wert.

Schillerhäuschen

Die Schillerstraße auf der Nordseite des Körnerplatzes führt zum ehemaligen Gartenhaus Christian Gottfried Körners, heute eine **Schiller-Gedenkstätte** ⓬. In den Jahren 1785–87 und 1801 quartierten die Körners den jungen Friedrich Schiller in ihrem Sommerhaus ein, um ihm Ruhe und Konzentration

Von der Bergstation der Schwebebahn ist der Blick auf Loschwitz und Dresden grandios. Aber manchmal sind andere Dinge eben noch interessanter!

TOUR
Standseilbahn oder Schwebebahn?

Spazierfahrt und Spaziergang durch den Loschwitzer Elbhang

Tipp: Das Ticket für die Berg- und Talfahrt am selben Tag gilt für beide Bergbahnen: 6 €, erm. 3,50 €. Mit einer Tageskarte für ganz Dresden gilt der ermäßigte Tarif, bei Wochenkarten sind die Bahnen inbegriffen (www.dvb.de).

Am **Körnerplatz** liegen die beiden Talstationen der Standseil- und der Schwebebahn noch in unmittelbarer Nachbarschaft. Oben angekommen, wird die Lage unübersichtlicher: Zwischen beiden Bergstationen liegen Berg und tiefes, tiefes Tal – in diesem Fall der **Loschwitzgrund.** Auf dem reichlichen Kilometer dazwischen können Sie mit dem Elbhang auf Tuchfühlung gehen.

Pure Nostalgie

Die Standseilbahn steuert den **Weißen Hirsch** an, Dresdens Synonym für »Goldstaubviertel«. Ihre Talstation verrät das Baujahr 1895 – so zierlich schmiedeeisern würden Haltestellen heute nicht mehr ausfallen. Auch der gelbquadratische Waggon selbst ist pure Nostalgie aus blankgewetztem Holz und Messing.

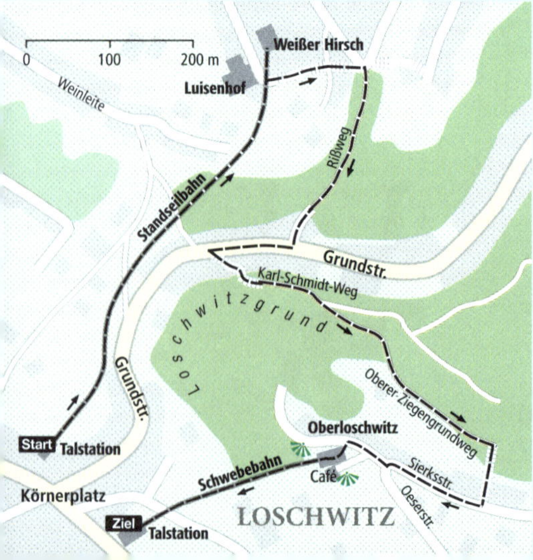

In Zug-Verbindung

Und dann rumpelt sie auch schon los, gezogen von einem Stahlseil, das sie mit dem entgegenkommenden Wagen verbindet. Beide werden von der Fördermaschine in der Bergstation angetrieben. Insgesamt überwindet die Bahn auf einer Länge von 547 m einen Höhenunterschied von 95 m, das Gefälle beträgt an

Infos

J 4

Start: Körnerplatz

Schwebebahn: März–Okt. tgl. 9.30–20, sonst 10–18 Uhr

Standseilbahn: März–Okt. tgl. 6.30–21.30, sonst 6.30–20.20 Uhr

Luisenhof: Mo–Sa 11–22, So 9–22 Uhr

Café Schwebebahn: April–Okt. 10–19, sonst 10–18 Uhr

Weitere Infos: www.dresdner-bergbahnen.de

manchen Stellen fast 30 %. Dazwischen liegt ein ganzes Arsenal pittoresker Schönheit: Tunnel, Viadukt und die Jahrhundertwende-Villen der Loschwitzer.

Oben angekommen, sind es nur ein paar Schritte bis zum **Luisenhof,** einem traditionsreichen Ausflugslokal der gehobenen Klasse, das an seinen Fensterplätzen eine weite Sicht über Dresden bietet.

Wie Karlsruhe, nur steiler

Bis zum Schwebebahn-Spektakel für die Fahrt nach unten ist es ein reichlicher Kilometer, der zunächst über den **Rißweg** hinunterführt und dann noch steiler den **Karl-Schmidt-Weg** wieder hoch. Jahrhundertwende-Villen säumen den Weg, dann die stark befahrene **Grundstraße,** dann der urwüchsige **Ziegengrund** und noch mehr Villen, diesmal die Oberloschwitzer. Die **Bergstation der Schwebebahn** verfügt über einen Extra-Panorama-Aufzug und ein kleines **Café,** beide punkten ebenfalls mit einem Panorama-Blick.

Oder doch wie Wuppertal?

Die Einschienenhängebahn – so heißt die Schwebebahn technisch korrekt – nahm 1901 ihren Betrieb auf. Konstruiert wurde sie nach dem Vorbild der Wuppertaler Schwebebahn von Eugen Langen. Die bergige Lage verlangte jedoch nach einem Waggon-externen Antrieb – und die Lösung des Zugseils und einer Fördermaschine hatte sich ja bereits bei der Standseilbahn bewährt.

Noch mehr Panorama

Auf 33 Stützen schwebt die Bahn auf 273 m den Hang hinab, die Neigung hier beträgt sogar 32 %. Ringsum schiebt sich der Elbhang mit seinen alten Weinbergshäusern wie eine Modelleisenbahnlandschaft vorbei.

Noch mehr Stahlfachwerk-Konstruktionen

Und unten an der **Talstation?** Noch einen Blick auf den »Schwebebahn«-Schriftzug in Jugendstillettern werfen. Einen der Biergärten zu Füßen des Blauen Wunders ansteuern. Und Vergleiche ziehen zwischen den Konstruktionsprinzipien von Brücke, Stützen und dem Eiffelturm.

für sein Werk zu ermöglichen. Mit Erfolg: Schiller beendete »Don Carlos«, dichtete die »Ode an die Freude« und setzte Jahre später auch Justine, der Tochter des Schillergarten-Betreibers Segedin auf der anderen Elbseite, in »Wallensteins Lager« ein Denkmal. Dort heißt es: »Potz! Der Blitz! Ist das nicht die Gustel von Blasewitz?« Als »Gustel von Blasewitz« ging Justine Segedin in die Annalen ein. Der Brunnen auf der anderen Seite der Schillerstraße stellt im Relief die Abschiedsszene Schillers und Theodor Körners, des Sohnes von Christian Gottfried Körner, dar.

Schillerstr. 19, www.museen-dresden. de, April–Okt. Sa, So 10–17 Uhr, Eintritt frei

Friedrich-Wieck-Straße

Vom Körnerplatz führen die Dammstraße und die Friedrich-Wieck-Straße in Richtung Elbe. Das **Wohnhaus** 13 des Namensgebers Friedrich Wieck ist die Nr. 10. Der Musikpädagoge ist vor allem für seine Tochter Clara Schumann, geborene Wieck (1819–96), bekannt, die deutsche Musikgeschichte schrieb und deren Hochzeit mit Robert Schumann er nicht verhindern konnte.

W

WEIHNACHTSMARKT FÜR EINGEWEIHTE

Entlang der Friedrich-Wieck-Straße wird jedes Jahr einer der schönsten Dresdner Weihnachtsmärkte aufgebaut. Die kleinen Häuser ringsherum wirken wie eine Vorlage für Adventskalender, dazu gibt es ausgefallene Kleinigkeiten rund ums Fest.
Elbhangfest-Weihnachtsmarkt, 1.–3. Advent, www.elbhangfest.de, www.dresden.de/striezelmarkt

Dorffrieden an der Elbe

Ringsum wirkt das Flair des alten Dorfes Loschwitz. Rund um die Senfbüchse, wie das **Joseph-Herrmann-Denkmal** 14 von 1869 von den Einheimischen genannt wird, sind jede Menge kleiner Läden zu finden, Kunsthandwerker haben hier ihre Werkstätten, Galeristen ihre Ausstellungsräume. Das Fährhaus mit Hausnr. 45 stammt aus dem frühen 17. Jh. Die Inschrift verweist auf einen Umbau von 1697, den Fährmeister Hans Balzer Hempel vornahm. Wenn Schiller zu Justine wollte, konnte er hier im Gastraum auf die Fähre warten – das Blaue Wunder gibt es erst seit 1893. Künstler wie Anton Graff und Komponist Carl Maria von Weber quartierten sich ein, und Peter August Böckstiegel malte sogar eins der Zimmer aus. Nach der Sanierung des Hauses ist es wieder möglich, in farbenprächtigem Interieur zu übernachten: Mimmo Calo, der mit seinem Restaurant **La Campagnola** 6 den Gastraum des Fährhauses hervorragend sizilianisch bekocht, hat auch eins der Pensionszimmer im Obergeschoss in sizilianischer Pracht ausmalen lassen. Im benachbarten ehemaligen Lagerhaus, der Nr. 45b, serviert **Kleinert's Spezialitäten** 7 frische, saisonale Kost. Das nächste hübsche Bürgerhäuschen birgt das **Clara – Das Weincafé** 8, regelmäßiges Ausflugsziel der Loschwitzer Bohème. Direkt am Elbufer liegt der beliebte **Elbegarten** 9. Zu DDR-Zeiten stand ein Kiosk in dem kastanienbeschatteten Biergarten, aus dem Bier ausgeschenkt wurde, solange der Vorrat reichte. Doch auch wenn das Bier aus war, blieb der Garten überfüllt: Die Gäste brachten ihr eigenes mit.

Zurück zum Körnerplatz

Im **Arabusta** 10 bekommt man nicht nur Espresso, sondern auch ein bisschen

Lieblingsort

Rundum gut

Wenn die **Oswaldz Sommerwirtschaft (Os2)** 12 (https://oswaldz.de) offen hat, stimmt einfach alles. Das Wetter sowieso, denn das Lokal wird ohnehin nur bei Ausflugstemperaturen betrieben. Dazu liegt es an einer der schönsten Stellen des Elbeweges, der hier tatsächlich noch nicht zur stromlinienförmigen Radfahrpiste ausgebaut ist, sondern mindestens so holpert, wie die alten, dicken Elbhangmauern mit Moos und Farnen bewachsen sind. Noch dazu führt eine Treppe in einen verwunschenen Sommergarten oberhalb solch einer Mauer. Der Kaffeeausschank ist in einem ausgedienten Mini-Wasserwerk untergebracht, was jetzt natürlich eine todschicke Industriedesign-Kulisse abgibt. Und dann wird hier noch das bestgebrühte Espresso-Cappuccino-Latte-Macchiato-Sortiment vom ganzen Elbhang zu drei, vier Tartes in ähnlicher Suchtkategorie serviert! Der einzige Fehler: Von November bis März ist Winterpause.

TOUR
Rauf zum Fernsehturm!

Kleine Wanderung durch den Wachwitzgrund

Links, rechts, gegenüber vom Fernsehturm: Als Landmarke dient er schon kleinen Kindern zur Orientierung. Von der **Pillnitzer Landstraße** führt ein gar nicht allzu weiter Weg zu ihm hinauf. Und doch stellt er die größtmögliche Ferne zur Großstadt her: Kopfsteinpflaster statt Straßenausbau, Lattenzaun statt Wechselsprechanlage, Katzen auf dem Fensterbrett statt Hunde an der Leine.

Idyllisches Ausflugsziel

Der **Wachwitzgrund** belohnt Spaziergänger mit vielen idyllischen Stillleben für seinen steilen Anstieg, und natürlich sind auch hier die Aussichten über Dresden höchst attraktiv. Kurz vor dem **Fernsehturm** kommen sogar ein paar Felsen ins Spiel, die ein wenig andeuten, wie diese Gegend einst aussah, als Wachwitz noch ein Weinbauern- und Fischerdorf war: In die Gründe des Elbhangs reichten ein paar schmale Wege, die die Ortsansässigen nutzten, um Holz zu holen, Obstbäume zu bewirtschaften oder ihre Ziegen zu weiden.

Wiese, Schafe und viel Aussicht

Der Einbruch der Moderne in Form des Fernsehturms passt eigentlich nicht hierher. Doch weil in diesem Paradestück einer zukunftsverliebten 60er-Jahre-Architektur jeder, der vor 1989 in Dresden wohnte, mindestens einmal oben bei Kaffee und Kuchen gesessen oder Papierschlingen über die Brüstung geworfen hat, denken die Dresdner überaus freundlich

Fernglas und bequeme Schuhe nicht vergessen – es lohnt sich!

über ihren Turm und haben ihm noch nie das Versagen des modernen Städtebaus vorgeworfen. Weil er aber tatsächlich nur noch als Funkmast und nicht mehr als Ausflugsgaststätte dient, ist der Platz um ihn herum denkbar unspektakulär – Wiese, Schafe, mehr nicht. Das könnte sich allerdings bald ändern, denn gerade räumt die Stadt alle Hindernisse für eine erneute gastronomische Bewirtschaftung aus dem Weg.

Königlicher Logenblick

Der Weg hinunter nach Niederpoyritz steckt wieder voller Entdeckungen: Rosen, Dahlien und Sonnenhut kolorieren uralte Gärten. Romantische Häuser aus der letzten Jahrhundertwende flankieren den Weg, auf dessen Kopfsteinen schon der letzte Sächsische König Friedrich August III. gegangen sein dürfte: Der **Königsweg** ist nach der Route benannt, die er von seiner Wachwitzer Königlichen Villa nach **Niederpoyritz** nahm. Den königlichen Logenblick auf Tolkewitz auf der anderen Elbseite hat man heute immer noch. Es spricht nichts dagegen, dorthin mit der Fähre überzusetzen, zumal dort viele Straßenbahnlinien halten. Aber vorher gehört die Einkehr in das urige **Erbgericht** (s. Einkehr-Tipp S. 159) unbedingt zu diesem Spaziergang.

Infos

K/L 6/7

Hin & Weg: Bushaltestelle Altwachwitz, Linie 63; Straßenbahnhaltestelle Alttolkewitz, Linie 4 und 6

Strecke/Dauer: 3 km, 1–2 Std.; über Tolkewitz: 1 km und ca. 45 Min. mehr

Loschwitz-Flair: Inhaber Markus Fleckl kennt die Lieblingssorte seiner Stammkundschaft. Gegenüber frönt die **Bäckerei Wippler** 11 einer langen Kaffee- und Kuchentradition.

Leonhardi auf halber Höhe

Etwa 100 m an der Auto-entseelten Grundstraße entlang steht ein **Fachwerkhaus,** über und über mit Sinnsprüchen verziert. Der Landschaftsmaler Eduard Leonhardi (1828–1905) war der Sohn des Unternehmers August Leonhardi, der die erste wasserfeste Tinte auf den Markt brachte. Eduard wollte eigentlich mittellosen Künstlern Atelierräume einrichten, doch seine Freunde zerstritten sich so sehr, dass er das Haus lieber selbst nutzte. Das **Leonhardi-Museum** ⓯ zeigt seine Bilder, daneben gibt es wechselnde Ausstellungen zeitgenössischer Künstler, die häufig einen Bezug zu Dresden haben.

Die Talstation der Schwebebahn

An der Pillnitzer Landstraße/Ecke Veilchenweg liegt die Talstation der **Schwebebahn** ⓰, gut zu erkennen an ihren golden-geschwungenen Jugendstil-Buchstaben. Ab 1899 wurde sie in zweijähriger Bauzeit zur Loschwitzhöhe gebaut – damals eine Sensation: Sie war die erste Schwebeseilbahn der Welt, die auf einen Berg führte (s. Tour S. 150).

Sierksstr. 2, www.dvb.de/bergbahnen

Vorgängerin der Frauenkirche

George Bähr, der Baumeister der Dresdner Frauenkirche, baute vorher zusammen mit Ratsmaurermeister Johann Christian Fehre bereits die **Loschwitzer Kirche** ⓱ in den Jahren 1705–08. In dem achteckigen Zentralbau ist das Grundprinzip der Frauenkirche erkennbar, die Bähr gut 20 Jahre später in Angriff nahm. 1945 brannte die Kirche aus. Zu DDR-Zeiten wurde die Ruine

Links die Elbe, rechts der Elbegarten, geradeaus das Blaue Wunder: Das Loschwitzer Elbufer ist perfekt für den Summer in the City.

nur gesichert, 1991 begann der Wiederaufbau. Als Ersatz für ihren zerstörten Altar bekam die Kirche den Altar der 1962 abgerissenen Sophienkirche aus der Innenstadt, den der italienische Bildhauer Giovanni Maria Nosseni 1606 geschaffen hatte.

Pillnitzer Landstr. 7a, www.loschwitzer-kirche.de, tgl. 8 Uhr bis Einbruch der Dämmerung

Über das Blaue Wunder nach Blasewitz

Geliebte Brücke

Seit 1893 überspannt das **Blaue Wunder** ⓲ 141,5 m strompfeilerfrei die Elbe (Bauingenieure Claus Köpcke und H. M. Krüger). Die 3500 t schwere Stahlkonstruktion war anfangs heftig umstritten – schließlich zerstörte der Bau und die ihm folgenden Stadthäuser die dörflichen Strukturen von Loschwitz und Blasewitz. Doch bald hatte sich das Blaue Wunder die Herzen der Dresdner erobert. Wie sehr, wurde im Mai 1945 deutlich, als die Brücke gesprengt werden sollte, um das Vorrücken der Roten Armee zu verhindern: Unabhängig voneinander zerschnitten gleich zwei Dresdner, ein Klempnermeister und ein Telegrafenarbeiter, heimlich die Sprengkabel.

Ach, und der Name? Eine Kombination aus Begeisterung für die neue Bautechnik und dem blauen Anstrich der Brücke. Amtlich heißt sie übrigens »Loschwitzer Brücke«, aber das wissen nur die Beamten von der Stadtplanung.

Auf der Blasewitzer Seite

Nur am Schillerplatz findet sich in Blasewitz eine geschlossene, städtische Bebauung. Typisch für den einstigen Vorort sind die bürgerlichen Villen, die ab 1860 errichtet wurden. Im Jahr 1900 wurden 1774 Häuser in Blasewitz gezählt, davon 1714 Villen. Die niedrige Häuserzeile östlich neben der Brücke erinnert daran, dass hier einst der Dorfplatz des Ortes Blasewitz lag. Unmittelbar am Elbufer liegt die **Gaststätte Schillergarten** 13, in der Friedrich Schiller verkehrte und die Serviertochter Justine Renner (geb. Segedin) kennenlernte, der er im »Wallenstein« als Gustel aus Blasewitz ein Denkmal setzte. Dienstags, donnerstags und sonnabends ist **Markttag**, dann bieten Erzeuger aus der Umgebung Obst, Gemüse, Blumen, Fische, Fleisch und Käse an (Di, Do 9–17, Sa 8–12 Uhr).

Der Treidelpfad unmittelbar an der Elbe, heute zum Elberadweg ausgebaut, bietet eine gute Aussicht auf die Loschwitzer Villen und die Elbschlösser.

Museen

Schillers Konzentrationshilfe

⓬ **Schillerhäuschen:** Im Gartenhäuschen der Familie Körner in Loschwitz schrieb Friedrich Schiller zwischen 1785 und 1787 sein Drama »Don Carlos« und die Ode »An die Freude«. Handschriften und Bilder informieren über den Aufenthalt des Dichters.

Schillerstr. 19, T 0351 488 85 01, www.museen-dresden.de, Bus 61, 63, 84 Körnerplatz, April–Sept. Sa, So 10–17 Uhr, Eintritt frei

Junge Kunst

⓯ **Leonhardi-Museum:** Eduard Leonhardi (1828–1905), ein Dresdner Vertreter der Romantik, darf hier immer ausstellen. Spannend sind besonders die Sonderausstellungen, oft von zeitgenössischen sächsischen Künstlern.

Grundstr. 26, T 0351 268 35 13, www.leonhardi-museum.de, Bus 61 Rißweg, Di–Fr 14–18, Sa, So 10–18 Uhr, Eintritt 4 €, erm. 2,50 €, Familien 6 €

TOUR
Loschwitz und seine Künstler

Spaziergang auf den Pfaden des Elbhangs

Infos

J/K 4–6

Start: Talstation Schwebebahn/Veilchenweg (Bus 61, 63, 84 Körnerplatz)

Die Idylle des Elbhangs lockte schon früh Künstler an. Hofkapellmeister Heinrich Schütz (1585–1672) zog sich hierher auf seinen Sommersitz zurück. Johann Melchior Dinglinger (1664–1731), der Hofjuwelier Augusts des Starken, hatte seinen heute noch existierenden Landsitz auf der Schevenstraße 59. Die Maler der Romantik mieteten sich ein: Caspar David Friedrich im Sommer 1803, seine Malerfreunde Ernst Ferdinand Oehme und Carl Peschel folgten ihm nach.

Ludwig Richters Sommerzuflucht

Als der Maler und Märchen-Illustrator Ludwig Richter (1803–84) sich 1852 auf dem **Veilchenweg 1** einmietete, war er bereits Professor an der Dresdner Kunstakademie. Von nun an kam er jeden Sommer, 30 Sommer lang. Seine schönsten Gemälde wie der »Brautzug im Frühling« oder »Juniabend mit Regenbogen« (im Albertinum, s. S. 52) lassen die Stimmung des alten Loschwitz spüren.

Bildmotive auf dem Weg

Unterhalb des Veilchenweges verläuft die Pillnitzer Landstraße, die im frühen 19. Jh. noch ein ausgetretener Pfad in Richtung Böhmen war. Auf ihm wanderten der Schweizer Porträtmaler Anton Graff (1736–1813) und der Schweizer Landschaftszeichner Adrian Zingg (1734–1816) in die Sächsische Schweiz und können damit als Urväter ihrer touristischen Erschließung gelten (s. S. 213).

DDR-Boheme am Hang

Der Veilchenweg führt zur Calberlastraße **Nr. 2,** dem Wohnhaus des Kunsthochschul-Professors Joseph Hegenbarth (1884–1962), heute das Hegenbarth-Archiv mit originalem Zeitkolorit (T 0351 268 33 35, So 15–18 Uhr). Sein Atelier hatte er im **Künstlerhaus** auf der Pillnitzer Landstraße 59. Der Architekt Martin

Pietzsch baute das Wohn- und Atelierhaus 1897/98 mit burgartiger Fassade zur Straße und riesigen Atelierfenstern nach Nordwesten. In DDR-Zeiten wohnte Hermann Glöckner (1889–1987) hier, dessen konstruktivistische Kunst von offizieller Seite lange kaum Anerkennung fand. Bald war es anders herum am Elbhang: Von der DDR wollte keiner Anerkennung mehr. Das Künstlervolk in Loschwitz – Musiker, Schauspieler, Maler und Bildhauer – wohnte für wenig Geld in fast unbewohnbaren Häusern und fühlte sich zwischen Elbe, Kneipenkaschemmen und wuchernden Gärten frei, Feste zu feiern, die die Obrigkeit gar nichts angingen.

Kunst auf dem Friedhof

Auf dem Friedhof (Pillnitzer Landstr. 80) zeugen viele der alten Grabsteine von hoher bildhauerischer Qualität. Berühmte Dresdner Künstler liegen hier: Allen voran Eduard Leonhardi (1828–1905) als anklopfender Pilger in schönster Spätromantik-Manier, Hans Jüchsers (1894–1977) Ruhestätte ziert ein expressives Kreuz, bei Oskar Zwintscher (1870–1916) steht ein Jüngling mit gesenkter Fackel, und Hermann Glöckner (1889–1987) reicht ein »G« zum Gedenken.

Idylle auch für Könige

Auf dem Josef-Hegenbarth-Weg geht es zur **Königlichen Villa** (Wachwitzer Weinberg 1) mit Rhododendrongarten (1970). Der sächsische König Friedrich August III. ließ sie 1893 als Sommerresidenz bauen. Vom Königlichen Weinberg führt die **Himmelsleiter** hinunter zur Straße »Am Steinberg«. Im Haus **Nr. 3** wohnte der Shakespeare-Übersetzer Wolf Graf von Baudissin (1789–1878), die **Nr. 15** war Sommersitz des Malers Woldemar Hottenroth (1802–94). Unten fährt der Bus 83 zurück zum Körnerplatz.

Einkehr-Tipp zum Schluss

Nach ungefähr 700 m elbaufwärts liegt die urwüchsige **Erbgerichtsklause** (Pillnitzer Landstr. 170, Sa, So, Fei ab 12, Mi–Fr ab 17, März–Sept. ab 12 Uhr) – der Zeit der Romantik ein Stück näher.

Alles noch da

⑲ Josef-Hegenbarth-Archiv: Das ehemalige Wohnhaus des Malers (1884–1962) gibt mit seiner originalen Einrichtung Einblicke in das Schaffen des Künstlers – und in das Leben am Elbhang.

Calberlastr. 2, T 0351 268 33 35, www.skd.museum, So 15–18 Uhr, Eintritt frei

Ex-Stasizentrale

⑳ Gedenkstätte Bautzner Straße: s. a. Zugabe S. 169. Die Bezirksverwaltung des Ministerium für Staatssicherheit (MfS), kurz: die Stasi-Zentrale, birgt jetzt eine Gedenkstätte im ehemaligen Hafthaus. Sie thematisiert, wie die Stasi in den Alltag der Menschen eingriff.

Der Elbegarten gehört wahrlich zu den schönsten Biergärten Dresdens.

Radeberger Vorstadt, Bautzner Str. 112 a, www.bautzner-strasse-dresden.de, tgl. 10–18 Uhr, Eintritt 8 €, erm. 5 €, bis 17 Jahre frei

Technikbegeistert

㉑ Technische Sammlungen: Nostalgisch und zukunftsgewandt zugleich: In diesem Museum führen historische Rechenmaschinen zu Silizium-Wafern, Plattenkameras treffen auf Ultraschallsensorik. Das Erlebnisland Mathematik ist ein Experimentierlabor, in dem Formel-Phänomene sichtbar werden.

Striesen, Junghansstr. 1–3, www.tsd.de, Di–Fr 9–17, Sa, So, Fei 10–18 Uhr, Eintritt 5 €, erm. 4 €

Essen

Wein im Weinberg

1 Straußwirtschaft Lutz Müller: Schöner als im Weinberg unterhalb von Schloss Albrechtsberg kann Wein nicht schmecken.

Bautzner Str. 130, T 0351 328 92 17, www.winzer-lutz-mueller.de, März, April, Okt., Nov. So, Fei, Mai–Sept. Sa, So, Fei 11–19 Uhr

Mit Weitblick

2 Lingnerterrassen und Sommerwirtschaft: Ein majestätisches Schloss, ein bisschen Abendsonne, Gartenmöbel und warmer Zwiebelkuchen und vor allem ein Panoramablick über das Elbtal – Schloss-Vorbesitzer und Odol-Fabrikant Karl August Lingner verfügte testamentarisch, dass jeder hier genießen sollte. (Im Restaurant ist es allerdings teurer.)

Bautzner Str. 132, T 0351 456 85 10, www.lingnerterrassen.de, Di–Fr 12–21, Sa, So 11–21 Uhr, €€

Edle Cuisine

3 Schlossrestaurant: Gartensaal, Wintergarten und Terrasse bieten einen

Blick über das Elbtal. Die ausgezeichnete, mediterran inspirierte Küche verwendet regionale Produkte, auf den Service wird großer Wert gelegt. Parkplätze finden sich am Anfang des Parks.

Bautzner Str. 134, T 0351 809 90, www.schloss-eckberg.de, Mo–Sa 12–22 Uhr, €€€

Fast schon im Wald

4 **Konzertplatz Weißer Hirsch:** Unter Regie von Sternekoch Stefan Herrmann schmecken Rostbratwürste und Bowle auf dem Konzertplatz Weißer Hirsch handgemachter als üblich.

Ende Stechgrundstr., www.konzertplatz-weisser-hirsch.de, Ostern–Okt. Mi–Sa 13–21, So 10–21 Uhr, sonst Mo–Fr 15–19, Sa, So 10–19 Uhr, €€

Auch hier: Schöner Blick

5 **Luisenhof:** Das Ausflugsrestaurant wurde 1898 zusammen mit der Standseilbahn eröffnet und nach der beliebten Prinzessin Luise von Österreich-Toskana, der Frau des letzten Sächsischen Königs, benannt. Der Name blieb, auch wenn Luise 1902 mit dem Hauslehrer ihrer sechs Kinder gen Genf verschwand. Terrasse und Fensterplätze spielen natürlich die Hauptrolle, die Speisen sind ein Best of der zeitgenössischen Küchenkunst.

Bergbahnstr. 8, www.luisenhof-in-dresden.de, Mo–Fr 11–22, Sa 11–23, So 9–22 Uhr, €€

Italienisch warten

6 **La Campagnola:** Im alten Fährgut wird sizilianisch gekocht.

Friedrich-Wieck-Str. 45, T 0351 314 102 3, www.la-campagnola-dresden.com, Mo, Mi, Do 17–23, Fr, Sa 12–23, So 12–22 Uhr, €€

Gut & schön

7 **Kleinert's Spezialitäten:** Die interessantesten Details der deutschen Küche mit leichter Hand mit mediterranen Beilagen kombiniert – kein Wunder, dass manchmal kein Tisch in dem kleinen Ladenraum frei ist.

Loschwitz, Friedrich-Wieck-Str. 45b, T 0351263 36 95, auf Facebook, Mi–So 12–22 Uhr, €€

Bohème-Treff

8 **Clara – Das Weincafé:** In dem einfach möblierten Gastraum gibt es herzhafte und süße Kleinigkeiten, alle wichtigen Kaffeezubereitungen und eine erprobte Weinauswahl, der das quirlige Völkchen vom Hang gern zuspricht.

Friedrich-Wieck-Str. 20, T 01511 743 51 33, Di–Sa 18–24 Uhr, €

Traditionsreich

9 **Elbegarten:** Vor der Wende pflegten die Künstler des Elbhangs in dem Biergarten eine fröhliche Opposition unter den alten Kastanien. Heute treffen sich hier Freunde und Familien, die den Blick auf das Blaue Wunder bei Zwiebelkuchen, Burger und Bier genießen.

Friedrich-Wieck-Str. 18, T 0351 26 31 17 89, www.elbegarten.de, Mai–Sept., tgl. 11–23 Uhr, €

Viel Gefühl für Kaffee

10 **Arabusta Kaffee-Kultur:** Markus Fleckl betreibt sein Café mit Temperament und Kennerschaft. Wer den Unterschied zwischen Arabica- und Robusta-Bohnen nicht kennt, erfährt ihn hier. Und noch etwas über die Natur des gemeinen Loschwitzers.

Körnerplatz 13, T 0351 263 16 55, Mo–Fr 10–19, Sa 10–17, So 13–17 Uhr

Zum Konditern

11 **Bäckerei Wippler:** Hier holen die Loschwitzer ihren Sonntagskuchen. Eierschecke ist natürlich immer dabei. Noch lieber essen sie die gleich im Café vor Ort.

Körnerplatz 2, T 0351 269 80 40, www.baeckerei-wippler.de, Mo–Sa 6–18, So 7.30–18 Uhr

Ganz entspannt

12 Oswaldz Sommerwirtschaft: s. Lieblingsort S. 153.

Körnerweg 24 a, www.oswaldz.de, April–Okt. Sa, So 13–20 Uhr

Das mit der Gustel

13 Schillergarten: In diesem Gasthof wurde Schiller von Justine bedient, die er als Gustel von Blasewitz in die Literaturgeschichte eingehen ließ. Sicher gab es auch damals schon den großen Biergarten mit Blick auf Loschwitz. Heute gibt's auch noch typisch Bayerisches vom Grill draußen und gut gekocht Deftiges drin.

Schillerplatz 9, T 0351 81 19 90, www.schillergarten.de, tgl. 11–1 Uhr, €€

Stammitaliener

14 Delizia – Ristorante & Weinbar: Der Stammitaliener der Weißen-Hirsch-Bevölkerung residiert sehr mondän im ehemaligen Kurhaus des Weißen Hirschs. Zwischen raumhohen Fenstern, dem klassischen Bartresen und solider mediterraner Karte fühlt sich jeder Gast schnell wohl.

Bautzner Landstr. 6, T 0351 26 54 69 00, www.delizia-dresden.de, Mo–Sa 11.30–22.30 Uhr, €

Zum Verlieben

15 Villa Marie: Die toskanisch anmutende Villa, deren Turm neben dem Blauen Wunder auftaucht, ist die Villa Marie. Der Garten schafft Distanz zu jeglicher Last, ideal unterstützt von der italienisch-saisonalen Küche. Im Erdgeschoss ist eine Bar, sonntags Brunch ab 10 Uhr.

Blasewitz, Fährgässchen 1, T 0351 31 54 40, www.villa-marie.de, Mo–Sa 11.30–23, So 10–23 Uhr, €€€

Tolle Törtchen

16 Charlottes Enkel: Einen der sieben Plätze zu erwischen ist Glückssache. Erfreulicherweise lassen sich die hochinteressanten Tortenhäppchen auch mitnehmen.

Loschwitzer Str. 58, T 0351 31 20 80 30, www.charlottesenkel.com, Mo–Fr 8–18, Sa 9–16 Uhr

Die Grande Dame

17 Café Toscana: Seit 1897 ist das Café Toscana die beliebteste Adresse der Dresdner, wenn es um Stollen, feinen Kuchen und grandiose Torten geht. Das Mobiliar fällt genauso üppig aus. Feines Frühstücksangebot!

Blasewitz, Schillerplatz 7, T 0351 310 07 44, www.cafe-toscana.de, tgl. 9–18 Uhr

Perfekte Ergänzung

18 Weinkulturbar: Unter seinen rund 1300 Weinen empfiehlt Inhaber und Sommelier Silvio Nitzsche jeweils den, der bei seinem Gast Überraschung, Genuss und leuchtende Augen hervorruft. Das Lokal ist klein, ein paar Plätze im Freien gibt es auch, Reservierungen aber nicht.

Striesen, Wittenberger Str. 86, T 0351 315 79 17, www.weinklang.com, Di–Sa 15–22 Uhr

Einkaufen

Schmuck und Schönes

1 Atelier Kleinod: Kleinkünstlerinnen und -künstler aus den Bereichen Schmuck, Keramik, Restaurierung u. a. bieten Dinge mit dem berühmten Etwas – oft als Unikate.

Loschwitz, Dammstr. 1, T 0351 26 55 15 16, www.kleinod-dresden.de, Di–Fr 10–18, Sa 10–14 Uhr

Klassik & Pop

2 Sweetwater: Mit Herz und Verstand sucht Tino Tuch seine Mischung aus Jazz, Pop und Klassik zusammen, darunter so manches, was man schon immer haben wollte.

Loschwitz, Friedrich-Wieck-Str. 4, T 0351 264 12 70, www.sweetwaterjazz.de, Di–Fr 10–18, Sa 10–16 Uhr

Literatur

3 Loschwitzer Antiquariat: Zurück in die Zeit, als Bücher noch Kostbarkeiten waren! Dieses kleine Antiquariat hat bestimmt auch etwas zu Ludwig Richter vorrätig.

Loschwitz, Pillnitzer Landstr. 18, T 0351 264 00 90, www.loschwitzer-antiquariat.de, Di–Fr 14–18, Sa 10–13 Uhr

Bewegen

Fahrradverleih

1 Radsporthaus Päperer: Hier gibt's auch Elektrobikes, die den Weg hinauf zum Weißen Hirsch nicht ganz so unüberwindbar erscheinen lassen. Auch gut: Kinderräder sind im Ausleihpreis eines (normalen) Fahrrads inbegriffen.

Veilchenweg 2, T 0351 264 12 40, www.radsport-paeperer.de, Di–Fr 10-13, 14–18, Sa 9–12 Uhr, ab 8 €/halber Tag, 10 €/Tag

Ausgehen

Salopper Charme

1 Saloppe Sommerwirtschaft: Die Sommerwirtschaft mit eingebautem Tanzetablissement ist nachmittags eine harmlose Sommerfrische. Nachts finden die Konzerte und Partys kaum ein Ende. Höhepunkt ist das Saloppe-Seifenkistenrennen im September.

Brockhausstr. 1, www.saloppe.de, T 0172 353 25 86, Mai–Aug. u. schöne Sept.-Tage Mo–Fr ab 17, Sa, So ab 12 Uhr

Mondän ausgehen

6 Parkhotel: Rauschen muss es! Egal ob Ball, Tanzparty, Schlagernächte oder Konzerte: Das Parkhotel verleiht jedem Abend Stil, egal wie es um die eigenen Tanzschritte bestellt ist.

Weißer Hirsch, Bautzner Landstr. 7, T 0351 21 29 59 10, www.parkhotel-dresden.de/veranstaltungen

Pillnitz

Karte 3, C2

Der Königsweg zum Schloss Pillnitz führt über die breite, geschwungene **Freitreppe 22** – die direkt in die Elbe reicht. Ein eleganter Empfang für alle, die mit dem Schiff anlegen. Was August der Starke auch genau so geplant hatte: Wie Venedig sollte sich Dresdens Gesicht dem Wasser zuneigen. Seine Schwiegertochter Maria Josepha von Österreich ließ August per Gondel einschippern.

Ein Trost für alle, denen das nicht möglich sein sollte: Der Weg über die **Maillebahn 23** fühlt sich mindestens genauso erhaben an. Die doppelreihige, schnurgerade Kastanienallee führt tiefer und tiefer in die Pillnitzer Parkanlage, bis schließlich die hohe Fontäne sichtbar wird und sich der helle Lustgarten öffnet.

Auch was die Lage des luftig-leichten Schlosses betrifft, kann man dem Geschmack Augusts des Starken vertrauen:

O

ORIENTIERUNG

Besucherzentrum »Alte Wache«: T 0351 261 32 60, www.schlosspillnitz.de, April–Okt. tgl. 9–18 Uhr

Anreise:
- per Bahn: Straßenbahnlinie 2 bis Haltestelle »Kleinzschachwitz«, nach Pillnitz übersetzen mit der Elbfähre
- per Bus: Linie 63 bis Haltestelle Pillnitz – Leonardo-da-Vinci-Straße
- per Auto: vom Körnerplatz über die Pillnitzer Landstraße bis zum (gebührenpflichtigen) Parkplatz an der Leonardo-da-Vinci-Straße

Dampferfahrten: Anlegestelle Terrassenufer (Stadtzentrum) bis Anleger Pillnitz-Dampfschiffstraße: ca. 1,5 Std., www.saechsische-dampfschiffahrt.de.

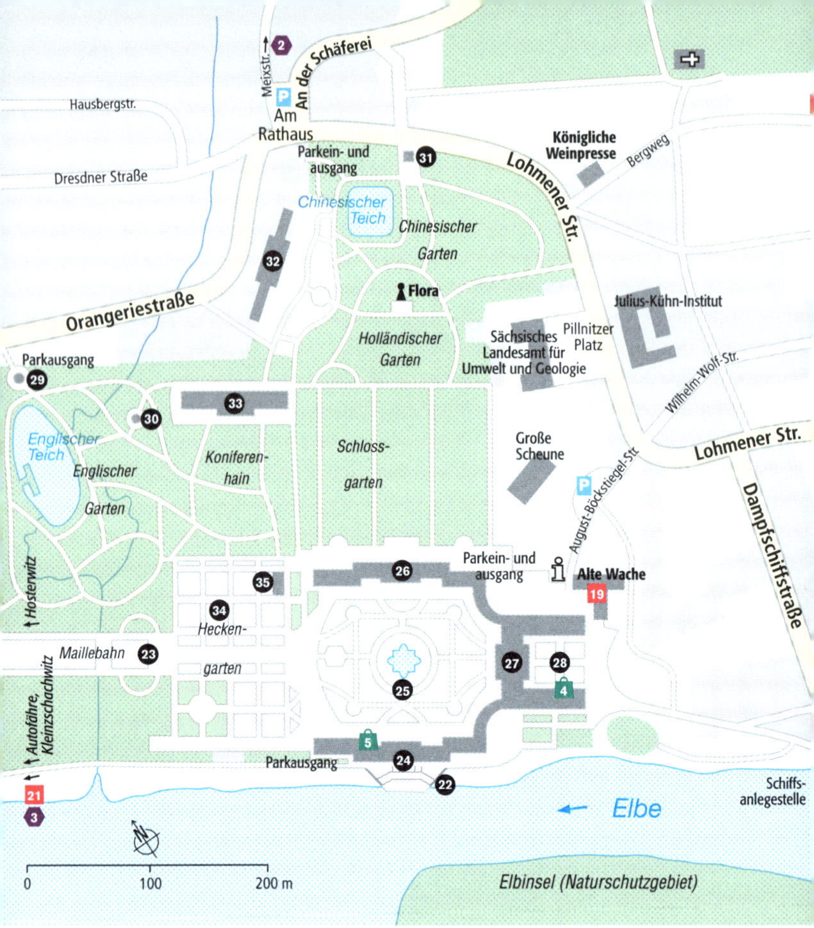

Die Umgebung mit dem Fischerdörfchen Hosterwitz im Westen und den Weinbergen im Osten ist von einzigartiger Schönheit. Carl Maria von Weber und Richard Wagner glückten im nahen Graupa der Freischütz und der Lohengrin.

Schloss Pillnitz

Als August der Starke das Schloss von seinem Bruder erbte, war es noch eine Renaissance-Anlage. Noch unverändert schenkte er es 1707 seiner Lieblingsmätresse, der Gräfin Cosel. Zehn Jahre später verlor sie allerdings seine Gunst. August orderte das Schloss zurück und ließ es zum »indianischen Palais gegen die Elbe und die Berge« ausbauen. Es wurde eines der gelungensten Beispiele chinoiser Architektur in Europa.

Nach dem »Großen Plan« – einer Gesamtkonzeption, an der der König mitgearbeitet hatte – wurde ab 1720 unter der Leitung von Pöppelmann und Longuelune mit der Arbeit an den Mittelbauten von sowohl Wasser- als auch Bergpalais

Pillnitz

Ansehen

1 – 21 s. Karte S. 145
22 Freitreppe
23 Maillebahn
24 Wasserpalais
25 Lustgarten
26 Bergpalais
27 Neues Palais/ Schlossmuseum
28 Fliederhof
29 Englischer Pavillon
30 Kamelienhaus
31 Chinesischer Teepavillon
32 Palmenhaus
33 Orangerie
34 Chamillen
35 Tritonengondel

Essen

1 – 18 s. Karte S. 145
19 Schlosshotel Pillnitz
20 Pillnitzer Elbblick
21 Fährhaus Kleinzschachwitz
22 Weingut Klaus Zimmerling

Einkaufen

1 – 3 s. Karte S. 145
4 Ladenpassage
5 Verkaufsausstellung Sächsische Töpferinnung

Bewegen

1 s. Karte S. 145
2 Radsport Tietz
3 Freibad Wostra

---

begonnen. Zu Lebzeiten Augusts des Starken entstand zwar nur rund ein Sechstel der gesamten Anlage, trotzdem feierte er hier die Hochzeit von Augusta Constantia von Cosel, eins der drei Kinder, die er mit der Gräfin Cosel hatte.

Seit der Abdankung des letzten sächsischen Königs im Jahr 1918 gehört Schloss Pillnitz dem Staat. Zunächst diente das Ensemble als Heimstätte einer Künstlerkolonie, nach dem Ende des Zweiten Weltkriegs dann als Ausstellungsort der verbliebenen Dresdner Kunstschätze.

August-Böckstiegel-Str. 2, T 0351 261 32 60, www.schlosspillnitz.de

Palais- und Gartenanlagen

Die geschwungene Treppe vom **Wasserpalais** 24 an der Elbe, angelegt 1725, ist ein idealer Ausgangspunkt für Rundgänge durch Pillnitz. Hier legten einst die Prunkgondeln der höfischen Festgesellschaften an. Das Wasserpalais zeugt von der Faszination für alles Asiatische: Pagodendächer, Szenen aus China an den Hohlkehlen der Gesimse, laternenartige Schornsteine zieren die Gebäude des Ensembles – zusammen mit dem Bergpalais gegenüber ist das Wasserpalais das erste Beispiel dieses exotischen Stils in Europa. Als Pillnitz ab 1788 dem Dresdner Hof als Sommerresidenz diente, kamen die Seitenflügel zum Wasserpalais dazu. Gegenüber der Freitreppe liegt eine 10,5 ha große Elb- oder Vogelinsel, seit 1924 Naturschutzgebiet für rund 50 Vogelarten.

P

EINE NACHT IM PARK …

… muss nicht im Freien stattfinden. Im Trompeter- und im Wächterhäuschen am Parkeingang gibt es jeweils eine Ferienwohnung für 2 bzw. für 4 Personen. Beide liegen sehr romantisch – und den Park hat man nachts für sich allein.
T 0351 261 32 60, www.schlosspillnitz.de, Übernachtung ab 150 €

K

DRESDENS KAMELIEN

Die Kamelie in Pillnitz könnte um 1780 nach Dresden gelangt sein. 1801 war sie offensichtlich endgültig zu groß für die Kübel-Kultur und wurde vom Hofgärtner ausgepflanzt. Der königliche Hofgärtner Johann Heinrich Seidel (1744–1815) begann bereits im Jahr 1792 mit der ersten Kamelienzucht in Deutschland. Seine Expertise war so gefragt, dass selbst Johann Wolfgang von Goethe ihn aufsuchte, um mit ihm über seine Thesen zur »Metamorphose der Pflanzen« zu diskutieren. Seidels Söhne setzten die Kamelienzucht fort, im Jahr 1862 listete die Gärtnerei 1100 verschiedene Sorten auf und verschickte sie an den Petersburger Zarenhof und den Kaiserhof in Wien. Die Seidelschen Züchtungen bilden auch den Grundstock der Botanischen Sammlungen von Zuschendorf bei Pirna: www.kamelienschloss.de

Der Weg um das Wasserpalais führt in die barocke Anlage des **Lustgartens** ㉕ mit symmetrischen Blumenrabatten und Zitrusbäumen vor dem **Bergpalais** ㉖. Die spiegelbildliche Anordnung von Berg- und Wasserpalais ähnelt dem Zwinger. Allerdings wurden die geschwungenen Galerien, die das Neue Palais mit dem Wasser- und dem Bergpalais verbinden, erst im 19. Jh. in die Anlage eingefügt.

Neues Palais

Das **Neue Palais** ㉗ an der östlichen Seite der Anlage, nach einem Brand 1818 errichtet, nimmt in der Lustgartenseite die barocken Formen der beiden Flügelbauten auf. Der Kuppelsaal im Inneren und die Rückfront des Palais weisen eher klassizistische Formen auf. In den Seitenflügeln, rund um den **Fliederhof** ㉘, in dem Fliederbäume mit kunstvoll verdrehten Stämmchen stehen, offerieren kleine Läden Kunsthandwerk wie Holzspielzeug, Weihnachtsschmuck, Getöpfertes und Glas.

Schlosspark

Sehenswert sind die westlichen Gartenanlagen des Englischen Gartens (um 1778) samt **Pavillon** ㉙ und dem (Hightech-)**Kamelienhaus** ㉚ (in der Blütezeit Mitte Feb.–Mitte April 10–17 Uhr), das die älteste japanische Kamelie Europas (1780 gepflanzt) beherbergt.

Weiter nördlich gelangt man zum Chinesischen Garten mit Teich und **Teepavillon** ㉛ (Ch. F. Schuricht, 1804).

tgl. 6 Uhr bis Einbruch der Dunkelheit, Nov.–März frei, April–Okt. Gartenticket 3 €, erm. 2,50 €, bis 16 Jahre frei

Palmenhaus

Im Zuge der allgemeinen Modernisierung aller Gewächshäuser im Park ließ König Johann auch das **Palmenhaus** ㉜ im Jahr 1860 neu bauen – frisch inspiriert vom Londoner Kristallpalast. Heute wachsen in ihm Vertreter der südafrikanischen und australischen Flora in ihren Pflanzengemeinschaften. Ein paar Schritte weiter steht die **Orangerie** ㉝, die ebenso wie der Teepavillon der Asien-Mode des 18. Jh. geschuldet ist – Pöppelmann baute sie 1725 zunächst als Ringrenngebäude, Ende des 19. Jh. kamen die Seitenflügel der eigentlichen Orangerie hinzu. In ihr überwintern bis heute die Zitrusbäume, ein paar davon haben ähnlich der Kamelie bereits ein biblisches Alter erreicht: Die älteste Pomeranze ist bereits 300 Jahre alt. Mit hohlem Stamm und gestützter Krone steht sie im Sommer vor dem Bergpalais – und treibt doch alljährlich wieder ihre Blüten aus.

Von der Orangerie ist es nicht weit bis zu den barock angelegten, labyrinthartigen Heckengärten, den sogenannten **Chamillen 34**, die noch die Gräfin Cosel anlegen ließ. Hier erinnert die kurfürstliche **Tritonengondel 35** von 1790 an den Venedig-Traum Augusts des Starken. Sie sieht seinem Modell, in dem er sich von seiner Dresdner Residenz bis zum Schloss Pillnitz staken ließ, ganz ähnlich.

Palmenhaus: April–Okt. tgl. 9–18, Nov.–März tgl. 10–16 Uhr

Museen

Schön Designtes

Kunstgewerbemuseum im Wasser- 24 und Bergpalais 26: Die rund 1500 kunsthandwerklichen Gegenstände vom Mittelalter bis zur Gegenwart wurden im frühen 20. Jh. zusammengetragen, um den Professoren und Studenten der Dresdner Kunstgewerbeschule Anschauungsmaterial zu bieten. Neben kostbaren Möbeln, Augsburger und Dresdner Silber, geschliffenen und geschnittenen Gläsern und Reform-Möbeln der Deutschen Werkstätten Hellerau gehören zahlreiche Stoff- und Papiermuster zum Sammelgut.

https://kunstgewerbemuseum.skd.museum, Mai–Okt. Di–So 10–18 Uhr, 12 €, erm. 10 €, bis 17 Jahre frei (Ticket gilt auch fürs Schlossmuseum)

Barocke Festkultur

27 Schlossmuseum im Neuen Palais: Das Schlossmuseum Pillnitz erzählt aus der Geschichte der Schlossanlage, seiner kurfürstlich-königlichen Bewohner, dem Chinoiserie-Phänomen und der Festkultur des Barock.

www.schlosspillnitz.de, Mai–Okt. Di–So 10–18 Uhr, Nov.–April Führungen an den Wochenenden, 5 €, erm. 4 €, bis 17 Jahre frei (Ticket gilt auch fürs Kunstgewerbemuseum)

Essen

Direkt am Schloss

19 Schlosshotel Pillnitz: Französisch-mediterran inspirierte Speisen auf hohem Niveau. Das Parkcafé gewährt eine sächsisch-regionale Grundversorgung mit hausgemachter Sülze, Wildspezialitäten oder Kuchen und Eis.

August-Böckstiegel-Str. 10, T 0351 261 40, www.schlosshotel-pillnitz.de, Kaminrestaurant Di–So ab 18 Uhr, €€; Café Di–So 12–17 Uhr, €€; Biergarten: Mai–Okt. bei gutem Wetter

Freitreppen gibt's auch vor dem Neuen Palais, die berühmteste aber führt zur Elbe hinunter.

Für Ausflügler

20 Pillnitzer Elbblick: Der Biergarten unter Kastanienbäumen liegt direkt an der Elbe, die Innenausstattung steht im Zeichen der Dampfschifffahrt. Klassisch & gut zubereitete Speisen aus Sachsen und Böhmen.

Söbrigener Str. 2, T 0351 424 83 33, www.elbblick-pillnitz.de, Di–Sa 12–22, So 12–18 Uhr, €€

Hol über!

21 Fährhaus Kleinzschachwitz: Auf der anderen Elbseite, gleich neben der Fähre, steht die kleine Ritterburg aus dem 19. Jh. Im Biergarten gibt es auch in den Wintermonaten die Imbissklassiker vom Rost und aus der Fritteuse – oder frisch gezapft.

Berthold-Haupt-Str. 130 (Tram 2, Freystr.), Kleinzschachwitz, T 0351 25 38 68 53, www.faehrhaus-kleinzschachwitz.de, März–Okt. tgl. 11–23, Nov.–Feb. tgl. 12–22 Uhr, €

Erlesener Weingenuss

22 Weingut Klaus Zimmerling: Klaus Zimmerling zählt zu den besten Winzern Dresdens. Auf seinen 4 ha der Lage »Pillnitzer Königlicher Weinberg« gedeihen Riesling, Grauer Burgunder und Gewürztraminer. Seine Weine kann man direkt bei ihm erwerben – was sich sowohl mit einer kleinen Weinbergwanderung als auch mit einem Probierschoppen verbinden lässt. Die Flaschenetiketten zieren übrigens Werke der Künstlerin Malgorzata Chodakowska, Zimmerlings Frau.

Bergweg 27, T 0351, 41 39 43 94, www.weingut-zimmerling.de, Mi–So 11–18 Uhr

Einkaufen

Kunsthandwerkliches

4 Ladenpassage im Fliederhof: Schöne Souvenirs jeglicher Art, Typisches aus der Region, beispielsweise Porzellanmalerei, Lausitzer Keramik, Blaudruck-Stoffe, erzgebirgisches Holzspielzeug und nostalgische Papierwaren – alles handgefertigt, teilweise kann man dabei zuschauen.

Flügel des Neuen Palais, T 0351 41 79 88 73, März–Okt. tgl. 10–18, Nov., Dez. tgl. 10–17, Jan. Sa, So 10–17, Feb. Mi–So 10–17 Uhr

Handgetöpfert

5 Verkaufsausstellung Sächsische Töpferinnung: Über 20 sächsische Töpfereien bieten ihre Waren feil – schlicht und verziert, farbig oder Salzbrand, Teelicht- oder Palmenübertopfgröße.

Bootskeller an der Freitreppe, T 0351 261 32 23, Feb. (Kamelienblüte) bis Okt. tgl. 10–17 Uhr

Bewegen

Schnell aufs Rad

2 Radsport Tietz: Westlich von Pillnitz liegt das liebliche Dörfchen Hosterwitz mit der Fischer-Kirche Maria am Wasser, östlich der Pratzschwitzer Badesee, die Fähre setzt über zu den mondänen Villen in Kleinzschachwitz und zum Freibad Wostra. Mit dem Fahrrad ist alles schnell zu erreichen. Bei Radsport-Tietz im Pillnitzer Ortszentrum gibt es Tandems, Rennräder oder Kinderkutschen – perfekt, um die Gegend zu erkunden.

Meixstr. 15, T 0351 261 09 09, www.radsport-tietz.de, Mo–Fr 9–18, Mi 9–13 Uhr, ab 11 €/Tag

Ab ins Freibad!

3 Freibad Wostra: Edelstahlbecken-Freibad mit Sprungturm und Kleinkinderbecken, nebenan das naturbelassene Sandstrandbad Wostra mit FKK-Betrieb.

Kleinzschachwitz, An der Wostra 7, T 0351 48 41 92 90, Mitte Mai–Sept. 10–19 Uhr, Eintritt 4 €, erm. 2,50 €

Zugabe

Zeitzeuge der Friedlichen Revolution

Wo man die Stasi noch hört

Der letzte Stasi-Mitarbeiter hat seine Hausschuhe vergessen.

Parallel zur Elbe quert die Bautzner Straße den ganzen Dresdner Norden. Doch trotz ihrer stolzen Länge von 8 km war sie zu DDR-Zeiten das Synonym für genau eine Adresse: die »Bautzner Straße«, das war die Stasi. Ihr Gelände hinter der Nr. 112 a fasste die gesamte Bezirksverwaltung und reichte bis hinunter zur Elbe. Für Normaldresdner war allerdings bereits am Pförtnerhaus Schluss – zumindest für die Glücklichen, die es nicht mit der Stasi zu tun bekamen. Das Untersuchungsgefängnis gleich hinter der Mauer hatten bis zur Wende ca. 15 000 politische Gefangene durchlaufen. In den meisten Fällen wurden sie wegen ›Kritik an der SED‹ oder ›versuchter Republikflucht‹ inhaftiert.

Als vier Wochen nach dem Fall der Berliner Mauer, am 5. Dezember 1989, rund 5000 Demonstranten die Stasizentrale besetzten, waren die Zellen allerdings bereits leer und die Aktenvernichtung in vollem Gang. Die wütenden, unbewaffneten Dresdner stießen auf verunsicherte, dafür mit Waffen bestens ausgerüstete Stasi-Abteilungsleiter. Der Superintendent der evangelischen Kirche Christoph Ziemer bekam von den Demonstranten das Mandat, sie kurzerhand vom Dienst zu suspendieren. Dass diese Entmachtung gewaltlos geschah, trug mit zum Bild der friedlichen Revolution bei.

> Circa 15 000 politische Gefangene waren im Stasi-Gefängnis inhaftiert.

Die sichergestellten Akten von damals liegen inzwischen im Stasi-Unterlagen-Archiv (www.bstu.de) in Dresden-Pieschen. Die Zellen des Untersuchungsgefängnisses und die Sitzungsräume der Stasi aber sind original erhalten und lassen sich in der Gedenkstätte Bautzner Straße (www.bautzner-strasse-dresden.de) besuchen. Wer den Hörer der alten Wählscheiben-Telefone abnimmt, kann den Dienstanweisungen des letzten Dresdner Stasigenerals Horst Böhm lauschen. ■

Radebeul, Moritzburg und Meißen

Mehr als nur Dresdens Speckgürtel — mit Porzellan, Pferden und Wein führen sie ein höchst interessantes Eigenleben.

Seite 177

Weingut Hoflößnitz

Auf dem ökologischen Weingut Hoflößnitz ist der Weinanbau pure Handarbeit. In der Weinstube und auf der Terrasse kann das Ergebnis verkostet werden – die malerische Umgebung verdoppelt den Genuss.

Seite 182

Altkötzschenbroda

Am Dorfanger treffen Einheimische bei einem abendlichen Wein auf genussfreudige Dresdner und immer häufiger auch auf entdeckungsfreudige Touristen.

Gut möglich, dass Sie hier auf echte Cowboys und Indianer treffen!

Eintauchen

Seite 185

Schloss Moritzburg

Seit dem DEFA-Filmklassiker »Drei Haselnüsse für Aschenbrödel« machte Schloss Moritzburg als (Winter-)Märchenschloss Karriere.

Seite 188

Moritzburg

Die Brücke-Maler quartierten sich drei Sommer lang in Moritzburg ein. Die Skizzen und Gemälde, die dort entstanden, tragen die sonnendurchwärmte, entspannte Stimmung der jungen Künstler ins Heute. Welche Orte sie damals inspirierten, lässt sich an aufgestellten Bildrahmen nachvollziehen.

Seite 201

Albrechtsburg

Die Meißner Albrechtsburg ist der erste Schlossbau in Deutschland. Doch obwohl Arnold von Westfalen ein Meisterwerk ablegte, hielt hier niemand Hof. Weil Dresden Regierungssitz wurde, stand die Burg jahrhundertelang leer. Erst als August der Starke eine sichere Produktionsstätte für sein Meissener Porzellan suchte, bekam die Burg eine Aufgabe. Jetzt profitiert das Burgmuseum von den schönen Räumen.

Seite 202

Meißner Dom

So viel Gotik gibt's nur hier: Der Meißner Dom ist ein Meisterwerk aus hoch aufstrebenden Pfeilern, Kreuzrippengewölbe und bunten Glasfenstern – und außerdem Hauptzuständiger für Meißens Burgberg-Silhouette.

&

Seite 205

Staatliche Porzellanmanufaktur Meissen

Andere haben ein Firmenarchiv, die Meißner »Porzelline« hat eins für Formen: Bis tief ins 18. Jh. reichen die über 700 000 Gussformen für Geschirr, Vasen und Figuren. Zusammen mit jahrhundertealten Malvorlagen bilden sie einen inspirierenden Schatz für die Porzellangestalter der Manufaktur.

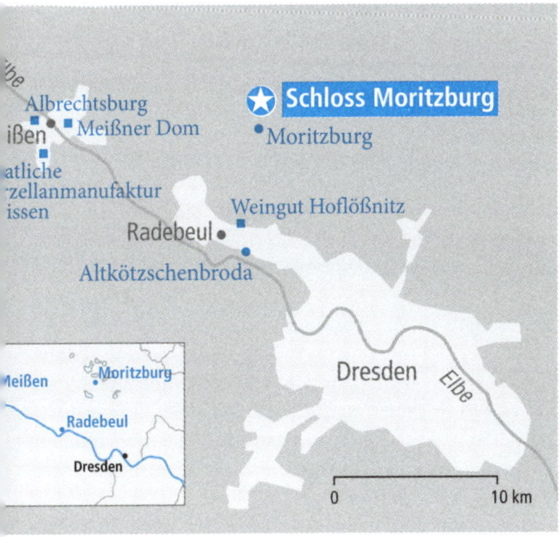

erleben

»Wir lebten in absoluter Harmonie, arbeiteten und badeten. Fehlte ein männliches Model, sprang einer von uns in die Bresche.« Max Pechstein über die Moritzburger Sommer

Das sächsische Elbland

E

Eine Fahrt zum Jagdschloss Moritzburg gehört zu einem Dresdenbesuch wie der Abend in der Semperoper. Aber was macht ein Indianermuseum in Radebeul? Warum steht Sachsens prächtigster Dom in Meißen? Wo wohnen die meisten Millionäre und wo sind die Zwiebeln im Zwiebelmuster?

Das Elbland als Wiege Dresdens

Das Elbland flussabwärts oder auch westlich von Dresden ist die eigentliche Wiege der Stadt. Meißens Burgberg verrät, wo alles anfing. Moritzburgs in Jahrhunderten geformte Kulturlandschaft erzählt beispielhaft von dem steten Verbund des wettinischen Herrscherhauses. Radebeul spinnt den Faden ins zunehmend selbstständig werdende Bürgertum weiter.

Landschaftliche Schönheit

Doch fernab all dieser lokalpolitischen Bedeutungsschwere ist das Sächsische Elbland von sanfthügeliger Schönheit links und rechts der Elbe. Von Weinbergen umgrenzt, reich an pittoresken Höfen rund um alte Dorfkerne oder mit beeindruckenden Renaissance-Bürgerhäusern ausgestattet – jedes der drei Ziele Radebeul, Moritzburg und Meißen hat einen eigenen, unverwechselbaren Charakter. Sie sind keine bloßen Anhängsel der Großstadt, sondern Teil einer Symbiose: eng verbunden mit Dresdens Glanz und Gloria – und glücklich verschont von den Zerstörungen des Zweiten Weltkriegs. So kommt es, dass sich hier oft eine gewisse Zeitlosigkeit einstellt – gar nicht lange her, dass Ludwig Richter die Meißner Porzellanmaler noch das Zeichnen lehrte oder die Brücke-Maler nach den schönsten Schilf-Motiven in den Moritzburger Seen suchten. Und das Beste daran: alles gar nicht weit. Die S-Bahn fährt in halbstündigem Rhythmus nach Radebeul und Meißen.

ORIENTIERUNG O

Infos im Netz
– **www.meiland.de:** Veranstaltungsübersicht für Meißen, Moritzburg und Radebeul, Infos zu Sehenswürdigkeiten, Gaststätten und Übernachtungen
– **www.dresden-elbland.de:** Ausführliche Infos zu den sechs Etappen des Weinwanderwegs von Pillnitz bis Diesbar-Seußlitz

Radebeul

Karte 3, B1

Wo Wein und Indianer wohnen

Seit 800 Jahren wird auf den Lößnitzhängen Wein kultiviert – so weit nordöstlich wie sonst nirgends in Europa. Mit der Reformation im 16. Jh. übernahm das sächsische Herrscherhaus zahlreiche Weinberge aus Klosterbesitz an den Steillagen oberhalb Radebeuls. Seit dem 17. Jh. führten sie die Hoflößnitz als Musterweingut, reiche Bürger und Adlige folgten ihrem Beispiel. Winzerhäuschen und Lustschlösser residieren einträchtig nebeneinander an den Hängen in den Ortsteilen Nieder- und Oberlößnitz. Nachdem eine Reblausplage im 19. Jh. die Weinstöcke vernichtete, kamen Villen im Stil der Neorenaissance oder der Tirolerhäuser dazu, denn die

O

ORIENTIERUNG

Anreise

– **per S-Bahn:** Zwischen Dresden Hauptbahnhof, Mitte und Neustadt und den Radebeuler Bahnhöfen Ost, Weintraube, West und Zitzschewig verkehrt die S-Bahn S 1 (Richtung Meißen im 30-Minuten-Takt).

– **per Rad:** Der Elberadweg führt von der Neustädter Seite in Dresden über Radebeul bis Meißen (ca. 10 km, ca. 30 Min, www.elberadweg.de).

– **Tourist-Information Radebeul:** Hauptstr. 12, 01445 Radebeul, T 0351 8311830, www.radebeul.de, April–Okt. Mo–Fr 10–17, Nov.–März Mo–Fr 10–16 Uhr

In Karl Mays Bibliothek in der Villa Shatterhand stehen ca. 3000 Bücher. In einigen von ihnen lassen sich Anmerkungen des Schriftstellers finden.

Radebeul

Ansehen
1 Karl-May-Museum
2 Villa Sorgenfrei
3 Bilz-Sanatorium
4 Bennoschlösschen
5 Retzschgut
6 Meinholdsches Turmhaus
7 Schloss Hoflößnitz
8 Spitzhaustreppe
9 Minckwitzsches Weingut
10 Friedensburg
11 Sternwarte
12 Schloss Wackerbarth
13 Friedenskirche
14 Lügenmuseum

Essen
1 Atelier Sanssouci
2 Drei Herren
3 Weingutsgarten Karl Friedrich Aust
4 Weinterrasse Hoflößnitz
5 Spitzhaus
6 Gasthaus von Schloss Wackerbarth

Einkaufen
1 Gutsladen Aust
2 Gräfes Wein & Fein

Bewegen
1 Bilz-Bad

Ausgehen
1 Landesbühnen Sachsen

Winzer verdienten mit dem Verkauf ihrer Grundstücke mehr als mit dem mühevollen Wiederaufreben. Hohe Beamte, Fabrikbesitzer und betuchte Pensionäre rissen sich um die schicken Hanglagen. Auch heute lebt es sich außerhalb Italiens nirgends so italienisch wie hier: mit den steilen Weinbergterrassen im Rücken, am Hang die eleganten Villen und die Elbe mit ihren Wiesen zu Füßen.

Über 1200 Gebäude in Radebeul stehen unter Denkmalschutz. Die zehn Gemeinden und Dörfer, aus denen sich das Städtchen zusammensetzt, mussten weder Kriegszerstörungen noch rabiate Plattenbauansiedlungen ertragen. Über die angeblich auffallend hohe Millionärsdichte unter den 33 000 Einwohnern werden sich viele Legenden erzählt. Tatsächlich ist der Landkreis Meißen, zu dem auch Radebeul gehört, der reichste in ganz Sachsen.

Die meisten Sehenswürdigkeiten Radebeuls liegen an der Strecke des Sächsischen Weinwanderwegs, sodass man sich den Ort regelrecht erwandern kann. Als Ausgangspunkt eignet sich der Bahnhof Radebeul-Ost, in dessen Nähe auch das Karl-May-Museum liegt.

Karl-May-Museum

Das **Karl-May-Museum** 1 befindet sich in der Villa des berühmten Schriftstellers. Als er 1842 in armen Verhältnissen im sächsischen Ernstthal bei Hohenstein geboren wurde, war sein gesellschaftlicher Aufstieg noch nicht abzusehen. Im Gegenteil, wegen kleiner Gaunereien saß er sogar im Gefängnis. Als ›Vater‹ von Winnetou und Old Shatterhand reüssierte er ab 1878. In der Villa, »Shatterhand«

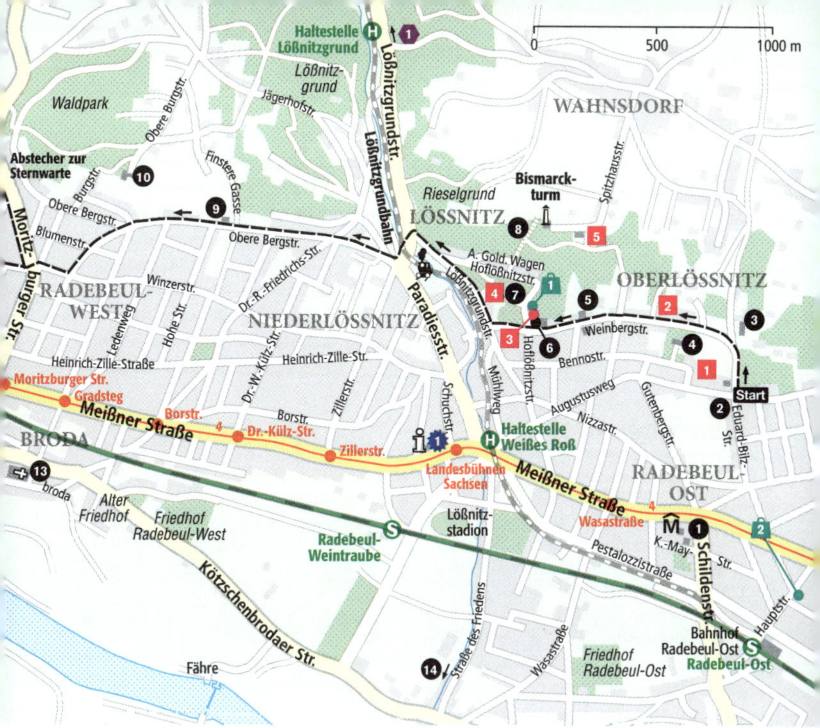

genannt, lebte er 16 Jahre bis zu seinem Tod 1912. Seine Witwe Klara und der Artist Patty Frank richteten später ein Museum ein. Karl Mays Grab, ein antiker Niketempel, ist auf dem Friedhof in Radebeul-Ost (Kirchplatz 2) zu finden.
Adresse u. Öffnungszeiten s. S. 183

Sächsischer Weinwanderweg

Wein braucht Wärme. Die Südhänge des Dresdner Elbtals haben eine maximale Sonnenausbeute, und der Granitfelsen darunter speichert ihre Kraft zusätzlich. Besonders malerisch ziehen sich die terrassierten Weinberge durch die Lößnitz bei Radebeul. Der Sächsische Weinwanderweg, der von Pirna bis Diesbar-Seußlitz bei Meißen reicht, führt hier an alten Winzerhäusern und den mon-

K

KARL MAY WIRD GEFEIERT

Als 1992 der 150. Geburtstag Karl Mays nahte, ritt ein Cowboy durch Radebeul, band sein Pferd vor dem Rathaus an und fragte, wie das Jubiläum des größten Sohnes der Stadt wohl gefeiert würde. Bis heute sind die Sternreiter ein fester Bestandteil der **Karl-May-Festtage,** genauso wie die Cowboys, der Überfall auf die Lößnitzgrundbahn und das Pow Wow am Hohen Stein – bei dem nordamerikanische ›Indianer‹ gern ein paar Klischees zerbröseln. (Mai, www.radebeul.de/karlmay)

dänen Villen entlang, für die Radebeul so berühmt ist. Zudem bieten die Wege eine grandiose Aussicht über das Elbtal, führen an idyllischen Straußwirtschaften vorbei oder auch an hervorragenden Restaurants.

ca. 5 km bis Schloss Wackerbarth, 1–2 Std., leicht begehbar, Wanderwegsymbol: rote Weintraube

Villa Sorgenfrei

Von der Meißner Landstraße führt die Eduard-Bilz-Straße in die Hänge, gesäumt von ehrwürdigen Villen. Das schönste Anwesen ist die **Villa Sorgenfrei** ❷ von 1786–89, die auf dem alten Weingut Sorgenfrei steht. Es ist eines der wenigen Zeugnisse des Zopfstils im Dresdner Raum, entstanden im Übergang vom Rokoko zum Klassizismus. Zum Grundstück gehören das Herrenhaus mit Glockenturm, ein Winzerhaus und der Park mit uralten Bäumen. Zu DDR-Zeiten wohnte hier das Künstlerpaar Erhard Hippold (1909–72) und Gussy Hippold-Ahnert (1910–2003), eine Dix-Schülerin. Das heutige Hotel und das Restaurant **Sanssouci** 1 sind von hervorragender Qualität.

Augustusweg 48/Ecke Eduard-Bilz-Str.

Bilz-Sanatorium

Am Ende der Eduard-Bilz-Straße liegt das ehemalige **Bilz-Sanatorium** ❸ im Schweizer Stil. Friedrich Eduard Bilz, Verfasser des allgemein verständlichen Standardwerks »Das neue Naturheilverfahren«, gründete die Natur-Heilanstalt 1892. Damit war er neben Karl August Lingner (Hygiene-Museum), Heinrich Lahmann (Lahmann-Sanatorium) und

Das Belvedere von Schloss Wackerbarth verspricht einen schönen Blick über Weinberge und Elbe. Es lässt sich aber auch schön angucken.

Karl Schmidt (Gartenstadt Hellerau) die vierte Persönlichkeit im Dresdner Raum, die sich mit Reformansätzen für ein gesundes Leben beschäftigte. Seinem Motto »Wo die Sonne hinscheint, kommt der Arzt nicht hin« folgten die Behandlungsmethoden: gesunde Ernährung, Bewegung, Barfußlaufen, Wassergüsse, frische Luft – um die vorige Jahrhundertwende keine Selbstverständlichkeiten. Das von ihm gegründete **Bilz-Bad** 1 existiert bis heute, das Sanatorium ist inzwischen eine Anlage voller Nobelwohnungen.
Eduard-Bilz-Str. 53

Weinbergstraße

Ein Stück zurück beginnt die Weinbergstraße. Der Sächsische Weinwanderweg führt hier entlang und kennzeichnet die Strecke bis zum Schloss Wackerbarth mit einer Rebe. Die Weinberglage, die hier bewirtschaftet wird, heißt »Radebeuler Goldener Wagen«. Inmitten des Weinbergs sind die markanten Renaissancegiebel des **Bennoschlösschens** 4 (Bennostr. 35) zu sehen: Mit dem Baujahr 1560 ist es das älteste Haus der Gegend. Zur Weinbergstraße 34 gehört das Weingut **Drei Herren** 2 mit Vinothek und Weinrestaurant. Auf der anderen Straßenseite stehen alte Winzerhäuser mit typischem Fachwerk und Walmdächern (besonders malerisch: Haus Lorenz, Nr. 28). Die Nr. 20 ist das **Retzschgut** 5, ein gedrungener Fachwerkbau von 1649, benannt nach dem Dresdner Akademieprofessor Moritz Retzsch (1779–1857), der für seine romantischen Kupferstiche in Goethe- und Schiller-Ausgaben bekannt wurde. Der Winzer Thomas Seifert betreibt hier eine Straußwirtschaft. Auch Ferienwohnungen werden auf dem Retzschgut vermietet. In der Nr. 16 liegt das Weingut Ulf Große, das ebenfalls seinen Ausschank und Verkauf direkt vor Ort hat.

Am Ende des Weges steht besonders malerisch das alte **Meinholdsche Turmhaus** 6, entstanden zwischen 1720 (Turm) und 1865 (Herrenhaus). Es gehört zum Weingut des Winzers **Karl Friedrich Aust,** dessen Weine unter Kennern geschätzt werden. Mitnehmen lassen sie sich im hauseigenen **Gutsladen** 1 (Fr–So 11–18 Uhr), probieren im **Weingutsgarten** 3.
Straußwirtschaft Thomas Seifert, T 0172 350 22 33, Mai, Juni, Aug., Sept. Do, Fr ab 17, Sa, So ab 15 Uhr
Weingut Ulf Große, T 0173 587 93 46, Ostern–Dez. Sa ab 14, So ab 12 Uhr

W

URLAUB BEIM WINZER

Entlang der Sächsischen Weinstraße bieten viele Winzer schöne Unterkünfte für Touristen an (s. www.elbland.de). In Radebeul vermietet der Winzer Lutz Gerhardt im historischen Haus Steinbach drei geschmackvoll eingerichtete Ferienwohnungen (Bennostr. 41, T 0351 332 11 57, www.haus-steinbach.de). Gästezimmer gibt es auch im Gästehaus der Hoflößnitz, dem Musterweingut der Stadt Radebeul (Stiftung Hoflößnitz, Knohllweg 37, T 0351 839 83 33, www.hofloessnitz.de).

Hoflößnitz

Zu den bedeutendsten Weingütern Sachsens gehört die historische Anlage von **Schloss Hoflößnitz** 7. Der Fachwerk-Renaissancebau aus dem Jahr 1650 wurde für den sächsischen Kurfürst Johann Georg I. als Berg- und Lusthaus errichtet. Die Hofgesellschaft quartierte sich hier

TOUR
Vom Winzerlatein zum Wein

Spaziergang durch die Hoflößnitz

Infos

Karte 3, B 1

Hoflößnitz ❼: Knohlweg 37, T 0351 839 83 33, www.hofloessnitz.de, Di–So 10–18 Uhr, Eintritt 3,50 €, erm. 2,50 €; April–Dez. Di–So, Fei ab 12 Uhr (Weinterrasse); tgl. 10–18 Uhr (Vinothek)

Ungewöhnlich schlicht für ein kurfürstliches **Lusthaus** erscheint der Fachwerkbau mit dem markanten Treppenturm. Hier hat einmal nicht August der Starke mit großer Geste geformt, sondern sein Urgroßvater: 1650 wies Johann Georg I. seinen Landbaumeister Ezechiel Eckhardt an, den Wohnsitz des Weinbergverwalters für Feste und sonstige Aufenthalte der Herrscherfamilie auszubauen. Im ersten Stock entstand ein Saal, dessen Kassettendecke Albert Eckhout kunstvoll mit exotischen Vögeln bemalte. Die hatte der holländische Künstler 1637–44 bei einer Brasilien-Expedition kennengelernt.

Theorie und Praxis der sächsischen Weinkunde

Im Erdgeschoss informieren Tafeln und Karten über die Geschichte des sächsischen Weinbaus: In der Hoflößnitz selbst wird seit 1401 Wein angebaut und gekeltert. Die Kellerwirtschaft mit originalem Gerät im **Presshaus** ergänzt den theoretischen Teil mit Anschauungsobjekten aus der Praxis. Hinter dem **Kavaliershaus** beginnt die **Freiflächenausstellung,** auf der Wein nach historischen Anbaumethoden wächst. Das Weingut Hoflößnitz war im 17. Jh. der Vorreiter für neue und effektivere Anbaumethoden im Elbtal. Die Reben wurden sortenrein in Reihen gepflanzt, und ab 1616 wurden die ersten Terrassen angelegt,

die sich heute bis hinauf zum **Spitzhaus** 5 ziehen und die Landschaft des Elbtals prägen. Die lose geschichteten Steine der Trockenmauern, die die Terrassen befestigen, bestehen aus Syenitgestein. Sie sind wasserdurchlässig, weil der Wein zu viel Feuchtigkeit nicht verträgt, und sie speichern tagsüber Wärme, die sie nachts an die Weinstöcke abgeben.

Ein Lusthaus wird's erst mit der richtigen Bemalung.

Mit Klee und Backpulver

Im **Kavaliershaus** gegenüber dem **Lusthaus** kann man die Hoflößnitzer Weine kaufen. Sie sind die ersten ökologisch zertifizierten im sächsischen Weinanbaugebiet, und sie sind erfolgreich: Gault Millau empfahl die Weine, die Grauburgunder Spätlese erhielt einen ersten Preis bei der Berliner Wein-Trophy. Goldriesling und Müller-Thurgau sind typische sächsische Anbausorten. Vergleichsweise neu ist der Regent. Bei einer Testpflanzung hinter dem Presshaus erwies sich diese Rebe als robust gegen Kälte und Pilzbefall, der Wein überzeugte mit seinem kräftigen Geschmack und dem vollen Rotton.

Ökologisch angebauter Wein heißt: Verzicht auf den Einsatz von Herbiziden und Fungiziden. Zwischen den Weinstöcken rund um die Anlage wachsen Roggen und Klee, die Stickstoff in ihren Wurzeln speichern und ihn als natürlichen Dünger abgeben. Gegen Pilzbefall und Fäulnis helfen Wasserglas, Backpulver oder eine Wasser-Schwefel-Mischung und die Suche nach resistenteren Pflanzen. Läuse werden von Marienkäfern und Schlupfwespen in Schach gehalten.

Auf zur Weinprobe!

So richtig vollständig ist der Besuch von Hoflößnitz allerdings erst mit einer Weinprobe – entweder auf der **Weinterrasse** 4 im Freien unter den alten Kastanienbäumen im Hof oder durch Probieren im Weinladen.

La Dolce Vita gibt es auch eine Etage tiefer im **Weingutsgarten Karl Friedrich Aust** 3 auf der Weinbergstr. 10.

L

SCHNAUFENDER LÖSSNITZDACKEL

Die Lößnitzgrundbahn ist eine sehr romantische Variante, um von Radebeul-Ost nach Moritzburg zu gelangen. Die liebevoll ›Lößnitzdackel‹ getaufte Schmalspurbahn von 1884 fährt mit Lokomotiven und Waggons, die größtenteils von 1922 stammen und 30 km/h erreichen – die ideale Reisegeschwindigkeit, um auf fast 17 km die Landschaft zu genießen. Fahrräder werden mitgenommen.
Lößnitzgrundbahn, T 0352 078 92 90, www.loessnitzgrundbahn.de

während der Weinlese ein. Sehenswert sind die Decken und Wände im Obergeschoss mit Holztafelmalereien und Leinwanddeckengemälden. In diesen Räumen finden häufig Konzerte und Lesungen statt. In der **Vinothek** sind Weine vom Weinberg der Hoflößnitz erhältlich. Das Weingut, als GmbH eine Tochter der Stadt Radebeul, ist übrigens das einzige im sächsischen Weinanbaugebiet mit zertifiziertem Ökolandbau. Die Weine des Hauses lassen sich in der Weinstube und auf der aussichtsreichen **Weinterrasse** 4 im ehemaligen Winzerhaus von 1688 genießen.

Ecke Weinbergstr./Lößnitzgrundstr., s. auch Tour S. 178

Auf der Himmelsleiter zum Spitzhaus

Unweit des Schlosses liegt das Eingangstor zum Weinberg, auf dessen Schlussstein die Jahreszahl 1710 zu erkennen ist und ein Wagen – der Namensgeber für die Weinberglage »Zum goldenen Wagen«. Daneben führt die **Spitzhaustreppe** 8 zu einem Bismarckturm (1907, Wilhelm Kreis). Die 365 Stufen, einst von Matthäus Daniel Pöppelmann als Jahrestreppe erbaut (1747–50), werden im Volksmund ›Himmelsleiter‹ genannt, schließlich geht es 220 m bergauf. Oben belohnt das Ausflugsrestaurant **Spitzhaus** 5 (Spitzhausstr. 36) den Aufstieg. Ursprünglich wurde es 1622 als Weinberghaus errichtet, bis August der Starke es 1710 von der Gräfin Cosel geschenkt bekam und sein Sohn es 1749 von Pöppelmann zum barocken Lustschloss umbauen ließ. Es beherbergte so illustre Gäste wie Kaiser Joseph I. und Karl X. von Frankreich. An diese Zeit erinnert allerdings wenig, das Haus hat eine zeitgemäße Einrichtung.

Weiter durch die Niederlößnitz

Wieder unten, führt die Hoflößnitzstraße zur Lößnitzgrundstraße, vorbei an der Gaststätte Grundmühle (Lößnitzgrundstr. 37, www.grundmuehle-radebeul.de, Fr 17–21, Sa 11.30–21, So 11.30–18 Uhr). Dort sind die Gleise der Lößnitzgrundbahn und der Lößnitzbach zu überqueren. Danach beginnt die Niederlößnitz mit zahlreichen Weinberghäusern aus dem 18. Jh. Die Paradiesstraße wird von den Bruchsteinmauern des alten Grundhofes in der Nr. 66/68 gesäumt, ein Weingut aus dem 18. Jh. Dieser Teil des Weinwanderwegs ist mit dem roten Punkt markiert. An der Oberen Bergstraße Nr. 30 liegt das **Minckwitzsche Weingut** 9 von 1729, im 19. Jh. zum Lustschloss umgebaut. In der Zeit der Romantik waren die Dichter Jean Paul und Ludwig Tieck hier zu Gast. Ganz in der Nähe steht die **Friedensburg** 10 (Obere Burgstr. 6), 1871 als Aussichtsgaststätte erbaut, inzwischen ein Wohnhaus. Über die Horst-Vieth-Straße geht es auf die Winzerstraße mit ihren hübschen Winzerhäusern (Nr. 80, 82, 83, 84), die schließlich zum Jacobstein führt.

Hang für Himmelsbeobachtungen

Ein Abstecher über die Moritzburger- und Mohrenstraße führt zur 1959 erbauten **Sternwarte** ⓫. Zu besichtigen sind u. a. ein Zeiss-Universal-Großplanetarium von 1926, das den Südhimmel projiziert, ein Foucaultsches Pendel und ein Heliostat zur Einspiegelung von Sonnenlicht. Ein dichtes Programm an Himmelsbeobachtungs-Abenden und Familienplanetariums-Veranstaltungen sorgt fast täglich für eine Gelegenheit, sich mit dem Sternenhimmel vertraut zu machen.

Auf den Ebenbergen 10a, T 0351 830 59 05, www.sternwarte-radebeul. de, April–Aug. Fr 21.30, Sept.–März Fr 20 Uhr: Himmelsbeobachtungen an den Fernrohren; Sa 15, 20 Uhr: Sternwartenführung

Schloss Wackerbarth zu Füßen

Am Ende des Jacobsteins, zwischen der Niederlößnitz und Zitzschewig, liegt zu Füßen der Weinberg-Einzellage »Radebeuler Johannisberg« das **Schloss Wackerbarth** ⓬. Landbaumeister Johann Christoph Knöffel, Pöppelmanns Nachfolger als Hofbaumeister, errichtete es im Jahre 1729 als zweigeschossiges Palais für Christoph August von Wackerbarth, den Kabinettminister Augusts des Starken. Wackerbarth, der mit vollem Titel Reichsgraf General Feldmarschall hieß, nutzte es als Alterssitz. Ein achteckiges Belvedere bildet den Blickfang des Ensembles im Weinberg.

Inzwischen ist das Palais das Herzstück des Sächsischen Staatsweingutes. Ein Neubau für die Produktion und den Verkauf der Weine ist dazugekommen, in die Orangerie ist ein Gasthaus eingezogen. Wie der Wein gedeiht und gekeltert wird, lässt sich vor Ort bei Führungen erfahren. Eine Reminiszenz an Wackerbarths Zeiten (der oft August den Starken empfangen musste), sind die vielen Feste, Bälle und Märkte, die hier stattfinden.

Zurück nach Radebeul-Ost oder Dresden geht es entweder per Straßenbahnlinie 4 (H Schloss Wackerbarth) oder der S-Bahn (H Radebeul Zitzschewig). Der Dorfanger in Kötzschenbroda ist allerdings auch ein schöner Abschluss.

Wackerbarthstr. 1, T 0351 895 50, www.schloss-wackerbarth.de, Gutsmarkt Mo–Sa 10–19, So 11–19 Uhr, Weinführungen: Jan.–März Di–So 14, April–Dez. Di–So 12 und 14, Sa, So auch 16 Uhr, 17 €, Sektführungen: Jan.–März Sa, So 16, April–Dez. Mo–Fr 16, Sa 15 und 17, So 15 Uhr, 17 €

Kötzschenbroda

Das Weindorf Kötzschenbroda, dessen Bauern das günstige Mikroklima und den guten Boden auch für Spargel-, Erdbeer- und Obstanbau nutzten, gehört seit 1933 zu Radebeul.

K

DER KÖTZSCHENBRODA-EXPRESS

Kötzschenbroda hat einen eigenen Hit, 1946 (um-)gedichtet und gesungen von Bully Buhlan. Inzwischen sind die charmanten Zeilen die Hymne des lokalen Weinfestes. Zusteigen ließe sich am Bahnhof Radebeul-West:
»Verzeihn Sie, mein Herr, fährt dieser Zug nach Kötzschenbroda? Er schafft's vielleicht, wenn's mit der Kohle noch reicht. Ist hier noch Platz, in diesem Zug nach Kötzschenbroda? Das ist nicht schwer, wer nicht mehr stehn kann, liegt quer.«

Lieblingsort

Glück auf nach Kötzschenbroda!

Romantisch sah es ja schon immer aus, wie sich die kleinen Bauernhöfe um den **Dorfanger Altkötzschenbroda** drängten. Zur Idylle tragen inzwischen jede Menge Restaurants, Cafés und Kneipen bei, Lädchen für Schokolade, Kaffee und Tee. Auch die Kunst kommt nicht zu kurz. Trotzdem lässt sich der Anger höchstens zum Wein- und Theaterfest aus seiner dörflichen Ruhe bringen. Dann sorgen die lokalen Winzer für Federweißer-Nachschub und das fahrende Theatervolk für eine ausgelassene Stimmung.

Ein Dorfanger für alle

Der historische Dorfanger, **Altkötzenschenbroda,** der nach dem alten Weindorf benannt ist und von kleinen Dreiseithöfen gesäumt wird, ist die Ausgehmeile der Radebeuler und Dresdner – der Elberadweg liegt vor der Haustür. Das zu DDR-Zeiten verfallene Dörfchen wurde in der Nachwende-Zeit zum Sanierungsgebiet erklärt. Fast jedes Haus ist ein Baudenkmal (s. Lieblingsort links). Den Anger beschließt die **Friedenskirche** ⓭, 1249 wird sie erstmals erwähnt. Ihre neogotische Gestalt erhielt sie 1884. Im benachbarten Pfarrhaus wurde der Waffenstillstand zwischen Sachsen und Schweden, also das hiesige Ende des Dreißigjährigen Krieges, unterzeichnet. Auf dem Kirchhof steht die Skulptur »Chronos und die Trauernde« aus dem 18. Jh.

www.altkoetzschenbroda.de

Museen

Indianergebiet

❶ **Karl-May-Museum:** Empfangssalon, Arbeitszimmer und Bibliothek des Schriftstellers sind hier im originalen Zustand zu besichtigen. Die indianerkundliche Sammlung Patty Franks wurde im Blockhaus Villa Bärenfett (1926) im Garten der Villa untergebracht. Ausgestellt sind Sättel, Kleidung und Kultgegenstände der nordamerikanischen Prärieindianer.

Karl-May-Str. 5, T 0351 837 30 10, www.karl-may-museum.de, Di–So 10–18 Uhr, Eintritt 10 €, erm. 8 €, Kinder 5 €

Rebenkunde

❼ **Weinbaumuseum Hoflößnitz:** Im Erdgeschoss (Kreuzgratgewölbe) des Schlösschens befindet sich eine Ausstellung zum Weinbau im Elbtal.

Ecke Weinbergstr./Lößnitzgrundstr., T 0351 839 83 33, www.hofloessnitz.de, Di–So 10–18 Uhr, Eintritt 3,50 €, erm. 2,50 €, Kinder frei

Blinkerwelt

⓮ **Lügenmuseum:** Im Gasthof Serkowitz irrlichtern die raumfüllenden Materialcollagen des Museumsbetreibers Reinhard Zabka (Künstlername Richard von Gigantikow) durch alle Räume.

Kötzschenbrodaer Str. 39, T 0351 33 45 58 48, www.luegenmuseum.de, Sa, So, Fei 13–18 Uhr, Eintritt 7 €, erm. 5 €

Essen

Sterneküche

1 **Restaurant Atelier Sanssouci:** in der Villa Sorgenfrei. Für die Inneneinrichtung stand der französische Rokoko Pate, während die Menüs inspiriert sind von der regionalen Küche. Küchenchef Marcus Langer verarbeitet Produkte aus der Umgebung zu faszinierend neuen Gerichten.

Augustusweg 48, T 0351 795 66 60, www.hotel-villa-sorgenfrei.de, Do–Mo 18.30–22, So auch 12–14, Kuchen Do–Mo 14–17 Uhr, €€€

Herzhaftes zum Wein

2 **Weingut Drei Herren:** Produziert und verkauft werden Perl-, Rot- und Weißweine und Brände, dazu gibt's eine kleine, gut sortierte Speisekarte.

Weinbergweg 34, T 0351 795 60 99, www.weingutdreiherren.de, Restaurant: Do–Sa 15–21, So, Fei 12–21 Uhr, Vinothek: Mo–Mi 10–18, Do–Sa 15–21, So 12–21 Uhr, €€

Zeit vergessen

3 **Weingutsgarten Karl Friedrich Aust:** Exzellente Weine vom eigenen Weingut und ausgewählte Kleinigkeiten der französischen Küche, dazu die großen Lindenbäume vorm Haus und dazwischengestreute Gartenmöbel – so geht *la dolce vita.*

Weinbergstr. 10, T 0351 833 87 50, www.weingut-aust.de, Gartenausschank Fr 15–20, Sa, So 13–20 Uhr, €€

Ökologische Lage

4 **Weinterrasse Hoflößnitz:** Der gute Wein der Hoflößnitz lässt sich hier gleich probieren, dazu werden zünftige Winzerplatten mit Wurst und Käse, aber auch Evergreens wie Zwiebelkuchen angeboten.

Knohllweg 37, T 0351 839 83 33, www.hofloessnitz.de, Di–Do, So 12–20, Fr, Sa 12–22 Uhr, €€

Dem Himmel ein Stück näher

5 **Spitzhaus:** Hoch über den Weinbergen und dem Städtchen wird eine experimentierfreudige gutbürgerliche Küche mit einem Hauch Mittelmeer serviert.

Spitzhausstr. 36, T 0351 830 93 05, www.spitzhaus-radebeul.de, Mi–Sa 12–22, So 9.30–13.30, Biergarten bis 17 Uhr, €€€

Fantasievoll regional

6 **Gasthaus von Schloss Wackerbarth:** Regionale Zutaten und Fantasie bei der Zubereitung, in der auch der hauseigene Wein öfters Platz findet. Auf dem Tisch im freundlich eingerichteten Gasthaus natürlich auch.

Wackerbarthstr. 1, T 0351 895 50, www.schloss-wackerbarth.de, Gasthaus: Mi–Sa 12–21, So, Fei 10–18 Uhr, €€

Einkaufen

Frisch gekeltert

1 **Gutsladen Aust:** Was Karl Friedrich Austs Weinberg hergibt, wird im Gutsladen verkauft.

Weinbergstr. 10, T 0351 893 90 100, www.weingut-aust.de, Mi–So 11–18 Uhr

Wein & andere Spezialitäten

2 **Gräfes Wein & Fein:** Ausgezeichnetes Sortiment deutscher und natürlich sächsischer Weine, dazu ein erlesenes Käse- und Wurstangebot von regionalen Erzeugern.

Hauptstr. 19, T 0351 836 55 40, Mo–Fr 11–20, Sa 10–14 Uhr

Bewegen

Wellenschwimmen

1 **Bilz-Bad:** Deutschlands erstes Licht- und Luftbad mit der ältesten Undosa-Wellenmaschine Europas (1912) geht auf den Naturheilkundler Friedrich Eduard Bilz zurück.

Meiereiweg 108, T 0351 897 19 60, www.sbf-radebeul.de, Mai, Sept. tgl. 10–19 Uhr, Eintritt 5 €, erm. 3 €

Ausgehen

Theater, Tanz & Operette

1 **Landesbühnen Sachsen:** Drei-Sparten-Haus mit Ballett, Schauspiel und Musical, kann Tanzproduktionen genauso wie heitere Muse. Bespielt in der Sommersaison die Felsenbühne Rathen.

Meißner Str. 152, T 0351 895 42 14, www.landesbuehnen-sachsen.de, Felsenbühne s. S. 232

Feiern

• **Herbst- & Weinfest Radebeul (mit internationalem Wandertheaterfestival):** letztes Sept.-Wochenende. Weinkönigin, Bacchus, Federweißer – alles wie bei anderen Weinfesten auch. Aber hier stehen riesige Latten-Labyrinthe auf der Elbwiese, schwanken Feen und Fabelwesen auf Stelzen über das Kopfsteinpflaster, schlagen Theatergruppen, Musiker, Künstler ihre Bühnen auf, geben eine Vorstellung lang Zeit, das Glas zu leeren, und lassen als letzten Festakt das Labyrinth abbrennen. Selbst nach großzügigen Weinverkostungen ein unvergessliches Schauspiel!

www.weinfest-radebeul.de

Moritzburg

Karte 3, B1

Ein Besuch in Moritzburg ist obligatorisch, sobald man mehr als drei Tage in Dresden zubringt. Das barocke Jagdschloss von August dem Starken hat der Märchenfilm »Drei Haselnüsse für Aschenbrödel« (ČSSR/DDR 1973) als Traumkulisse bekannt gemacht. Auch die Künstlergruppe Brücke wurde von der künstlich angelegten Teich- und Parklandschaft samt Leuchtturm inspiriert. Das Ensemble ist ein Musterbeispiel für die Einheit von Bauwerk und Landschaft. Ursprünglich bildete es den Hintergrund für Feste und Jagdgesellschaften des Wettiner Hofstaats.

Schloss Moritzburg

Das Ziel der Schlossallee lässt sich schon von ferne sehen: Sie hält genau auf das **Jagdschloss** ❶ der Wettiner zu. Mit seinen charakteristischen Rundtürmen steht es mitten im Schlossteich. Plastiken mit Tier- und Jagdmotiven und acht Kavaliershäuschen im französischen Stil säumen die letzten Meter. Das Ocker und Weiß der Fassade sind die Farben des sächsischen Barock. Doch Moritzburg ist nicht allein wegen seines Schlosses so berühmt: Die ganze Umgebung ist das Produkt Jahrhunderte währender Umformungen mit dem Ziel, Architektur und Landschaft zu einem Ereignis der Sinne werden zu lassen. Die hundertköpfigen kurfürstlichen Jagdgesellschaften, die sich hier verlustierten, konnten im Fasanenschlösschen dinieren oder an Kanälen entlangreiten, deren Ursprünge sich bis zu Georg dem Bärtigen (1471–1539) zurückverfolgen lassen. Um das sumpfige Gelände nutzbar zu machen, ließ er 40 Teiche anlegen, die alle miteinander verbunden waren. Daraus entwickelte sich eine florierende Fischzucht, die bis heute die Dresdner mit Silvesterkarpfen versorgt.

Seinen Namen hat das Schloss von Kurfürst Moritz (1521–53), der es 1542 im Stil der Renaissance erbauen ließ. August der Starke machte noch sehr viel mehr daraus: In den Jahren 1723–27 beauftragte er seine talentiertesten Baumeister, M. D. Pöppelmann, Zacharias Longuelune und Jean de Bodt, mit einem gründlichen Umbau: Das Renaissanceschloss, das ursprünglich von vier Mauern mit Rundtürmen umgeben war, wurde nun zu einem Gebäudeblock zusammengefasst, der Mauern und Türme integrierte. Seinen herausragenden Eindruck erhält es durch die steinerne Terrasse, auf der es wie auf einem Tablett im See steht, in dem es sich zusätzlich spiegelt.

Barockes Interieur

Das originale Mobiliar des Schlosses kam im Zweiten Weltkrieg abhanden. Adäquate Ausstellungsstücke aus der Zeit Augusts des Starken wurden später neu erworben. Sie sind wichtige Be-

ORIENTIERUNG

– **Anreise per Bus:** Die Linie 477 fährt vom Bahnhof Dresden-Neustadt bis zum Schloss Moritzburg (Fahrtdauer 24 Min.), Fahrradmitnahme im Bus ist möglich, www.vvo-online.de.
– **Moritzburg Information:** Schlossallee 3b, 01468 Moritzburg, T 035207 85 40, www.kulturlandschaft-moritzburg.de, April–Okt tgl. 10–16, sonst Di–So 10–16 Uhr.

standteile des barocken Gesamtbildes, aber die eigentlichen barocken Übertreiber hängen an den Wänden – und umhüllen ein ganzes Bett: Das legendäre Federzimmer aus dem Besitz Augusts des Starken wurde 19 Jahre lang restauriert, bevor es seit 2003 wieder gezeigt werden kann. August erstand es 1723 eigentlich für das Porzellanschloss, das er im Dresdner Japanischen Palais plante. Für die Wandbehänge und das Himmelbett fügte ein französischer Kunstweber zwei Mio. Federn, zum Teil gefärbt, zum Teil beschnitten, zu diesem einzigartigen Kunstwerk zusammen.

Eine andere Besonderheit der Schlossausstattung sind die Wandbespannungen aus Leder. Sie sind in elf von ursprünglich 60 Zimmern erhalten geblieben – Moritzburg birgt die größte Sammlung solcher Tapeten weltweit. In den vergangenen Jahren wurden sie aufwendig restauriert und vervollständigt. Ein Meisterleistung der Restauratoren, weil das Handwerk der Ledertapetenherstellung seit über 100 Jahren ausgestorben war. Augusts Hofmaler Louis de Silvestre und Lorenzo Rossi bemalten sie Anfang des 18. Jh. mit Mustern aus Blattgold und leuchtenden Farben, aber

Moritzburg

Ansehen
1 Schloss Moritzburg
2 Hellhaus
3 Dardanellen
4 Fasanenschlösschen
5 Hofküchenhaus
6 Leuchtturm
7 Wildgehege
8 Sächsisches Landgestüt
9 Käthe-Kollwitz-Haus

Essen
1 Gasthof Bärwalde
2 Marcolinihaus
3 Churfuerstliche Waldschänke
4 Genusshaus Moritzburg
5 Café Goldfisch
6 Adams Gasthof

Bewegen
1 Feriendorf und Campingplatz Bad Sonnenland
2 Rosis Reitschule
3 Hochseilgarten Mittelteichbad
4 Abenteuerpark
5 Kutsch-und Kremserfahrten
6 Radverleih

---

auch riesigen Gemälden: Themen sind mythologische Szenen rund um die Jagdgöttin Diana. Offensichtlich reichte das nicht, zusätzlich hängen auch Gemälde von Silvestre und Lucas Cranach d. J. an den Wänden.

Der dritte barocke Mitspieler dieser Räume ist die Jagdtrophäensammlung mit ca. 240 Rothirschtrophäen, die sich über viele Wände zieht. Unter ihnen ist auch der 66-Ender, den Friedrich III. von Brandenburg im Jahr 1696 schoss.

Jagdszenen finden sich auch im Porzellanquartier, diesmal in Form von Porzellanfiguren der Hofmodelleure Johann Joachim Kaendler und Johann Gottlieb Kirchner. Es lässt sich nur im Rahmen von Führungen betreten.

Aschenbrödel-Ausstellung
Eigentlich als einmalige Sonderausstellung geplant war die Winterausstellung »Drei Haselnüsse für Aschenbrödel« im Jahr 2011. Doch die Schlossleitung hatte die Beliebtheit des deutsch-tschechischen DEFA-Klassikers von 1973 unterschätzt. Sie musste Zeittickets einführen, um die Besucher nicht zu lange im Kalten anstehen zu lassen. Ein Winter ohne Aschenbrödels Filmkulissen, -kostüme und -ausschnitte ist seitdem undenkbar.

Schlossallee, T 035207 873 18, www.schloss-moritzburg.de, Museum: März–Okt. tgl. 10–18 Uhr, Porzellanquartier: April–Okt., Winterausstellung »Drei Haselnüsse für Aschenbrödel«: Mitte Nov.–Feb. tgl. 9.30–17.30 Uhr, 12 €, erm. 10 €, bis 16 Jahre 4 €, stdl. Rundgänge

Park und Friedewald

Der Park hinter dem Schloss, der sich über eine Brücke bis in den Wald erstreckt, ist wie zu Augusts Zeiten als streng symmetrischer französischer Garten angelegt. Ringsherum breitet sich der Friedewald aus, in dem die Kurfürsten schon im 16. Jh. jagten, als sie noch Herzöge waren. Sieben Waldwege führen sternförmig zur künstlichen Ruine des **Hellhauses** 2 nordwestlich des Schlosses. Vom Dach aus schauten die Höflinge samt ihren Damen der Jagd zu – Jagen war damals ein Abenteuer, bei dem es weniger um das Naturerlebnis ging. Gehilfen trieben das Wild durch Schneisen unmittelbar vor das Jagdbelvedere und hetzten die Beute müde, bis die Herrschaften sie mühelos

TOUR
Die Moritzburger Sommer der Brücke-Maler

Eine (Rad-)Tour zum Dippelsdorfer Teich

Infos

Karte 3, B 1

Hin & Weg:
Regionalbus 477 Dresden-Neustädter Bahnhof–Moritzburg Schloss, ca. 30 Min., www.dvb.de

Strecke/Dauer:
ca. 9 km, ca. 2 Std. Laufzeit

Drei Sommer lang von 1909 bis 1911 quartierten sich die expressionistischen »Brücke«-Maler in Moritzburg ein und verbrachten ihre Tage mit Baden und Zeichnen. Mit Freundinnen und Modellen zogen sie auf abgelegenen Pfaden zu den Teichen. Ihre entspannte Stimmung übertrugen Erich Heckel, Ernst Ludwig Kirchner, Fritz Bleyl, Otto Müller und Max Pechstein auf ihre Bilder. Heute weisen leere Bilderrahmen den Weg, den sie vom **Schlossteich** gen Dippelsdorf gegangen sind. Sie beweisen: Künstler hatten schon immer den Blick für das Wesentliche.

Start am Schlossteich

Am Schlossteich seitlich der Schlossallee steht der erste **Bilderrahmen (1):** Fritz Bleyl zeichnete hier zuerst 1901. Bald nahm er seinen engen Freund Ludwig Kirchner mit, und 1909 verbrachten fast alle Brücke-Künstler den Sommer in Moritzburg. Max Pechstein malte 1910 den »Wiesenrand bei Moritzburg« mit dem Haus **Markt Nr. 8 (2)** (Bilderrahmen Markt/Ecke Borngartenweg). Ein paar Meter weiter, am Borngartenweg, entstand **»Das weiße Haus« (3)** von Kirchner. Wo die Straße »Am Rossmarkt« auf die Schlossallee stößt, hielt Pechstein den **»Pferdemarkt in Moritzburg« (4)** im Bild fest. Das **Landgestüt Moritzburg (5)** als Nachfolge-Organisation der königlichen Pferdezuchtanstalt liegt am

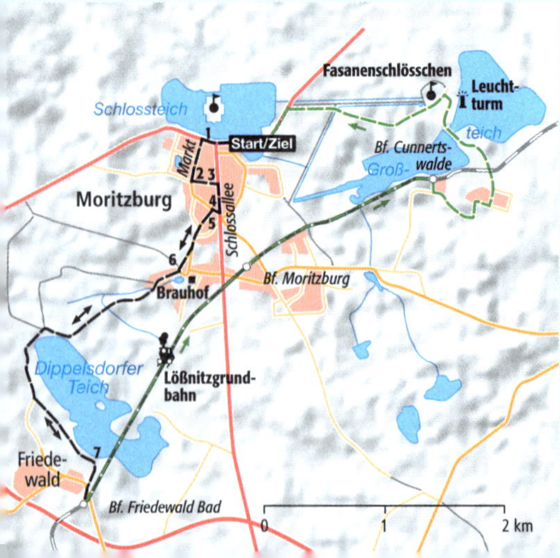

»Vier Badende« von Ernst Ludwig Kirchner zeigt eine Szene am Strand des Dippelsdorfer Teichs (Details siehe https://von-der-heydt-museum.de > Sammlung digital).

Moritzburger Markt. In der Gegend, die seit dem 16. Jh. von den Dresdner Kurfürsten für die höfische Jagd optimiert wurde, stehen bis zum heutigen Tag mehr Pferde auf der Weide als Hühner im Garten.

Dorfruhe mit Hufgeklapper

Die Dorfstraßen im Moritzburger Ortsteil Eisenberg wirken vollkommen unberührt vom Tourismus. Im alten **Brauhof** (Brauhofstr. 13) am Dorfteich übernachteten die Künstler. Sein Doppelgiebel ist auf Max Pechsteins **»Dorfteich bei Moritzburg« (6)** zu sehen (Bilderrahmen Brauhofstraße/Kötzschenbrodaer Str.). Abends klappern viele Hufe über diese abgelegenen Straßen heimwärts, während rotes Abendlicht eine überlebensgroße Pferde-Silhouette auf der Anhöhe hinter den Eisenberger Feldern rahmt. An ihr vorbei führt die Kötzschenbrodaer Straße zum Dippelsdorfer Teich. Ziel ist das **Rote Badehaus (7)** in Friedewald, verewigt von Kirchner und Heckel. Vom Bilderrahmen aus ist ein neues Haus zu sehen, 2005 erbaut zum 100. Brücke-Jubiläum. Davor bis heute: Badende, Liegende, Schilf, Sand, grüne Schatten – Farben, die die Brücke-Künstler ungemischt leuchten ließen. Kräftige Farben, schnelle Pinselstriche und die gemeinsame Arbeit schafften einen typischen Brücke-Stil. Ihr Vorbild war die »primitive« Kunst der Naturvölker, der sie im Dresdner Völkerkundemuseum begegneten. Dort meinten sie, eine unverfälschte Kunst zu sehen, ohne Einflüsse von Moden und Schulen, resultierend aus einer freien, klassenlosen Gesellschaft. Diese Ideale wollten die Künstler in Moritzburg leben. Ihre Zukunft aber sahen die jungen Maler ab 1911 in Berlin.

Tipp: Badesachen nicht vergessen!

Tipp 2: Wer das Glück hat, zu den Abfahrtszeiten der **Lößnitzgrundbahn** (www.loessnitzgrundbahn.de) beim Bahnhof Friedewald Bad zu sein, sollte unbedingt mit ihr zurückfahren – quer über den Dippelsdorfer Teich!

TOUR
Landschaftsreich

Fahrradrundtour um die Moritzburger Teiche

Infos

Karte 3, B 1

Strecke/Schwierigkeit: 28,6 km, kaum Höhenmeter, leicht zu fahren, ausgeschildert

Kartenmaterial: Plan in der Touristinfo Moritzburg (s. S. 185) oder bei www.dresden-elbland.de (Fischerroute)

Moritzburg ist umgeben von unzähligen Teichen, die zum Großteil bewirtschaftet werden, aber auch Zugvögeln als Rastplatz dienen. An neun von ihnen führt die sogenannte Teichroute vorbei.

Bärwalde als Ziel

Start ist am **Sächsischen Landgestüt** ❽. Erst geht es um den Schlossteich bis zum Steinernen Weg, dann weiter durch den Friedewald zum **Oberen** und **Unteren Altenteich.** Nach dem mit »HC« bezeichneten Weg folgt Weg »F«, der wiederum zum **Bauernteich** führt. Hier lohnt ein Abstecher nach **Bärwalde** mit seinem hervorragenden **Gasthof** 1. Die Kalkreuther Straße geht ein Stück am Mittelteich entlang und zur nächsten möglichen Einkehr, dem **Seeblick Moritzburg** (Di–So ab 11 Uhr). Dann führt die Route hinüber zum Frauenteich. Über die befahrene Radeburger Straße hinweg geht es zum **Großteich** mit Leuchtturm und gastronomischer Nahversorgung im **Marcolinihaus** 2. Mittig durch den Großteich führt die Cunnertswalder Straße zum **Jägerteich,** dann die Volkersdorfer Straße zum **Niederen** und **Oberen Waldteich.** Wer jetzt Lust auf Fisch hat: Fangfrische und geräucherte Forellen, Karpfen und andere Süßwasserbewohner gibt's bei der **Teichwirtschaft Moritzburg** ganz in der Nähe (Bärnsdorfer Hauptstraße 1c, OT Bärnsdorf, www.teichwirtschaft-moritzburg.de). Das nächste Ziel ist der **Dippelsdorfer Teich.** Dann kommt nur noch der **Dorfteich** vom Ortsteil Eisenberg, womit man schon fast wieder beim Schloss angelangt wäre.

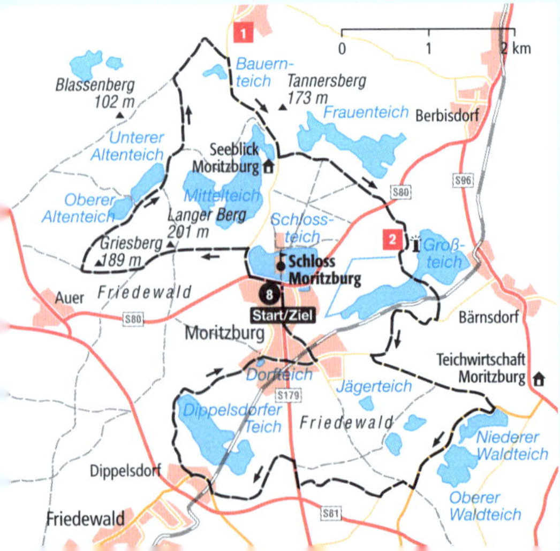

A

ABFISCHEN IM SCHLOSSTEICH

Zum Abfischen der Karpfen wird extra das Wasser des Schlossteiches abgelassen. Bei diesem lokalen Höhepunkt bieten Fischer die Moritzburger Fische von roh bis geräuchert feil, es gibt einen Festumzug und der Glühwein dampft freundlich in die frische Waldluft (Infos: www.teichwirtschaft-moritzburg.de, letztes Okt.-Wochenende).

erlegen konnten. Damit kein Tier floh, wurden die **Dardanellen** 3 angelegt, eine Bruchsteinmauer, die sich rund um den Friedewald zieht und östlich des Schlosses noch häufig zu sehen ist.

Fasanenschlösschen

Vom Schloss aus östlich, am Ende einer Sichtachse, die über einen Kanal hinweg bis zu einem Venusbrunnen reicht, liegt Seine Zierlichkeit, das **Fasanenschlösschen** 4. Der Venusbrunnen von Carl Friedrich Schäfer ist von 1772, das Schlösschen ließ Kurfürst Friedrich August III. (seit 1806 König Friedrich August I.) zwischen 1769 und 1772 von Johann Daniel Schade erbauen. Die Chinoiserien an der Fassade (z. B. ein sitzender Mandarin auf dem Dach) und die mit Perlen, Federn und Stickereien verzierten Tapeten zeugen von der Faszination für den Fernen Osten. Gleich daneben liegt das Besucherzentrum im ehemaligen **Hofküchenhaus** 5, zu dem auch ein hübsches Café gehört. Den Hafen mit Mole und **Leuchtturm** 6 (Fasanerie 7) und die künstlichen Inseln im Großteich ließ Friedrich August III. in den Jahren 1780–90 hinzufügen. Sie sollten allein den Zweck erfüllen, fingierten Seeschlachten mehr Drama zu verleihen. Romantisches Kaffeetrinken im benachbarten **Marcolinihaus** 2.

Große Fasanenstr., Besucherzentrum: Mai–Okt. Di–So 10.30–16 Uhr, Schlösschen: Eintritt mit Führung zu jeder vollen Std., T 035207 87 36 10, Eintritt 6,50 €, erm. 5,50 €

Wildgehege

Am Ende der Großen Fasaneriestraße liegt das **Wildgehege** 7, angelegt von Kurfürst Johann Georg IV., dem älteren Bruder Augusts des Starken, um die Jagd im Friedewald mit genügend Wild zu versorgen. Mittlerweile beherbergt die Anlage mehr als 30 heimische Tierarten, darunter Rotwild, Damwild, Elche und Wölfe. Direkter Nachbar auf dem Gelände ist ein **Waldhochseilgarten** 4.

Der Rückweg zum Schloss entlang der Großen Fasanenstraße führt an der **Churfuerstlichen Waldschänke** 3 vorbei. Seit 1770 hat dieses Jagdhaus eine Schankkonzession.

Radeburger Str. 2, März–Okt. tgl. 9–18, Nov.–Feb. Sa, So, Fei. 9–16 Uhr, Eintritt 5 €, erm. 2,50 €

Sächsisches Landgestüt

In einem Jagdrevier spielen Pferde eine besondere Rolle. Schon das Moritzburger Stadtwappen räumt ihnen eine ganze Hälfte ein. Zahlreiche Pferdegespanne fahren die Besucher durch die Teichlandschaft. Spätestens wenn man mehr ausgebaute »Pferdespuren« im weichen Sand neben der Straße entdeckt als Radwege, wird ihre wahre Bedeutung für den Ort deutlich.

Die Anlage der Pferdeställe der Wettiner geht auf das Jahr 1733 zurück. 1828 wurde darin das **Landgestüt** ❽ mit Zuchthengsten eingerichtet. Heute hält die Sächsische Gestütsverwaltung ca. 100 Hengste für die Zucht bereit, darunter Warmblut, Schweres Warmblut, Kaltblut und Haflinger.

Schlossallee 1, T 035207 89 01 01, www.saechsische-gestuetsverwaltung.de, Führungen jeden 2. und 4. Sa im Monat und nach tel. Voranmeldung Mo–Fr 8.30–11, 13.30–16 Uhr

Käthe-Kollwitz-Haus

Prinz Ernst Heinrich von Sachsen vermittelte der Berliner Künstlerin Käthe Kollwitz 1944 ein Quartier in Moritzburg, als sie vor den Bomben aus Berlin flüchtete und schließlich auch im thüringischen Nordhausen nicht mehr sicher war. In zwei Zimmern des Rüdenhofes, heute **Käthe-Kollwitz-Haus** ❾, verbrachte sie ihr letztes Lebensjahr – inzwischen ist es der einzige Ort ihrer Lebensstationen, der unverändert vorhanden ist. In dem kleinen Museum werden Grafiken, Fotografien, Tagebuchauszüge und Briefe, die sie von hier aus schrieb, ausgestellt, dazu kommen wechselnde Ausstellungen regionaler Künstler.

Meißner Str. 7, T 035207 828 18, www.kollwitzhaus.de, April–Okt. Di–Fr 11–17, Sa, So 10–17, Nov.–März Mi–Fr 11–16, Sa, So 10–16 Uhr, Eintritt 5 €, erm. 3 €

Essen

Liebe zur Kochzunft

1 Gasthof Bärwalde: Olav Seidel kocht einfache, französisch inspirierte Gerichte wie z. B. geschmorten Landschweinrücken mit regionalen Zutaten in seinem einfach-anheimelnden Gasthof. Dazu passen die Kaiserstuhl-Weine, die auf die Wanderjahre des Kochs verweisen.

Bärwalde, Kalkreuther Str. 10a, T 035208 34 29 01, Do–Sa 18–22, So 12–15 Uhr, Reservierung empfohlen, €€€

Barocke Nostalgie

2 Marcolinihaus: Neben dem Fasanenschlösschen gelegen, mit einer verlässlichen Kaffee-und-Kuchen-Grundausstattung und so hübsch, dass es jeden Besuch wert ist.

Fasanerie 5, T 035207 992 30, www.marcolinihaus.de, Sa, So 11–18 Uhr

Nach der Jagd

3 Churfuerstliche Waldschänke: Aus bekannten Zutaten wie Wild und Fisch und bekannten regionalen Rezepten wie Sauerbraten bereitet der Koch großartige Neuigkeiten zu. Der historische Kachelofen erinnert ein bisschen an Aschenbrödel.

Große Fasanenstr., T 035207 86 00, www.waldschaenke-moritzburg.de, Di–Do 11.30–19, Fr, Sa 11.30–20, So 11.30-17 Uhr, €€, EZ ab 100 €, DZ ab 115 €

Gleich am Schloss

4 Genusshaus Moritzburg: Pfannenbrot ist die Spezialität des Hauses, vegetarisch oder mit Serranoschinken. Unkompliziert ist auch das Burger- und Salatangebot.

Schlossallee 3, T 035207 89 52 44, www.genusshaus-moritzburg.de, Genusshütte: tgl. 11.30–18 Uhr, Genusshaus: Sa, So 11.30–18 Uhr, €

Mit Wiener Herzblut

5 Café Goldfisch: Ihre Konditoreikunst hat Sophie Schinko aus Wien mitgebracht, den Charme gleich mit.

Schlossallee 37, T 035207 89 15 61, Mai–Sept. Do–Sa 11–22, So 11–18, Okt.–April Do–Sa 11–20, So 11–18 Uhr

Traditionshaus

6 Adams Gasthof: Wild- und Fischgerichte auf der Karte, Waldbewohner an den Wänden, so ist das hier seit Augusts

Lieblingsort

Käthe Kollwitz' letzte Zuflucht

Käthe Kollwitz konnte 1944 zwei Zimmer des Moritzburger **Rüdenhofs** beziehen. Sie wohnte im ersten Stock und hatte Zugang zum Balkon. Am Ende ihres Lebens ging es ihr weder seelisch noch körperlich gut, doch tröstete sie der Blick über den Schlossteich, den sie von ihrem Zimmerfenster aus hatte – Verwandten schrieb sie davon. Vielleicht sah sie noch die Magnolien blühen, bevor sie am 22. April 1945 starb. Wenn ich im Hof des heutigen **Käthe-Kollwitz-Hauses** ❾ in die Sonne blinzle, ist es für mich tröstlich zu wissen, dass diese besondere Künstlerin, die Menschen mit so viel Menschlichkeit wahrnahm, ihr Lebensende in dieser dörflichen Ruhe und Sicherheit verbrachte – so viel Sicherheit, wie es am Ende eines desaströs verlorenen Krieges geben kann. Und es rührt mich, dass ihr, die in so vielen Werken die soziale Not thematisierte, ausgerechnet ein Prinz dazu verhalf. Die Wettiner hatten immer ein gutes Auge für Kunst und Prinz Ernst Heinrich von Sachsen sah offensichtlich auch den Menschen dahinter.

Zeiten. Schön sitzt es sich auf der Terrasse unter hohen Bäumen.

Markt 9, Moritzburg, T 035207 9 97 75, www.adamsgasthof.com, Di–So 11–22 Uhr, €€

Bewegen

Paddeln

❶ **Feriendorf und Campingplatz Bad Sonnenland:** Vom Campingplatz am Dippelsdorfer Teich aus kann man unter Schatten spendenden Bäumen auf der Wiese liegen. Baden geht nur, wenn nicht gerade vor Blaualgen gewarnt wird. Was immer geht: Kanu oder SUP-Boards ausleihen (20 bzw. 25 €/2 Std.), Fahrräder gibt's auch (10 €/Tag)!

Dresdner Str. 115, Moritzburg/Ortsteil Reichenberg, T 0351 830 54 95, www.bad-sonnenland.de, Eintritt 2 €, erm. 1 € (Übernachtung im Zelt ab 13 €, Wohnmobil ab 8 €, auch Mietwohnwagen und Ferienhäuser)

Großer Reiterhof

❷ **Rosis Reitschule am Bad Sonnenland:** Nach Absprache sind Ausritte oder Reitunterricht auf Haflingern möglich. Kinder können auch eine spontane Runde auf Ponys unternehmen.

Dresdner Str. 115, T 0351 880 76 31, Mobil: 0171 448 06 70, www.rosis-reitschule.com, ab 25 €/Std.

Klettern

❸ **Hochseilgarten Mittelteichbad und** ❹ **Abenteuerpark Moritzburg:** (Wald-)Hochseilgärten gibt es in Moritzburg gleich zwei – einen direkt am Wildgehege (mit Bogenschießen) und einen direkt am Ufer des Mittelteichs (mit Kinderparcours). In 3, 5 und 10 m Höhe spannen sich die Seilwege durch die Baumwipfel. Eine Sicherungsausrüstung und Einweisung durch Trainer gehört natürlich dazu.

Hochseilgarten Mittelteichbad: Kalkreuther Str. 1b, T 0176 84 45 10 41, www.hochseilgarten-Moritzburg.de, Ostern–Okt. Mi–Fr 13–18, Sa, So 10–18, Ferien tgl. 10–18 Uhr, ab 22 €
Abenteuerpark: Radeburger Str. 2, T 035207 288 92, www.abenteuerpark-moritzburg.de, Eintritt ab 25 €/2,5 Std.

Hoch auf dem Wagen

❺ **Kutsch- und Kremserfahrten:** Moritzburg zu Pferd entdecken hat Tradition. Die Kutscher starten an der Postsäule.

Buchung über Moritzburg Information, Schlossallee 3B, T 035207 85 40, www.kulturlandschaft-moritzburg.de, ab 80 €/Std.

Radeln

❻ **Verleih in der Tourist-Information:** Zahlreiche Radwege führen durch die Teichlandschaft – und schnell hinaus aus allem Touristentrubel. Zahlreiche Touren sind auf www.kulturlandschaft-moritzburg.de zu finden.

Moritzburg Information s. S. 185, Tourenrad ab 8 €/halber Tag (Kaution 50 €), Pannen-Hotline: T 035207 85 40

Feiern

- **Moritzburger Hengstparaden:** Die Hengstparaden verfolgen mehr als 30 000 Zuschauer. Höhepunkte sind die Eröffnung mit dem berittenen Fanfarenzug, Historienspiele, die Springprüfung der Hengste und die waghalsige Kosakenreiterei (1. So, 2. Sa und 3. So im Sept.). Täglich Gestütsführungen.

T 03421 70 35-0, www.saechsische-gestuetsverwaltung.de

- **Moritzburger Musikfestival:** Jan Vogler, Leiter der Dresdner Musikfestspiele, hat auch dieses kleine, feine Festival für Kammermusik ins Leben gerufen: mit internationaler Besetzung und sommerlicher Leichtigkeit.

August, T 0351 16 09 26 15, www.moritzburgfestival.de

Meißen

Karte 3, A 1

Dresden verdankt Meißen vieles. Das kleine Städtchen war die Geburtshelferin des großen Elbflorenz – damals im Jahr 1144, als der Meißner Markgraf Konrad der Große zur Bewachung der Elbfurt eine Burg bauen ließ, um die herum sich Dresden entwickelte.

Später versorgte Meißen die Residenz mit Meissener Porzellan. Auch der Wein eroberte von Meißen aus das sächsische Elbtal: 1161 taucht er erstmals hier in einer Schenkungsurkunde des Meißner Markgrafen Otto an die Zisterzienser auf. Entsprechend altehrwürdig, mit über 1000-jähriger Burg auf hohem Fels, mit gotischem Dom und mittelalterlichem Gassengewirr erwartet die Stadt ihre Besucher – auch wenn Meißens Bedeutung seit 1485 immer mehr verloren ging: Damals entschieden sich die Brüder Kurfürst Ernst und Herzog Albrecht, ihre Residenz nach Dresden zu verlegen. 50 Jahre später löste die Reformation das katholische Bistum in Meißen auf. Gegen Ende der 1980er-Jahre schien die Stadt dem Untergang geweiht: Gerade mal zwölf Häuser in der Innenstadt wurden nach 1945 gebaut, dafür umso mehr im Barock, in der Renaissance und noch früher. Nur sieben der 420 Gebäude, darunter 200 Baudenkmäler, konnten zur Wende als einwandfrei bezeichnet werden. »Besuchen Sie Meißen, solange es noch steht«, stand auf den Plakaten, die Architekten heimlich in der Innenstadt klebten. Künstler bemalten die vernagelten Fensterhöhlen – die ganze Stadt glich einer Freiluftgalerie.

Weder dem Kopfsteinpflaster der Burgstraße noch der lieblichen Dächerlandschaft ist der damalige Verfall noch anzusehen. Die Burg erhebt sich über ein properes Städtchen mit knapp 30 000 Einwohnern voller Läden und Cafés.

O

ORIENTIERUNG

Anreise per S-Bahn: Zwischen Dresden Hauptbahnhof, Mitte und Neustadt und Meißen Altstadt verkehrt die S-Bahn S 1 alle 30 Min. (Fahrtdauer ca. 60 Min.).
Touristinfo Meißen: Markt 3, 01662 Meißen, T 03521 46 74 00, www.touristinfo-meissen.de, April–Okt. Mo–Fr 10–18, Sa, So, Fei 10–15, Nov.–März Mo–Fr 10–17, Sa 10–15 Uhr (Jan. Sa geschl.)

Rund um den Markt

Meißen wuchs Ende des 12. Jh. – erst planlos rund um den Bischofssitz auf dem Burgberg, dann planvoll um Markt und Hauptstraße. Der Marktplatz verengt sich durch seine Hanglage nach Osten, Richtung Hirschhaus. Auch das **Rathaus** 1 folgt der Topografie: Das weiß gestrichene Gebäude mit den typischen Renaissance-Scheingiebeln und dem Meißner Wappen in der Fassade ist zur Marktseite dreigeschossig, auf der Rückseite nur zweigeschossig ausgeführt, um das steile Gelände auszugleichen. Errichtet wurde es 1472, 11 m hoch ist seine Fassade am Marktplatz, darauf sitzt das 18 m hohe Satteldach. Beim Blick vom Burgberg aus sticht es neben dem der Franziskanerkirche deutlich hervor. Der Balkon wurde 1910 angebaut. Das Meißner Wappen darunter stammt von 1865 und zeigt den Wettiner Löwen, der den Roten Turm hält – vermutlich ein Teil der ersten Burganlage. Für ein deftiges Mittagessen bei gutem Wein bietet sich das Restaurant **Vincenz Richter** 1 an, für eine Kaffeepause das **Café/Konditorei Schreiber** 2.

Meißen

Ansehen
1 Rathaus
2 Hirschhaus
3 Marktapotheke
4 Frauenkirche
5 Tuchmacherzunfthaus
6 Bennohaus
7 Prälatenhaus
8 Jahnaischer Hof
9 St.-Afra-Kirche
10 Burglehnhaus
11 Spätgotisches Tor
12 Albrechtsburg
13 Dom
14 Bischofsschloss
15 Bahrmannsches Brauhaus
16 Franziskanerklosterkirche/Stadtmuseum
17 Bahnhof
18 Hahnemannzentrum
19 Nikolaikirche
20 Staatliche Porzellanmanufaktur Meissen

Essen
1 Vincenz Richter
2 Café/Konditorei Schreiber
3 Konditorei Zieger
4 Fuchshöhl
5 Café am Dom
6 Dolovino
7 Café Meissen
8 Domkeller

Einkaufen
1 Handelshaus Ernst Schumann
2 Der Weinladen
3 Erlebniswelt Meissen

Ausgehen
1 Theater Meißen
2 Hafenstraße

Marktgeschichten

An der Ostfront des Marktplatzes, Ecke Elbstraße, steht das mattgelbe **Hirschhaus** 2. Der Bau im Stil der Neorenaissance wurde im Jahre 1901 als vornehmes Hotel errichtet. Das Portal stammt vom Vorgänger, dem Gasthof »Zum Roten Hirsch« von 1624. Der Preußenkönig Friedrich der Große verbrachte in diesem Gasthof während des für Sachsen desaströsen Siebenjährigen Krieges die Nacht vor der Schlacht von Kesseldorf am 15. Dezember 1745. Die **Marktapotheke** 3 an der Südseite, ein Renaissancebau aus dem Jahr 1560 mit einer Fassadengestaltung von 1717, gehört zu einer ganzen Gruppe von Giebelhäusern, die alle in der zweiten Hälfte des 16. Jh. gebaut wurden.

Frauenkirche

Die **Frauenkirche** 4 wurde 1457 von der Bauhütte Arnolds von Westfalen, dem Baumeister der Albrechtsburg, fertiggestellt. In der dreischiffigen, gotischen Hallenkirche, die an der Stelle einer schon 1205 genannten Kapelle St. Maria errichtet wurde, steht ein gotischer Schnitzaltar aus der Zeit um 1500. Der Kirchturm aus dem 14. Jh., der im Jahr 1547 aufgestockt wurde, lässt sich besteigen und besitzt einen Turmumgang, auf dem bis 1907 ein Türmer Feuerwache hielt. Vom Marktplatz aus ist das Glockenspiel aus Meissener Porzellan im Turm zu sehen, das 1929 eingebaut wurde.

An der Frauenkirche 5, T 0352 145 38 32, www.frauenkirche-meissen.de, Turm Mo–Sa 10–16, So 12–16 Uhr, 3 €, erm. 1,50 €

Tuchmacherzunfthaus

Das Fachwerkhaus daneben (An der Frauenkirche 12) ist das alte **Zunfthaus** 5 der Tuchmacherinnung, 1523 entstanden und nach dem Dreißigjährigen Krieg wie-

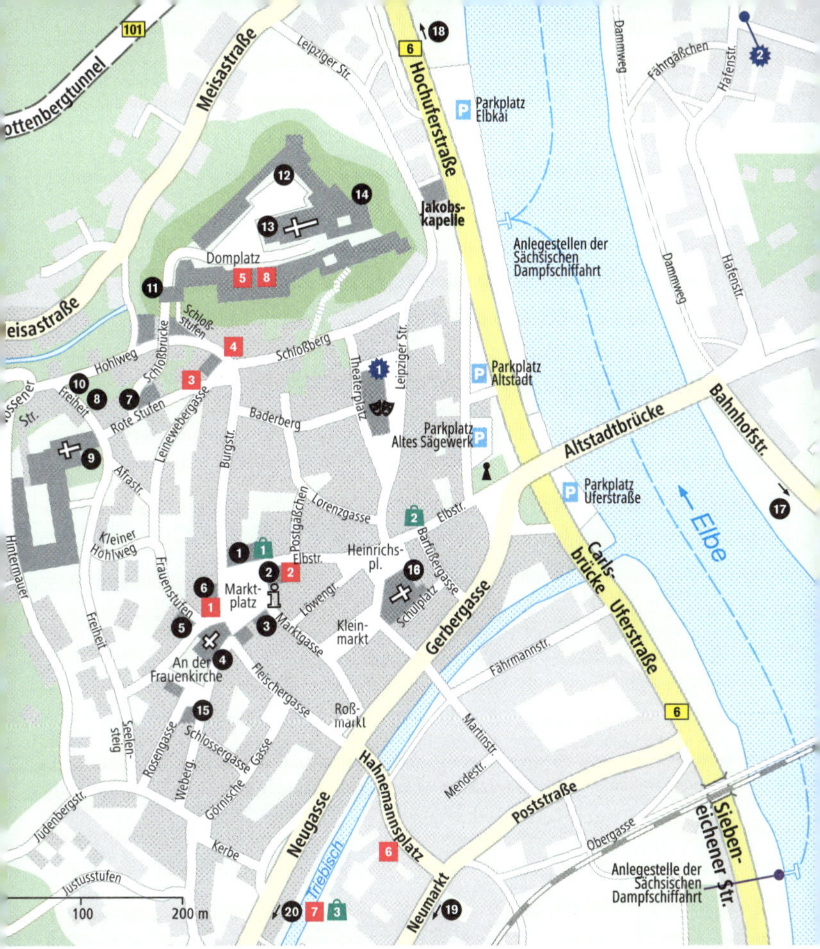

deraufgebaut. Seit dem 19. Jh. führt es die Familie Richter als Restaurant **Vincenz Richter.** An der Einrichtung der ersten Generation hat sich nichts verändert, rustikale Bauernmöbel und historische Gegenstände füllen das Lokal.

Bennohaus

Es folgt das **Bennohaus** ❻ des Bischofs Benno, der volksnah am Markt (Am Markt 9) wohnen wollte. Später war es der Wohnsitz der Meißner Bürgermeister. Im Innern des Hauses finden sich Deckengewölbe aus dem 15. Jh. und spätgotische Deckenbemalungen aus dem 16. Jh. Die spätgotische Fassade stammt von 1640, das Sitznischenportal von 1575 und der Portal-Schlussstein von 1772. Eine Gedenktafel erinnert an die Gründung der ersten Freiwilligen Feuerwehr in Deutschland um 1884. Heute befindet sich das Restaurant St. Benno im Gewölbekeller.

TOUR
Gebrannte Erde

Auf der Spur des Porzellans durch Meißen

Infos

Karte 3, A 1

Hin & Weg: S-Bahn-Haltestelle Meißen Altstadt

Strecke: 1,8 km

Albrechtsburg ⑫: März–Okt. tgl. 10–18, Nov.–Feb. tgl. 10–17 Uhr, Eintritt 12 €, erm. 10 €, bis 16 Jahre 4,50 €, www.albrechtsburg-meissen.de

Der erste Manufakturbetrieb

Start an der **Albrechtsburg ⑫**:1708 gelang Johann Gottfried Böttger der erste Brand eines weißen Porzellantropfens in der Dresdner Festung. Zwei Jahre später quartierte August der Starke ihn mitsamt der Porzellanherstellung aus in die ungenutzte Meißner Albrechtsburg, die dann fast 150 Jahre als Manufakturgebäude diente. Die Dauerausstellung »Experiment und Produktion – Die Albrechtsburg als erste Porzellanmanufaktur Europas« erinnert daran.

Gelernt ist gelernt

Weiter zum **Torhaus ⑪** (www.torhaus-meissen.de, April–Okt. Fr–So 14–18 Uhr, Eintritt frei): Fünf Porzellankünstler gehören zu der Künstlerguppe Weißer Elefant. Jeder von ihnen hat in der Porzellanmanufaktur gelernt, gemalt oder geformt. Die Ausstellung im Torhaus bestreiten sie gemeinsam. Ungebremster Ideenreichtum und eine fundierte Materialkenntnis sind die perfekte Rezeptur für faszinierend Neues!

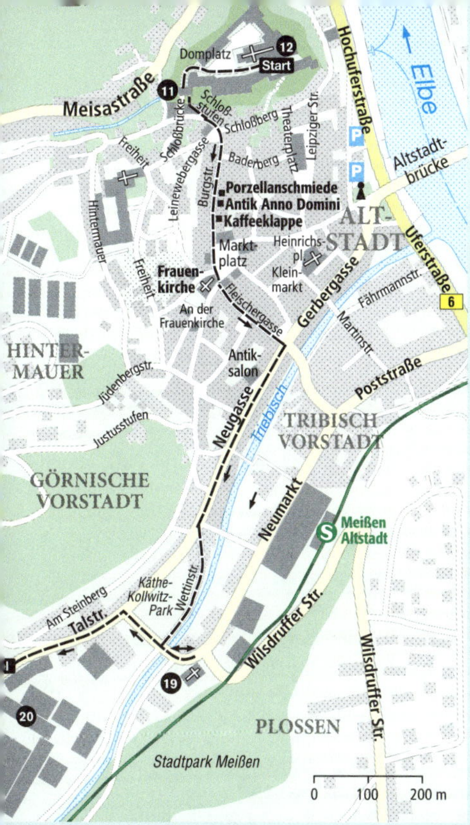

Der Weg in die Stadt führt durch die Burgstraße: In der Nr. 28 liegt Britta Fischers **Porzellanschmiede** (wordpress.porzellan-schmiede.de) mit handgefertigtem Schmuck, Leuchterengeln, Pyramiden und Wandfliesen. Ihr Nachbar Kai Kunath (Nr. 29) führt im **Antik Anno Domini** (www.antik-meissen.de) antiquarisches Geschirr – signiert mit der Schwertermarke. In der Kaffeerösterei **Kaffeeklappe** (Nr. 31, tgl. 10–17 Uhr) mit Caféanschluss nebenan ist Zeit für eine Pause. Hinter dem Markt wird es im **Antiksalon** (Neugasse 49, www.richter-porzellan.de) von Steffen Richter spannend: Der Restaurator führt nur Porzellan, für das sich auch seine aufwendigen Restaurierungen lohnen.

Mahnwache in Weiß

Die **Nikolaikirche** ⓳ (geöffnet auf Anfrage: T 03521 45 38 32, https://sankt-afra-meissen.de) am Neumarkt wurde bereits 1220 urkundlich erwähnt – damit ist sie Meißens ältestes Gebäude. Noch viel berühmter ist sie aber für ihre Porzellanplastiken von 1929. Die 2,50 m großen Altarwächter fertigte Paul Emil Börner zu Ehren der Gefallenen des Ersten Weltkriegs. Es sind die größten Figuren, die je in Meißen gefertigt wurden.

Nur echtes Meissener natürlich

Zur **Staatlichen Porzellanmanufaktur Meissen** ⓴ auf der Talstraße 9 ist es nur noch ein kurzes Stück. Die vom Freistaat Sachsen geführte Manufaktur hat 600 Angestellte und verfügt über ein eigenes Bergwerk, in dem das für die Porzellanherstellung nötige Kaolin abgebaut wird. Die 300-jährige Tradition des Hauses wird im Hausmuseum sichtbar, in der Schauwerkstatt gibt es Führungen (s. S. 205) und im Restaurant echtes Meissener.

Staatliche Porzellanmanufaktur Meissen: April–Dez. 9–18, Jan.–März 9–17 Uhr, T 03521 46 82 06, www.erlebniswelt-meissen.com, Eintritt 12 €, erm. 10 €, Familien 25 €

Zum Burgberg

Jeder, der vom Markt hinauf zum Burgberg gelangen möchte, muss durch die Burgstraße laufen. Entsprechend dicht siedeln hier kleine Läden mit Antiquitäten, Accessoires, Kunsthandwerk, Meißner Wein und Souvenirs aus dem Erzgebirge, viele von ihnen haben auch sonntags bis 16 Uhr geöffnet. Die Häuser mit den Nummern 2, 3, 8, 9, 12, 14, 17, 18, 24, 31 und 32 stammen aus dem 16. und 17. Jh, die auf der westlichen Straßenseite wurden zur Wende des 18. zum 19. Jh. gebaut.

Auf dem kleinen Platz am Ende der Burgstraße liegt das **Café Zieger** 3, Spezialist für Meißner Fummel (s. Kasten S. 206), und das hübsche Restaurant **Fuchshöhl** 4.

Afranische Freiheit

Neben dem Cafe Zieger führen die ›Roten Stufen‹ hinauf. Das Haus Nr. 3 ist das **Prälatenhaus** 7 von 1509 mit einem markanten spätgotischen Ziergiebel. Weiter geht es mit einer spitzen Kehre auf die Schlossbrücke, die den Afraberg und den Burgberg miteinander verbindet und die 1221–28 wahrscheinlich von lombardischen Bauhandwerkern errichtet wurde. Es folgt die Straße namens »Freiheit«: So wurden Straßen genannt, an denen mehrere Freihöfe, also Adelshöfe innerhalb einer Stadt, liegen. Die Adligen und Domherr-Bediensteten, die hier wohnten, waren von den Abgaben der Bürgerstadt Meißen befreit, durften aber keinerlei Handwerk ausüben. Die Freiheit Nr. 1 vor dem ersten Burgtor ist der **Jahnaische Hof** 8 von 1610, in dem die Künstlerin Sylvia Fenk eine Produzentengalerie und eine Ferienwohnung betreibt. Teile des Hofes sind als Freilichtmuseum öffentlich zugänglich (www.sylviafenk.de).

> **H**
>
> **HISTORISCHER RUNDGANG**
>
> Der Obere Promenadenweg führt um die Außenmauern von Burg, Dom und Kornkammer. Dabei ergeben sich reizvolle Ausblicke auf Meißens Dächer und die Elblandschaft mit dem Spaargebirge. Auf Infotafeln steht einiges zur Stadtgeschichte, die eng mit diesem Weg zusammenhängt.

Auf St. Afra

St. Afra – immer wieder taucht der Name der Heiligen aus Augsburg in der südöstlichen Gegend neben dem Burgberg auf. Der Bischof Reiner, der 1064 von Augsburg nach Meißen kam, könnte ihn mitgebracht haben, jedenfalls entstand auch während seiner Amtszeit die **St. Afra-Kirche** 9 an der Freiheit 13. 1205 wurde sie fertiggestellt, damit zählt sie zu den ältesten Pfarrkirchen von Sachsen. Bekannt ist der Name auch durch das sächsische Landesgymnasium St. Afra (ebenfalls Freiheit 13), das sich der Hochbegabtenförderung verschrieben hat.

Auf dem Burgberg

Das **Burglehnhaus** 10 in der Freiheit Nr. 2 entstand um 1550, mit Erweiterungen in den Jahren 1649 und 1743. Hier befand sich vom 13. bis 15. Jh. die burggräfliche Vogtei. Zum Haus gehören eine Holztür aus der Renaissance und ein Sitznischenportal um 1550. Von 1828 bis 1836 wohnte hier Ludwig Richter (1803–1884), der Maler der Spätromantik, mit seiner Familie, als er als Zeichenlehrer in der Porzellanmanufaktur arbeitete. Der Burgzugang war bis ins 17. Jh. mit einer Zugbrücke zwischen dem zweiten und dem mittleren Burgtor geschützt. Das spätgotische **Tor** ⓫ wurde 1875 umgestaltet und mit den beiden Mosaiken in der Fassade geschmückt, die den Drachentöter St. Georg und den Evangelisten Johannes darstellen.

Burghof

Zwei für Sachsen überaus gewichtige Mächte hatten ihren Sitz auf dem Burgberg: die weltliche in Form der Markgrafen der Mark Meißen, die ab 929 als kaiserliche Statthalter auftraten und aus denen später die sächsischen Kurfürsten hervorgingen. Als Verkörperung der geistlichen Macht und Oberhaupt des Bistums Meißen hatte der Bischof seit 968 ebenfalls seinen Sitz hier oben. Seine Aufgabe war es, die slawisch geprägten Landstriche östlich der Elbe zu christianisieren. Bis zur Reformation um 1581 unterstanden die Franziskaner- und Zisterzienserkloster der Umgebung dem Meißner Bischof. Links neben dem Kornhaus, das zu den Wirtschaftsgebäuden der Burg gehört, steht die Albrechtsburg. Der gewaltige gotische Dom erhebt sich in der Mitte, dahinter liegt versteckt das Bischofsschloss. Rechter Hand schließen sich die Domherrenhöfe an. Der Domkeller (Domplatz 9) ist das älteste Gasthaus Meißens, dessen Ausschank schon im 16. Jh. verbürgt ist. In dem 8 m breiten und 33 m tiefen Gebäude befanden sich die Glöcknerei der Burg und die Wohnung des jeweiligen Küsters, der die Erlaubnis hatte, nebenher Freibergisches Bier auszuschenken. Am Domplatz 8 wohnte der Porzellangestalter Johann Joachim Kändler, der u. a. das Schwanenservice für den Grafen Brühl schuf – ein Hauptwerk der barocken Porzellankunst. Das Haus Nr. 7 (1497–1503) beherbergte die Propstei und dient heute als Sitz des Hochstifts Meißen. Zwei spitzbogige Sitznischen flankieren das rote Portal des Gebäudes. Das Relief darüber erinnert an den Bauherrn Melchior von Meckau. Hinter der Eingangstür verbirgt sich ein alter Innenhof.

Die Kurienhäuser Nr. 5 und Nr. 6 dienten der kirchlichen Verwaltung. Das Haus Nr. 6 stammt aus den Jahren 1726–28, wurde vermutlich an der Stelle des ersten Bischofsschlosses errichtet und zeigt die Wappen der zur Bauzeit bestellten Domherren. Haus Nr. 5 wurde 1526 erbaut. Das Sitznischenportal des Eingangs ist mit einer Sandsteinstatue des Evangelisten Johannes geschmückt. Hier ist das **Café am Dom** 5 untergebracht.

Albrechtsburg

Im Jahr 929 legte König Heinrich I. den Grundstein für die **Albrechtsburg** ⓬, indem er auf dem Feldplateau, das sich hier über die Elbe erhob, ein Militärlager für den Kampf gegen die Slawen errichten ließ. Zur Durchsetzung und Festigung der Vorherrschaft im Gebiet setzte er einen Markgrafen ein. Die kamen seit 1123 aus dem Haus Wettin, dem späteren Dresdner Herrscherhaus. Mitte des 15. Jh. verlangte es den Kurfürsten Ernst und seinen Bruder Herzog Albrecht nach einem repräsentativen Doppel-Herrschaftssitz, in dem auch die Verwaltung des Kurfürstentums Platz haben sollte. 1470 beauftragten sie den sächsischen Landesbaumeister Arnold von Westfalen mit dem Bau. Auch wenn die Burg im Namen steckt: Die Albrechtsburg ging als erster Schloss- und eben nicht Burgbau in die deutsche Baugeschichte ein. In seiner Prachtentfaltung ist es ein einzigartiges Zeugnis der Spätgotik: Vorhangbogenfenster, Zellgewölbe, der

L

PER LIFT NACH OBEN

Panoramaaufzug heißt der Lift, mit dem ein barrierefreier Zugang zum Domplatz möglich ist. Mit dem riesigen Parkplatz am Domaufzug im Rücken liegt die Talstation auf der Maisastraße westlich des Burgbergs. Oben kommt der Fahrstuhl am Kornhaus an (Erw. 1 €).

Große Wendelstein. Den großen Wendelstein schmücken Kopien von Reliefs des Dresdner Renaissancebildhauers Christoph Walther I. – zu solcher Perfektion brachte es normalerweise erst die Neogotik. Doch Ernst und Albrecht zogen bei der Fertigstellung 1482 gar nicht erst ein. Im gemeinsamen Regieren sahen sie keine Zukunft und trennten sich nach der Leipziger Teilung von 1485 in eine ernestinische Linie mit einem Gebiet rund um Torgau und Wittenberg und Thüringen. Die albertinische Linie erkor sich Dresden zur Residenzstadt aus und übernahm die Regierungsgeschäfte in Sachsen. Von 1710 bis 1863 produzierte hier die Königliche Porzellanmanufaktur. Jetzt dient das Schloss als Museum für Meißens große Geschichte.

Weitere Infos s. S. 205, Kombiticket mit Dom: 17,50 €, erm. 15 €, Familien 39,00 €

Dom

»Der Dom hat aus mehreren Ursachen äußerlich nichts Anziehendes, inwendig aber ist es das schlankste, schönste aller Gebäude jeder Zeit…«, schrieb Johann Wolfgang von Goethe 1813.

Bis 1240 stand hier eine Basilika, dann wurde der **Dom** ⓭ als gotische Hallenkirche gebaut – letztlich über Jahrhunderte. Chor, Chorfenster, Kreuzgang, die Maria-Magdalenen-Kapelle (heute Lapidarium), die Johanniskapelle und der Kapitelsaal entstanden bis 1297. 1413 zerstörte ein Blitzschlag die Westtürme. Erst im frühen 20. Jh. wurden sie in neogotischer Manier neu errichtet und messen jetzt 87,16 m. Die Fürstenkapelle als Begräbnisstätte der Wettiner entstand 1430 vor dem Westportal des Domes (gebaut 1370). Die bronzene Tumba (Grabplatte, die das Grab sarkophagartig überbaut) in der Mitte ist die Grabstätte Friedrichs des Streitbaren von 1455, die den Kurfürsten in Lebensgröße zeigt. Er hält das Kurschwert als Verweis darauf, dass der deutsche König Sigmund dem Markgrafen Friedrich 1423 die Kurwürde und das Herzogtum Sachsen zum Lehen gab (im Original ist das Schwert in der Ausstellung »Auf dem Weg zur Kurfürstenmacht« im Dresdner Schloss zu sehen, S. 61). Herzog Georg der Bärtige war 1539 der letzte Wettiner, der im Meißner Dom beerdigt wurde – sein Nachfolger Heinrich der Fromme führte die Reformation in Sachsen ein. Am rechten Ende der Fürstenkapelle führt ein säulengeschmücktes Portal in die Georgskapelle mit einem Altartriptychon von Lucas Cranach d. Ä. (1472–1553) von 1534.

Der Kreuzgang ist mit dem für die Gotik typischen Kreuzrippengewölbe aus dem frühen 13. Jh. überwölbt, das Zellgewölbe auf der anderen Seite stammt aus dem 15. Jh. Die aufgestellten Grabsteine lagen bis zum Beginn des 20. Jh. im Innern des Domes.

Gotisches Gewölbe

Im Dominneren streben die Pfeiler nach allen Regeln der Gotik in die Höhe. Die sogenannten Dienste, an die Pfeiler angesetzte Halb- und Viertelsäulen, führen hinauf zum Kreuzrippengewölbe der Decke. Sie wirken wie ein Vorhang, der die Seitenschiffe verdeckt, deren hohe Spitzbogenfenster aber für eine gekonnte Lichtdramaturgie im

Mittelschiff sorgen. Dort strebt alles dynamisch himmelwärts – das Bauideal der Gotik. Unmittelbar vor dem Lettner (Übergang vom Mittelschiff in den Chorraum) steht ein Laienaltar aus der Werkstatt Lucas Cranachs d. Ä. von 1526 mit der Kreuzigung Christi, der Opferung Isaaks und der Errichtung der Ehernen Schlange. Den Porzellanschmuck formte Johann Joachim Kändler, der bedeutendste Barock-Modelleur der Meissener Porzellan-Manufaktur. Im Chorraum ist das mittlere der sieben Fenster noch original von 1270. Die bemalten Statuen an den Wänden werden dem Naumburger Meister zugeschrieben. Sie gelten wegen ihrer feinen Gestaltung als Höhepunkt der deutschen Bildhauerkunst im 13. Jh. Den Stifterfiguren von Kaiserin Adelheid und Kaiser Otto I. dem Großen stehen die Figuren des Evangelisten Johannes und des Bischofs Donatus gegenüber. Links im Chorraum führt der Weg in die Sakristei und zu den Domtürmen, die einen weiten Blick auf Meißen und das Elbtal erlauben.

Domplatz 7, T 03521 45 24 90, www.dom-zu-meissen.de, April tgl. 10–18, Mai–Okt. tgl. 9–18, Nov.–März tgl. 10–16 Uhr, Führungen zwischen April und Okt. tgl. stdl. 10–16.30 Uhr, Eintritt 6 €, erm. 5 €, Kombiticket mit Albrechtsburg s. S. 202

Bischofsschloss

Das **Bischofsschloss** ⓮, 1476–87 erbaut, dient heute als Amtsgericht. Es liegt verborgen hinter dem Dom. Seine Vorhangbogenfenster, ähnlich denen der Albrechtsburg, verweisen auf den Baumeister Arnold von Westfalen. Zum Bischofsschloss gehört der Liebenstein, ein spätgotischer Turm. Der kleine Innenhof bietet einen beeindruckenden Blick auf die Elbe.

Endlich ein Schloss mit großen Fenstern! Leider wurde die Wohntauglichkeit nie getestet. Die Wettiner-Brüder gingen noch vorm Einzug getrennte Wege.

Zurück in die Stadt

Für den Rückweg in die Stadt bietet sich nach Schlossbrücke und Hohlweg die Leinewebergasse an – sie bietet ebenfalls einen Panoramablick auf das spitzwegsche Gassengewirr. Sie endet bei der Frauenkirche am Markt. Von hier aus lassen sich Rosengasse, Webergasse, Schlossergasse und Gornische Gasse erkunden (Stichwort romantischer Altstadtbummel). Das **Bahrmannsche Brauhaus** ⓯ (An der Frauenkirche 3) zu Beginn der Rosengasse ist das bedeutendste Renaissancegebäude der Stadt. Gebaut wurde es um 1570 mit einem hohen Volutengiebel (Volutum bezeichnet ein schneckenförmig eingerolltes Bauglied), korinthischen Säulen im Eingangsportal und einem Relief, das Simsons Kampf mit dem Löwen darstellt. Das **Tuchmachertor** von 1600 (heute Kopie von 1955/56) auf dem Platz davor war der Eingang zum Friedhof der Frauenkirche.

Vom Markt zur Elbe

Vom Markt führt die Elbstraße zum Heinrichsplatz mit dem **Heinrichsbrunnen** von 1863, der dem deutschen König Heinrich I. (876–936) gewidmet ist. Er bestimmte um 929 Meißen zur Grenzbastion im slawisch-sorbischen Gau Nisani und ließ den Burgberg befestigen.

A

AUGEN AUF!

Das Haus hinter dem Tuchmachertor guckt so komisch. Im ostsächsischen Raum sind diese zwei Gauben nebeneinander, die wie Augen im Dach anmuten, gar nicht so selten. Das gilt natürlich nur für unzerstörte Altbausubstanz, wie sie Meißen ja reichlich besitzt. Auch in Pirna könnte man sich manchmal beobachtet fühlen – wenn sie nicht so uninteressiert gucken würden, diese Gauben.

Franziskanerklosterkirche

Die spätgotische **Hallenkirche** ⓰ (1447–57, Heinrichsplatz 3) hinter dem Brunnen verlor ihre Funktion, als im Zuge der Reformation das Franziskanerkloster aufgelöst wurde. Sie diente als Speicher und seit Beginn des 20. Jh. als Stadtmuseum. Die erhaltenen Grabplatten und Skulpturen stammen zum Teil von dem Bildhauer und Porzellangestalter Johann Joachim Kändler (1706–75), der vor allem für seine Figuren aus Meissener Porzellan berühmt wurde.

Theaterplatz

Die Straße gegenüber der Franziskanerkirche führt auf den Theaterplatz, auf dem einst ein burggräflicher Jahrmarkt abgehalten wurde. Hier steht das **Theater Meißen** 1 (Theaterplatz 15, www.theater-meissen.de), das 1851 im ehemaligen Gewandhaus der Tuchmacher untergebracht wurde, das bereits im 13. Jh. erwähnt wurde. In der Ostfassade finden sich zwei Wappen: oben das Meißner Stadtwappen, darunter das Sächsische Herzogswappen. In den einzelnen Feldern sind die verschiedenen Machtbereiche in der Mark Meißen zu Zeiten des Kurfürsten Moritz (1541–53) wiedergegeben.

Bahnhof Meißen

Bis 2013 gab es keine S-Bahn-Haltestelle in der Meißner Altstadt. Alle Welt stieg damals beim **Bahnhof Meißen** ⓱

Z

WO SIND DIE ZWIEBELN?

Das Zwiebelmuster wird seit 1730 aufs Meissener Porzellan gemalt. Wie so vieles, was auf August den Starken zurückgeht, folgte es asiatischen Motiven. Während sich die Verwandtschaft zu stilisierten Chrysanthemen und Bambusrohr erahnen lässt, sind Zwiebeln in den chinesischen Vorlagen nicht zu entdecken. Es gibt sie auch gar nicht: Die Melonen, Pfirsiche und Granatäpfel im Randdekor wurden erst im Laufe des 19. Jh. zu Zwiebeln umgedeutet – so kam das Zwiebelmuster zu seinem Namen. Vorher hieß das Dekor nach seiner Unterglasurfarbe »ordinair blau«.

(Dresdner/Ecke Großenhainer Str.) auf der anderen Elbseite aus dem Zug – und durchschritt feinste, für Meißen ganz und gar untypische Bauhausarchitektur. Wilhelm Kreis entwarf den Bahnhof 1929 in neusachlicher Manier – nicht nur zu jener Zeit ein ungewöhnliches und hochmodernes Bahnhofsgebäude.

Hahnemannzentrum

Etwa 500 m entlang der B6 Richtung Riesa liegt die alte Zisterzienserinnen-Klosterruine (ca. 1217) mit dem **Hahnemannzentrum** ⓲. Christian Friedrich Samuel Hahnemann (1755–1843), der Begründer der Homöopathie, praktizierte in Meißen als Arzt. Das Zentrum bietet Vorträge und Kurse an. Neben Homöopathie-Themen geht es um Umweltbildung, ökologisches Bauen und Kräuterkunde.

Klosterruine »Zum Heiligen Kreuz«, Leipziger Str. 94, T 0352 140 02 34, www.hahnemannzentrum-meissen.de, Führungen auf Anfrage

Nikolaikirche

Im Stadtpark steht Meißens ältestes Gebäude, die kleine **Nikolaikirche** ⓳. In ihrem Innern birgt sie eine weltweit einzigartige Gedenkstätte (s. S. 198).

Museen

Landesgeschichte

⓬ **Albrechtsburg:** In den fünf Bereichen der Dauerausstellung geht es um die Geschichte von Burgberg und Wettinern im Mittelalter, um die außergewöhnliche Architektur, um einen Eindruck, wie es sich im mittelalterlichen Schloss gewohnt hätte, und natürlich um die Zeit, als hier Porzellan gebrannt wurde – in der ersten Porzellan-Manufaktur Europas.

Domplatz 1, T 03521 470 70, www.albrechtsburg-meissen.de, März–Okt. tgl. 10–18, Nov.–Feb. tgl. 10–17 Uhr, Eintritt 12 €, erm. 10 €, bis 16 Jahre 4,50 €

Stadtgeschichte

⓰ **Stadtmuseum:** Das Kirchenschiff der ehemaligen Franziskanerklosterkirche gibt einen imposanten Ausstellungsraum ab. Meißens Stadtgeschichte jenseits des Porzellans, der Wettiner und des Bischofs kommt hier zu Wort – beispielsweise in Form von Jugendstil-Ofenkacheln made in Meißen.

Heinrichsplatz 3, T 0352 145 88 57, Di–So 11–18 Uhr, Eintritt 5 €, erm. 3 €, Familien 10 €, Kinder unter 7 Jahren frei

Porzellangeschichte

⓴ **Staatliche Porzellanmanufaktur Meissen:** Im Hausmuseum erzählen 3000 Exponate von 1710 bis heute vom Werdegang der Manufaktur. Bei Führungen lassen sich die Porzellanmaler zuschauen und erläutern die verschiedenen Techniken und Glasuren. Die neueste Produktion lässt sich in der Schauhalle auch käuflich erwerben.

F

MEISSNER FUMMEL

Die Meißner Konditoreien sind Meister der Zuckerbäckerzunft. Pralinen, Kekse, Torten, sonstiges Gebäck: alles raffinierter und opulenter als gewöhnlich. Bei den Meißner Fummeln aber geht es nicht um den Geschmack: Die straußeneigroßen und äußerst zerbrechlich gebackenen Blasen gab man der Legende nach den Postkurieren mit auf den Weg. Wer so ein gebackenes Ei heil nach Dresden chauffiert, der schafft auch den Porzellantransport ohne Bruch, hoffte man. Gebacken werden die Fummel heute noch in der **Konditorei Zieger** 3 (Rote Stufen 5, www.konditorei-zieger.de, Di–So, Fei 11–18 Uhr).

Talstr. 9, T 03521 46 82 06, www.meissen.com, Museum: April–Dez. tgl. 9–18, Jan.–März tgl. 9–17 Uhr, 12 €, erm. 10 €, Familien 25 €, verschiedene Führungen (s. Website)

Essen

Historische Einkehr

1 **Restaurant Vincenz Richter:** Das Haus, die Waffen an der Wand und die vielen Einträge im Gästebuch – alles sehr historisch. Die Küche ist regionaltypisch raffiniert-gutbürgerlich, der Wein stammt vom hauseigenen Weinberg.

An der Frauenkirche 12, T 03521 45 32 85, www.vincenz-richter.de, Di–Do 17–22, Fr, Sa 12–22 Uhr, €€

Gutes gebacken bekommen

2 **Café & Konditorei Schreiber:** In dieser Konditorei mit Caféanschluss herrscht die hohe Schule der sächsischen Zuckerbäckerzunft.

Elbstr. 31, T 03521 73 20 61, www.konditorei-cafe-schreiber.de, Di–Sa 10–18, So 11–18 Uhr

Indische Romantik

4 **Fuchshöhl:** Indische Gerichte, von Inhaber Nishan Singh Multani mit viel Liebe frisch zubereitet und von seiner Frau Maria an einer der romantischsten Ecken Meißens serviert. Einen herrlichen Innenhof hat das 450 Jahre alte Handwerkerhaus auch. Wer hier nicht mehr weg möchte, kann eins der drei Märchenzimmer oder die Ferienwohnung beziehen (ab 80 €).

Hohlweg 7, T 03521 47 69 97, www.fuchshoehl-restaurant.de, Mo, Mi–Sa 11–14.30, 17–22, So 11–14.30, 17–21 Uhr, €

Die Aussichtsterrasse!

5 **Café am Dom:** Eine Kuchenvitrine voller Köstlichkeiten und hinterm Tellerrand ein unvergleichlicher Blick über Meißen.

Domplatz 5, T 03521 40 44 86, www.cafe-am-dom-meissen.de, tgl. 11.30–18 Uhr

Passt zum Wein

6 **Dolovino:** Die Südtiroler Küche harmoniert perfekt mit einem Altstadtbummel. Speckknödel, Schlutzkrapfen oder eine herzhafte Brotzeit sorgen immer für einen wohligen Abschluss.

Hahnemannplatz 20, T 03521 838 99 11, www.dolovino.de, Mi–Sa 17.30–22, So 11.30–14.30, 17.30–21 Uhr, €€

Auf Meissener Porzellan

7 **Café & Restaurant Meissen:** Meissens Service aus dem 18., 19. und 20. Jh., angerichtet mit leichten, saisonalen, oft veganen Speisen.

Talstr. 9, T 03521 46 87 30, www.meissen.com, tgl. 11–17 Uhr, €€

Geschichtsträchtig

8 **Domkeller:** Deftige und gehaltvolle sächsische Nationalgerichte, deren Zutaten in der Umgebung aufwuchsen. Dazu natürlich Meißner Weine!

Domplatz 9, T 03521 45 76 76, www.domkeller.com, Mo–Do, So 11.30–22, Fr, Sa 11.30–23 Uhr, €€

Einkaufen

Weine, Tabak, Spirituosen

1 **Handelshaus Ernst Schumann:** Der kleine Laden wirkt wie ein Direktimport aus der Zeit der Kolonialwarenläden. Seit über 170 Jahren werden hier Weine, Tabak- und Confiseriewaren und Kuriositäten verkauft, dabei dient jeder Zentimeter der Warenpräsentation.

Elbstr. 1, www.feinkost-spirituosen-schumann.de, Mo Fr 9–18 Uhr, Sa 9–13 Uhr

Regionaler Anbau

2 **Der Weinladen:** Wein war gleich das Erste, was Bischof Benno im 11. Jh. in seinem neuen Meißner Amtssitz eingeführt haben soll – sowohl das Getränk als auch den Anbau. Inzwischen ist der Wein in die Meißner DNA übergegangen. Gut beraten beim Kauf einer Flasche der lokalen Winzer ist man von Claudia Bayer.

Burgstr. 1, www.vinothek-meissen.de, Mo–Sa 11–19, So, Fei 13–19 Uhr

Weißes Gold

3 **Erlebniswelt Meissen in der Porzellanmanufaktur:** In der Schauhalle gibt es die neuesten Porzellankollektionen und Klassiker. Außerdem ist hier einer von zwei Outlet-Stores – der andere ist in Dresden.

Talstr. 9, T 03521 46 87 32, www.meissen.com, tgl. 10–17 Uhr

Ausgehen

Schauspiel & mehr

1 **Theater Meißen:** Ob Kabarett, Operette, Oper, Schauspiel, Tanz oder klassische Konzerte – das Theater Meißen lädt alles ein, was zur großen Palette an Kulturbedürfnissen der Meißner Bürger passt.

Theaterplatz 15, T 03521 41 55 11, www.theater-meissen.de

Konzerte, Kneipe, Subkultur

2 **Hafenstraße:** Feste, Konzerte, Partys, Kneipe – alles, was mit Ausgehkultur zu tun hat, findet in dem leuchtend blauen Gebäude in der Hafenstraße statt.

Hafenstr. 28, T 03521 780 01 10, www.hafenstrasse-meissen.de, Mo, Mi–So ab 17 Uhr

Infos

- **Rundfahrt:** April–Nov. pendeln die City-Busse halbstündlich zwischen Porzellanmanufaktur, Marktplatz und Albrechtsburg (Tageskarte 6 €, erm. 4,50 €, Familien 14 €, www.vvo-meissen.de).

S

SPITZENWEINGUT MIT URALTER TRADITION

Seit Mitte des 12. Jh. bis zur Reformation sorgte der Proschwitzer Weinberg für den Messwein des Meißner Bischofs. Nach der Wende kümmerte sich Georg Prinz zur Lippe um die Restitution des Familienbesitzes und kaufte das barocke Schloss zurück. Heute finden dort regelmäßig Weinabende (Voranmeldung!) und Konzerte statt, am ersten Adventswochenende auch die Proschwitzer Weihnacht mit Handwerkermarkt und Umtrunk im Kaminzimmer. Im Vierseithof des Weinguts kann man natürlich Wein kaufen.
Schloss und Weingutshof Proschwitz: Zadel über Meißen, Dorfanger 19, T 0352 17 67 60, www.schloss-proschwitz.de, Vinothek tgl. 11–18 Uhr

Zugabe

Der Schatz der Linkselbischen Täler

Als sich der Silberbergbau plötzlich unberechenbar zurückmeldete …

In den Dörfern zwischen Wilsdruff und Meißen fallen zwei Dinge auf: Da sind zum einen die zahlreichen Straßennamen, die mit dem Bergbau zu tun haben: »Silberstraße« etwa, »Pechsteinklippe« oder »Grubengasse«. Zum anderen lassen sich noch an der kleinsten Kirche am Wegesrand ungewöhnlich schön gearbeitete Altäre, Grabplatten oder Taufengel entdecken.

Wie beides zusammenhängt, erfuhr das Paar Antje Arlautzki und Andreas Lier vom Bürgermeister persönlich, als der sie im Jahr 2013 plötzlich besuchte. »Wir waren erst ein halbes Jahr vorher aus Dresden hergezogen, nachdem wir dieses alte Haus nahe der Wolfsschlucht gekauft hatten«, erzählt Antje Arlautzki. Bei der Adresse »Schachtberg« im Ortsteil »Gruben« hatten sie sich nicht viel gedacht, schließlich reicht die Straße durch ganz Scharfenberg. In dem dreistöckigen Wohnhaus mit einem Anbau, der offensichtlich einst als Maschinenraum diente, richteten sie sich provisorisch ein und schmiedeten Bau- und Grundstückspläne. Dass auch ein 293 m tiefer Schacht zu ihrem neuen Besitz gehört, erfuhren sie nun vom Bürgermeister. Und auch, dass sie ausziehen müssten: Anweisung des Oberbergamtes. Der Hoffnungsschacht müsse gesichert werden, man brauche Baufreiheit.

Eine dicke Scheibe Sicherheitsglas sichert heute den Zugang zu dem tiefen Loch ab, das sich im Boden des neu errichteten alten Huthauses der »Grube Güte Gottes« auftut. Interessierten Besuchern knipst das Paar ein Licht irgendwo dort unten an, damit sie sehen können, wie weit es hinuntergeht: erst 2 m zu einer Betonplattform, dann weitere 58 m auf Eisenbügelstufen abwärts bis zum Wasserspiegel. Ab da führte die alte Grube weitere 220 m in die Tiefe. In den drei Jahren, in denen sie ihr Haus nicht bewohnen durften, wurden die beiden zu Lokalhistorikern und Bergbauexperten. »Seit dem 13. Jh. lässt sich der Bergbau in Scharfenberg nachweisen«, erzählt Antje Arlautzki. Silberhaltiges Bleierz war der Schatz, um den herum die bischöflich-meißnerische Bergbausiedlung Gruben entstand, deren Name sich bis heute für diesen Scharfenberger Ortsteil gehalten hat. Silber hatte schon 1168 im erzgebirgischen Freiberg das ›Erste Berggeschrey‹ ausgelöst.

Sachsens Weichen stellten sich im 12. Jh. Die Silberfunde in ihrem Herrschaftsgebiet machten erst die Meißner Markgrafen reich und dann ihre Nachfahren, die Sächsischen Kurfürsten. Neben dem Bergregal besaßen sie auch das Münzrecht – ideale Voraussetzungen, um Sachsen zu einem ernstzunehmenden Machtfaktor inmitten der deutschen und europäischen Fürstentümer zu entwickeln. Bis sich 1870 der Silberbergbau in Sachsen nicht mehr lohnte, hatten die

Bergleute 2716 Tonnen zutage gefördert, war der Bergbau selbst Bestandteil der kursächsischen Festkultur geworden und wurde mit der 1765 gegründeten Bergakademie Freiberg der sächsische Forschungs- und Innovationsgeist kanalisiert. Als es im 19. Jh. losging mit der Industrialisierung, den Dampfmaschinen und der Fabrikarbeit, hatte Sachsen einen denkbar guten Start: Die erste deutsche Ferneisenbahnstrecke entstand 1839 nicht zufällig zwischen Leipzig und Dresden, und ebenfalls 1839 setzte Johann Andreas Schubert in Dresden die erste außerhalb Englands gefertigte Dampflokomotive auf die Schienen.

»Als 1898 auch in Scharfenberg der Bergbau eingestellt wurde, verfüllten sie die Gruben«, sagt Arlautzki. Sie und Andreas Lier hätten nie davon erfahren müssen, hätte sich nicht der alte Lüftungs- und Entwässerungsstollen »König David«, der unterirdisch 2242 m von der Elbe bis unter das Scharfenberger Ortszentrum reicht, auf unberechenbare Weise bemerkbar gemacht: Weil er verschlammte, lief das Regenwasser nicht mehr ab. Es staute sich, wusch unterirdisch Höhlungen aus und verursachte sogenannte Tagesbrüche – Löcher in Vorgärten, unter Bürgersteigen, im schlimmsten Fall unter Häusern. Der fast vergessene Silberbergbau der Gegend war wieder hochaktuell.

Das Bergbauamt legte den Hoffnungsschacht frei, um dem Wasser im König-David-Entwässerungsstollen wieder freie Bahn zu gewähren. Die Gemeinde stellte dem Paar so lange eine Wohnung. Und die Schulkinder von Scharfenberg wissen wieder, warum die Straßen in ihrem Ort so viel mit Bergbau zu tun haben – und die Kirchen und Schlösser der Gegend auch: Die Adelsfamilien hier hatten genügend Mittel, sie reich auszustatten. Sie saßen ja auf einer Silbergrube.

Infos zur Besichtigung: www.hoffnungsschacht.de, zum Übernachten: www.schloss-scharfenberg.de ■

Anlässlich der jährlichen Bergparade versammeln sich die Bergleute vor dem Huthaus, das heute als Wohnhaus dient. Bis 1890 wurde hier Silber abgebaut.

Sächsische Schweiz

Felsen, Schluchten und ganz viel Natur — das sind die wesentlichsten Zutaten der Sächsischen Schweiz. Wandern kann hier schnell zum Klettern geraten. Für diese kleinen Abenteuer vor der Haustür lieben die Dresdner ihren Nationalpark.

Seite 216

Unterwegs auf dem Malerweg

Die Sandsteinfelsen am Malerweg zwischen Liebethal und Wehlen haben die Romantik befördert: Seit dem späten 18. Jh. brachen Maler in Dresden auf und wanderten auf dieser Route in die Sächsische Schweiz.

Seite 221

Sandstein & Musik

Zum Festival Sandstein & Musik geben meisterhafte Ensembles klassische Konzerte – und wählen dafür Auftrittsorte, die tief in die Geschichte der Sächsischen Schweiz führen.

Sie sind eine Naschkatze? Dann auf zu Meister Karamellus!

Eintauchen

Seite 221

Schloss Weesenstein

Das Schloss Weesenstein ist ein Architekturlexikon: Veste, Ritterburg, Renaissanceschloss, Barockresidenz und Königssitz im 19. Jh. haben ihre eigenen Etagen. Der schönste Bauabschnitt aber ist der barocke Schlosspark.

Seite 221

Burg Stolpen

Auf die Burg Stolpen verbannte August der Starke seine ehemalige Lieblingsmätresse, als sie ihn zu oft an sein Heiratsversprechen erinnerte. Für 48 Jahre! Da wird selbst die tolle Sicht übers Land öde.

Seite 229

Bastei

Sandstein – das ist Geologie im Schnelldurchlauf. Weil das Gestein so schnell verwittert, erhielt die Bastei eine Aussichtsplattform aus stabilem Beton.

Seite 232

Felsenbühne Rathen

Winnetou ist hier der Dauerbrenner, dicht gefolgt von Märchen-Musicals, zur Darbietung gebracht vor echter Sandsteinkulisse.

Seite 233

Festung Königstein

Die Festung Königstein ist die größte Bergfestung Europas. Seit dem 16. Jh. thront sie weithin sichtbar auf ihrem Tafelberg. Früher uneinnehmbar, bringt inzwischen auch ein Aufzug die Besucher hinauf.

&

Seite 238

Lilienstein

Steil oder gemächlich – viele Wege führen auf den Lilienstein. Oben: atemberaubende Aussichten, was sonst. Und eine Apfelschorle im Ambiente der vorletzten Jahrhundertwende.

Wanderer, die dem Massentourismus aus dem Weg gehen möchten, fühlen sich in Ferdinands Homestay besonders wohl.

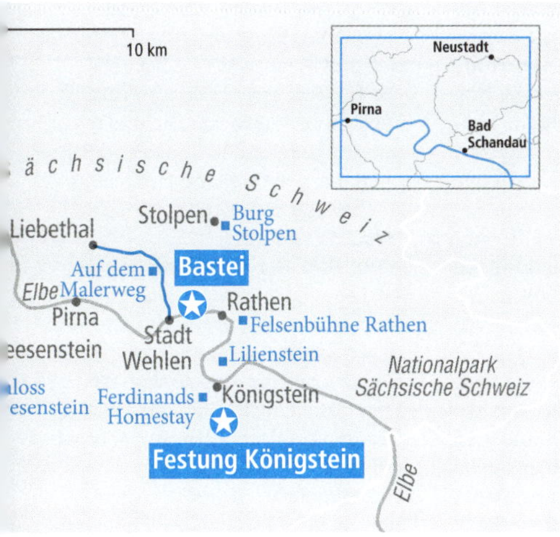

»In der Natur und der Welt gibt es keine Dissonanzen. Die eine löst sich in der anderen auf.« Hans Christian Andersen in »Reise nach Dresden und in die Sächsische Schweiz«

erleben

Natur als Drama

D

Die Romantik war in Laufweite: Vor rund 200 Jahren entdeckten die Zeitgenossen Caspar David Friedrichs die Wildnis vor den Toren Dresdens. Rund 35 km in östlicher Richtung liegt das 360 km^2 große Elbsandsteingebirge, das als Sächsische Schweiz bekannt wurde. Zwar ist es mit 556 m maximaler Höhe selbst für ein Mittelgebirge eher niedrig. Doch die Tafelberge, Schluchten, Ebenen und Felsmassive bringen auch auf ein paar hundert Metern jede Menge Drama unter.

Der Sandstein verwittert in vielerlei Gestalt: Sogenannte Sanduhren entstehen, wenn sich zwei Höhlen im Stein hinterrücks verbunden haben. An manchen Stellen ist der Stein ausgehöhlt wie Bimsstein. Bergsteiger kennen Kamine, Einsturzhöhlen und Klüfte. Aus abwechselnd gut und schlecht gebundenen Sandschichten entstehen Felsnadeln wie die Barbarine. Zwischen den dunklen, feuchten Schluchten und den sonnendurchglühten Felskuppen wechseln sich zahlreiche Biotope ab. Die Vielfalt an Moosen und Farnen, die hier ein ideales Plätzchen für sich finden, wird von keinem anderen deutschen Mittelgebirge übertroffen.

O

ORIENTIERUNG

Reisekarte: Karte 3, **C–E2/3**

Anreise

– per Bahn: Mit der S-Bahn-Linie 1 vom Dresdner Hauptbahnhof (7.30–20 Uhr alle 30 Min., danach stdl.) bis Pirna, Wehlen, Rathen, Königstein und Bad Schandau (Fahrzeit 30–40 Min.), www.vvo-online.de.

– per Pkw: Die A17 führt an Dresden und Pirna vorbei ins Bahretal. Die B172 beginnt in Dresden als Teplitzer bzw. Dohnaer Str. und reicht auf der linkselbischen Seite ebenfalls bis Pirna, dann weiter durch die Sächsische Schweiz bis zur tschechischen Grenze.

– per Rad: Auf dem Elberadweg sind es rund 21 km von Dresden bis Pirna (www.elberadweg.de).

– per Schiff: Die Sächsische Dampfschifffahrtsgesellschaft fährt Mai–Okt. tgl. 9.30 Uhr von Dresden Zentrum bis Bad Schandau, Fahrzeit 4,5 Std.

Grenzverkehr: Tschechien gehört zum Schengen-Raum; zur Einreise reicht ein gültiger Personalausweis.

Tipp: Oft liegen die Ortszentren auf der anderen Elbseite der Bahnschienen. Die S-Bahn-Tickets gelten dann auch als Fahrkarte für die Fähre.

Nationalpark

Seit das Elbsandsteingebirge im 19. Jh. zum bevorzugten Ausflugsziel der Städter avancierte, wollten Naturfreunde seine Wildheit auch schützen. Ein erster Schritt gelang 1954, als das Gebiet zwischen Pirna, dem tschechischen Hrensko, dem Bielathal und Sebnitz als Naturschutzgebiet ausgewiesen wurde. Dem Naturschützer Michael Succow gelang es, große Teile des Gebirges als Nationalpark ausweisen zu lassen. Es war die letzte Amtshandlung der DDR-Regierung im September 1990.

Konkreter Schutz

Der besondere Schutz auf den 93,5 km² Fläche des Nationalparks besteht darin, die Natur nicht durch forstwirtschaftliche oder touristische Eingriffe zu stören. Wanderer aber sind willkommen: Sie finden ein Wegenetz von 400 km zwischen Wehlen, Rathen, Lilienstein und Hohnstein und dem zweiten Abschnitt, der sich rund um das Kirnitzschtal und Hinterhermsdorf erstreckt. Im gesamten Elbsandsteingebirge sind es sogar 1200 km Wanderwege – es ist das älteste Wandergebiet und auch das älteste Klettergebiet Europas. Die Begehung Bad Schandauer Falkensteins im Jahr 1864 gilt als Geburtsstunde des Sportkletterns (s. Zugabe S. 248).

Wanderwege

Sieh, das Gute liegt so nah: Das mussten zwei Schweizer den Dresdnern erst zeigen. Anton Graff und Adrian Zingg

Die Basteibrücke gehört zu den touristischen Dauerbrennern des Nationalparks. Im Licht der Morgensonne ist sie besonders hübsch anzusehen.

lehrten an der Dresdner Kunstakademie, waren neugierig auf die Umgebung und erkundeten ab 1766 das Pirnaer Hinterland. Das, was sie dort zeichneten, rief bei Dresdens jungen Malern großes Interesse hervor. Nach und nach entstand aus Empfehlungen, Wegbeschreibungen und Eigenfindungen eine Route, der die meisten folgten. Üblicherweise begann sie in Dresden-Loschwitz.

Der DichterMusikerMaler-Weg

Wer wie die historischen Natursuchenden in Dresden loslaufen möchte, kommt auf diesen 91 km zum Ziel. Fünf Tagesetappen führen vom Blauen Wunder in Dresden-Loschwitz bis zum Prebischtor und kommen der originalen Maler-Route noch näher als der Malerweg. Das Leonhardi-Museum (s. S. 156), das Carl-Maria-von-Weber-Museum, das Richard-Wagner-Denkmal (s. S. 217) und die Wolfsschlucht (Vorbild für den Freischütz, s. S. 223) liegen auf dem Weg. Ein Stempelheft gibt es beim Start: in der Bäckerei Wippler am Körnerplatz (s. S. 161).

Kennzeichnung: grünes (wanderndes) Ampelmännchen, dwbv.org

Der Malerweg

Der Malerweg ist die bekannteste Etappenwanderung (s. Tour S. 216). Die erste Etappe beginnt in Pirna-Liebethal. Insgesamt beschreibt die Route einen Bogen zur östlichsten Grenze des Elbsandsteingebirges und wieder zurück nach Pirna. Natürlich versammeln sich auf den 115 km alle wesentlichen Punkte der Sächsischen Schweiz.

– Etappe 1, ca. 11,5 km, 4 Std.: Vom Liebethaler Grund bei Pirna geht es durch den Uttewalder Grund zur Stadt Wehlen.

– Etappe 2, ca. 13,2 km, 5 Std.: Von Wehlen führt der Weg hinauf zur Bastei, über den Amselgrund zum Hockstein und zur Burg Hohnstein.

– Etappe 3, ca. 11,7 km, 5 Std.: Von Hohnstein über den Brand nach Altendorf.

– Etappe 4, ca. 17,6 km, 7 Std.: Nach Altendorf geht es zum Lichtenhainer Wasserfall und zur Felsenhöhle Kuhstall. Ende der Etappe ist die Neumannmühle im Kirnitzschtal.

– Etappe 5, ca. 13,6 km, 7 Std.: Weiter über den großen Winterberg nach Schmilka.

– Etappe 6, ca. 16,7 km, 7 Std.: Bei Schmilka wird die Elbe überquert. Auf der anderen Seite geht es über Schöna und Papststein nach Gohrisch.

– Etappe 7, ca. 15,4 km, 6 Std.: Weiter zur Festung Königstein und nach Weißig.

– Etappe 8, ca. 12,4 km, 5 Std.: Von Weißig zurück nach Pirna.

Kennzeichnung: rotes M im weißen Quadrat, Infos über Tourismusverband Sächsische Schweiz, T 03501 47 01 47, komplette Wegbeschreibung: www.malerweg.de

Der Europäische Fernwanderweg

Der Weg reicht von Ungarn bis zum Jakobsweg. Der sächsische Teil ist auch als EB-Weg (Bergweg Eisenach–Budapest, 25.–27. Etappe) bekannt. Nach der tschechischen Grenze geht es von Schmilka über den Bergsteig zum Großen Winterberg, über den Roßsteig bis zu den Schrammsteinen, über die Elbe nach Bad Gottleuba und weiter ins Erzgebirge.

Kennzeichnung mit E 3 (blau)

Caspar-David-Friedrich-Weg

Dieser romantische Weg führt von Krippen über 15,3 km und zehn Stationen mit Informationstafeln zur Kaiserkrone (Auf ihr steht der »Wanderer über dem Nebelmeer«) nach Schöna und zurück, vorbei an den Motiven des Malers. Der Künstler lebte 1813 einige Monate in Krippen. In der Umgebung fand er viele Motive.

Mittelschwer, 421 Höhenmeter, ca. 5,5 Std., www.bad-schandau.de

Infos

- **Touristinformation:** Pirna, Bahnhofstr. 21, T 035 01 47 01 47, Mo–Fr 9–16 Uhr
- **www.saechsische-schweiz.de:** Offizielles Portal des Tourismusverbandes Sächsische Schweiz
- **Nationalparkzentrum:** Bad Schandau, Dresdner Str. 2b, T 03502 25 02 40, www.nationalparkzentrum-saechsische-schweiz.de, April–Okt. tgl. 9–18, Nov.–März Di–So 9–17 Uhr, Jan. geschl.
- **www.nationalpark-saechsische-schweiz.de:** Geschichte, Funktion, Projekte zum Nationalpark

Pirna

Karte 3, C2

Pirna gilt als das Tor zur Sächsischen Schweiz. Wer mit dem Auto anreist, vermutet hinter Plattenbauten und dem lang gezogenen Gewerbegebiet an der B 172 nichts Gutes, doch der Eindruck ist verfrüht: Fast so oft wie Dresden hat Canaletto Pirna gemalt, und im Gegensatz zu Dresden hat sich in Pirnas Altstadt seitdem nichts verändert. Die Stadtwerdung des Städtchens begann im 11. Jh., als sich Schiffer, Fischer und Kaufleute unter einer Burg ansiedelten. Wohlhabend wurde die Stadt durch das Niederlagsrecht von 1325, wonach alle durch Pirna transportierten Waren zunächst drei Tage lang in der Stadt feilzubieten waren. Der Marktplatz ist von lupenreiner Renaissancearchitektur umgeben. Mittelalterliche Bürgerhäuser bestimmen das Flair der Altstadt, und um ihre romantischen Höfe zu zeigen, haben die Pirnaer eigens die Pirnaer Hofnacht erfunden.

Auch das majestätische Schloss Weesenstein, der symmetrische Barockgarten Großsedlitz (eher ein Stück Landschaftsgestaltung als Garten) und Landschloss Zuschendorf mit seiner Kameliensammlung sind nicht weit entfernt.

Marktplatz

Der Markt gleicht immer noch der 1750 von Canaletto geschaffenen Ansicht »Der Marktplatz zu Pirna« (Dresden, Gemäldegalerie Alte Meister). Vom Café Canaletto am Markt fällt der Blick auf das Canalettohaus (Am Markt 7) von 1525 mit seinem spitzen Schmuckgiebel, in dem der Maler gewohnt haben soll. Es gilt als frühestes erhaltenes Renaissancehaus in Sachsen. Das Rathaus (Am Markt 1/2) mitten auf dem Platz wurde 1386 erstmals erwähnt. Portale und Fenster sind gotisch, die Giebel stammen aus der Renaissance, der Turm aus dem Barock. Die Kunstuhr (1612) an der Ostseite zeigt die Zeit so, wie es im 18. Jh. üblich war: mit einem kleinen Viertel- und einem großen Stundenanzeiger. Beachtenswert sind auch das Haus am Markt Nr. 3 (spätgotisch mit Sitznischenportal), das Haus Nr. 9 (Barockportal), das Haus Nr. 10, das vom 15. bis 17. Jh. Sitz der Kurfürstlichen Eisenkammer war, das Haus Nr. 14 (ein Handelshaus mit einem Portal von 1743) und das Haus Nr. 16 (ein Kaufmannshaus mit einer Türbekrönung aus dem Jahr 1571). An Haus Nr. 20 findet sich eine Marienfigur aus dem Jahr 1514 in der Giebelecke. Die Apotheke zum Löwen (Haus Nr. 17/18) schmückt ein Sitznischenportal.

In den Seitengassen

Noch mehr Interesse an Details? Dann auf zur Langen Straße 10 mit dem schönsten Barockportal. Das Portal an der Niederen Burgstraße 1 (heute Romantikhotel Deutsches Haus, www.romantikhotel-pir

TOUR
Malerweg auf alten Spuren

Auf dem Malerweg von Liebethal bis Wehlen

Die ersten Sandsteine tauchten auf der Höhe von Pirna auf – und dann gleich mit voller Wucht: Der **Liebethaler Grund,** durchrauscht vom Wildbach **Wesenitz,** war nicht nur eins der beliebtesten Malermotive. Auch Richard Wagners Schaffen hat er eine dramatische Note gegeben. Der Komponist suchte während seiner Zeit als Hofkapellmeister in Dresden immer wieder die Nähe der Felsen und Schluchten und nahm mit seiner Frau Minna stets beim gleichen Bauern Quartier im Schäferschen Gut – heute das Lohengrinhaus in Graupa. Es ist ein guter Ausgangspunkt für die Wanderung in den Liebethaler Grund, denn hier beginnt auch der berühmte Malerweg mit einem Spektakel aus Wesenitzwasserumspülten Felsbuckeln in einem tiefen Grund. Die Bewohner der Gegend nutzten den kraftvollen kleinen Fluss als Antriebsquelle für ihre Mühlen, deren Reste malerisch-dramatisch vor sich hin verwittern.

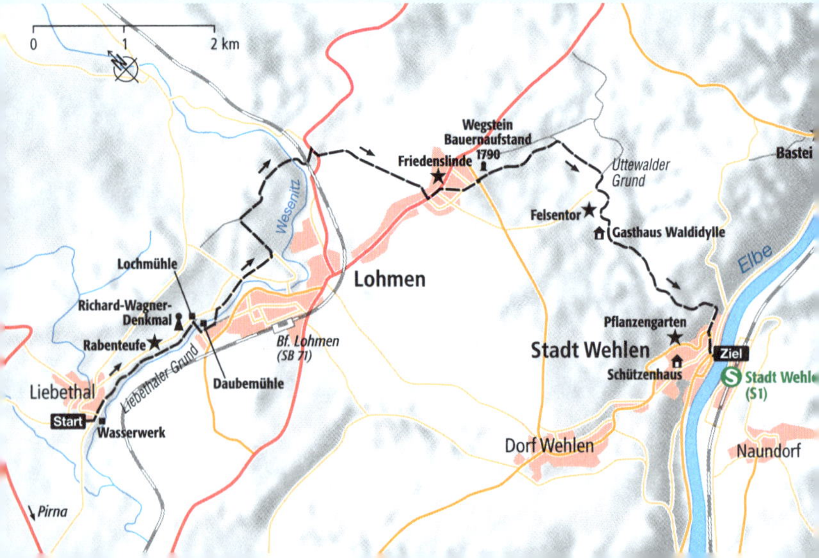

Die Wesenitz im Liebethaler Grund zeigt sich mal von ihrer wilden, mal von ihrer romantischen Seite.

Wenn die Ruine des alten **Wasserkraftwerks** Copitz passiert ist, könnte es tatsächlich nach dem Auftakt des »Lohengrin« klingen – denn weit ist es nicht mehr zum Felskanten-hohen (12 m!) **Richard-Wagner-Denkmal,** das Richard Guhr 1912 schuf. Daneben steht sehr klein ein solarbetriebener Lautsprecher, der auf Knopfdruck losopert.

1850 konnte Richard Wagner seinen »Lohengrin« uraufführen, den er auf dem Schäferschen Gut zwischen inspirierenden Wanderungen zur **Lochmühle** komponiert hatte. Auf Höhe der **Daubemühle** führt der Malerweg über den Bach auf die Richard-Wagner-Straße und schließlich aus dem Tal heraus auf der Alten Lohmstraße durch Wald, Felder und via Querstraße zur **Friedenslinde** nach **Lohmen.** Am Ortsausgang, beim **Wegstein zum Bauernaufstand** (1790), beginnt der Nationalpark. Der Brückenwaldweg führt zum **Uttewalder Grund.** Sein **Felsentor** ist wieder eins der oft gemalten Motive – überliefert sind Tuschebilder von Caspar David Friedrich, Ludwig Richter und anderen Künstlern des 19. Jh. Viele der Zeichnungen liegen im Kupferstichkabinett der Sächsischen Kunstsammlungen. Im Original wirkt das Tor dagegen überraschend klein.

Kellerklima neben Windflüchtern

In die Gründe und Schluchten gelangen kaum direkte Sonnenstrahlen, die Luft steht still: Voraussetzungen für ein Kellerklima, das konstant für Kühle und Feuchtigkeit sorgt und damit für artenreiche – und malerische! – Moos- und Farnbiotope. Die Waldhöhenstufen kommen durcheinander: Was sonst typischerweise im Bergmischwald wächst, reicht hier bis in den Grund hinunter: Siebenstern, Pestwurz, die Schwarze Krähenbeere, auch die selten gewordenen Weißtannen. Die Bergkuppen dagegen erhitzen sich stark, kühlen stark ab und sind heftigen Windböen ausgesetzt. In der Folge wachsen hier Felsheide-Pflanzen wie das Heidekraut und bizarre Windflüchter wie an der Küste. Der **Pflanzengarten** von Wehlen (S. 227) fasst die Arten zusammen.

Infos

Karte 3, C 2

Start: Wasserwerk in Pirna-Liebethal

Hin: Von Dresden mit der Buslinie 83 bis Haltestelle Graupa/Tschaikowskiplatz, von Pirna mit dem Regionalbus G/L, Haltestelle Dittersbacher Markt

Zurück: In Wehlen setzt die Fähre zum Bahnhof über, von dort fährt die S-Bahn nach Pirna oder Dresden.

Strecke: Liebethal über Lohmen bis Wehlen, gut befestigte Wege, ca. 11,5 km, ca. 4 Std.

Infos: www.malerweg.de

na.de) wird vom Konterfei des Wolf Blechschmidt bekrönt, Pirnas wichtigstem Baumeister im 16. Jh. (u. a. hat er St. Marien vollendet). Spannend ist der Teufelserker am Haus an der Oberen Burgstraße Nr. 1. Er hat ein Pendant, den Engelserker in der Barbiergasse 1, beide stammen aus dem 16. Jh. In der Schmiedestraße Nr. 19 wurde im 15. Jh. der Dominikanermönch Johannes Tetzel geboren, der durch den zweifelhaften Ablasshandel bekannt wurde und damit die Reformation provozierte. Was direkt zum Kirchplatz und St. Marien führt.

Stadtkirche St. Marien

Im späten Mittelalter entstand die Stadtkirche St. Marien mit ihrem mächtigen Dach. Die spätgotische Hallenkirche hatten die Baumeister Peter von Pirna und Wolf Blechschmidt als katholischen Kirchenbau begonnen, bei der Weihe um 1546 hatte sich bereits die Reformation in Sachsen durchgesetzt. Blechschmidt konstruierte und fertigte die Fenstergewände und das filigrane Stern- und Netzgewölbe der Decke mit teils sogar freischwebenden Rippen – eines der ausgefeiltesten Zeugnisse der spätgotischen Gewölbebaukunst. Die Malereien zur Heilsgeschichte in den Gewölbefeldern tragen bereits der Reformation Rechnung: Nicht Heiligengeschichten, sondern die Texte der Bibel zählen. Der Spätrenaissance-Altar stammt aus den Jahren 1611–1614, der Taufstein mit Kinderdarstellungen von 1561. Hinter der Kirche steht der Erlpeterbrunnen, die Neuanfertigung (1906) einer alten Brunnenfigur.

Kirchplatz 14, T 03501 46 18 40, www.kirche-pirna.de, Nov.–April tgl. 11–15, So 14–16, Mai–Okt. Mo–Sa. 11–17, So 15–17 Uhr

Der Kirchturm von St. Marien und die gut erhaltenen Bürgerhäuser aus der Renaissance prägen das Bild von Pirnas Altstadt.

Schifftorvorstadt

Östlich des Kirchplatzes führt die Lange Straße zum Steinplatz und schließlich zum alten Ortszentrum der Schifftorvorstadt Am Plan. Die Straßennamen verraten, dass sich die Bewohner einst von Fischerei, Schifferei und Töpferei ernährten. Die meisten Häuser Am Plan stammen aus dem 17. und 18. Jh. Bis zur Gastwirtschaft **Ziegelscheune im Waldpark** sind es nur ein paar Schritte.

Schloss Sonnenstein

Die Festung Sonnenstein liegt nordöstlich des Kirchplatzes unübersehbar auf einem 60 m hohen Plateau. Sie wurde im 13. Jh. erstmals erwähnt und nach dem Dreißigjährigen Krieg durch die Dresdner Hofbaumeister Wolf Caspar von Klengel und Jean de Bodt zum Schloss ausgebaut. Anfang des 19. Jh. zog eine Heil- und Pflegeanstalt mit reformpsychiatrischem Konzept für die Behandlung psychisch kranker und geistig behinderter Menschen ein. Aus dieser Anstalt machten die Nationalsozialisten 1939 ein Vernichtungslager. Über 10 000 Insassen dieser und anderer Anstalten im Umkreis wurden hier bis 1941 ermordet, ihre Asche auf dem Abhang verstreut. Eine Gedenkstätte an den Originalorten erinnert an diese Verbrechen.

Gedenkstätte Pirna Sonnenstein, Schlosspark 11, T 03501 71 09 60, www.stsg.de, Mo–Fr 9–16, Sa, So 11–17 Uhr, Führungen Sa 14 Uhr, Eintritt frei

Stadtmuseum Pirna

Westlich vom Markt liegt das ehemalige Dominikanerkloster aus dem 14./15. Jh. Die St.-Heinrich-Kirche der Anlage wurde um 1300 erbaut und nach der Zerstörung 1945 wieder aufgebaut. Sie hat die Form einer zweischiffigen Hallenkirche und einen Turm ohne Spitze, weil eine Ordensregel um 1500 Turmspitzen untersagte. Im Innern findet man Reste von Seccomalereien aus dem 14. Jh.

Im Kapitelsaal des Klosters befindet sich das Stadtmuseum Pirna mit Ausstellungen zur Heimatkunde, zum Elbsandstein und zur Stadtgeschichte.

Klosterhof 2, T 03501 55 64 61, www.pirna.de, Di–So 10–17 Uhr, 6 €, erm. 4 €

Essen

Stadtgeschichte im Blick

Canaletto: Neben üppigen Torten und einem mediterran-saisonalen Frühstücks- und Mittagsangebot lockt vor allem der Blick auf den Markt.

Pirna, Schuhgasse 16, T 03501 779 99 70, www.canaletto-pirna.de, tgl. 8–19 Uhr

In der Schifftorvorstadt

Pirnaer Elbschlösschen: Die uralte Gastwirtschaft mit Biergarten und Pensionszimmern liegt konkurrenzlos schön am Elberadweg und an der Elbe. Serviert wird solide Hausmannskost.

Am Elbufer 1, T 03501 464 75 00, www.refugium-elbschloesschen-pirna.de, April Do–So ab 11, Mai–Okt. tgl. ab 11 Uhr, €, EZ ab 65 €, DZ ab 80 €

Bewegen

Schwimmen & Saunieren

Geibeltbad: Das Geibeltbad in Pirna hat eine schöne Saunalandschaft mit fünf klassischen Saunen, Dampfbad und Hamam.

Pirna, Rottwerndorfer Str. 56c, T 03501 71 09 00, www.geibeltbad-pirna.de

Infos

- **Verkehr:** Die S-Bahn fährt alle halbe Stunde von Dresden nach Pirna (21 Min.), www.vvo-online.de.
- **TouristService Pirna:** Im Canalettohaus Am Markt 7, T 03501 55 64 46, www.pirna.de, Nov.–Ostern Mo–Fr 10–16, Sa, So, Fei 10–13 Uhr, Ostern–Okt. Mo–Fr 10–18, Sa, So 10–14 Uhr
- **Öffentliche Stadtführungen:** Ostern–Okt. Mo 14, Mi 17, Sa, So 11 Uhr, Treff: TouristService, 8 €, erm. 5 €

Rund um Pirna

Landschloss Zuschendorf

Karte 3, C3

Das Landschloss Zuschendorf scheint eine direkte Verbindung zur Märchenwelt zu haben. Als Stammsitz der Carlowitzer soll es schon im frühen 14. Jh. gedient haben, doch richtig spannend wird die Geschichte erst ab 1989 mit den acht Gewächshäusern im Park oder besser: mit ihrem Inhalt. In ihnen gedeihen ostasiatische Pflanzen wie Azaleen, Hortensien, Rhododendren, nachgezüchtete Bonsai-Kulturen, Zwergobstbäume – und die Kamelie, die geheimnisvolle Diva der Weltliteratur und der sächsischen Zierpflanzenzucht.

Die 250 zum Teil sehr alten Sorten wuchern hier dank des Gartenbau-Ingenieurs Matthias Riedel, der viele von ihnen in den Wendewirren aus Gewächshäusern Dresdner Gärtnereien rettete, die kein Volkseigentum mehr waren, aber auch keinen neuen Besitzer fanden. Riedel gelang es, sie als Botanische Sammlung an die TU Dresden anzugliedern. Ein Gewächshaus im Park ist ein Technisches Denkmal. Es stammt aus der königlichen Hofgärtnerei in Pillnitz und war 1913, als es gebaut wurde, der modernste Bau seiner Art in Europa.

Wieder einmal geht die Pracht auf das Schönheitsempfinden Augusts des Starken zurück: Seine Begeisterung für alles Chinesisch-Japanische manifestierte sich auch in Pflanzen. Von seinem Hofgärtner George Meister stammen 1692 die ersten europäischen Beschreibungen von Kamelien und Bonsais. Ein Jahrhundert später gab es die ersten Ziersorten in England – und in Dresden, beim Hofgärtner Johann Heinrich Seidel. Ihre Blütezeit in Zuschendorf wird im März mit einer großen Sonderausstellung gefeiert, die fließend in die Azaleenblütenschau im April übergeht.

Am Landschloss 6, Pirna, OT Zuschendorf, www.kamelienschloss.de, per Bus: Linie Z, 207a, vom Busbahnhof am Bahnhof (10–15 Min.), März–Sept. Di–So 10–17 Uhr, Eintritt 7,50 €, erm. 6 €

Barockgarten Großsedlitz

Karte 3, C2

Die barocke Parkanlage Großsedlitz liegt südwestlich von Pirna bei Heidenau, 1,5 km entfernt von der S-Bahn-Haltestelle Heidenau. Von dort führt ein Wanderweg (roter Punkt) zum Barockgarten.

Graf Wackerbarth ließ sich den Garten mit Schloss im Jahr 1719 von Baumeister Johann Christoph Knöffel anlegen. Wenig später kaufte ihm August der Starke das Anwesen ab und beauftragte den französischen Architekten Zacharias Longuelune, einen Park à la Versailles anzulegen – nicht ohne sich selbst, Pöppelmann und Knöffel an dem Vorhaben zu beteiligen. Orangerien, Freitreppen, Barockskulpturen und Kaskaden, Terrassen und Wasserbassins entstanden auf 12 ha, die sich, von strenger Symmetrie ausgehend, schließlich in der Natur verlieren. Im Park gibt es ein Café im Friedrichsschlösschen und regelmäßig Konzerte.

Heidenau, Parkstr. 85, T 0352 95 63 90, www.barockgarten-grosssedlitz.de, März–Sept. tgl. 8–18, Okt. tgl. 10–17 Uhr, Museumsshop, Café April–Okt. Di–So 10–18, Parkführungen So, Fei 11, 14 Uhr, Eintritt 5 €, erm. 4 €

Schloss Weesenstein

Karte 3, C3

Wenige Kilometer südwestlich von Pirna liegt das Schloss Weesenstein auf einem schroffen Felsen über dem Müglitztal. Die Anlage, die bereits im Jahre 1318 erstmals erwähnt wurde, gehört zu den schönsten in Sachsen. Sie war Veste, Ritterburg, Renaissanceschloss, Barockresidenz und Königssitz im 19. Jh. – von der Romanik bis zum Klassizismus ist hier deshalb jeder Baustil vorzufinden, meist etagenweise getrennt. 1830 wurde das Schloss von den Wettinern übernommen. Der Prinz und spätere König Johann von Sachsen (1801–1873) übersetzte hier Dantes Göttliche Komödie. Sehenswert ist die kostbare Ledertapete im Festsaal, die in der Zeit um 1700 angefertigt wurde. Das Museum wird von einer feinen Rosenausstellung ergänzt: Hunderte von ihnen wachsen fein säuberlich mit Namen versehen im barocken Schlosspark. Die ersten Bewohner waren übrigens die Burggrafen von Dohna, damals nach dem Markgrafen in Meißen die mächtigste Adelsfamilie von hier bis ins Osterzgebirge.

Müglitztal, Am Schlossberg 1, T 03502 762 60, www.schloss-weesenstein.de, tgl. 10–18 Uhr, Eintritt 8 €, erm. 7 €; Schlosscafé: T 0152 33 69 65 72, Di–So 11–18 Uhr

K

KULTUR BIS INS KLEINSTE TAL

Von April bis November, mit Glück gibt es noch ein paar Ausreißer davor und danach, sorgt das Festival **Sandstein & Musik** (www.sandstein-musik.de) für besondere Kultureinlagen zwischen Königstein, Weesenstein, Stolpen und Bad Schandau, in Kirchen, Schlössern, Weingütern und alten Mühlen. Bis 2023 eröffnete traditionell Ludwig Güttler mit seinem Blechbläserensemble die Konzertreihe. Dessen Nachfolge als künstlerischer Leiter tritt 2024 Hinrich Alpers an. Mittlerweile gehören auch Lesungen und Liederabende zum Festival (Spielpause im Aug.).

Burg Stolpen und Burg Hohnstein

Zu den beliebtesten Ausflugszielen in der rechtselbischen Sächsischen Schweiz gehören die beiden traditionsreichen Burgen Hohnstein und Stolpen mit ihrer wechselvollen Vergangenheit. Beide sind zudem von ebenfalls sehenswerten, uralten Städtchen umgeben, und beide liegen im Nationalpark »Vordere Sächsische Schweiz«.

Burg Stolpen

Karte 3, D2

Wer auf der B6 von Dresden in die Sächsische Schweiz fährt, den begrüßen zuerst die Burgtürme von Stolpen. Die Basaltkuppe eines verwitterten Vulkankegels bildet die Erhebung in der Landschaft, die der Burg zugrunde liegt. Offensichtlich stach sie bereits unseren Altvorderen

Die Brand-Baude bei Hohnstein liegt 170 m über dem Polenztal – genug für einen weiten Blick über die Sächsische Schweiz.

ins Auge, denn von einer Wehranlage aus Holz berichten bereits Quellen aus dem 12. Jh. Im 13. Jh. sicherte sich der Hochstift Meißen die Burg als Verwaltungsamt und baute sie im 15. Jh. zum Bischofssitz aus. In dieser Zeit bekam die Burg ihre vier Höfe. Eine Besonderheit ist der 85 m tiefe Brunnen durch Basaltgestein. Auch der Name »Stolpen« leitet sich von den natürlichen Basaltsäulen ab, die sich an einigen Stellen des Burgfelsens gut abzeichnen: Das slawische »stolpno« bedeutet »Säulenort«.

Berühmt wurde die Anlage – einmal mehr – durch August den Starken, diesmal allerdings nicht für seine genial-opulenten Eingriffe, sondern weil er hier seine abservierte Mätresse festsetzte. Die von ihm erst zur Gräfin erhobene Anna Constanze Cosel, Mutter dreier seiner Kinder und acht Jahre an seiner Seite, fiel in Ungnade, als sie sich zunehmend in Augusts Polen-Politik einmischte – sie missbilligte seine Bestrebungen, die polnische Krone zu erringen. Zudem besaß sie ein gefährliches Faustpfand von August: sein schriftliches Eheversprechen, einzulösen beim Tod seiner Ehefrau. Ihr Verbleib in Dresden wurde ihm zu heikel, 1716 verbannte er sie auf die Burg Stolpen. Dort blieb sie 49 Jahre bis zu ihrem Tod 1765. Für die Zerstörung der Burg sorgte Napoleon Bona-

ORIENTIERUNG **O**

Hinkommen: Von Dresden fährt die Buslinie 261 vom Hauptbahnhof bis Stolpen (Richtung Neustadt), Mo–Fr stdl. zwischen 6 und 20 Uhr, Sa, So alle zwei Stunden, www.vvo-online.de.
Tourist-Information: Markt 26, 01833 Stolpen, T 035 97 32 73 13, April–Okt. Mo–Fr 10–12, 13–17, Nov.–März Di, Do 10–12, 13–17 Uhr

parte 1813 bei seinem Rückzug nach der Völkerschlacht bei Leipzig. Im Museum geht es um sie, um den Geologenstreit zum Basalt und den 85 m tief ins Gestein getriebenen Brunnen.

Burg Stolpen, T 035973 234 10, www.burg-stolpen.org, April–Nov. tgl. 10–18, Dez.–März Di–So 10–16 Uhr, 8 €, erm. 7 €

Burg Hohnstein

Karte 3, D 2

Ein hoher Sandsteinfelsen über dem Polenztal schien den böhmischen Herrschern im 12. Jh. der geeignete Ort zu sein, um die Grenze zum Markgrafentum Meißen, also zu Sachsen, im Auge zu behalten und mit einer Feste zu sichern. Bereits im 15. Jh. ging die Burg allerdings in den kurfürstlich-sächsischen Besitz über und wurde als Amtssitz mit Gerichtsstand und Gefängnis genutzt. Ab 1866 war die Burg eine berüchtigte Arbeits- und Haftanstalt und ab 1924 eine der größten Jugendherbergen Deutschlands. Den Tiefpunkt der Burggeschichte bildete das Konzentrationslager, das die Nazis im März 1933 für politische Gefangene einrichtete. Die ca. 5600 Häftlinge bauten u. a. die Serpentinenstraße, die von Rathewalde hinauf nach Hohnstein führt. Seit 1949 wird die Burg wieder als Jugendherberge genutzt.

Rundgang durch die Burg

Durch ein Torhaus aus dem 17. Jh, das früher mit einer Zugbrücke versehen war, gelangt man an Turmverliesen vorbei in einen Innenhof. Von hier aus hat man einen herrlichen Blick auf das nahe liegende Polenztal. Am Burghof befindet sich das Hintere Alte Schloss aus der 2. Hälfte des 19. Jh. mit Grundmauern aus dem 17. Jh. (Hotel). Der Turm wurde erst 1951 mit Burgschänke und kleiner Caféterrasse erbaut (Jugendherberge). Unterhalb der Burg liegt der Bärengarten, 1609 von Kurfürst Christian II. angelegt.

Burgcafé: T 0359 758 12 02, www.burg-hohnstein.info, tgl. 14–21, Übernachtung ab 45 €/Pers. (Hotel) und 32 €/Pers. (Herberge)

Rund um die Burg

Auch der Ort Hohnstein, 1333 erstmals erwähnt, war ursprünglich im Besitz böhmischer Herren und kam 1543 zum Machtbereich der sächsischen Kurfürsten. Sehenswert sind der Marktplatz unter der Burg und die umliegenden gewundenen, zum Teil steil ansteigenden, kopfsteingepflasterten Gassen mit vielen Fachwerkhäusern aus dem 18. und 19. Jh. Unter ihnen beeindrucken vor allem die Apotheke am Markt, in der heute das Bergsportgeschäft Arnold (www.bergsport-arnold.de) untergebracht ist, und das 1688 errichtete Rathaus in der Rathausstraße. Wichtigstes Bauwerk des Ortes ist die Stadtkirche, die der Architekt der Dresdner Frauenkirche, George Bähr, 1725–28 schuf. Der Grundriss des Gotteshauses, das zu den bedeutendsten Barockkirchen Sachsens gezählt wird, ist quadratisch. Im protestantisch-schlichten Kirchenraum stehen ein Altar von 1736, eine Orgel von 1678 und ein Taufstein von 1738.

Buslinien 236 und 237 vom ZOB Pirna Richtung Sebnitz, Haltestelle »Hohnstein, Markt«, 41 bzw. 37 Min., verkehren 6–17 Uhr, www.vvo-online.de

Wanderungen um Hohnstein

Naturlehrpfad zum Hockstein

An der Burg Hohnstein beginnt das erste Teilstück eines Naturlehrpfades (Wegzeichen: grüner Querstrich, Stationen 1–36), der auf dem Hocksteinweg zum Hockstein führt. Die 114 m hinauf geht es auf Stiegen in der engen **Wolfsschlucht.** Diese wilden Felsen in-

P

IN HOHNSTEIN TANZEN DIE PUPPEN

– Max Jacob brachte den Kasper 1928 nach Hohnstein. Der Puppenspieler kam aus der Wandervogel-Bewegung, und sein Kasperletheater erzählte komplexere Geschichten als der dato bekannte, raubeinige Jahrmarktskasper. Bis heute pflegt das Hohnsteiner Max-Jacob-Theater diese Tradition. (Max-Jacob-Str. 1, www.max-jacob-theater.de)
– Großmutter, Teufel, der Kasper und das Krokodil: Über 30 verschiedene Charakterköpfe aus Lindenholz schnitzt Wolfgang Berger in seiner Werkstatt nach Originalvorlagen von 1920. Seine Schwester kleidet die Puppen ein. (Hohnsteiner Handspielpuppenwerkstatt, Werkstatt & Verkaufsausstellung, Wolfgang Berger, Sachsenberg-Siedlung 6a, anmelden unter T 03597 58 16 57, www.original-hohnsteiner-handspielpuppen.de)
– Seit 1968 treffen sich Puppenspieler aus aller Welt in Hohnstein und zeigen ihre Stücke auf der Burg und im Städtchen. Das fröhliche Fest besuchen bis zu 2500 Zuschauer. (Hohnsteiner Puppenspielfest, Ende Mai/Anfang Juni, www.hohnsteiner-puppenspielfest.de, T 03597 15 76 47)

spirierten den Dichter Friedrich Kind zum Libretto des »Freischütz«, das wiederum Carl Maria von Weber als Vorlage zu seiner Oper diente. Oben ist die Aussicht grandios. Im Mittelalter befand sich hier eine der Burg Hohnstein vorgelagerte Wehranlage. Der Hochsteinweg führt dann weniger steil weiter zur Wartenbergstraße und über die Polenz zurück nach Hohnstein.

ca. 6 km, ca. 3 Std., steile Höhenunterschiede, Stiegenwege

Naturlehrpfad rund um Hohnstein

Auch der zweite Lehrpfad, ebenfalls mit schrägem Grünstrich markiert, ist ein Rundweg. Dieser führt direkt um Hohnstein. Die Tafeln der Nummern 37 bis 54 liegen auf der Strecke. Vom Bärengarten unterhalb der Burg Hohnstein geht es zunächst zur Gautschgrotte, dann am ehemaligen Steinbruch vorbei zum Räumigtweg Richtung Napoleonschanze und über den Röhrenweg zurück nach Hohnstein. Für beide Naturlehrpfade gibt es ein Wanderheft in der Touristeninformation.

ca. 6 km, ca. 3 Std.

Museen

Burgmuseum Stolpen

Drei Dauerausstellungen beleuchten verschiedene Aspekte aus der Burg- und Berggeschichte:

– Lebenslänglich Stolpen. Der Mythos Cosel: Die Geschichte der Cosel, die lange Zeit nur als machtgierige Mätresse Augusts des Starken bekannt war, erzählt eine Ausstellung im Johannisturm. Dort verbrachte sie ihre letzten Jahre in der Burg. Ihr Wohnzimmer, ihr Schlafzimmer und die Küche geben außerdem einen Alltags-Einblick in die Zeit des Barocks.

– Mittelalterliche Rechtsgeschichte in der Folterkammer: Die Folterkammer der Burg war bis 1770 in Betrieb. Eine umfassende Sammlung mittelalterlicher Folterwerkzeuge und Gesetzestexte, die ihren Gebrauch legitimierten, geben einen Einblick in die damalige Denkweise, die mit Folter versuchte, der Wahrheit näherzukommen.

– Der Basalt ist ein Sachse: Dass der Stolpener Basalt ein besonderes Gestein ist, fällt bereits am Burgberg auf: Vor 25 Mio. Jahren erstarrte ein Lavasee zu lang gezogenen, sechseckigen, dunkelgrauen Säulen. Die Montanwissenschaften ernannten sie zur Typuslokalität des Basalts. Eine Ausstellung in den Kellerräumen erklärt seine Besonderheiten.

Schlossstr. 10, T 03597 32 34 10, www.burg-stolpen.org, April–Okt. Di–Fr 10–18, Nov.–März Di–So 10–16 Uhr, Eintritt 8 €, erm. 7 €, bis 16 Jahre 1 €

Schlafen

Mitten in Hohnstein

Gesundheitshaus: Hohnstein hat eine Burg, einen Markt und eine kopfsteingepflasterte Gasse, die hinunter zum Puppentheater und zum Freibad führt. Klingt idyllisch? Dann können Sie sich mit diesen modern ausgestatteten Ferienwohnungen genau in der Mitte einmieten.

Gesundheitshaus Hohnstein, Rathausstraße, T 0160 636 85 89, www.ferienwohnungen-gesundheitshaus-hohnstein.de, 5 Wohnungen für 2–4 Personen, €

Essen

Gute Auswahl

Ladencafé Holunder: Wer nach einem sinnvollen Mitbringsel aus der Region sucht, findet hier Obstbrand, Ziegenkäse & Co. Die Einkehr lohnt auch wegen des selbstgebackenen Kuchens zu einem guten Kaffee und hausgemachtem Eis im Sommer.

Hohnstein, Rathausstr. 1, T 03597 585 98 98, Mai–Sept. Mo, Di, Do–So 14–17 Uhr

Hoch über dem Polenztal

Brand-Baude: Hier geht es um das Wesentliche beim Wandern: die Rast in schöner Umgebung mit prächtiger Aussicht, bei Kakao, Kuchen oder Kartoffelsalat. Von Hohnstein aus führt der Malerweg hin (Etappe 3, von Hohnstein zum Brand ca. 3 km). Außerdem vor Ort: Gästezimmer, ein Tier-Schaugehege und die Nationalpark-Infostelle.

Brandstr. 27, Polenztal, T 03597 58 44 25, www.brand-baude.de, April–Okt. tgl. 11–19, Nov.–März Mi–So 11–17 Uhr, DZ ab 45 €

Ländlicher Genuss

Landgasthof Schwarzbachtal: Die Alte Böhmische Glasstraße führt vom Sportplatz Hohnstein nach Lohsdorf (gelber Strich) mit dem motivierenden Ziel von Barbara Sieberts Landgasthof. Die raffiniert-einfach-regionalen Gerichte der leidenschaftlichen Köchin sind mehrfach preisgekrönt, unbedingt reservieren! Schöne Gästezimmer vermietet sie außerdem.

Lohsdorf, Niederdorfstr. 3, T 03597 58 03 45, www.schwarzbachtal.de, €€, EZ ab 80, DZ ab 100 €

Einkaufen

Wie gemalt

Atelier Jochen Fiedler: Der Dresdner Künstler hat ein gutes Auge für die Besonderheiten des Elbsandsteins, der Dörfer ringsum und des Lichts der jeweiligen Jahreszeit. Seine Aquarell- und Ölbilder machen Fernweh nach dem nächsten Feldweg.

Markt/Pechhüttenweg 1, www.jochenfiedler-dresden.de, April–Okt. Fr 15–18, Nov.–März Fr 14–17 Uhr und auf Voranmeldung: T 0178 601 94 09

Bewegen

Frisches Bad

Stadtbad Hohnstein: Das kühle Wasser in den zwei glänzenden Edelstahlbecken stammt aus einer Quelle – weil ständig frisches nachkommt, muss nicht

gechlort werden. Das Schwimmerbecken ist 20 m lang, zum Nichtschwimmerbecken gehört eine große Spaßrutsche.
Mai–Sept., tgl. 10–18, Juli, Aug. bis 19 Uhr, 3,50 €, erm. 2 €

Rund ums Klettern

Bergsport Arnold: Kletterzubehör vom Schuh bis zum Karabiner und Kletterkurse vom Original (s. Kasten unten): Bernd Arnold und seine Mitstreiter kennen jeden Griff im Elbsandstein und jede Technik, die zum Gipfel führt. Respekt vor der Natur und Geduld mit Anfängern gehört zum Selbstverständnis.
Hohnstein, Obere Str. 2, T 03597 58 12 46, www.bergsport-arnold.de

Infos

- **Touristinfo und Traditionsstätte Handpuppenspiel:** Mit Material zu Wandertouren, Fahrradverleih und Puppenspielmuseum.
Rathausstr. 9, T 03597 58 68 13 (oder 51 94 33), www.hohnstein.de, April–Okt. tgl. 9–12, dazu Mo–Fr 13–17, So, Fei 13–15, Nov.–März Mo–Do 9–12, 13–15, Fr 9–12, Sa 9–10 Uhr

B

BERGLEGENDE

Arnold – der Name des Bergsport-Ladens am Markt steht für eine Legende. Bernd Arnold, 1947 in Hohnstein geboren, ist der Erstbegeher zahlreicher Kletterrouten in der Sächsischen Schweiz und weltweit. Meist hat er die Wege barfuß absolviert. Sein Ruf in der Kletterszene reichte bereits in den 1970er-Jahren bis in die USA, wohin ihn der amerikanische Bergsteigerverband einlud. Doch erst nach dem Ende der DDR konnte er auch die Felsen außerhalb des Ostblocks erklimmen. Beim Bergsommerabend am ersten Juliwochenende wird viel darüber geklönt (www.bergsport-arnold.de, s. a. oben).

Vordere Sächsische Schweiz

Das Basteigebiet, eine bewaldete Hochfläche zwischen der Stadt Wehlen und Rathen, ist das älteste und bekannteste Ausflugsziel im Elbsandsteingebirge und Teil des Nationalparks Vordere Sächsische Schweiz. Bei Wehlen fließt die Elbe zwischen bizarren Felsformationen aus Sandstein – dramatisch genug für die Bildfindungen Caspar David Friedrichs und für die Naturbühne in Rathen.

Stadt Wehlen

Karte 3, D 2

Das kleine Wehlen mit seinen 1200 Einwohnern hat seit 1419 das Stadtrecht. Die Häuser rund um den Marktplatz sind aus dem 18. Jh. das Rathaus wurde 1747 erbaut, die neugotische Kirche 1883. Cafés mit Elbblick-Terrassen liegen an der Uferpromenade. Auch die Dresdner Schaufelraddampfer legen hier an. Der S-Bahnhof liegt auf der anderen Elbseite im Ortsteil Pötzscha und ist per Fähre zu erreichen. Wehlen liegt in der Nationalpark-Kernzone und ist ein zentraler Ausgangspunkt für zahlreiche Wanderungen.

Pure Waldidylle

Von Wehlen sind es 2,5 km auf einem breiten, gemütlichen Wanderweg (roter Punkt) bis zum Gasthaus Waldidylle im Uttewalder Grund. Caspar David Friedrich (1774–1840) könnte dort eingekehrt sein, als er 1801 zum Felsentor wenige Hundert Meter weiter wanderte. Von seinem Besuch dieses zusammengestürzten Felsens zeugt eine Zeichnung, die er in Sepiatechnik ausführte, und in einer schriftlichen Überlieferung hielt er seinen tiefen Eindruck von diesem Ort ebenfalls fest: »Einmal wohnte ich allein eine ganze Woche im Uttewalder Grund (oberhalb von Wehlen) zwischen Felsen und Tannen. In dieser Zeit traf ich keinen einzigen Menschen. Ich muß sagen, das war schon fast zu viel für mich. Unwillkürlich tritt Düsternis in die Seele.«

Trotz aller Düsternis besuchte der Maler noch oft die Sächsische Schweiz. 1813 nahm Friedrich mehrere Monate Quartier in Krippen (Caspar-David-Friedrich-Wanderweg, s. S. 214), wo ihm das Motiv zum »Wanderer über dem Nebelmeer« (1817, Hamburgische Kunstsammlungen) begegnete. Das Gemälde avancierte zum Erkennungsbild der romantischen Bewegung des frühen 19. Jh. Auch die Inspiration zur »Felsenschlucht« (1823, Wien) und zum »Ausblick ins Elbtal« (1807, Galerie Neue Meister Dresden) holte sich der Künstler im Elbsandsteingebirge. Höchstwahrscheinlich machte der Schweizer Landschaftszeichner Adrian Zingg den Maler im Jahr 1799 auf die Gegend aufmerksam.

Museen

Regionalgewächse

Heimatmuseum & Pflanzengarten: In einer ehemaligen Bergsteigerhütte ist die Geschichte Wehlens als Sandsteinlieferant und Schifferstädtchen dokumentiert. Den Pflanzengarten legte der Bildhauer und Bergsteiger Hans Thumm 1925 an. Rund 600 Bergpflanzenarten wachsen hier auf 5200 m^2.

Lohmener Str. 18, T 0352 47 04 13, Mai–Okt. 8–18 Uhr

Kunstsinn

Robert-Sterl-Haus: Im linkselbischen Stadtteil Pötzscha liegt das original eingerichtete Wohnhaus des Impressionisten und Kunstakademie-Professors Robert Sterl (1867–1932). Neben Zeichnungen und Gemälden ist hier die häusliche Atmosphäre des frühen 20. Jh. sehr lebendig.

Robert-Sterl-Str. 30, Ortsteil Pötzscha, T 0350 207 02 16, www.robert-sterl-haus.de, Mai–Okt. Do–So 9.30–17, Nov., Feb.–April Do, Sa 10–16 Uhr, Eintritt 5 €, erm. 3,50 €, Familien 12 €

Schlafen

Kunst am Malerweg

Schützenhaus: Seit der Künstler Christopher Haley Simpson das Schützenhaus in Wehlen mit Freunden bewirtschaftet, stapelt sich dort in jeder Ecke Kunst. Der Künstler gibt Führungen durchs (scheinbare) Chaos (nach Vereinbarung). Wer das

Wehlens Kirche ist eine Radfahrerkirche – sinnvoll bei der Lage am Elberadweg.

Bohème-Flair länger genießen will, kann auch ein Bett mieten und erst am nächsten Tag weiterwandern.

Schützenhaus, Hausberg 9–10, T 01520 941 98 69, www.schuetzenhaus-wehlen.de, Führungen 6 €, Übernachtung ab 30 €/EZ, 43 €/DZ, 17,50 €/Gruppenraum

Essen

Die Ruhe selbst

Gasthaus Waldidylle: Die Gastwirtschaft gibt es seit 1790 und sie wirkt seitdem nicht wesentlich verändert. Die Gerichte sind sächsisch-rustikal, die Ruhe stammt aus der Zeit vor der Industrialisierung.

Uttewalder Grund, Grundstr. 2, T 0350 247 98 46, www.waldidylle-online.de, Jan. Sa, So 10–16, März, April Mi–Fr 11–15, Sa, So 10–16, Mai–Okt Mi–So 10–17, Nov.–Dez. Mi–Fr 11–15, Sa, So 10–16 Uhr, €

Ziel vor den Augen

Berggaststätte Fels Rauenstein: Die Höhenmeter zum Rauenstein (s. Tour S. 230) erklimmen sich umso motivierter, wenn die Gaststätte oben geöffnet hat. Denn dann gibt's Makkaroni, Dampfnudeln oder Bockwurst – genau das Richtige für eine Wander-Halbzeit.

S

AUF DEN SPUREN DER STEINBRECHER

Die alten Sandsteinbrüche nahe Wehlen versorgten bis Anfang des 20. Jh. Dresden und die Welt mit Sandstein. Nationalparkführer Andreas Bartsch führt sehr kenntnis- und ideenreich zu den alten Schauplätzen bei Wehlen (Andreas Bartsch, Termine unter T 0170 404 07 89, www.steinbruchfuehrungen.de).

Rauenstein, T 035021 644 46, www.fels-rauenstein.de, April–Okt. tgl. 10–17 Uhr, Nov.–März Sa, So 11–17 Uhr, €

Einkaufen

In allen Regenbogenfarben

Bonbon Manufaktur: Vor den Augen staunender Kinder zieht der Meister Karamellus aus einem bunten Klumpen Masse lange Stangen, von denen er dann tütenweise Bonbons abschlägt. Die lassen sich natürlich genauso tütenweise kaufen.

Markt 5, www.karamellus.de, Mi–So 10–18 Uhr

Bewegen

Wandertouren & Bootsverleih

Elbe Adventure: Mit dem Schlauchboot die Elbe hinunter funktioniert mit Touren von Schöna nach Wehlen oder von Wehlen nach Pirna. Wandertouren und Höhlenkletterkurse lassen sich auch buchen.

Saarstr. 5, OT Pötzscha, T 0152 08 56 38 85, www.elbe-adventure.de

Schwimmen und Planschen

Freibad Stadt Wehlen: Gleich beim Bahnhof liegt das Bad mit Sport- und Spaßbecken, Riesenrutsche und jeder Menge Liegewiese ringsum.

Saarstr. 5, T 035020 702 49, Mai, Sept. tgl. 10–18, Juni–Aug. tgl. 10–19 Uhr, Eintritt 5 €, erm. 2,50 €

Sandstein in klein

Miniaturpark Sächsische Schweiz: Auf 8000 m^2 Freifläche ist die Landschaft der Sächsischen Schweiz nachgebildet. Historische Verkehrsmodelle befahren die Anlage, dazu gibt es Souvenirs aus Sandstein.

Schustergasse 8, Ortsteil Dorf Wehlen, T 0350 247 06 31, www.kleine-saechsische-schweiz.de, April–Okt. tgl. 10–18 Uhr, Eintritt 12 €, erm. 8 €

Infos

- **Verkehr:** Die S-Bahnlinie S1 verkehrt halbstündlich zwischen Dresden Hauptbahnhof und dem Bahnhof Stadt Wehlen (30 Min. Fahrzeit). Sie befinden sich dann im Ortsteil Pötzschta. Ins Wehlener Ortszentrum setzt die Fähre über.
- **Mit dem Bus zur Bastei:** Die Buslinie 239 fährt von Stadt Wehlen über Uttewalde zur Bastei, April–Okt. Sa, So, Fei stdl. 9–19 Uhr, www.rvsoe.de.
- **Touristinfo Stadt Wehlen:** Markt 7, T 035 02 47 04 14, www.wehlen-online.de, April–Okt. Mo–Fr 9–12, 13–17, Sa 9–12, Nov.–März Di 9–12, 13–17, Do 9–15 Uhr

Rathen

Karte 3, D2

Zwischen Felsen und Elbe ist wenig Platz. Deshalb können nur Dauergäste ihr Auto im Kurort abstellen, alle anderen nutzen besser den Großraumparkplatz in Oberrathen, der an der S-Bahn-Haltestelle Kurort Rathen liegt. Das lohnt sich schon allein deshalb, weil Sie dann mit der Fähre in das kleine Örtchen übersetzen müssen – und zwar mit einer Gierseilfähre! Das verblüffend einfache physikalische Prinzip nutzt ausschließlich die Strömungsenergie der Elbe und lässt Sie ungestört von Motorenlärm schon mal in aller Ruhe die Felswände des Basteimassivs bewundern. Im Ortskern stehen kleine Fachwerkhäuser und Villen, am Elbufer Cafés. Die Geschichte von Rathen (500 Einw.) beginnt im 13. Jh., als eine Burg als Adelssitz erwähnt wurde. Aus dem 16. Jh. stammt die Alte Mühle am Beginn des Amselgrundes. Am gegenüberliegenden Elbufer sind der moderne »Lichterbrunnen« und die »Klangterrasse« zu finden.

Aussichtsreich ist schon der Weg zur Bastei, die vor Kurzem eine neue Aussichtsplattform bekommen hat.

Bastei

Das Basteigebiet, 1592 erstmals »Pastey« genannt, ist Mittelpunkt des Nationalparks Vordere Sächsische Schweiz. Die ersten Besucher kamen Ende des 18. Jh. auf den Felsen, der nur 130 m von der Elbe entfernt ist, aber 305 m hoch wie ein Riff zur Elbe hin vorspringt. Mittlerweile sind es jährlich um die 2 Mio. Menschen, die von hier aus den Blick über das Elbtal und die Tafelberge schweifen lassen. Bei guter Sicht reicht er sogar bis ins Erzgebirge und nach Tschechien. Der Sandstein allerdings lässt sich von seinem Wert für die Tourismusindustrie nicht beeindrucken. Er erodierte so stark, dass er inzwischen mit einer modernen Aussichtsplattform aus Beton überbaut wurde, die jetzt über dem Basteifelsen schwebt.

TOUR
Von wegen rau!

Eine Wanderung über die Rauensteine

Infos

Karte 3, D 2/3

Hin & Weg: S-Bahn Dresden Hbf–Wehlen, 30 Min.

Strecke: 7,4 km

Laufzeit: ca. 3 Std.

Kartenmaterial: »Vordere Sächsische Schweiz« von Sachsen Kartographie

Zum Sandstein-Impressionisten

Rauenstein heißt die Sandsteinformation mit den flachen Kuppen östlich des **Wehlener Bahnhofs.** Auf dem Weg dorthin geht es auch am **Robert-Sterl-Haus** vorbei. Das Wohn- und Atelierhaus des Impressionisten (1867–1932) liegt sinnigerweise am Malerweg. Mitsamt dem originalen Gründerzeitmobiliar dient es als Museum und zeigt Sterls Steinbruch-Studien und -Gemälde, die in der unmittelbaren Umgebung entstanden: In Wehlen sind noch heute Hinterlassenschaften wie Schienen und Kranrollen der mittlerweile aufgegebenen Brüche zu finden.

Vorsicht vor der Kuppenkante!

Der **Rauenstein** aber durfte so bleiben, wie er ist: rundgewaschene Kuppen, dazwischen die Elbsandstein-typischen tiefen Klüfte – Risse im Stein, die die Erosion bis zur Klamm verbreitert hat. Ein bisschen tückisch ist der Gipfel: Mit ihren breiten, gutmütigen Wölbungen wirkt die Steinlandschaft harmlos passierbar. Ist sie ja

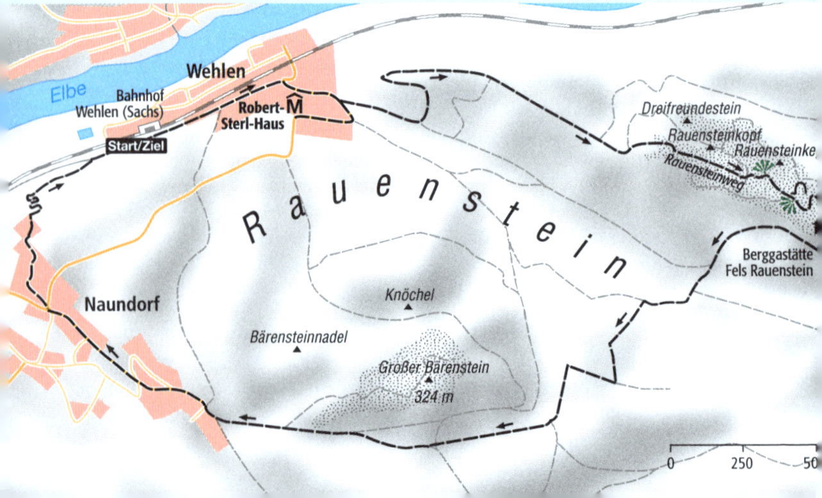

Wege nicht verlassen! Hinter so manch gutmütiger Wölbung folgt ein steiler Abgrund.

auch. Wer auf dem gut erkennbaren Weg bleibt, hat nichts zu befürchten. Man sollte sich nur ab und an vergegenwärtigen, dass gleich hinter einigen Wölbungen steile Abgründe folgen. Absperrgeländer wie beim Lilienstein gibt es hier nicht. Noch eine Warnung: Wenn der Stein feucht ist vom Regen, wird er gemein rutschig. Nichts mit rau! Und hier noch eine kleine Geologiefaustregel mit auf den Weg: Alle ›Steine‹ der Sächsischen Schweiz sind aus Sandstein, alle ›Berge‹ aus Porphyr.

Panorama, Panorama

Eigenartig ist genau das richtige Wort: Allen Felsen des Elbsandsteingebirges liegt dieselbe Gesteinsplatte zugrunde, die überall den gleichen Witterungs- und Erosionskräften ausgeliefert war. Dennoch hat sie verschiedene Formen hervorgebracht: Mal bauen sich die Steine nur findlingsartig in der Landschaft auf wie bei den Nikolsdorfer Wänden südlich von Königstein, mal bleiben sie ein großer Block mit schroffer Kante wie die Schrammsteine gegenüber auf der anderen Elbseite, mal entsteht diese markante Lilienstein-Silhouette mit einem Block in der Mitte und abgewitterten Seiten. Letzterer ist es übrigens auch, der sich als gewaltiges Panorama aufbaut, wenn die letzten Rauenstein-Ausläufer in Wald und schließlich Feld übergehen. Auf den letzten Kilometern bis **Naundorf** offenbart die Sächsische Schweiz einmal mehr, warum sie so berühmt ist: Nach Steinkraxeln und Waldlauf leiten gefällig-hügelige Wiesen in Sterls kleines Dörfchen zurück, allerdings diesmal ins ›Oberdorf‹. Zum **Bahnhof** geht es steil nach unten.

Die naturbelassenen Felsformationen mitsamt Klammerkiefern ringsum sehen aus, als hätten japanische Landschaftszeichner sie erfunden. Bei feuchter Kälte, wenn Nebelschwaden aus den Tiefen dampfen, ist man auf der Bastei so mutterseelenallein wie Caspar David Friedrichs Helden. Die »Felsenpartie im Elbsandsteingebirge« (1822, Wien) malte der Künstler nach einem Besuch auf der Bastei.

Zurück nach Rathen

Zurück nach Rathen geht es über die Basteibrücke auf dem Basteiweg. Aber zunächst bietet sich ein kurzer Abstecher zur Ruine der Felsenburg Neurathen (tgl. 9–18 Uhr) an. Sie diente im Mittelalter als Bastion, zerstört wurde sie schon 1469. Noch zu erkennen sind ein mittelalterlicher Wehrgang, Felsengemächer und Überbrückungen.

Essen

Aussicht für alle

Berghotel und -restaurant Bastei: An der Stelle des Ausflugsrestaurants bot im Jahr 1812 ein Lohmener Fleischer einen Imbiss an. Das Gaststättengebäude von 1826 wurde in den 1970er-Jahren an das deutlich gestiegene Besucheraufkommen angepasst und erweitert. Die breite Fensterfront gewährt von vielen Tischen aus eine gute Sicht. Solide bürgerliche Kost.

T 0350 24 77 90, www.bastei-berghotel.de, tgl. 12–22 Uhr, €€

Ausgehen

Naturkulisse

Felsenbühne Rathen: Das Freilichttheater, zu erreichen über den Amsel- und den Wehlgrund, bietet 2000 Besuchern Platz und wird von den Landesbühnen Radebeul mit betrieben. Auf dem Programm steht immer eine Winnetou-Geschichte, aber auch der »Freischütz« oder »Mein Freund Wickie«.

Amselgrund 17, T 0351 895 43 21, T 0350 24 77 70, www.felsenbuehne-rathen.de, Spielzeit Mai–Aug., Karten ab 22 €, erm. ab 16 €

Infos

- **Verkehr:** Die S-Bahnlinie S1 verkehrt halbstündlich zwischen Dresden Hauptbahnhof und dem Bahnhof Kurort Rathen (33 Min. Fahrzeit). Mit der Gästekarte ist die Fähre nach Niederrathen frei. Ruderbootverleih auf dem Amselsee: tgl. 9.30–16.30 Uhr, ab 4 €.
- **Touristinformation:** »Haus des Gastes«, Füllhölzelweg 1, T 035 02 47 04 22, www.kurort-rathen.de, Mo–Fr 9–12, Mo auch 13–18, Di–Do 13–15, Fr 12–14 Uhr

Romeo und Julia mit viel Drama auf der Felsenbühne Rathen

Königstein

Karte 3, D 3

Die Festung Königstein ist eine der Landmarken der Sächsischen Schweiz, diesmal auf der südlichen Seite der Elbe. Der 361 m hohe Tafelberg ist von weit her sichtbar, noch dazu säumt ihn die markant gezahnte Mauerkrone. Der kleine Ort Königstein mit seinen 4500 Einwohnern verliert sich fast unter diesem Koloss. Mit ihren 9,5 ha Grundfläche ist die Festung eine der größten Verteidigungsanlagen Europas. Bis in die 1950er-Jahre eher abgeschottet von jeglichem Publikumsverkehr, wird sie inzwischen alljährlich von 600 000 Besuchern besichtigt. Ein Wanderweg, ein Personen- und ein Panoramaaufzug (April–Okt.) führen nach oben. In der Landschaft rund um die Festung breiten sich weitflächige Plateaus bzw. Ebenen aus, auf denen sich Tafelberge erheben. Der Pfaffenstein (435 m), der Papststein (451 m) und der Lilienstein (415 m) sind Wanderziele in unmittelbarer Nachbarschaft.

Geschichte

Die Festung wurde Mitte des 13. Jh. als wehrhafte Steinburg angelegt, gehörte die meiste Zeit den Wettinern und diente ihnen auch als Residenz und Kulisse für höfische Feste. Seit dem Mittelalter hat sie in fast jedem Jahrhundert einen weiteren Anbau bekommen. In Kriegen bot sie einen sicheren Ort für Staatsschätze, diente als Gefängnis und Lager für politische und Kriegsgefangene. In ihrer langen Geschichte wurde die Festung nie erobert, was allerdings auch niemand ernsthaft versuchte. Einem Einzelnen gelang es, in die Festung einzudringen: Der Schornsteinfeger Sebastian Abratzky kletterte 1848 an der Südostecke über die Mauer und musste für sein Husarenstück mit zwei Wochen Arrest büßen. 1942 gelang dem französischen General Henri Giraud nach zwei Jahren sorgfältiger Vorbereitung die einzige dokumentierte Flucht. In den Nachkriegsjahren bis 1955 wurden hier zumeist elternlose Jugendliche in einem Jugendwerkhof untergebracht.

Rundgang durch die Festung

Der Rundgang konzentriert sich auf den Eingangsbereich (Torhaus, Kommandantenhaus, Streichwehr, Neues Zeughaus), die Georgenburg, den Augustusplatz und die Friedrichsburg. Der Aufgang zur Burg führt über die Rothe Brücke (1790–1802; ab 1890 Wippbrücke), vorbei an den äußeren Wehranlagen von 1755 zum Hornravelin, der zur Verteidigung des Festungseingangs diente. Es folgt das unter August dem Starken errichtete barocke Medusentor von 1729/30 mit dem Medusenhaupt und dem kurfürstlich-sächsischen Wappen. Das Torhaus hinter dem Medusentor ist der Eingang in die Festung. Im Erdgeschoss finden sich Verteidigungsanlagen, das Obergeschoss wurde zu Wohnzwecken eingerichtet. Der rechte Flügel des Gebäudes ist das Kommandantenhaus, an den linken Flügel schließt sich die Streichwehr an, von der aus der Zugang zur Festung verteidigt werden konnte. Das Neue Zeughaus steht unmittelbar hinter dem Torhaus. Schon seit 1631 befand sich über dem Aufgang der Johannissaal, der als Festsaal genutzt wurde. Auch der Neubau aus dem Jahr 1816 zeigt Falltüren im Boden des Festsaals, durch die sich der Aufgang verteidigen ließ. Die Georgenburg links neben dem Torhaus wurde 1619 unter Einbeziehung der mittelalterlichen Kaiserburg (ab 1250) von Kurfürst Johann Georg I.

TOUR
Klamm, Kamm und die Bastei

Wandern zwischen Hohnstein und Rathen

Infos

Karte 3, D 2

Wanderung 1: Rundweg, ca. 10 km, ca. 3 Std. (ohne Burgbesichtigung), inkl. Lehrpfad ca. 15 km, ca. 4,5 Std., leichter Weg

Tipp: Bei Anreise mit dem Auto empfiehlt sich der Parkplatz am Füllhölzelweg in Niederrathen.

Wanderung 1: Von Rathen nach Hohnstein
Das Ende des **Grünbach-Weges** in Niederrathen stößt auf den **Füllhölzelweg.** Hier beginnt ein Wanderweg, der mit einem roten Punkt auf weißem Grund markiert ist. Das erste Etappenziel nach ca. 3,5 km ist die **Walthersdorfer Mühle.** Sie liegt schon im **Polenztal,** das von teilweise bis zu 100 m hohen Felswänden flankiert wird. Auf den Wiesen blühen im Frühjahr unzählige Märzenbecher. Über den **Schulzengrund** geht es zum **Brand** (Einkehrmöglichkeit Brand-Baude, s. S. 225) mit seiner spektakulären Aussicht. Die **Brandstraße** (später Max-Jacob-Straße) führt direkt weiter nach **Hohnstein.**

Von der Burg zurück zur Walthersdorfer Mühle gelangt man durch das Polenztal: Von Hohnstein aus führen zunächst der **Schindergraben** und der **Bä-**

Auf dem Amselsee können Sie romantische Bootsfahrten zwischen bizarren Felsformationen wie der »Lokomotive« unternehmen.

rengarten-Weg zur Polenz, dann folgt man immer ihrem Lauf.

Wanderung 2: Rundwanderung von Rathen zur Bastei

Der Weg zur Bastei führt zunächst in den **Amselgrund.** Der geht von der Straße **Am Grünbach** in Niederrathen ab (ausgeschildert). Der Wanderweg ist mit einem blauen Strich auf weißem Grund markiert. Das erste Etappenziel ist der **Amselsee,** der seit 1934 angestaut wird (Bootsverleih April–Oktober). Umgeben ist der Grund von Felsgruppen mit ungewöhnlichen Namen wie Lokomotive, Große Gans oder Talwächter – viele davon sind beliebte Klettersteige. Am Ende des Grundes gelangt man zum sogenannten **Amselfall.** Südwestlich des Amselgrunds führt ein Weg 700 Stufen hinauf durch die wildromantische Schlucht namens **Schwedenlöcher.** Ihren Namen erhielt sie, weil sich die Einheimischen im Dreißigjährigen Krieg hier vor den schwedischen Söldnern versteckten. Oben angekommen, zeigen Schilder den Weg Richtung **Bastei.** Vor dem Felsplateau kann man sich von dem riesigen **Panoramarestaurant** Bastei (s. S. 232) aufhalten lassen. Aber darüber nicht vergessen, dass das eigentliche Highlight dieser Tour die riesige Felsbrücke ist.

Wanderung 2: Rundweg, 6 km, ca. 2 Std., zum Teil steile Aufstiege mit vielen Treppen

(1611–56) zum Jagdschloss im Renaissancestil erweitert. Erhalten blieben im Erdgeschoss und ersten Obergeschoss die spätgotischen Fenster aus der Zeit Georgs des Bärtigen (1500–39). Auch der Charakter des Renaissanceschlosses wurde weitgehend verändert. Nur die Arkadenwand aus der Zeit um 1600 erinnert an den Bau Johann Georgs I.

Gutes Festungsleben

Der Augustusplatz war das Zentrum einer kleinen Garnisonsstadt, die über Gerichtsbarkeit und Marktrecht verfügte. Am Platz steht das Brunnenhaus von 1735/36, das über den 152,5 m tiefen Brunnen (gegraben 1563–69; tiefster Brunnen Sachsens) gebaut wurde. Daneben erheben sich die Magdalenenburg und die Garnisonskirche. Die Magdalenenburg, benannt nach der Gattin Magdalene von Johann Georg II. (1656–80), wurde im 19. Jh. zum Proviantlager umgestaltet. Einst diente sie als Brauhaus, später, ab 1621/22, als Gästehaus. Im Obergeschoss wohnte der Hof, in den Felsenkellern von 1591 lagerte von 1725 bis 1819 das größte Weinfass der Welt. August der Starke hatte sich auf einen Wettstreit mit dem Kurfürsten von der Pfalz eingelassen: Das Fass fasste 250 000 l Wein und wurde nur ein einziges Mal gefüllt. In der im Jahr 2000 wieder eingeweihten Garnisonskirche finden sich noch Reste einer romanischen Burgkapelle und gotische Maßwerkfenster aus der Zeit des Umbaus zur Klosterkirche nach 1515. Im Jahr 1676 wurde sie als erste Garnisonskirche Sachsens geweiht. Zwischen Brunnenhaus und Magdalenenburg liegt rechter Hand das Schatzhaus, erbaut 1854/55 als Pulvermagazin. Die bis zu 1,80 m dicken Mauern schützten in Kriegszeiten zuverlässig den sächsischen Staatsschatz, der dann regelmäßig hier eingelagert wurde. Weiter geradeaus folgt die 113 m lange Alte Kaserne (erbaut 1589, halbseitig aufgestockt 1715/16). 32 Soldatenfamilien hatten hier je zwei Räume zur Verfügung.

Unmittelbar an der Festungsmauer steht das Alte Zeughaus von 1594 mit einem gut erhaltenen Kreuzgratgewölbe und Rundsäulen im Erdgeschoss.

Kerker für Staatsgefangene

Die Georgenburg, die Magdalenenburg und das Brunnenhaus wurden schon im 16. Jh. zum Kerker für Staatsgefangene umgebaut. Die prominentesten Insassen waren der Porzellan-Erfinder Johann Friedrich Böttger (1706), der russische Anarchist Michail Bakunin (1849), der Sozialist August Bebel (1874) und der Dramatiker Frank Wedekind (1899; Grund: Majestätsbeleidigung).

Vorsicht bei Gewitter!

Wer den gesamten Verlauf des Elbbogens unter der Festung übersehen möchte, muss zur Königsnase an der Ostspitze der Anlage gehen. Eine Inschrift erinnert an die Opfer eines Blitzschlags: Besuchern ist daher zu raten, bei Gewitter auf jeden Fall Aussichtspunkte auf der Festung zu meiden. Von der Königsnase weiter in nordwestlicher Richtung, auf gleicher Höhe mit der Garnisonskirche, steht die architektonisch bedeutende Friedrichsburg. August der Starke ließ die frühere Christiansburg – ein schmuckloser Renaissancebau von 1589 – mit einer doppelläufigen Treppe und reichem Schmuck zum barocken Festpavillon umgestalten. Der Name geht auf Friedrich II. von Preußen zurück, der hier auf Einladung des sächsischen Kurfürsten große Feste feierte.

Ort Königstein

Der Ort Königstein wurde 1379 erstmals in einer Urkunde als Stadt bezeichnet. Das kleine, beschauliche Örtchen, das sich entlang des Elbufers und des Bielatals hinzieht, lebt hauptsächlich vom Fremdenverkehr, der Königstein allerdings angesichts der imposanten Festung oft etwas vernachlässigt. Eine Sehenswürdigkeit ist die Stadtkirche, von George Bähr 1720 im Stil des Barock errichtet und nach einem Brand 1810–23 klassizistisch umgebaut. Die Fähre unterhalb des Bahnhofes führt hinüber nach Halbestadt – Ausgangspunkt für schöne Wanderungen nach Lilienstein (s. Tour S. 238)

Ausstellungen

Brunnenhaus: Dokumentation zur Geschichte des Brunnens und der Wasserförderung mit beweglichen Modellen, Schauvorführungen der Wasserfördertechnik von 1912.

Altes Zeughaus: »Zeug – Zeughaus – Arsenal.« Zur Geschichte des sächsischen Zeugwesens als Aufbewahrungsort von Waffen, Ausrüstungen und Trophäen.

Torhaus: Haupt- und Dauerausstellung »In Lapide Regis – Auf dem Stein des Königs«. 800 Jahre Festungsgeschichte in 33 Räumen.

Schatzhaus: Geschichte des Schatzhauses als Tresor für die sächsische Staatsreserve.

Kommandantenhaus: Kommandantenwohnung und -pferdestall des Festungskommandanten im Zustand um 1900.

Georgenburg: Dokumentation zur Baugeschichte und zur Geschichte des Staatsgefängnisses. Informationen über das Schicksal einzelner Insassen.

Magdalenenburg: Dokumentation zur Baugeschichte und zur Geschichte der drei Riesenweinfässer.

01824 Königstein, T 035 02 16 46 07, www.festung-koenigstein.de, April–Okt. 9–18, Nov.–März 9–17 Uhr, Eintritt April–Okt. 15 €, sonst 13 €, erm. 12 € bzw. 11 €, Familien 38 € bzw. 32 €

Schlafen

Elbblick ohne Störgeräusche

Ferdinands Homestay: Vorn Wiese, hinten Felsen, dazwischen das kleine Hostel mit Zeltplatz. Idyllischer können Wanderungen nicht beginnen. Beim einzigen Zufahrtsweg handelt es sich um einen Radweg. Kein Auto kommt vorbei, und niemand übertönt den ruhigen Fluss der Elbe.

Halbestadt 51, Königstein, T 035 02 25 47 75, https://aktivhostel-elbsandstein.de, April–Okt., Übernachtung ab 25 €, DZ ab 55 €, Zelt ab 12 €/Pers.

Übernachten auf der Festung

Ferienwohnungen im Brunnenhaus: Die zwei neu eingerichteten Ferienwohnungen versprechen absolute Ruhe, sobald abends die Tore geschlossen sind. Sie können sich dennoch frei bewegen!

Informationsbüro: Brunnenhaus der Festung, T 035021 646 07, www.festung-koenigstein.de, 120 €/4 Pers., 90 €/2 Pers. (mind. 3 Nächte, im Sommer 7 Nächte)

Wunderschöner Ausblick

Panoramahotel Lilienstein: In diesem alteingesessenen, bürgerlichen Hotel zu Füßen des Liliensteins haben alle Zimmer eine schöne Aussicht: im Süden der Königstein, im Norden der Lilienstein, im Osten und Westen der Lauf der Elbe.

Königstein/OT Halbestadt, Ebenheit 7, T 035 02 25 31 00, www.hotel-lilienstein.de, tgl. 11–22 Uhr, EZ ab 56 €, DZ ab 96 €

Essen

Deftiges

Festungsgastronomie: In dem historischen Ausschank »Zum Musketier« wird auf deftige Speisen gesetzt, die Festungsbäckerei liefert Kuchen aus dem hauseigenen Holzbackofen, und

TOUR
Rauf aufs Nationalpark-Wahrzeichen

Wandertour zum Lilienstein

Infos

Karte 3, D 2/3

Hin & Weg: alle 30 Min. S-Bahn Dresden Hbf nach Königstein, 38 Min. Fahrt, Fähre nach Halbestadt: 4.30–22.20 Uhr

Strecke: insgesamt 8 km (reine Laufzeit 2,5 Std.)

Auf dem Tablett serviert

Ausflüge von Dresden zum Lilienstein lassen sich leicht bewerkstelligen: Eine knappe Dreiviertelstunde braucht die S-Bahn von Dresden nach **Königstein.** Mit der Fähre – kaum drei Minuten von der Haltestelle entfernt – geht es über die Elbe nach **Halbestadt** und steil hinauf zur Ebenheit. Die Gegend heißt nicht umsonst so: Oben angekommen, liegen die Felder glatt wie ein Tablett in der Ebene. Und in der Mitte steht als Krönung der **Lilienstein** – genau in der Ansicht, die auch das Logo des Nationalparks Sächsische Schweiz ziert. Als einziger Tafelberg rechts der Elbe ist der Lilienstein Teil des Nationalparks. Was bedeutet, dass Wanderer nur die markierten Wege benutzen und die wuchernden Heidelbeeren nicht ernten dürfen. Die weißen Quadrate mit dem schwarzen Dreieck weisen auf Kletterwege hin. Nichts für Laien: Hier geht's ums Felsklettern an fast senkrechten Wänden, gesichert mit Seil und Klettergurt. Auf dem Südweg hoch zum Gipfelplateau lassen sich die Kletterer beobachten.

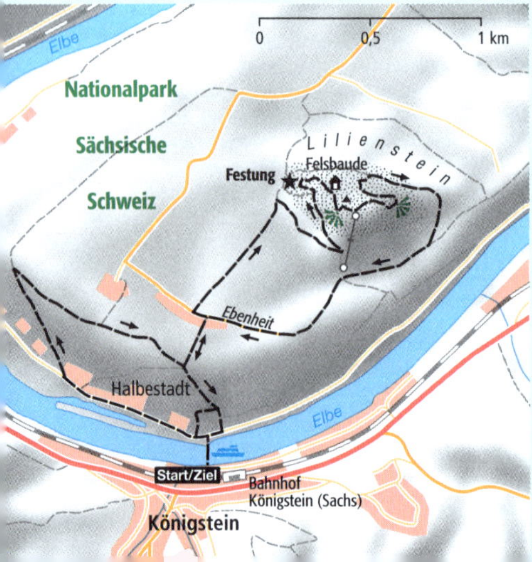

Stiegen steigen

Doch auch so ist es eine Herausforderung, den Gipfel zu erklimmen: Auf den 415 Höhenmetern bergauf wechselt sich der Weg immer öfter mit Treppen ab. Die letzten Meter bestehen nur noch aus Stiegen. Oben angekommen, bereiten die felsigen Aussichtsplattformen Höhenängstlichen eine Konfrontationstherapie: steil abfallende Felskanten über-

Für seine Panoramaaussichten ist der Lilienstein berühmt.

all. Gefahr besteht dennoch nicht, überall gibt's Geländer – Zeit, sich auf das Panorama zu konzentrieren! Das besteht immerhin aus der Festung Königstein, die im Süden quasi auf Augenhöhe liegt, daneben der Pfaffenstein, gen Westen Pirna, unten die Elbe auf ihrem Weg nach Dresden, und da, im Nordwesten, ist auch schon die Bastei.

Zweiter Gipfelpunkt

Die **Felsbaude** wird unverändert seit 1873 bewirtschaftet. Das nostalgische Bild à la Jahrhundertwende unterstreichen handbeschriebene Tafeln an den Baudenwänden, die Auskunft über die Beschaffenheit des Liliensteins geben (419 m hoch, einziger Tafelberg auf rechter Elbseite, Steine verwendet für den Bau von u. a. Schloss Kopenhagen). Gut zu wissen: Für 20 € kann man hier oben auch übernachten – im 14- oder 8-Mann-Schlafsaal, mit Gartendusche und Sonnenuntergangs-Panorama. Allerdings ist der nördliche Abstieg auch noch bei Dämmerung gut begehbar, kein Vergleich zu dem steilen, felsigen Aufstieg. Der Kirchensteig führt zurück nach **Ebenheit.**

Salami aus der Nachbarschaft

Unten an der Fähre in **Halbestadt** wartet die beste Belohnung: Füße und Seele baumeln lassen im Steingut. Sabine und Uwe Hamel bewirtschaften das alte Wohnstallhaus mit Eseln, Ziegen, Gänsen, Katzen und Hühnern, stellen die Hofschafe in Form von Salami auf den Tisch und daneben den Ziegenkäse aus der Nachbarschaft, je nach Saison gibt's Brennnessel- oder Kürbissuppe.

Kann durchaus mal vorkommen: Weiße Hausgänse überqueren eine Straße bei Halbestadt.

in der Napoleonküche an der Blitzeiche gibt es einen Imbiss. Für die Erlebnisgastronomie »In den Kasematten« mit Festungskommandanten-Begleitung braucht es eine Voranmeldung.

T 0350 21 644 44, www.kasematten.com, April–Okt. 9–18, Nov.–März 9–17 Uhr

Von Eichelhähern bewacht

Felsbaude Lilienstein: Der Baudenbiergarten ist ein nostalgisch-schöner Ort, um das Elbsandstein-Panorama vom Lilienstein zu bewundern. Auf der Karte steht die klassische Soljanka-Schnitzel-Bratwurst-Trilogie.

T 03502 24 09 43 oder 0174 436 64 30, www.hotel-lilienstein.de, März Sa, So 12–16, April–Okt. tgl. 11–17, Nov., Dez. Sa, So 11–16 Uhr

Bauernhofidylle

Das Steingut: Unklar, wie Halbestadt gegenüber von Königstein zur »Stadt« in seinem Namen gekommen ist. Das Örtchen ist noch nicht einmal ein halbes Dorf, und um den Bauernhof von Uwe und Sabine Hähnel breiten sich weite Wiesen aus – die Grundlage für Ziegenfrischkäse und Schafknacker, die hier auf die Tische kommen – drin im Gewölbe, draußen in malerischer Umgebung.

Halbestadt 25, www.dassteingut.de, T 0173 911 90 36, April–Okt. Mi–Fr ab 13 Uhr, Sa, So, Fei ab 11 Uhr

Bewegen

Kanu, Indoorklettern, Radverleih

Kanu Aktiv Tours: Ein ganzes Aktivitätszentrum mit Boots- und Fahrradverleih (Mountainbikes, E-Bikes, Tourenräder), Hochseilgarten, Minigolf und sogar einer Indoorvariante für Schlechtwettertage.

Königstein, Schandauer Str. 17–19, T 035021 59 99 60, www.kanu-aktiv-tours.de

Infos

- **Hinkommen:** Die S-Bahn fährt alle halbe Stunde von Dresden nach Königstein (38 Min.), www.vvo-online.de.
- **Basteikraxler:** Der private Busunternehmer Frank Nuhn bietet zwischen 9 und 16 Uhr eine Buslinie zwischen Königstein, Reißiger Platz und der Festung (ab 4 €) und eine zweite nach Bad Schandau und Hrensko im tschechischen Teil des Elbsandsteingebirges an (www.frank-nuhn-freizeit-und-tourismus.de, ab 8 €).
- **Tourist-Information:** Pirnaer Str. 2, T 03 50 21 682 61, www.koenigstein-sachsen.de, Mo–Fr 9-12.30, 14–17, Sa 9–12 Uhr

Hintere Sächsische Schweiz

Mit ihren ausgedehnten Wäldern, ihren abgelegenen Örtchen und dem im Sommer erfrischenden Kirnitzschtal bietet die Hintere Sächsische Schweiz ein hohes Maß an Entspannung. Bad Schandau als zentraler Anlaufpunkt lädt zu richtigen Wellnesskuren ein – dank Toskana-Therme, Spa-Angeboten und guter Küche.

Bad Schandau — Karte 3, D3

Bad Schandau ist das Zentrum der Hinteren Sächsischen Schweiz. Dank seiner langen Kurtradition wirkt das Städtchen fast ein wenig weltläufig. Im Mittelalter hatte Bad Schandau, das vermutlich seit dem 15. Jh. besteht, vor allem Bedeutung durch den Holz- und Getreidehandel, der über die Elbe abgewickelt wurde. 1667 wurde die Obere Schleuse eingerichtet, von der sich der Fluss Kirnitzsch 23 km durch das Kirnitzschtal zur Elbe windet. Ein Flößerweg, der in einigen Abschnitten noch in unmittelbarer Nähe des Baches zu entdecken ist, erinnert an diese Zeit.

Zum Kurort wurde Schandau in der ersten Hälfte des 19. Jh., als in der Stadt ein schwefel- und eisenhaltiger Gesundbrunnen entdeckt wurde. Seit 1920 führt die Stadt die Bezeichnung »Bad« im Stadtnamen. Bis heute gehören Kneippkuren, Kliniken, Thermen und Wellnesshotels zum Angebot der Stadt. In und rund um das Städtchen liegt ein Terrainkurwegenetz – 19 Wanderwege, die auf die unterschiedlichen Voraussetzungen und Belastungsfähigkeiten der Kurenden abgestimmt sind. Die leichteste Route führt durch den Kurpark, als Trainingstour wird die Pflanzengartenrunde eingestuft.

www.bad-schandau.de

Renaissance aus Dresden

Die **St. Johanniskirche** am Marktplatz wurde in ihrer heutigen Form 1709 nach einem Brand wiedererrichtet. Ihr Renaissancealtar von 1572 aus Pirnaer Sandstein stand einst in der Dresdner Kreuzkirche. Hans Walther II., ein Breslauer Bildhauer, der 1571–86 auch Bürgermeister von Dresden war, fertigte ihn mit korinthischen Säulen und Halbedelsteinen aus dem Erzgebirge. Über einer Abendmahlszene, dem Gekreuzigten, Engeln und Evangelisten thront Christus der Auferstandene.

Die barocke Sandsteinkanzel aus dem Jahr 1705 wird von Moses getragen, der wiederum auch die Gebotstafeln und die Bibel hält. Bemerkenswert ist auch der spätgotische Schmerzensmann aus dem 15. Jh.

Dampfschiffstr. 1, T 035022 423 96, tgl. geöffnet, ev. Gottesdienst So 10.15 Uhr

Kurbegründer Sendig

Der Kirche gegenüber auf der anderen Seite des Marktplatzes steht der **Sendig-Brunnen** mit Jugendstil-Figuren von

1896. Rudolf Sendig war der erste Kurhotel-Betreiber in Bad Schandau und ließ auch den Sendigpark anlegen. Die andere Seite des Marktes begrenzt das Brauhaus (1704, Spätrenaissance, heute Restaurant Gambrinus, S. 244) mit einem sechseckigen Treppenturm an der Hofseite. In der Poststraße befindet sich das Alte Rathaus mit einer sehenswerten Freitreppe, einer steinernen Wendeltreppe und einem Kreuzgewölbe. Über dem Portal sind Stadtwappen und das kursächsische Herrschaftszeichen angebracht.

Ausstellungsreif

Auf der Kurpromenade ein Stück flussabwärts zeigt das **Nationalparkzentrum** in Ausstellungen und einer Multivisionsshow die geologischen, botanischen und zoologischen Kostbarkeiten des Elbsandsteingebirges. Regelmäßig finden Dia-Shows, Filmvorführungen, Lesungen und Jahreszeitenfeste statt, auch ein Restaurant (selten geöffnet) gehört zum Haus.

Dresdner Str. 2b, Bad Schandau, T 03502 25 02 40, www.nationalparkzentrum-saechsische-schweiz.de, April–Okt. tgl. 9–18, Nov.–März Di–So 9–17 Uhr, Jan. geschl., Eintritt 4 €, erm. 3 €, Familien 8,50 €

Bio-Bäckerei in Schmilka

Spaziergangsziele in Bad Schandaus Umgebung

Stadtnaher Rundgang

Westlich des Kirnitzschtals, an dessen Eingang Bad Schandau liegt, erhebt sich der **Schlossberg** (223 m) mit den Ruinen einer mittelalterlichen Burganlage. Die Schlossbastei-Promenade führt vom Kurpark aus hinauf. Von der

B

BIODORF SCHMILKA

7 km elbaufwärts liegt Schmilka als letztes Örtchen vor der Grenze in märchenhafter Abgeschiedenheit. Ein Besuch lohnt sich schon allein wegen des leckeren Essens im Strandgut. Das Restaurant des **Hotels Helvetia** setzt auf regional-saisonale Speisen mit Bio-Zutaten, die teilweise im Hotelgarten wachsen. Die Wiese hinter dem Haus ist ideal für Barbecues an der Elbe. Auch die Gästezimmer des Hotels wurden mit natürlichen Materialien eingerichtet (Schmilka Nr. 11, T 035022 91 30, www.hotelhelvetia.de, €€, DZ ab 269 €).
Auch der Schmilkaer **Mühlenbäcker** mahlt bio, nämlich per Wasserkraft, und backt wie vor 200 Jahren. An Wochenenden gibt es regelmäßig Livemusik im Mühlenhof (Schmilka Nr. 36, T 035022 913 0, tgl. 14–21 Uhr bis Einbruch der Dunkelheit, Schaumahlen März–Nov. tgl. 12, Dez.–Feb. Do–So ab 12 Uhr, www.schmilka.de/muehlenbaeckerei).

künstlichen Ruine des Aussichtsturms geht ein schöner Blick ins Elbtal.

Typische Pflanzen

Oberhalb der Kirnitzschtalklinik führen 80 Stufen durch den 6100 m² großen **Pflanzengarten** (1902), in dem typische Pflanzengesellschaften aus der Sächsischen Schweiz zu bewundern sind.

Ostrauer Berg 2, März–Okt. 9–19 Uhr, Eintritt 2,50 €, Führung Mai–Sept. Do 17 Uhr

Hoch nach Ostrau

Der Stahlskelettbau des **Personenaufzugs** von 1913 ist ein technisches Denkmal. Er fährt in einem freistehenden Turm in den 50 m höher gelegenen Ortsteil Ostrau – eine Villenkolonie in 204 m Höhe, in der Hotelier Rudolf Sendig seine Gäste unterbrachte. Sendig gab auch den Bau des Aufzugs in Auftrag und spielte überhaupt die wichtigste Rolle bei Bad Schandaus Aufstieg zu einer Kurstadt. Oben reicht die Aussicht vom Großen Winterberg im Nordosten bis zum Lilienstein im Südwesten. In der historisch-hölzernen Sendigbaude bekommen Sie einen Apfelstrudel dazu.

Rudolf-Sendig-Str., Bad Schandau, T 035 02 21 94 33, April, Okt. tgl. 9–18, Mai–Sept. 9–20, Nov.–März 9–17 Uhr, Fahrt 1,80 €, erm. 1,40 €, Familien 4 €

Fischersiedlung

Nach einem weiteren Kilometer elbaufwärts folgt das Fischerdorf **Postelwitz,** eine Straßenzeile mit hübschen Umgebindehäusern. Hier lebten hauptsächlich die Schiffer und Steinbrecher, die im nahe gelegenen Steinbruch arbeiteten.

Museen

Zur Ortsgeschichte

Museum Bad Schandau: Das Museum zur Geschichte des Bäderbetriebs, der Elbeschifffahrt, des Klettersports und der Entstehung des Elbsandsteingebirges liegt direkt am Kurpark. Auch dem Völkerkundler und Sohn der Stadt Erich Wustmann ist hier eine Abteilung gewidmet.

Badallee 11, T 03502 900 59, Mai–Okt. Di–Fr 14–17, Sa, So 10–17, Nov.–April Di–So 14–17 Uhr, Eintritt 3,50 €, erm. 2,50 €, Familien 4 €

Schlafen

Luxus im Wasser

Hotel Elbresidenz an der Therme: Das 5-Sterne-Hotel versteckt sich hinter den Fassaden der Bürgerhäuser am Markt. Die andere Seite zeigt zur Elbe, dort liegt auch der Großteil der mondän eingerichteten Zimmer. Auch Nicht-Hotelgäste können ins hoteleigene Restaurant Elbterrasse einkehren. Auf der kleinen Karte stehen internationale Gerichte und Zutaten aus der nächsten Umgebung. Ein Caféangebot gibt's auf der Sonnenterrasse.

S

DIE SCHIFFERFASTNACHT

Postelwitz ist eine der Stationen der Schifferfastnacht, die nacheinander von den elbnahen Dörfern und Städtchen der Sächsischen Schweiz ausgerichtet wird: Zusammen mit ein paar närrischen Kommentaren zur Lage der Nation stehen Schiffe bei jedem dieser Fastnachtsumzüge im Mittelpunkt. Sie erinnern an den wichtigsten Wirtschaftszweig der Region, bevor der Tourismus Einzug hielt: Damals war das Elbsandsteingebirge die Quelle für das Holz und den Sandstein, die nach Dresden verschifft wurden.
Mitte Januar bis Anfang März, www.schifferverein-postelwitz.de

Markt 1–11, T 03502 035022 91 90, www.toskanaworld.net, DZ ab 190 €

Essen

Solide satt werden

Restaurant Gambrinus: Das alte Brauhaus macht seinem Namen alle Ehre: Der Gastraum ist schlicht-solide mit Holz möbliert, dazu werden gutbürgerlich-kräftige Fleischgerichte serviert. Vegetarier werden auf der Pasta-Karte fündig, und im Sommer gibt es einen luftigen Innenhof.

Markt 12, T 035022 900 53, www.gambrinus-bad-schandau.de, tgl. 11.30–22 Uhr, €€

Höhenluft

Sendigbaude: Gleich hinter der Fahrstuhlbrücke bringt die Baude alle Wanderpläne ins Wanken mit ihrer weiß gemalerten Mischung aus mondän und rustikal. Der Imbiss stammt sicher noch aus den Anfangstagen des Kurbetriebs. Auch jetzt heben sich die Lebensgeister bei Soljanka und einem böhmischen Schwarzbier.

Bergstation Fahrstuhl, Rudolf-Sendig-Str. 21a, www.sendigbaude.de, tgl. 11–18 Uhr, €

Bewegen

Baden in Licht und Musik

Toskana-Therme: In der Bäder- und Saunalandschaft spielen Musik und Licht eine wichtige Rolle – im Liquid-Sound-Tempel auch unter Wasser.

Rudolf-Sendig-Str. 8a, T 035022 546 10, www.toskana-therme.de, Mo–Do, So 10–22, Sa 10–23 Uhr, bei Vollmond bis 24 Uhr, ab 20 €

Rad- und Outdoorverleih

Haus des Gastes: Der Touristservice am Markt ist auch ein Radverleih (ab 15 €), außerdem sind Kindertragen, Rucksäcke, Stirnlampen und Klettersteig-Sets vorhanden. Von Bad Schandau bis Hinterhermsdorf führt ein 16 km langer Radweg an der Kirnitzsch entlang (E-Bikes ab 28 €).

Infos

- **Hinkommen:** Die S-Bahn fährt alle halbe Stunde von Dresden zum Nationalparkbahnhof Bad Schandau (57 Min.). Von dort setzt die Fähre nach Bad Schandau über (www.vvo-online.de).
- **Basteikraxler:** Der private Busunternehmer Frank Nuhn bietet zwischen 9 und 16 Uhr eine Buslinie zwischen Bad Schandau, Hrensko im tschechischen Teil des Elbsandsteingebirges und Königstein an (www.frank-nuhn-freizeit-und-touris mus.de).
- **Kirnitzschtalbahn:** Die historische Straßenbahn fährt von 8 bis 18 Uhr vom Kurpark zum Lichtenhainer Wasserfall (www.ovps.de, ab 7 €).
- **Tourist-Service:** Markt 1–12, T 035022 900 30, www.bad-schandau.de, Mai–Sept. 9–20, April, Okt. 9–18, Nov.–März tgl. 9–17 Uhr, Jan., Feb. Mi geschl.

Kirnitzschtal und Umgebung

Karte 3, D/E2/3

Das Kirnitzschtal gehörte zu den beliebtesten Ausflugszielen der Maler und Dichter der Romantik. Hinter der Endstation der Kirnitzschtalbahn, an der der Gasthof Lichtenhainer Wasserfall von 1854 liegt, ist das Flair heute noch zu spüren. Selbst am Wochenende trifft man kaum Touristen in dem kühlen, wilden Tal der Kirnitzsch. Den Nebenfluss der Elbe säumen breite Auen, Mischwald und dunkler Tannenwald, aus dem schroffe Felsen hervorragen. Die Ruhe wird nur zum Kirnitzschtalfest im Juli unterbrochen, wenn die Mühlen- und

Selbst in größter Sommerhitze bleibt die Kirnitzsch kühl. Wer an ihr entlangwandert, trifft immer wieder auf ehemalige Mühlengebäude.

Restaurantbesitzer Musiker und Kleinkünstler einladen.

Nostalgische Bahnfahrt

Die Gleise der **Kirnitzschtalbahn** führen rund 8 km (ca. 30 Min.) entlang der Kirnitzsch von Bad Schandau bis zum Lichtenhainer Wasserfall. Die straßenbahnähnlichen Wagen sind original aus dem Anfangsjahr 1898 und sehen so nostalgisch aus, dass sie für die Hollywood-Verfilmung von Bernhard Schlinks Roman »Der Vorleser« gebucht wurden.

Kirnitzschtalstr. 8, www.rvsoe.de, April–Okt. 8.30–18, Nov.–März 10–17 Uhr, 7 €, erm. 3,50 € (Deutschland-Ticket gilt)

Zur Neumannmühle

Auf dem ehemaligen **Flößersteig** informieren 100 Texttafeln über Naturschutz, Geologie und die Zeit der Flößer. Der Naturlehrpfad führt von Bad Schandau immer an der Kirnitzsch entlang zu der ca. 400 Jahre alten Neumannmühle

M

MÜHLENTAG IM KIRNITZSCHTAL

Immer am Pfingstmontag ist der Deutsche Mühlentag – im Kirnitzschtal, das zwischen Bad Schandau und Hinterhermsdorf auf 20 km Strecke 12 Mühlen an der Kirnitzsch zählt, ein guter Anlass für eine Mühlentour: Viele stammen aus dem 16. Jh., dienen heute als Gaststätten und Pensionen und haben dann besondere Angebote. Zum alljährlichen Kirnitzschtalfest am letzten Juliwochenende natürlich auch (www.kirnitzschtalfest.com).

(technisches Denkmal, Mai–Okt. Di–So 11–17 Uhr), wo die Papierherstellung und der Aufbau von Wassermühlen dokumentiert werden.

Einfache Strecke 13 km, einfacher Weg, ca. 4–5 Std., Wanderzeichen: grüner Schrägstrich

Verstecktes Hinterhermsdorf

Rund 18 km östlich von Bad Schandau, am Radweg, der durch das Kirnitzschtal führt, liegt das Örtchen **Hinterhermsdorf.** Die Grenze zu Tschechien macht förmlich einen Bogen, damit das höchstgelegene Waldhufendorf in der Hinteren Sächsischen Schweiz noch auf deutschem Boden liegt. Rund 80 Umgebindehäuser (Blockbau, dessen Obergeschoss oder Dach auf einer äußeren Tragkonstruktion aus Holz aufsitzt) aus dem 17. und 18. Jh. sind hier erhalten.

Vom Ortsrand führt ein Wanderweg (Hohweg, knapp 3 km) zur **Oberen Schleuse** der Kirnitzsch. Sie wurde im 17. Jh. gebaut, um das Flößen der Bäume zu erleichtern. Auf der 700 m langen Stauanlage zwischen den dramatisch aufragenden Felswänden einer Klamm werden Bootsfahrten angeboten (Ostern–Okt. tgl. 9.30–16.30 Uhr).

Von der Oberen Schleuse aus bieten sich mehrere Wanderwege an. Talwärts erstreckt sich die wildromantische Kirnitzschklamm, ein 53 ha großes Naturschutzgebiet, in dem 200 bis 300 Jahre alte, bis zu 50 m hohe Fichten stehen. Das Gebiet entwickelt sich langsam wieder zu einem Urwald. Besonders reizvoll ist die Wolfsschlucht mit zahlreichen Felstunneln im südlichen Teil.

Touristinfo und Hinterhermsdorfer Waldarbeiterstube im Haus des Gastes: Mai–Okt. tgl. 10–12, 14–17 Uhr, Nov.–April Mo, So geschl.

Lehrpfad zur Waldwirtschaft

Das Waldgebiet zwischen dem Ort Hinterhermsdorf und der Schleuse wird

In der Neumannmühle wurde bis 1946 gesägt und Holzschliff für die Papierproduktion hergestellt. Als technisches Denkmal kann sie eine 400-jährige Geschichte vorweisen.

Waldhusche genannt. Vier Themenwege mit insgesamt 40 Stationen verdeutlichen die Methoden der Waldbewirtschaftung einst und jetzt.

Weifberg-Panorama

Von der Bushaltestelle Erbgericht führt die Nixdorfer Straße direkt zum Weifberg-Aussichtsturm mit schönem Blick auf das Panorama der Sächsischen und Böhmischen Schweiz. Von dort Richtung (geschlossener) Gaststätte Schäferräumicht führt der Weg immer entlang der deutsch-tschechischen Grenze. Vorbei an der Niedermühle, die hier noch bis in die 1950er-Jahre in Betrieb war, geht es ins Weißbachtal, eines der schönsten Täler der Sächsischen Schweiz mit fast unberührter Pflanzen- und Tierwelt. Entlang des Baches verläuft seit dem Mittelalter die Grenze zwischen Sachsen und Böhmen. Zurück geht es kurz hinter der Niedermühle über den Lehmhübelweg.
Rundweg, 11 km, ca. 3–4 Std., Markierung gelber Strich auf weißem Grund

Essen

An der Endstation

Gasthof Lichtenhainer Wasserfall: Rustikal – mit Jägerstube und Trophäen an den Wänden. Spezialität des Hauses sind frisch gefangene, heiß geräucherte Forellen. Gästezimmer sind auch vorhanden.
Kirnitzschtalstr. 11, Lichtenhain, T 03597 15 37 33, www.lichtenhainer-wasserfall.de, €, EZ 65,50 €, DZ ab 74,50 €

Idyllisch

Schankwirtschaft & Pension Neumannmühle: Kleines, idyllisch gelegenes Wirtshaus mit bürgerlichen Speisen und moderaten Preisen.
Nr. 3, Kirnitzschtalstr. 4–5, 01855 Kirnitzschtal/ OT Ottendorf, T 03597 45 05 65, www.saechsische-schweiz.com, €, Bett 37,50 € p. P., Schlafsackplatz 24,50 €

Infos

- **Hinkommen:** Vom Bhf. Pirna (1.20 Std.), vom Nationalparkbahnhof Bad Schandau (20 Min.) und vom Lichtenhainer Wasserfall (15 Min.) fährt die Buslinie 241 zwischen 7.45 und 16.45 nach Hinterhermsdorf.
- **Touristinformation im Haus des Gastes:** T 0359 74 52 10, www.hinterhermsdorf.de, Mo–Fr 9–12, 13–16, Di, Do bis 18, Sa 9–12 Uhr (außer Nov.–März).
- **Kahnfahrten auf der »Oberen Schleuse«:** Vom Parkplatz Buchenparkhalle 3 km, Ostern–Okt. tgl. 9.30–16.30 Uhr, einfache Fahrt: 8 €, mit Gästekarte 7 €, erm. 6 €.

KLETTERN WIE DIE ALTEN

K

Bea Werner-Michel betreibt mit ihrem Mann Steffen Michel die Ottendorfer Hütte – eigentlich als Kletterschule, aber gleichzeitig ist ihnen auch ein idyllisch gelegenes, schlicht holzverkleidetes Ferienhaus mit Schankwirtschaft gelungen, das an einen Klettervorposten in wilden Gebirgen erinnert. Hier lässt sich der Nachmittag und Abend einfach, aber sehr gemütlich verbringen. Zum Klettern bietet das Hüttenteam geführte Klettertouren an oder sorgt für einen Einstieg mit Schnuppertagen und Grundkursen (ab 80 €, Kinder ab 60 €) an. Kletterausrüstung wird auch verliehen (Ottendorfer Hütte, Kirnitzschtal/OT Ottendorf, Hauptstr. 27, T 03597 18 08 50, 0170 27 653 05, www.klettern-sachsen.de, Matratzenlager in der Hütte ab 22 €, Gästezimmer im Ferienhaus ab 66 €, Gastwirtschaft Ostern–Okt. immer Fr–So ab 17 Uhr und immer dann, wenn Hausgäste da sind; siehe Info auf der Website).

Zugabe

Die wollen nur klettern!

Mehr Ringe, weniger Regeln? Der SBB ringt um die Zukunft des Sandsteins.

Ein drahtiger junger Mann schiebt sich über eine Felskante des Liliensteins und lässt sich neben seinem Sicherer fallen. Wenig später fragen die beiden in spanisch geprägtem Englisch, ob es hier irgendwo eine Höhle gäbe. Zum Übernachten. Sie hätten gehört, dass das hier so üblich wäre. Coole Tradition, übrigens!

In der Sächsischen Schweiz baut sich gerade ein riesiges Missverständnis auf. Ja, hier liegt eine Wiege des Freikletterns, und ja, Boofen, also das Übernachten im Freien, gehörte von Anfang an dazu. Allerdings nahm beides im 19. Jh. seinen Anfang – damals lagen die Felsen so unerschlossen und abgelegen, dass nur biwakieren übrig blieb. Die Kletterer verstanden sich zudem als Naturburschen, Entdecker und Abenteurer, nicht als Sportler. Sich die Griffe im Felsen passend zu machen, hätte nicht zu ihrem Selbstverständnis gepasst. Entsprechend sind schon im ersten Kletterführer von 1913 die sächsischen Kletterregeln so festgeschrieben, wie sie heute noch gültig sind: Nur natürliche Griffe sind erlaubt, Sicherungsringe dürfen nur von den Erstbegehern eines Kletterwegs angebracht werden, Erstbegehungen erfolgen nur von unten und nicht durch Abseilen von oben, Magnesium für besseren Halt ist genauso verboten wie Klemmkeile – zur Absicherung dürfen nur Schlingen gelegt werden. Bei nassen Felsen ist der Stein derart weich und nachgiebig, dass sie gar nicht begangen werden dürfen.

All diese Regeln haben einen gemeinsamen Kern: Es geht darum, den Sandstein zu schützen. Wie weich und porös dieses Material ist, lässt sich alljährlich im Frühling erleben, wenn wieder abgebrochene Felsbrocken den Straßenverkehr blockieren. Sogar die Felskante der Bastei wurde in den letzten Jahrzehnten so porös, dass jetzt eine Betonplatte als Aussichtsplattform dient. Dass das Klettern im Nationalpark überhaupt noch erlaubt ist, ist vor allem den strengen Regeln zu verdanken.

Auf der anderen Seite streben immer mehr Kletterer in die Sächsische Schweiz, die die Sicherheit des Sportkletterns in den Hallen gewöhnt sind oder die bereits in vielen Freikletter-Gebieten mit deutlich weniger Restriktionen unterwegs waren. Viele Sicherungsringe lassen sich von Ungeübten und Unerfahrenen kaum erreichen. Nicht zuletzt: Alljährlich steigt die Unfallrate im Klettergebiet. 2022 rückte die Bergwacht 130-mal aus, auch zu fünf töd-

Die ursprüngliche Natur mit ihren bizarren Felsen droht, zum Opfer ihrer eigenen Schönheit zu werden.

lichen Unfällen. Die Sicherungsschlinge sei beim Sturz herausgerissen, der erste Sicherungsring zu weit oben gewesen, lautet oft die Erklärung.

Also doch Klemmkeile und dichter gesteckte Sicherungsringe? Die Diskussion um das Für und Wider reißt nicht ab – und artet langsam zu einem Kampf aus. Während der Sächsische Bergsteigerbund e. V. (SBB) die ständig steigende Zahl der Kletterer besser im Sandsteingebiet verteilen möchte und deshalb beispielsweise den selten besuchten Johanniswachtfelsen im Bielatal mit mehr Ringen ausrüstete, machen sich die sogenannten ›Traditionalisten‹ bei Nacht und Nebel auf den Weg und flexen sie wieder ab. Weil sie ihr Klettergebiet für sich haben wollen? Oder weil die Massen am Fels Probleme mit sich bringen, die letztlich allen schaden? 2022 gab es einen verheerenden Waldbrand im Nationalpark, nicht ausgeschlossen, dass er auf ein Lagerfeuer von Boofern zurückging.

Auch für das Boofen gelten jede Menge Regeln. Eine davon lautet, dass sich Boofer im Nationalpark auf bestimmte Stellen beschränken müssen – am Lilienstein haben die beiden Spanier kein Glück, hier ist keine einzige ausgewiesen. Andere sind mittlerweile regelmäßig überfüllt. Die ursprüngliche Natur mit ihren bizarren Felsen droht, zum Opfer ihrer eigenen Schönheit zu werden.

Zuletzt noch ein Tipp: Ist der Fels zu nass zum Klettern? Eine Messfühlergesteuerte Felsampel im Internet gibt Auskunft (www.felsampel.de). ■

Die Erstbesteigungen der Herkulessäulen erfolgten in den Jahren 1904 und 1905. Seitdem haben sie ständig Besuch.

Das Kleingedruckte

Der Bogenschütze am Neustädter Elbufer (Moritz Geyger, 1902) ist längst zum Schutzheiligen der Dresdner Schwulen- und Lesbencommunity avanciert.

Anreise

… mit der Bahn

ICE-, EC- und IC-Züge kommen mehrmals täglich aus Richtung Berlin, Hamburg, Rostock, Köln (über Magdeburg und Hannover), Prag und Leipzig. Sie halten am Dresdner Hauptbahnhof und am Bahnhof Dresden-Neustadt.

Bundesweite Zugauskunft: T 030 29 70
Servicenummer für Mobilitätseingeschränkte: T 030 65 21 28 88

… mit dem Auto

Nach Dresden führen die Autobahnen A4 aus Richtung Frankfurt/M. bzw. Chemnitz, A14/A4 aus Richtung Leipzig und die A13 aus nördlicher Richtung von Rostock/Berlin. Die A17 kommt aus Richtung Prag. In die südliche Stadthälfte reicht die Autobahnausfahrt DD-Altstadt, in die nördliche die Abfahrten DD-Neustadt, DD-Wilder Mann, DD-Hellerau und DD-Flughafen.

ADAC-Pannenhilfe: T 089 20 20 4000

Mit dem Auto in die Stadt

Mietwagen am Flughafen
Avis: T 0351 881 46 00
Europcar: T 0351 881 45 90
Hertz: T 0351 881 45 80
National: T 0351 888 86 60
Sixt: T 0351 83 80 94 08
Mietwagen am Hauptbahnhof
Europcar: T 0351 87 73 20
Sixt: T 0351 83 80 94 06
Mietwagen am Neustädter Bahnhof
Europcar: T 0351 82 82 40
Private Mitfahrgelegenheiten
unter www.blablacar.de, www.mifaz.de, www.fahrgemeinschaft.de

… mit dem Flugzeug

Der Dresdner Flughafen Klotzsche liegt 9 km nördlich des Stadtzentrums und wird von München, Düsseldorf und Frankfurt/M. aus angeflogen, außerdem von Zürich.

STECKBRIEF **S**

Lage und Fläche: 51° 02' 55" nördlicher Breite, 13° 44' 29" östlicher Länge. Berlin und Prag sind jeweils ca. 170 km entfernt. Bis Tschechien 55 km, bis Polen 110 km.
Geografie: Die Elbe fließt auf 30 km durch die Stadt. Dresden liegt im Elbtal, umgeben von Elbsandsteingebirge und Osterzgebirge im Osten sowie dem Spargebirge im Westen. Zur Stadt gehören die 7200 ha Waldfläche der Dresdner Heide.
Einwohner: 572 240 (Ende 2023)
Vorwahl: 0351
PLZ: 01067–01328
Kfz-Kennzeichen: DD
Partnerstädte: Breslau, Coventry, Florenz, Hamburg, Rotterdam, St. Petersburg, Straßburg
Welterbe: 2004 nahm die UNESCO die Dresdner Elblandschaft als Welterbe-Stätte auf. Mit dem Bau der Waldschlößchenbrücke wurde dieser Status 2009 aberkannt.

Flughafen Dresden: Flughafenstraße, T 0351 88 10, www.dresden-airport.de

Vom Flughafen in die City

Die S-Bahn verbindet den Flughafen alle halbe Stunde mit dem Dresdner Hauptbahnhof und dem Neustädter Bahnhof, Abfahrtszeit XX.18 und XX.48 Uhr, Fahrzeit 21 bzw. 13 Min., Ticket 3 €. Die Buslinien 77 und 80 halten vor dem Eingang des Terminals. Die 77 fährt zur Haltestelle Infineon, die 80 zur Grenzstraße. Von dort fährt die Straßenbahnlinie 7 Richtung Pennrich in die Neustadt ins Dresdner Stadtzentrum. Eine Taxifahrt ins Stadtzentrum dauert ca. 20 Min. und kostet ca. 60 €.

... mit dem Bus

Flixbus hält am Dresdner Hauptbahnhof und am Neustädter Bahnhof.

Bewegen und Entschleunigen

Eislaufen

Wenn der Carolateich im Großen Garten zugefroren ist, dann dort! Ansonsten haben die Trainingshalle und Eisschnelllaufbahn im Sportpark Ostra/ Joynext-Arena von November bis März täglich geöffnet. Vor Ort gibt es einen Schlittschuhverleih.

Magdeburger Str. 10, T 0351 488 52 52, www.dresden.de/eislaufen, Eintritt 4,50 €

Die Dresdner Laufszene ist sehr aktiv. Marathons durch die Stadt sind häufig.

Fußball

Dynamo Dresden hat seinen Heimspielplatz im Rudolf-Harbig-Stadion am Großen Garten. Der stadteigene Fußballverein mit glorreicher Vergangenheit in der DDR-Oberliga spielt aktuell in der 2. Liga.

Lennéstr. 12, T 0351 25 08 81 00, www.stadion-dresden.com

Golf

Die Golfanlage Dresden Ullersdorf liegt am nordöstlichen Stadtrand gleich neben der Dresdner Heide und verfügt über 18 Spielbahnen auf 100 ha – und bei Schnee über Loipen.

Am Golfplatz 1, www.golfanlage-ullersdorf.de

Joggen

Der Elberadweg ist gleichzeitig eine schöne Joggingstrecke. Beliebt sind auch die Wege im Großen Garten und in der Dresdner Heide.

Klettern

Indoor: In Dresden und Umgebung gibt es einige Kletter- und Boulderhallen. Zu den schönsten gehören die Kletterhalle des Sächsischen Bergsteigerbundes in Zentrumsnähe (Papiermühlengasse 10, www.bergsteigerbund.de) und die Mandala-Boulderhalle im Industriegelände (Königsbrücker Str. 96, boulderhalle-dresden.de)

Outdoor: Beim Klettern im Sandstein gibt es einige Regeln und Besonderheiten. Am besten, Sie lassen sich mit einem Kurs einführen, z. B. in der Dresdner Kletterschule »Bergtrolle« (Altlaubegast 8, T 0351 426 84 51, www.bergtrolle.de).

Marathon

Drei Marathons sind aus der Vielzahl der Dresdner Lauf-Events hervorzuheben: Als läuferstärkster natürlich der Dresden Marathon im Oktober (www.dresden-marathon.com), als landschaftlich abwechslungsreichster der Oberelbe-Marathon von Königstein nach Dresden im April (www.oberelbe-marathon.de) und als forderndster der Sächsische Mt. Everest Treppenmarathon auf der Spitzhaustreppe in Radebeul im April (www.treppenma rathon.de).

Pferderennen

Auch wenn hier keine Derbys gerannt werden, bieten die hübsche Holztribüne und die Biergartenplätze unter Kastanien an der Galopprennbahn Dresden-Seidnitz eine steile Zeitreise in die Wende zum 20. Jh.

Oskar-Röder-Str. 1, T 0351 21 10 40, www.drv1890.de

Radfahren

Dresden via Elberadweg (www.elberad weg.de) entdecken macht Spaß. Auch rund um Moritzburg gibt es viele schöne Radwege (www.kulturlandschaft-moritz burg. de). Schnell erreichbar sind auch die Mountainbike-Trails in der Dresdner Heide.

Schwimmen

Das Georg-Arnhold-Bad (Hauptallee 2, T 0351 48 41 92 00) ist das zentral gelegene Erlebnisbad mit Innen- und Außenbereich, 25-Meter-Bahnen im Sportbecken, Planschbecken, Sandspielplatz und Liegewiese. Sportlich Bahnen ziehen können Sie auf den 50 Metern im Schwimmsportkomplex Freiberger Platz (Freiberger Platz 1a, T 0351 48 41 91 50). Alle Dresdner Hallen- und Freibäder: www.dresdner-baeder.de.

Das Geibeltbad in Pirna hat eine schöne Saunalandschaft mit fünf klassischen Saunen, Dampfbad und Hamam: Pirna, Rottwerndorfer Str. 56c, T 03501 71 09 00, www.geibeltbad-pirna.de.

Wandern

Für sofortigen Waldzugang hat Dresden die Dresdner Heide im Norden. Doch auch sonst ist die Stadt rundum bestens ins Wanderwegenetz eingebunden: Der Dichter-Musiker-Malerweg führt direkt ins Elbsandsteingebirge, mit seinen 1200 km umfassenden, markierten Wanderwegen das älteste Wandergebiet Europas, 400 km davon führen durch den Nationalpark Sächsische Schweiz (s. S. 213). Wanderkarten von Dresden und Umgebung: www.sachsen-kartographie.de.

Wassersport

Paddeltouren auf der Elbe sind nur stromabwärts ratsam – die Strömung ist so stark, dass man sonst kaum vorankommt. Kanuverleihe bieten bestimmte Strecken an und kümmern sich um die Rückführung der Boote.

– In Dresden: Kanu Dresden GbR, An der Wostra 7, www.kanudresden.de.

– In der ehemaligen Kiesgrube im Dresdner Stadtteil Altleuben gibt es zudem das Wasserski- und Wakeboardzentrum Cablepark (Pirnaer Landstr., T 0176 75 48 94 24, www.cable-dresden.de).

– In der Sächsischen Schweiz lassen sich Kajaks, Kanadier, Schlauchboote für die Elbe bei Kanu Aktiv Tours ausleihen (auch Fahrräder, Königstein, Schandauer Str. 17–19, T 035021 59 99 60, www.kanu-aktiv-tours.de).

Wellness

Wohlfühlen geht am schnellsten im **Living Well Health Club** des Hilton-Hotels (An der Frauenkirche 5, T 0351 864 21 60, spa-wellness-dresden.de). Der Wellnessbereich liegt im Obergeschoss und verfügt über mehrere Saunen, Schwimmbecken, Whirlpool, einen Fitnessraum und eine Terrasse mit Blick über den Neumarkt.

Tiefenentspannung verspricht das **Schwebebad** (Schützenplatz 14, T 0351 440 01 27, www.schwebebaddresden.de) nahe dem Kraftwerk Mitte: Warmes, hochkonzentriertes Salzwasser lässt den Körper schweben.

Feiertage

Neben den allgemein gültigen Feiertagen in Deutschland sind in Sachsen der Reformationstag am 31. Oktober und im November der Buß- und Bettag am Mittwoch vor dem Totensonntag gesetzliche Feiertage.

Informationsquellen

Infostellen vor Ort

Dresden Information an der Frauenkirche: Neumarkt 2, T 0351 50 15 01, www.dresden.de/tourismus, März–Dez. Mo–Fr 10–19, Sa 10–18, So, Fei 10–15, Jan., Feb. Mo–Fr 10–18, Sa 10–16 Uhr.

Dresden Information im Hauptbahnhof: Wiener Platz 4, Mo–Fr 9–19, Sa 10–18, Fei 10–16 Uhr.

Touristinformation Meißen: Markt 3, 01662 Meißen, T 03521 46 74 00, www.touristinfo-meissen.de, April–Okt. Mo–Fr 10–18, Sa, So, Fei 10–15, Nov.–März Mo–Fr 10–17, Sa 10–15 Uhr (außer Jan.).

Touristinformation Moritzburg: Schlossallee 3b, 01468 Moritzburg, T 035207 85 40, www.kulturlandschaft-moritzburg.de, tgl. 10–16, Nov.–März Di–So, Fei 10–16 Uhr.

Touristinformation Radebeul: Hauptstr. 12, 01445 Radebeul, T 0351 831 18 30, www.radebeul.de, April–Okt. Mo–Fr 10–17, Nov.–März Mo–Fr 10–16 Uhr.

TouristService Pirna: Am Markt 7, 01796 Pirna, T 03501 55 64 46, www.pirna.de, Nov.–Ostern Mo–Fr 10–16, Sa 10–13, Ostern–Okt. Mo–Fr 10–18, Sa, So 10–14 Uhr.

Im Internet

www.dresden.de: Offizielle Homepage der Stadtverwaltung zu allen Belangen.

www.dresden.de/tourismus: Seite der Dresden Information – offizielle Tourismuszentrale der Landeshauptstadt Dresden mit Informationen zu Sehenswürdigkeiten, Übernachtungen, Kulturangeboten, Veranstaltungen und Festen, behindertengerechten Zielen, Vergünstigungen und vielem mehr.

www.frauenkirche-dresden.de: Öffnungszeiten und Termine der Gottesdienste, Konzerte und Führungen in der Frauenkirche, Bestellmöglichkeit für Karten.

www.skd.museum: Übersicht zu den Sammlungen, Museen und Ausstellungen der Staatlichen Kunstsammlungen, Infos zu den Gebäuden. Kartenreservierungen für das Historische Grüne Gewölbe.

www.semperoper.de: Programm, Kartenbestellungen und Informationen zu Führungen.

www.staatsschauspiel-dresden.de: Programm und Kartenbestellungen für das Schauspielhaus in der Altstadt und das Kleine Haus in der Neustadt.

www.cybersax.de: Internetauftritt des Stadtmagazins Sax mit Veranstaltungsterminal.

www.saechsische.de/www.dnn.de: Die Internetauftritte der beiden Lokalzeitungen »Sächsische Zeitung« und »Dresdner Neueste Nachrichten« geben einen schnellen Einblick zum aktuellen Stadtgeschehen.

www.elberadweg.de: Per Rad gelangt man auf beiden Seiten der Elbe durch Dresden. Auf dieser Site gibt es Infos zu Sehenswertem, Übernachtungen, Restaurants und Fahrradservices.

www.dvb.de: Die Dresdner Verkehrsbetriebe mit Fahrplan, Liniennetz-Karte und Informationen zu Stadtrundfahrten.

www.vvo-online.de: Liniennetz und Fahrpläne des Verkehrsverbundes Oberelbe, der Dresden mit Meißens Umland bis zur Sächsischen Schweiz verbindet.

www.dresden-elbland.de: Informationen des Tourismusverbandes Sächsisches Elbland e. V. zu Meißen, Radebeul und Moritzburg, zu Rad- und Wanderwegen, z. B. zum Weinwanderweg, zu Übernachtungen, Gastronomie und Festen.
www.saechsische-schweiz.de: Offizielles Tourismusportal der Sächsischen Schweiz, in dem sich Übernachtungsmöglichkeiten, Veranstaltungen und Wanderwege recherchieren lassen.
www.wandern-saechsische-schweiz.de/wordpress: Über 100 Wanderrouten von den Affensteinen bis zu den Zwillingsstiegen, versehen mit GPS-Daten; Tipps für Radtouren u. a.

Karten und Pläne

Wanderkarten: Nationalparkregion Sächsisch-Böhmische Schweiz. Sachsen Kartographie, 2022
Kartographischer Verlag Böhm: www.boehmwanderkarten.de
Wanderführer: DuMont Wanderführer, Sächsische Schweiz, 2017: 30 Touren mit Höhenprofilen; Kompass Wanderführer, Sächsische Schweiz, Böhmische Schweiz, Elbsandsteingebirge: 60 Touren mit Höhenprofilen, 2021
Marco Polo Freizeitkarte 24: Dresden, Oberlausitz, Sächsische Schweiz, im Maßstab 1:100 000, 2023

Klima und Reisezeit

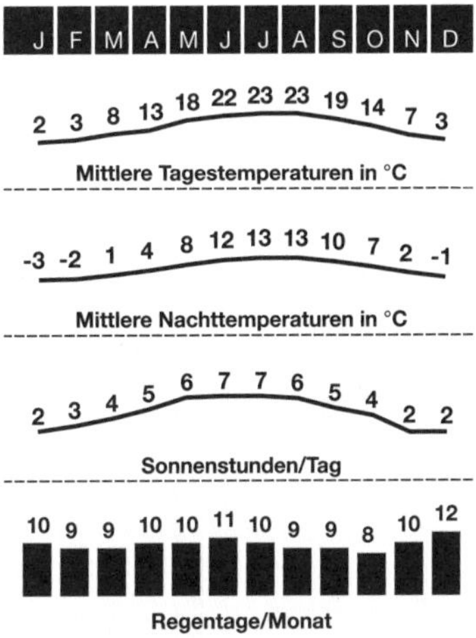

So ist das Wetter in Dresden.

Das kontinental beeinflusste Klima Dresdens sorgt im Zusammenspiel mit der geschützten Lage im Elbtal für milde Frühlings- und Herbsttage, einen heißen Sommer und kalte Winter, allerdings sind schneebedeckte Elbwiesen eine Seltenheit geworden. In der Sächsischen Schweiz ist es meist um die 3 °C kälter als in der Stadt.
Frühling: Im März und April bleibt bei Durchschnittstemperaturen um die 6 °C nur die Vorfreude auf die Festival- und Biergartensaison.
Sommer: Die geschützte Lage im Elbtal heizt Dresden im Sommer ordentlich auf, im Stadtzentrum sind schnell 30 °C erreicht. Juli und August sind die sonnenreichsten Monate. Kühlere Rückzugsorte sind die Dresdner Heide und die Elbwiesen. Dort laden die Filmnächte am Elbufer und jede Menge Biergärten zu angenehmem Müßiggang. Kühl wird es erst wieder in den Schluchten der Sächsischen Schweiz.
Herbst: Oktober und November gelten als Nebensaison – eine Chance für Semperopernkarten, Platz vor der Sixtinischen Madonna und freie Unterkünfte!
Winter: Dresden weihnachtet, was das Zeug hält! Ab Januar wird der Wintersport interessant.

Lesetipps

Kleine Stadtgeschichte Dresden, Reinhardt Eigenwill: Über 800 Jahre Stadtge-

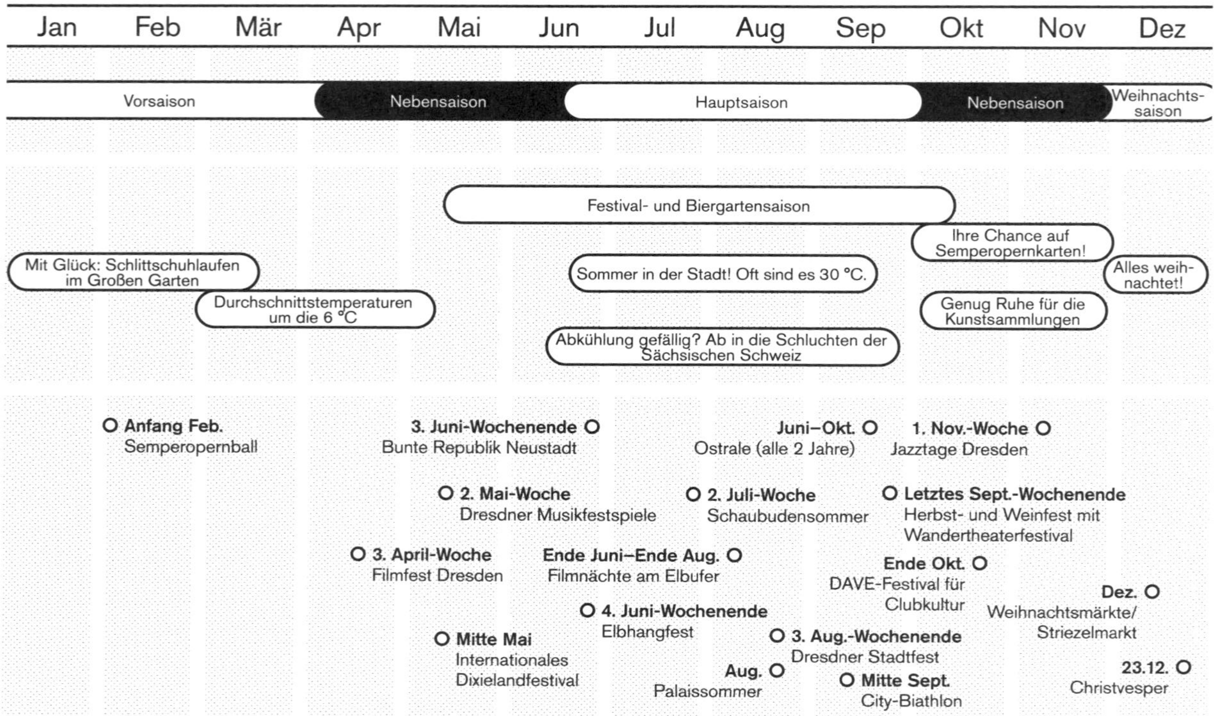
Jan
Feb
Mär
Apr
Mai
Jun
Jul
Aug
Sep
Okt
Nov
Dez
Vorsaison
Nebensaison
Hauptsaison
Nebensaison
Weihnachts-saison
Festival- und Biergartensaison
Mit Glück: Schlittschuhlaufen im Großen Garten
Durchschnittstemperaturen um die 6 °C
Sommer in der Stadt! Oft sind es 30 °C.
Abkühlung gefällig? Ab in die Schluchten der Sächsischen Schweiz
Ihre Chance auf Semperopernkarten!
Genug Ruhe für die Kunstsammlungen
Alles weihnachtet!
Anfang Feb. Semperopernball
3. April-Woche Filmfest Dresden
2. Mai-Woche Dresdner Musikfestspiele
Mitte Mai Internationales Dixielandfestival
3. Juni-Wochenende Bunte Republik Neustadt
Ende Juni–Ende Aug. Filmnächte am Elbufer
4. Juni-Wochenende Elbhangfest
2. Juli-Woche Schaubudensommer
Aug. Palaissommer
3. Aug.-Wochenende Dresdner Stadtfest
Juni–Okt. Ostrale (alle 2 Jahre)
Mitte Sept. City-Biathlon
Letztes Sept.-Wochenende Herbst- und Weinfest mit Wandertheaterfestival
Ende Okt. DAVE-Festival für Clubkultur
1. Nov.-Woche Jazztage Dresden
Dez. Weihnachtsmärkte/ Striezelmarkt
23.12. Christvesper

schichte auf knapp 220 Seiten – perfekt für einen historischen Kurztrip.
Dresdner Hefte. Vierteljahreszeitschrift zur Dresdner Geschichte, Dresdner Geschichtsverein (Hrsg.): Über 140 Ausgaben jeweils zu einem bestimmten historischen Thema. Vollständiger Überblick unter www.dresdner-geschichtsverein.de.
Die Altstadt. Aus der Geschichte eines Dresdner Stadtteils, Annette Dubbers: Historischer Abriss mit spannenden Bildern und Geschichten. Auch zu vielen anderen Dresdner Stadtteilen erhältlich.
Die verkauften Pflastersteine, Thomas Rosenlöcher: Rosenlöcher dokumentiert mit Scharfblick und Humor die gesellschaftliche Entwicklung in Dresden von den letzten Tagen der DDR bis zu den ersten Tagen in der Bundesrepublik.
Dresden 1919, Freya Klier: Tiefenrecherche über das Jahr eins nach dem Ersten Weltkrieg. Klier zeigt darin auch alte DDR-Geschichtsklitterung auf.

Ü

ÜBER DER STADT

Durs Grünbein wuchs in den 1960er-Jahren in einem der Hellerauer Siedlungshäuser auf. Die verträumte Stimmung der Gartenstadt und die Untiefen darunter hat er in seiner 2015 erschienenen Autobiografie **»Die Jahre im Zoo«** porträtiert. Auch bei ihm scheint diese Siedlung am Stadtrand nur flüchtige nachbarschaftliche Kontakte mit der großen Stadt Dresden im Tal zu pflegen. In seinem Werk **»Der Komet«** (2023) geht er noch ein Stück zurück und berichtet, wie seine Großmutter die Stadt während des Zweiten Weltkriegs erlebte.

Reisen mit Handicap

Unter www.dresden.de/barrierefrei sind Informationen zu den Zugänglichkeiten öffentlicher Gebäude und des Nahverkehrs zu finden. Praktisch sind die Stadtpläne zum Herunterladen, in denen Parkplätze, Haltestellen und rollstuhlgeeignete Fußwege verzeichnet sind.

Reiseplanung

Stippvisite – Dresden kennenlernen

Der **Theaterplatz** ist der ideale Ausgangspunkt für eine Dresden-Erkundung: Das **Residenzschloss** und der **Zwinger** mit den Museen der Kunstsammlungen liegen dort, die **Semperoper** steht für die musikalische Hochkultur, die **Hofkirche** für Sachsens wechselvolle Religionsgeschichte und die 2017 bis 2022 sanierte **Augustusbrücke** ist nicht nur die Verbindung zur Neustadt, sondern markiert auch Dresdens Gründungsgrund: Hier lag eine günstige Furt zur Elbüberquerung. Reicht die Zeit aus, lässt sich das **Barockviertel** auf der anderen Seite erkunden. Vorher aber zeigt ein Gang über die **Brühlsche Terrasse,** wie die Elbe und vor allem ihre Uferwiesen Dresdens Stadtbild formen. Ein Schlenker durch den Lichthof des **Albertinums** führt an den Neuen Meistern und dem Galeriecafé vorbei zum Georg-Treu-Platz. Zur **Frauenkirche** sind es dann noch knapp zehn Schritte.

Ab ins Grüne

Bis zur nächsten Fuß-Gras-Berührung ist es in Dresden nie weit – nicht einmal bis zum nächsten Waldboden, der sich in Form der Dresdner Heide bis an die Äußere Neustadt herantastet. Die **Elbwiesen** sorgen für Naturraum mitten in der Innenstadt, der **Große Garten** lädt zum schattigen Spazierengehen ein und die **Dresdner**

N

IN NOTFÄLLEN

Feuerwehr, Rettungsdienst: 112
Polizei: 110
Arzt-Notruf: 116 117
Apotheken-Notdienst: T 0800 002 28 33 (kostenlos), www.aponet.de
Universitätsklinikum: Fiedlerstr. 25, T 0351 45 80; Zentrale Notaufnahme: Haus 32 EG, T 0351 458 24 25, 24/7 geöffnet, www.uniklinikum-dresden.de
Bank-/Kreditkarten-/Handy-Sperrung: 116 116
Schweizer Honorarkonsulat: Könneritzstr. 11, 01067 Dresden, T 0351 43 83 29 90, www.eda.admin.ch

Heide, per Straßenbahn schnell erreicht, bietet reichlich Auslauf inklusive Pilz- und Heidelbeerfunden. Durchgrünt sind auch die **Elbhänge** zwischen **Loschwitz** und **Pillnitz,** wo das Westlausitzer Bergland auf den Elbtalkessel stößt – bei Pillnitz verbunden mit malerischen Nebentälern. Elbaufwärts schiebt sich die **Lößnitzlandschaft** bei Radebeul ins Bild, gefolgt von den **Moritzburger Teichen.** Doch am meisten ist Dresden für sein Hinterland berühmt: Die **Sächsische Schweiz,** gerade mal 20 Kilometer entfernt, ist ein einzigartiger Nationalpark aus Flusslandschaft und hohen Sandsteinfelsen, Wanderpfaden und Elberadweg.

Stadtführungen

An der **Dresden-Information** in der QF Passage an der Frauenkirche starten Führungen mit Gästeführern durch die Innenstadt (Jan.–März Mo–Sa 10.30, 14.30, So 10.30, April–Nov. Mo–Sa 10.30, 12.30, 16, So 10.30, 12.30 Uhr, Dauer: ca. 100 Min., 13 €/erm. 11 €).
Kerstin Klauer führt gewitzt, herzlich und immer mit guten Einkehrtipps durch Dresden, auch per Rad; T 0351 801 90 48, www.stadtfuehrung-dresden.de, 2 Std./ 120 €, Festpreis, für max. 25 Pers.
Igeltour bietet Führungen von klassisch bis ungewöhnlich ab 12 €, T 0351 804 45 57, www.igeltour-dresden.de.
Nostalgisch per Schaufelraddampfer schippert die Flotte der **Sächsischen Dampfschifffahrt** von Diesbar-Seußlitz bis nach Schöna in der Sächsischen Schweiz. Die kürzeste Tour beschränkt sich auf Dresden. T 0351 86 60 90, www.saechsische-dampfschifffahrt.de, 1 Tarifzone 14 €, erm. 10 €
Die **Stadtrundfahrt Dresden** fährt per rotem Doppeldecker-Bus (auch Cabrios) und mit festem Fahrplan 22 eigene Haltestellen an. Abfahrt Wilsdruffer Straße/ Stadtmuseum. T 0351 899 56 50, www.stadtrundfahrt.de, Standardtour: 1 Std. 20 €,, erm. 18 €, bis 14 Jahre frei.

Verkehr

Öffentliche Verkehrsmittel

Zu den Dresdner Verkehrsbetrieben (DVB) gehören 29 Buslinien, 12 Straßenbahnlinien, 2 Bergbahnen und 3 Elbfähren. Der größte Teil der Sehenswürdigkeiten in der Innenstadt ist bestens zu Fuß zu erreichen, Parkplätze sind dagegen knapp – die Straßenbahnen sind die stressfreieste Methode, das Ziel zu erreichen, umweltfreundlicher sind die elektrisch betriebenen Bahnen sowieso. Die modernen Niederflurwagen erlauben den barrierefreien Einstieg von Rollstühlen und Kinderwagen.
Alle 60er-Busse und Straßenbahnen fahren von 6 bis 18 bzw. 20 Uhr im 10-Minuten-Takt. Die größten Knoten- und Umsteigepunkte sind auf der Altstädter Seite am Postplatz, am Pirnaischen Platz, am Straßburger Platz und auf der Neustädter Seite am Albertplatz. Dort sind Servicepunkte, die Fahrkarten, Liniennetz- und Fahrplanauskünfte anbieten.

Am Postplatz gibt es die Nachttreffen der Bahnlinien 2, 4, 7, 11 und der Busse 62, 68 (Fr, Sa und vor Fei 22.45–4.45 Uhr alle 30 Min., So–Do ab 0.45 Uhr nur alle 60 Min.), die Fahrgästen Gelegenheit zum Umsteigen geben.

Fahrscheine

Fahrscheine gibt es für Kurzstrecken (Viererkarte: 7 €), Einzelfahrten (3 €), als Tageskarte (8 €), Familientageskarte (12,20 €), Wochenkarte (26 €) und als Monatskarte (75,50 €). Die Tarifzone Dresden (Tarifzone 1) reicht bis zur Stadtgrenze. Gültig ist auch das Deutschland-Ticket.

Servicepunkte

DVB Kundenzentrum: T 0351 857 10 11, www.dvbag.de.
ServicePunkt am Hauptbahnhof/Wiener Platz: u. a. Tram 7, 8, 10, Bus 66; Hauptbahnhof Nord: Tram 3, 7, 8, 9, 11, Mo–Fr 10–13, 14–17.30 Uhr.
Kundenzentrum Postplatz: Tram 1, 2, 8, 9 11, 12, Bus 68; Mo–Fr 10–18 Uhr.

Bike-Sharing

Mobibike: Überall im Dresdner Stadtgebiet stehen die gelben Fahrräder des Bike-Sharing-Angebots der DVB. Basistarif 2 €, 1 €/15 Min., www.mobi-dresden.de.
MietOn: Mit der App werden City- und Trekking-Bikes und Scooter auf einer Karte angezeigt, Stationen gibt's auch in Meißen, Radebeul und Moritzburg, ab 2,50 €/Std., 39 €/Woche, https://mieton.de.

Fahrradverleih

Roll On Dresden: City-, Mountain- und E-Bikes, Kinderräder/-anhänger. Auch geführte Touren per Roller. Nähe Albertplatz, Königsbrücker Str. 4a, T 0351 82 87 40 99, April–Okt. Mo–Fr 9–19, Sa 10–13, 18–19, Nov.–März Mo, Di, Fr 9–16 Uhr, ab 10 €/Tag, www.rollondresden.de.

Radsport Päperer: Loschwitz, Veilchenweg 2, T 0351 264 12 40, www.radsport-paeperer.de, Mo–Fr 10–13, Mo, Di, Fr 14–18, Do 14–19 Uhr. Nahe dem Blauen Wunder und dem Elberadweg gelegen; auch Kinderanhänger, 10 €/Tag.

Fahrradselbsthilfewerkstatt

Radschlag hat Werkzeug, Ersatzteile, Erfahrungen und helfende Hände.
Katharinenstr. 11 (in der Äußeren Neustadt), T 0351 656 75 15, www.radschlag-dresden.de, Mo, Do 11–19, Di, Fr 11–17 Uhr

In die Umgebung von Dresden

Für den Regionalverkehr mit Bus und Bahn in Dresdens Umgebung ist der Verkehrsverbund Oberelbe zuständig. Die S-Bahn S1 fährt von Meißen über Radebeul, den Neustädter Bahnhof, Bahnhof Mitte und den Hauptbahnhof nach Pirna und in die Sächsische Schweiz bis Bad Schandau.
VVO, T 0351 852 65 55, www.vvo-online.de

Parken

An den Einfallstraßen in Dresden informieren digitale Anzeigen über die Zahl der freien Parkplätze in der Innenstadt, ersichtlich auch unter www.dresden.de/parken. Die Gebühren liegen durchschnittlich bei 0,50 € im Freien und 2 €/Std. im Parkhaus.
Parkmöglichkeiten Altstadt: Tiefgaragen Altmarkt, Frauenkiche/Neumarkt, Taschenbergpalais, Semperoper (alle 24/7 geöffnet) u. a.
Parkmöglichkeiten Neustadt: Am Bahnhof Neustadt (24 Std.), 0,20 €/5 Min., Parkhaus Bautzner Str. 29, 3,50 €/2 Std. (24 Std.) u. a.

Taxi

Die Strecke von der Innenstadt zum Flughafen kostet ca. 40 €, die Grundgebühr liegt bei 4,50 €, der Kilometerpreis (Km 1–3) bei 2,80 € (Tag) bzw. 2,90 € (Nacht), ab Km 5 bei 2,50 € bzw. 2,60 €.
T 0351 21 12 11, www.taxi-dresden.de

Das

Magazin

Für Vergnügungen wie dieses Freilufttheater vor dem Wallpavillon wurde der Zwinger einst erbaut.

Eine für alle – alle für eine

Ökologisch-regionale Lebensmittel — Die Dresdner Verbrauchergemeinschaft ist ein typisches Wendekind – und inzwischen die größte deutsche Mitgliederladen-Genossenschaft.

Für VG-Gründungsmitglied Barbara Rische gehört zu ökologischen Produkten auch eine nachhaltige Verpackung – am besten gar keine.

Mitbestimmen statt konsumieren

»Ich bin jetzt Mitglied in der VG«, sagt meine Freundin – leicht verschwörerisch, als wäre sie einer Sekte beigetreten. Dazu muss man wissen, dass VG in Dresden für die »Verbrauchergemeinschaft für umweltgerecht erzeugte Produkte eG« steht. Die Mitglieder zahlen einen Beitrag von 17 € im Monat und sind gleichzeitig Genossenschafts-Teilhaber. Das berechtigt sie, von der kuhfrischen Milch bis zur handgeschöpften Seife alle 7500 Produkte zu einem – für Biomarkt-Verhältnisse günstigen – Mitgliederpreis einzukaufen und alle großen Entscheidungen mitzubestimmen. Beispielsweise, ob eine Immobilie für eine neue Filiale gekauft wird.

Nichtmitglieder zahlen den anderen Betrag auf den Schildern, der zumeist deutlich höher ausfällt – was Uneingeweihte schon mal verwirren kann. »Bei der Bildung des ›normalen‹ Preises gehen wir nach den üblichen Einzelhandelskriterien vor. Die Mitgliedsbeiträge fließen in die Personalkosten, damit wir die Löhne unabhängig vom Umsatz zahlen können«, sagt Barbara Rische, VG-Gründungsmitglied der ersten Stunde. Ihre aufmerksame Zurückgenommenheit hindert sie nicht daran, ökonomische Fragen streng nach den Kriterien der ökologischen Erzeugung zu entscheiden.

DDR-Umweltbewegung als Triebfeder

Zu DDR-Zeiten studierte Barbara Rische Chemie und beobachtete besorgt die Wasserqualität der Elbe. So wurde sie auf die Umweltbewegung aufmerksam. »Für die VG-Gründungsmitglieder war der Umweltschutz durch ökologische Landwirtschaft die stärkste Triebfeder«, erinnert sie sich.

Schon vor der Wende gab es rund um Dresden Einzelkämpfer, die einen Hof ökologisch bewirtschafteten, doch nach 1989 ging es richtig los: Die einzelnen Initiativen der oppositionellen Umweltbewegung aus DDR-Zeiten schlossen sich 1990 zum Umweltzentrum zusammen und bezogen drei baufällige Häuser auf der Schützengasse 16. Frisch gegründete Verbände mit verwandten Zielen wie die Grüne Liga zogen ebenfalls mit ein. Die Umweltbibliothek erhielt ihren Platz im Erdgeschoss neben dem ersten vegetarischen Restaurant Dresdens (inzwischen bekannt als »Brennnessel«). Und die VG wurde eingeladen, in einer der leeren Wohnungen ihren Laden zu betreiben.

Sinnvolle Arbeit

Heute scheint der Dreiseitenhof aus der Barockzeit, in dem die Verwaltung der VG sitzt, den romantischen Carl-Spitzweg-Sujets als Vorlage gedient zu haben. Doch 1990 hatten die DDR-Behörden die maroden Häuser unweit des Dresdner Zwingers nur deshalb noch nicht abgerissen, weil selbst dafür die Kapazitäten fehlten.

Wer damals in der VG einkaufen wollte, musste das wirklich wollen. Das damalige VG-Lädchen öffnete seine beiden Zimmerchen nur an zwei Nachmittagen in der Woche. Immerhin: Es verfügte über Ofenheizung, mehrere Lagen Tapete an den Wänden und noch mehr Enthusiasmus der Mitglieder. Die kauften in den Anfangsjahren nicht nur ein, sondern schoben auch Ladendienste. »Das tun übrigens heute noch einige«, sagt Barbara Rische. »Sie wollen sehen, unter welchen Bedingungen unser Verkaufspersonal arbeitet.« Denn neben einem verantwortungsvollen Umgang mit der Natur und einer fairen Entlohnung für Lebensmittelproduzenten ist den Mitgliedern auch die soziale Komponente für die VG-Angestellten wichtig. »In unseren Filialen ist der Personalschlüssel höher als in Supermärkten. Und Teilzeit war bei uns von Anfang an gang und gäbe«, sagt Rische. Oft sitzen Quereinsteiger hinter der Kasse. »Menschen, die sich ihren Berufen entfremdet haben und es hier einfach sinnvoll finden, was sie tun«, sagt Rische.

Oben: VG-Mitarbeiter und VG-Mitglieder vor dem Mitglieder-finanzierten Bio-Markt Reicker Str. 38.
Unten: Die VG setzt lieber auf saisonal-regionale Produkte statt lange Anfahrtswege.

Faire Preise für Produzenten

Die Aufnahme von Produkten im Sortiment folgt zuallererst umweltfreundlichen Gesichtspunkten, dann Kriterien wie Beliebtheit und Preis. »Unser Schild ›Regionallieferant‹ steckt nur an Sachen, die aus einem Umkreis von 150 km kommen. Das kann ins Tschechische hineingehen, aber Bayern und Mecklenburg-Vorpommern sind dafür zu weit.« Für einen kleinen CO_2-Fußabdruck kommt es auf kurze Transportwege an. Waren es anfangs acht, so können inzwischen 90 Lieferanten aus der Region das Schild an insgesamt 1200 Produkte stecken. Ein anderer Punkt: Der Preis für Möhren, Äpfel oder Kräuterquark bleibt über das Jahr stabil, egal ob Kräuter, Möhren oder Äpfel gerade tonnenweise geerntet werden oder nur vereinzelt zu haben sind. »Die Bauern haben ja auch das ganze Jahr über Arbeit mit dem Anbau«, sagt Rische. Sonderangebote gehören nicht zur Verkaufsstrategie, wohl aber halbe Preise für abgelaufene Ware: »Containern funktioniert bei uns nicht. Wir schmeißen keine Lebensmittel weg.«

Ein ganzer Stadtteil blüht auf

Trotz dieser manchmal durchaus umständlichen Besonderheiten wuchs die VG (www.vg-dresden.de) seit ihrer Gründung in allen Bereichen. Mit über 11 000 Mitgliedern, sieben Märkten und 20 Mio. € Umsatz ist sie mittlerweile die größte Foodcoop in Deutschland. Als sich 2017 die Gelegenheit bot, einen ehemaligen Supermarkt zu kaufen, konnte sich die VG vorwiegend an ihre Mitglieder wenden: Die unterstützten das Vorhaben mit Kleinkrediten und haben ihren Einsatz inzwischen längst zurück. Reicher wird von diesem Modell ganz Dresden: Wenige Schritte vom ehemaligen Wohnungsladen im Umweltzentrum entfernt (Jahnstraße 5) betreibt die VG inzwischen den größten ihrer sieben Bio-Märkte und ein Bistro – biozertifiziert und mit dem besten Mittagsangebot der Gegend. ■

Marsch zum Bus

Dresdens Musikalität überrascht — nicht nur mit dem Programm der Semperoper und der Zahl der Chöre, sondern auch durch die Fantasie im Umfeld der Aufführungen.

Noch mal in die Stadt, nur schnell ein Geschenk besorgen – und dann steht da ein Orchester an der Bushaltestelle und gibt alles. Posaunen, Querflöte, Geige, alle fallen in einen schneidigen Radetzky-Marsch ein. Es ist Sonnabendfrüh, die Morgensonne bescheint die Plattenbaufassaden gegenüber, ringsum öffnen sich Fenster. Als der Bus kommt, wartet der Fahrer mit geöffneten Türen so lange, bis der Spuk vorüber ist.

Zugegeben, solche surrealistischen Wochenend-Einstiege sind auch in Dresden selten. Doch zwischen Mitte Mai und Mitte Juni kann es passieren, dass plötzlich im Neustädter Bahnhof, auf der Brühlschen Terrasse oder in einer Nische des Zwingers eine Arie, ein A-Capella-Stück, ein Kanon oder Gospel aufsteigt. Die »Klingende Stadt« hat einen festen Termin im Programm der Musikfestspiele. Eigentlich kommen in den Festspielwochen die renommiertesten Orchester, Musiker und Sänger dieser Welt nach Dresden. Doch dieser eine Tag ist den Dresdner Musikern und Tanzensembles vorbehalten. Egal, auf welchem Level sie musizieren, zur »Klingenden Stadt« erhalten sie eine Bühne. Und alle anderen die Gelegenheit zu einem überraschenden Zusammenstoß mit Musik – live und in Farbe.

Große Namen in der Sächsischen Hofkapelle

Musikalische Traditionen hat Dresden einige. Das bleibt nicht aus, wenn ein kurfürstlicher Hof auf einen gewissen Anspruch bei kirchlicher wie weltlicher Unterhaltung pocht. Moritz von Sachsen machte jedenfalls schnell Nägel mit Köpfen. Zuerst errang er 1547 die Kurfürstenwürde für Sachsen. Bereits ein Jahr später erließ er seine »Cantorei Ordnung«, die Grundlage für die Sächsische Hofkapelle und die Sächsischen Kapellknaben, deren Nachfolgeorganisationen bis heute die musikalische Landschaft Dresdens prägen. Doch zunächst prägte der »Organist und Director der Musica« Heinrich Schütz ab 1613 die Musikgeschichte am Dresdner Hof. Seine frühbarocken Kompositionen beförderten ihn als ersten Deutschen überhaupt in die europäische Liga. Seine Hofkapelle blieb auch im 18. Jh., also unter August dem Starken und seinem Sohn Friedrich August, in guten Händen: Der Vivaldi-Schüler Johann Georg Pisendel, Johann David Heinichen, Jan Disma Zelenka und Johann Gottlieb Naumann leiteten sie durch das barocke Jahrhundert und entwickelten ein eigenständiges Repertoire für die katholische Hofkirche.

Inspirierende Idyllen in Dresdens Umgebung

Carl Maria von Weber übernahm 1819 die musikalische Leitung der Kapelle. In der Idylle seines Sommerhauses bei Pillnitz komponierte er den »Freischütz«. Die »Aufforderung zum Tanz« soll er erstmals in der Keppmühle nahe

D

DRESDNER MUSIKFESTSPIELE

Bei den Dresdner Musikfestspielen geben sich jedes Jahr internationale Stars die Ehre. Seit 1978 wird das Klassik-Festival im Mai und Juni ausgetragen. Unter der Leitung Jan Voglers wird alljährlich ein übergreifendes Thema gesetzt und ein Land oder eine Region vorgestellt.
www.musikfestspiele.com

seinem Sommersitz aufgeführt haben. »Euranthe«, »Oberon«, »Die drei Pintos« – all diese Opern wurden in Dresden erdacht und niedergeschrieben. Richard Wagner sah Weber erstmals als Kreuzschüler – der dazugehörige Kreuzchor ist ebenfalls eine Dresdner Institution, die 800 Jahre zurück und bis ins Heute reicht. Jedenfalls stand Wagners Berufswunsch nach dieser Begegnung fest: »Nicht Kaiser und nicht König will ich sein, aber so dastehen und dirigieren.« Als er 1843 tatsächlich zum Königlich-Sächsischen Kapellmeister der Dresdner Hofoper berufen wurde, brachte er den »Fliegenden Holländer« in der Semperoper zur Uraufführung und ließ den »Tannhäuser« folgen. Und auch auf ihn wirkte die Pillnitzer Sommerfrische inspirierend: Ab 1846 komponierte er in Graupa den »Lohengrin«. Allerdings fanden seine Dresdner Jahre ein abruptes Ende, als er sich 1849 am Maiaufstand gegen das Königtum beteiligte. Sein Auftraggeber war nun einmal der sächsische König. Zusammen mit dem Architekten der Semperoper Gottfried Semper blieb ihm nach der Niederschlagung des Aufstandes nur die Flucht.

Vorsichtiger ging Robert Schumann zu Werke, der 1848 in Dresden einen Chor gründete. Zwar hatte auch er Revolutionsmusik komponiert, zog sich aber in den unruhigen aufständischen Zeiten lieber in die Ruhe des Dresdner Südens zurück.

Die nächste Zäsur setzte Ernst Edler von Schuch, der zu Beginn des 20. Jh. die Opern von Richard Strauss uraufführen ließ: Mit Werken wie »Feuersnot« (1901), »Elektra« (1909) und dem »Rosenkavalier« (1911) feierte Strauss seinen Durchbruch als namhafter Komponist und blieb Dresden sein Leben lang freundschaftlich verbunden. Umgekehrt gehören die Strauss-Werke noch heute zum meistgespielten Repertoire der Staatskapelle.

Sie wird heute von Danielle Gatti geführt – und ist bei Weitem nicht die einzige, die zu Dresdens musikalischem Ruf beiträgt. Die Dresdner Philharmonie bringt den neuen Konzertsaal im Kulturpalast zum Klingen. Auch die Staatsoperette erfindet sich in ihrem neuen Haus im Kraftwerk Mitte gerade neu mit einem Programm zwischen Operettenschwof und Musicalschwung. Mit dem »Tonlagen« – den Dresdner Tagen der Zeitgenössischen Musik – hat sich das Festspielhaus Hellerau zuständig für diesen musikalischen Part erklärt.

Beherzt mitsingen geht immer

In Dresden geht beides erstaunlich schnell und leicht: Für ein Konzert bei Weltklasse-Musikern braucht es nur ein gutes Timing, sobald die Karten der Musikfestspiele, der Semperoper oder der Philharmonie zum Verkauf stehen. Um selbst irgendwo beherzt mitzusingen, stehen in Dresden über 50 Chöre und Ensembles zur Auswahl. Eine niedrige Einstiegsschwelle zum Singen wie Zuhören bietet die »Mitsingzentrale« in der Schauburg (s. S. 100): Demian Kappenstein und Reentko Dirks erfüllen mit Gitarre und Cajón jeden musikalischen Publikumswunsch, dazu auf die Leinwand gebeamte Songtexte verhelfen allen Beteiligten zu hinreichender Textsicherheit. ■

Oben: Christian Thielemann dirigiert die Sächsische Staatskapelle in der Semperoper. Unten: Die Dresdner Kapellknaben singen zu den Sonntagsgottesdiensten in der Kathedrale.

De Ufnbank als Sehnsuchtsort

Weihnachten in Dresden — das hat viel mit dem Erzgebirge zu tun. Igor Jenzen, Direktor des Museums für Sächsische Volkskunst a. D., kennt die Zusammenhänge.

Das Erzgebirge gehört quasi zum Dresdner Einzugsgebiet. In der Weihnachtszeit wird die enge Verwandtschaft zwischen der Stadt und der benachbarten Region besonders deutlich: In nahezu jedem Haushalt besetzen Schwibbögen und Räuchermänner die Fensterbretter. Hüfthohe Pyramiden drehen sich zu den erzgebirgischen Weihnachtsliedern, und jedes Kind bekommt die Hintergründe von Bergmann und Engel erläutert.

Sie sind sozusagen die Großeltern all der Weihnachtsfiguren, die bis heute die Striezelmarktbuden füllen. »Der Engel ist ja auch der Einzige, der übrig bleibt, wenn alle Heiligen ausgeixt werden«, sagt Dr. Igor Jenzen, bis 2021 Direktor des Dresdner Volkskunstmuseums. In Sachsen hatte die Reformation bereits im 16. Jh. Maria mitsamt allen Heiligen aus den Kirchen verbannt. »Und die Menschen machten nach, was sie in der Kirche sahen«, erklärt Jenzen weiter. Im Erzgebirge, wo der Bergbau alles Tagewerk beherrschte, fanden sich dort neben den Engeln in Zinn gegossene Bergmänner – sie und die Kerzen, die sie trugen, stifteten die reichen Knappschaften. »Die Menschen in den Dörfern waren viel zu arm, um sich Kerzen zu leisten«, sagt Jenzen, »aber zum Heiligabend, da kauften sie eine und fertigten dafür die Kerzenständer, die sie kannten.« Allerdings nicht aus dem teuren Zinn, sondern aus kostenlosem Holz aus dem Wald. »Wenn es dann um 1 Uhr nachts zur Christmette ging, brannten die Kerzen in den Fenstern und wiesen den Weg zurück. Der Heiligabend ist es, der das Licht in die Weihnacht brachte«, sagt Jenzen. Denn das Christfest am 25. Dezember ist ja am Tag.

Alles kommt vom Bergbau

Auch Nussknacker, Räuchermann, Pyramide und Schwibbogen haben ihren Ursprung im Bergbau und in der Wald- und damit holzreichen Landschaft des Erzgebirges. Der Schwibbogen ahmt das Mundloch eines Stollens nach. Köhler formten Räucherkerzen aus Holzkohle, Kartoffelstärke und Weihrauch: »zindt ä Weihrauchkärzel a, doß a wie Weihnacht riecht«, heißt es im Heiligobndlied, das wahrscheinlich gegen Ende des 18. Jh. in Annaberg entstand. Figuren zu drechseln lag nahe, denn schon die Glashütten verlangten ständig nach gedrehten Hohlformen für ihre Produkte: »Das zog ausgeprägt geschickte Handwerker nach sich«, sagt Jenzen. Von der Drehbank kamen auch Teller, Schüsseln, Puppen – und natürlich Engel und Bergmann. Die »Originale«, die die Erzgebirgler für ihren eigenen Hausgebrauch fertigten, sind natürlich die schönsten – und die Stars des Volkskunstmuseums. (Gibt's zu kaufen bei https://friederike-curling-aust.de oder www.holz-form-farbe.de).

Doch das ist nur der eine Teil der Geschichte. Denn die Berge gaben immer weniger Erz her, und so mussten sich die Erzgebirgler im 19. Jh. neue Einkommensquellen erschließen. Gleichzeitig setzte sich zur Wende ins 19. Jh. eine neue Sicht auf die Kindheit durch: »Sie wurde als selbstständiger Lebensabschnitt begriffen. Bis dahin sah man in Kindern eher kleine Erwachsene«, sagt Andrea Rudolph vom Dresdner Stadtmuseum. Das hatte Auswirkungen aufs Zubehör: »Gegen Ende des 18. Jh. sind die ersten Spielwarenhändler aus dem Erzgebirge auf der Leipziger Messe nachzuweisen.« Kurz darauf setzte sich Bezeichnung »Schachtelleute« für die Händler durch: »Weil das Spielzeug, das sie in den Dörfern einsammelten, in Spanschachteln verpackt war. In Kiepen brachten sie es auf die Märkte der Städte.« Besonders lukrativ war natürlich der Striezelmarkt in Dresden, auf dem sich wiederum weihnachtlich Geschnitztes und Gedrechseltes besonders gut verkaufen ließ. Neben den Reifentieren entstanden auch kleine Gestalten in schwarzen Umhängen und mit weit geöffneten Mündern: stilisierte Kurrendesänger, die – ähnlich den katholischen Sternensängern – im Erzgebirge von Haus zu Haus ziehen, Weihnachtslieder singen und mit ihren schwarzen Umhängen an Martin Luther erinnern.

Witz und Feierfreude

Kurrendesänger, Bergmann und Engel, Schnee und Eis, s'Bornkennl (das geborene Kind), de Ufnbank (die Ofenbank), Grubenlicht und Licht im Fenster: Alles, was die erzgebirgische Weihnachtszeit ausmacht, hat Eingang in den Dresdner Weihnachtskanon gefunden, genauso wie die erzgebirgischen Weihnachtslieder – auch wenn es »Uhiessche« (Auswärtige) kaum schaffen, die Mundart zu entschlüsseln. Aber wenn doch, finden sich darin viel Witz und Lebensfreude, die davon erzählen, dass nach harter Arbeit auch gut gefeiert werden muss. ■

W

ES WEIHNACHTET SEHR

– Das Museum für Sächsische Volkskunst mit Puppentheatersammlung (S. 81) zeigt in seiner Dauerausstellung die schönsten Zeugnisse erzgebirgischer Handwerkskunst. In der Weihnachtszeit läuft das ganze Haus zu großer Form auf mit vielen Gelegenheiten zum Mitbasteln und Mitsingen.
– Die Weihnachtsausstellung im Stadtmuseum (S. 62) ist Ehrensache – und gibt oft auch einen Eindruck in Dresdens Kultur- und Industriegeschichte.
– Die Christmette des Kreuzchors steht in alter erzgebirgischer Tradition. Wer sie am 25. Dezember erleben möchte, muss sehr früh aufstehen: Sie fängt zwar »erst« um 6 Uhr an, aber die Schlange vor der Kreuzkirche (S. 58) bildet sich bereits um ca. 4 Uhr.
– Die Weihnachtliche Vesper vor der Frauenkirche (S. 273) am Nachmittag des 23. Dezember ist zur Institution geworden. Der Trompeter und Initiator des Wiederaufbaus Ludwig Güttler organisierte die erste Vesper 1993 als Provisorium vor der Kirchenruine.
– Von Nippes über Klassiker bis zu besonderen Raritäten reicht die Erzgebirgische Schnitzkunst in den Buden des Striezelmarkts (S. 56). Kenner kommen auch, weil es hier Lichtertüllen und Pyramiden-Ersatzteile gibt.

Dresdens erster Crowdfunder

100 Mio. € Spenden — Der weltweit gefeierte Trompeter Ludwig Güttler löste mit Gleichgesinnten einen beispiellosen Sammelaufruf für den Wiederaufbau der Frauenkirche aus. Maren Söring hat ihn dazu interviewt.

Professor Güttler, wie haben Sie gleich nach der Wende diese gigantische Summe aufgetrieben – für den Wiederaufbau einer Kirchenruine?

Als Student erlebte ich 1968 in Leipzig die völlig unsinnige Sprengung der Universitätskirche mit, was in mir eine große Wut entfacht hatte. Eine Beziehung zu Dresden hatte ich durch meine Mutter. Schon vor der Wende fragte ich deshalb bei jeder Auslandsreise nach einer Unterstützung für den möglichen Wiederaufbau der Frauenkirche – die Resonanz war zu 100 Prozent positiv. Weltweites Potenzial gab es also. Aber mir war auch klar, dass es ohne eine gute Strategie nicht funktioniert.

Wie sah diese Strategie aus?

Schon im November 1989 haben wir den »Ruf aus Dresden« verfasst. Damit er auch gehört wurde, brauchten wir eine Struktur, einen Verein – nur hatte die Dresdner Stadtverwaltung in dieser Umbruchszeit noch gar keinen Verantwortlichen für Vereine! Als Nächstes gewannen wir die Entscheider für unser Anliegen: die anfangs skeptische evangelische Kirche bis zum Bischof, die Politik bis zum Bundespräsidenten. Als dann Helmut Kohl im April 1990 zu seinem 60. Geburtstag als Geschenk um Spenden für die Frauenkirche bat, bescherte er uns damit weltweit viel Aufmerksamkeit und Glaubwürdigkeit.

Viele wollten allerdings die Ruine als Mahnmal behalten. Wie sind Sie diesen Vorbehalten begegnet?

Durch Argumente: Eine so große Ruine im Stadtzentrum hätte irgendwann eingerüstet werden müssen, wäre im Zweifel von den Falschen als Wallfahrtsort missbraucht worden. Außerdem lautet mein Motto: Jede Idee wird so lange vorurteilsfrei verfolgt, bis sie sich als nicht praktikabel erweist. Doch die Dresdner Bank gab Stifterbriefe aus, es gab Frauenkirchen-Adoptionen, Uhren und Musik-CDs wurden verkauft und schon Mitte

»Stolz empfinde ich keinen, vielmehr Dankbarkeit.«

der 1990er-Jahre DVDs, die den Wiederaufbau virtuell vorwegnahmen. Wir haben unzählige Benefizkonzerte gegeben. Und schon 1993 führten wir die Weihnachtsvesper vor der Frauenkirche am 23.12. ein, trotz vieler Vorbehalte. Bis heute kommen selbst bei schlechtem Wetter und Weihnachtsstress Tausende dahin!

Inzwischen werden Sie oft als Mentor für ähnliche Projekte angefragt. Wie beraten Sie?

Ich verschicke zuerst einen Fragebogen: Was kostet das Projekt? Haben Sie einen Verein gegründet? Wen haben Sie an Ihrer Seite? Wer seine Hausaufgaben erledigt hat, kann mich eine Stunde persönlich sprechen. Einiges ist schon verwirklicht worden, etwa die Turmspitze der Nikolai-Kirche im brandenburgischen Putlitz.

Was empfinden Sie jetzt, wenn Sie in der Frauenkirche sind?

Stolz empfinde ich keinen, vielmehr Dankbarkeit. Tief in mir denke ich: »Man müsste die Sprache neu erfinden, mein Wortschatz reicht für die Größe meiner Gefühle nicht aus!« ■

Ludwig Güttler erhielt 2006 den Deutschen Fundraising-Preis. Dass die Frauenkirche 2005 geweiht werden konnte, geht auf seine Initiative zurück.

Seltene Baustellen-Atmosphäre

Die Baustelle ist längst Geschichte – aber eine richtig spannende!

Da steht die Frauenkirche — für Dresdner ist das selbst so viele Jahre nach ihrer Einweihung 2006 noch keine Selbstverständlichkeit. Auch den Gewerken, die am Wiederaufbau beteiligt waren, bleibt sie in besonderer Erinnerung.

Inzwischen kommen zwei Millionen Menschen jährlich, halten Andacht, lauschen der Musik und staunen. Begegnungs- und Entdeckungsort war dieses Gotteshaus auch für all jene, die an seinem Wiederaufbau mitwirkten.

Der Logistiker: Matthias Thomschke
»Wir haben rund 15 000 Kubikmeter Sandstein in der Frauenkirche verbaut – eine logistische Herausforderung! 250 Kollegen arbeiteten im Drei-Schichten-System an sechs Tagen in der Woche. Bei der Herstellung der Sandsteine bezog ich auch andere Firmen mit ein, die teilweise 600 km von Dresden entfernt waren. Die Transporte zur Baustelle mussten also koordiniert werden. Unsere Aufgabe glich dem Zusammensetzen eines gigantischen Lego-Bausatzes. Jeder Stein hatte eine Nummer, musste zum richtigen Zeitpunkt am richtigen Ort sein. Für die Steine der Außenfassade hatten die Planer wenigstens die Geometrie vorgegeben. Beim Innenausbau aber berechneten wir jeden Stein einzeln und ließen ihn von den Steinmetzen entsprechend anfertigen. Geholfen hat uns ein 3D-Computerprogramm – damals noch völlig unüblich in der Branche. Als am Ende auch tatsächlich alles genau passte, haben wir über uns selbst gestaunt – und waren natürlich stolz!«

Der Kirchenmaler: Lutz Senninger
»Jetzt bin ich nur noch zur jährlichen Revisionswoche in der Frauenkirche, um Gebrauchsspuren zu beseitigen, stark beanspruchte Stellen zu reinigen und zu imprägnieren. In der Endphase des Wiederaufbaus habe ich hier ein ganzes Jahr verbracht, habe die Gewölbe im Kirchenschiff, die Wände der Emporen und die rot abgesetzten Wandflächen gestrichen und die perspektivischen Rahmen darum frei Hand rekonstruiert. Wir orientierten uns dabei streng an den historischen Vorbildern: Für die Farben haben wir beispielsweise gebrannten Kalk verwendet, der – getreu der alten Herstellungsweise – mehrere Jahre in Gruben ›eingesumpft‹ wurde.

Während der Rekonstruktion war der gesamte Innenraum eingerüstet. Zum Frühstück haben wir uns gemeinsam in die ersten Sonnenstrahlen gesetzt, die durch die Südfenster kamen – für mich sind das unvergessliche Momente.

Die Arbeit an der Frauenkirche brachte mir eine berufliche Veränderung: Direkt im Anschluss habe ich meinen Meister in dem seltenen Lehrberuf Kirchenmalerei gemacht. Dieses Wissen kommt mir jetzt bei anderen Projekten zugute. Und bei meinen jährlichen Erhaltungsarbeiten!«

Der Statiker: Volker Stoll
»Absoluter Höhepunkt für mich war der Einbau des ›Schmetterlings‹: ein großes Stück zusammenhängenden Original-Mauerwerks, das man auch heute noch am Treppenturm G erkennen kann. Wir haben es im Ganzen mithilfe eines riesigen Mobilkrans eingesetzt. So etwas ist ein einmaliger Moment im Leben! Noch heute habe ich mit der Frauenkirche zu tun. Dabei geht es oft um nach-

trägliche Ergänzungen, beispielsweise Sicherungsösen für die Fensterputzer. Nach der letzten Flut 2013 habe ich die Auswirkungen möglicher Hochwasserszenarien auf die Auftriebssicherheit neu berechnet. Regelmäßig überprüfen wir auch die Außenschale der Kuppel auf Witterungsschäden. Dafür seilen wir uns an der Außenwand ab – abgesichert durch Profi-Bergsteiger. Bislang hat sich das Fugenmaterial als sehr beständig erwiesen. Die größte Herausforderung des Wiederaufbaus war, die Originalmaterialien und -baupläne an die modernen Bedürfnisse und Sicherheitsvorgaben anzupassen. Sandstein zum Beispiel ist ein Naturmaterial und damit kein genormter Baustoff. Um dessen Feuer- und Hitzebeständigkeit zu testen, simulierten wir in Leipzig an einer Materialprobe die Brandauswirkungen.«

F

DIE WICHTIGSTEN DATEN ZUR FRAUENKIRCHE

1020: »Kirche unserer Lieben Frau« hießen die Vorgängerinnen – die erste romanisch aus Holz, die zweite gotisch aus Stein.
1722: Vom Rat der Stadt Dresden bekam George Bähr den Auftrag zum Neubau einer Kirche als Zentralbau nach dem Vorbild der Wallfahrtskirche Maria Hilf in Freystad.
1743: Kirchweihe. Bei der Form der Kuppel hatte schließlich jeder mitgeredet, der in Dresden Rang und Namen hatte. Das Ergebnis ist die eigenständige Glockenform.
1945: Nach den Luftangriffen auf Dresden brannte die Kirche vollkommen aus, zwei Tage später stürzte die Kuppel in das Bauwerk.
Bis 1989: In der DDR diente die Ruine als Mahnmal gegen den Krieg.
November 1989: »Ruf aus Dresden«. Ludwig Güttler gründet mit weiteren Dresdner Bürgern die Gesellschaft zur Förderung des Wiederaufbaus der Frauenkirche in Deutschland.
1991: Der Beschluss der Landessynode zum Wiederaufbau wurde gefasst, 17 Monate dauerte die Beräumung und Archivierung der 22 000 Kubikmeter Trümmer.
Ab 1996: Wiederaufbau
2006: Weihegottesdienst

Der Blechner: Holm Böhme
»Noch heute hängt eine Bauzeichnung in meinem Büro. Die nehme ich erst ab, wenn ich irgendwann mal in Rente gehe. Sie erinnert mich an die außergewöhnliche Zeit auf der Frauenkirchen-Baustelle: Von der Planung über die Zusammenarbeit bis zum Austausch mit den anderen Handwerkern hat alles gestimmt. So eine Atmosphäre findet man auf modernen Baustellen ganz selten. Von 2001 bis 2004 habe ich in der Frauenkirche gemeinsam mit meinen Kollegen knapp 3000 Kubikmeter Kupfer und 1500 Kubikmeter Blei verbaut: Die Kupferabdeckungen an den Fenstersimsen oder den Gauben haben wir originalgetreu nachgebaut, an anderen Stellen verwendeten wir Blei, da es witterungsbeständiger ist. Jetzt kontrollieren und reinigen wir in regelmäßigen Abständen die Dachrinnen und Fallrohre. Wir haben inzwischen auch Sicherungspunkte angebracht, die wir bei den Kontrollen für die Bergsteigerseile nutzen, mit denen wir uns absichern. Erst im letzten Jahr habe ich mich an der Kuppel abgeseilt, um ein Rohr zu reparieren, das bei einem Sturm lädiert worden war. Wie viel Aufwand, Zeit und Geld es kostet, ein so riesiges Gebäude instand zu halten, ist vielen gar nicht klar.« ■
Beitrag von Maren Söring

August der Starke

Der sächsische Sonnenkönig — August der Starke hat auch 300 Jahre nach seinem Tod Hochkonjunktur. Bis heute hatte offenbar keiner Persönlichkeit genug, den Kurfürsten von seinem Goldenen Ross zu stoßen oder sich auch nur danebenzusetzen.

Immer noch ist August der Dreh- und Angelpunkt der Stadtgeschichte. Mit Recht: Dresden wurde von ihm wie von keinem anderen geprägt, sichtbarstes Zeichen dafür sind die allseits bekannten barocken Prachtbauten.

Dabei hätte alles auch ganz anders kommen können. Denn eigentlich war Friedrich August der zweitgeborene Prinz, ihm blühte der Tradition nach eine militärische Karriere. Sein ungeliebter Bruder Johann Georg IV. sollte die Herrschaft in Dresden übernehmen, doch der wurde im Jahr 1694 von den Blattern hinweggerafft. So übernahm der Jüngere, der sich insgeheim wohl schon immer für den fähigeren Herrscher gehalten hatte, mit 24 Jahren den Kurfürstensitz. Wer weiß, vielleicht hätte Johann Georg IV. nicht so viele aussichtslose Kriege geführt – aber hätte er Dresden jemals solch eine Pracht verliehen, die damals diesseits der Alpen mit Fug und Recht als einmalig galt?

Die Elbe als Zentrum

August jedenfalls – geschult auf einer zweijährigen Kavalierstour, die ihn an die Höfe Frankreichs, Spaniens, Portugals und Italiens führte – sah Dresden mit anderen Augen. Das italienische Venedig hatte es so gut verstanden, Gebäude und Wasser miteinander zu verbinden – warum nicht auch die Elbe zum Zentrum der Stadt erheben? Dafür müsste freilich das Schloss umgebaut werden. Die historischen Pläne zeigen, wie sich der Kurfürst das vorstellte: Ehrenhöfe, Galerien, Portale, die die ganze Elbseite einnehmen sollten. Schweren Herzens musste er diese Idee aus Geldmangel fallen lassen. Doch die Richtung war klar: Dresden sollte näher zur Elbe. Das Taschenbergpalais, der Zwinger, das Japanische Palais, das Blockhaus, Schloss Pillnitz und Schloss Übigau: Alles wendete sich dem Strom zu.

August der Starke in römischer Rüstung – in seiner eigenen Wahrnehmung stets kurz vor der Weltherrschaft.

Eine würdige Residenzstadt

August sah sich gern als absolutistischen Herrscher, allerdings glückte es ihm nie vollends, die Macht der sächsischen Standesfürsten zu begrenzen. In die Belange seiner Residenzstadt jedoch konnte ihm niemand hineinreden. So stand ihm die Dreikönigskirche bei der Umgestaltung von Altendresden, der heutigen Inneren Neustadt, buchstäblich im Weg, nämlich mitten in der Blickachse der großzügig geplanten Hauptstraße vom Schwarzen Tor zur Elbbrücke. Da half kein Protest der Kleriker: Die Kirche wurde abgetragen und von Matthäus Daniel Pöppelmann und George Bähr neu erbaut. Das Gotteshaus stand nun in einer Linie mit den barocken Bürgerhäusern, die dort nach dem Stadtbrand von 1685 entstanden und die sich in Gesimshöhe, Bauzonen und Stockwerkshöhen nicht unterscheiden durften. Der Turm der Dreikönigskirche wurde erst nach 1850 vollendet.

Heute noch führt die Hauptstraße vom Albertplatz über die Augustusbrücke geradewegs auf das Residenzschloss zu und die Königstraße auf das Japanische Palais – das übrigens um einiges vergrößert werden musste, damit es auch einen würdigen Abschluss bildete.

Man soll die Feste feiern, wie sie fallen

Nicht nur die Fachkompetenz in architektonischen Fragen diente der Legendenbildung: August achtete höchstselbst darauf, dass die Nachwelt von seiner Körperkraft erfuhr. Dass er das Hufeisen zerbrach, dessen Einzelteile heute in der Rüstkammer zu bewundern sind, ließ er beurkunden – 41 Jahre war er da alt und verfügte über einen beängstigenden Leibesumfang, der immer noch an den königlichen Gewändern abzulesen ist, die in den Paraderäumen des Schlosses ausgestellt werden. In seinen besten Zeiten wog er 113 kg – dokumentiert im Wiegebuch, das heute die Landesbibliothek beherbergt.

Die Leibesfülle war Resultat einer hingebungsvollen Liebe zu großen Gelagen und gutem Wein. Drei Flaschen am Tag zählten als normal, auf sechs konnte er es zu außergewöhnlichen Anlässen bringen. Wozu auch der Götteraufzug und das Karussell der vier Weltteile gehört haben dürfte, ein Fest, das der Kurfürst für den König von Dänemark 1709 im Großen Garten organisierte. Er selbst trat als Sonnengott Apoll auf, angetan mit einer goldenen Maske, in die Johann Melchior Dinglinger seine Gesichtszüge prägte. Es ist übrigens eins der wenigen Relikte, das, in der Rüstkammer ausgestellt, die kräftige Nase des Kurfürsten maßstabsgetreu zeigt. Louis de Silvestre, der Hofmaler, schönte seine Porträts bei diesem Detail nämlich grundsätzlich, was die Farbe hergab.

Die holde Weiblichkeit

Solch ein Mann ist natürlich in Frauengeschichten verwickelt. Christiane Eberhardine von Brandenburg-Bayreuth, seine Ehefrau und Mutter des Thronfolgers Friedrich August II., stand mit ihrer festen protestantischen Gesinnung bald Augusts politischen Plänen im Weg. Dieser wollte – wegen des Reichtums, den der Silberbergbau im Erzgebirge Sachsen einbrachte – König von Polen werden, doch der polnische Adel wählte dafür ausschließlich Katholiken aus.

An solchen Kleinigkeiten in Glaubensfragen sollte es nicht scheitern, meinte der protestantische Kurfürst des protestantischen Sachsen, garantierte seinen Untertanen Religionsfreiheit und trat zum Katholizismus über. Mit Erfolg: 1697, drei Jahre nach seinem Amtsantritt, wurde er König von Polen, ignorierte seine beleidigte Frau und hielt sich fortan Mätressen. Der fünften und berühmtesten von ihnen, Anna Constanze von Brockdorff, 1707 von ihm zur Reichsgräfin von Cosel erhoben, ließ er 1706 das prächtige Taschenbergpalais bauen, um sie in schnell greifbarer Schlossnähe zu haben. Zwölf Jahre und drei Kinder später wurde ihm die Cosel unbequem, er verbannte sie auf die Burg Stolpen – für 49 lange Jahre, bis zu ihrem Tod. Das Ganze ist eine äußerst unrühmliche Geschichte.

Hofhaltung für rege Geister

Die sinnliche Ader des beleibten sächsischen Herrschers stürzte zwar Frauen ins Unglück, sie brachte aber auch eine kulturelle Blüte hervor, die zu jener Zeit ihresgleichen im deutschen Raum suchte. August verstand es, talentierte Menschen an seinen Hof zu binden. Der Goldschmied Johann Melchior Dinglinger, der Baumeister Matthäus Daniel Pöppelmann, der Bildhauer Balthasar Permoser, der Orgelbauer Johann Gottfried Silbermann und der Alchemist Johann Friedrich Böttger, der mit dem Naturforscher Ehrenfried Walther von Tschirnhaus die Porzellanherstellung entdeckte, sind nur einige der großen Namen, die am Hofe Augusts des Starken Dinge fabrizierten, die heute mit Ehrfurcht bestaunt werden. Die Porzellansammlung, die Preziosensammlung des Grünen Gewölbes, die Gemäldegalerie, die Skulpturensammlung, das Kupferstichkabinett, das Münzkabinett und der Mathematisch-Physikalische Salon gehen auf seine Sammelleidenschaft zurück. Er gründete 1705 die Malerschule, aus der später die Kunstakademie und heutige Kunsthochschule hervorging. Kurz: Unter ihm wurde aus dem bis dahin wohlhabenden, aber eher abgelegenen Dresden eine Stadt von europäischem Rang.

Es ist also nur richtig, dass die Besucher bei ihren Führungen einen Blick auf die Silberkapsel in der Hofkirche werfen, in der Augusts Herz eingelagert ist (als polnischer König ruhen seine Gebeine übrigens in Krakau). Seinen Geist dürften sie schon vorher gespürt haben. Seine Kraft können sie am Daumenabdruck auf der Brühlschen Terrasse ermessen – auch wenn die zu Augusts Lebzeiten noch gar nicht stand. ■

A

KURFÜRST FRIEDRICH AUGUST I. VON SACHSEN (AUGUST II., KÖNIG VON POLEN)

1670: Friedrich August wird am 12. Mai als zweiter Sohn Johann Georgs III. geboren.
1694: Tod des Bruders, August wird sächsischer Kurfürst Friedrich August I. bzw. August der Starke.
1697: Wahl zum König von Polen.
1706: Niederlage im Nordischen Krieg gegen Schweden, Verlust der polnischen Krone (er bekam sie nach Schwedens Niederlage gegen Russland 1716 wieder).
1709: Gründung der Königlichen Porzellan-Manufaktur in Dresden, ein Jahr später wird sie nach Meißen verlegt.
1710: Pläne zu Dresdens Umgestaltung, Altendresden heißt ab 1732 Neue Königsstadt, heute Innere Neustadt.
1733: August der Starke stirbt nach langem Diabetes-Leiden in Warschau. Sein Sohn Friedrich August II. wird Kurfürst und als August III. König von Polen.

Hefe ist nicht gleich Hefe

Kein Weihnachten ohne Stollen — In der Vorweihnachtszeit weihen Dresdner Bäckereien Normalsterbliche in die Geheimnisse der Zutatenliste ein.

Einmal im Leben muss man ihn selbst geknetet haben. Für Dresdner ist es ohnehin Bürgerpflicht, mit ›schwerer Hefeteig‹ zu antworten, wenn es um die gebutterte Grundsubstanz des Stollens geht. Grundschulkinder wissen um das Orangeat, das Zitronat und die Rosinen darin. Gymnasiasten verbessern, dass es Sultaninen sind. Erwachsene ahnen, dass auch Rum eine Rolle spielt. Bäckermeister Henry Mueller, der bis vor Kurzem selbst Stollenbackkurse durchführte, warnt vor Zimt: »Das geht schnell Richtung Pfefferkuchen.« Sonst warnt er vor nichts – solange es sich um natürlich gewachsene Zutaten handelt: »Mit einer Paste aus Zitronenschalen und Zucker kann man gar nicht überaromatisieren«, sagt er. Zum gleichen Zweck püriere er noch eine Orange mitsamt Schale und Kernen eins zu eins mit Zucker: »Dann schmeckt der

Stollen vielleicht ungewohnt fruchtig, aber niemals chemisch.«

Drei Finger für die große Prise
Bei den Stollenbackkursen werden die langen Arbeitstische pro Teilnehmer mit jeweils einer Portion Butter, Mehl, Zucker, einem Gläschen Weinbrand sowie Bergen von Sultaninen vorbereitet. Beim ersten selbst gekneteten Stollen einen Konditormeister oder eine Konditormeisterin zur Seite zu haben hat den Vorteil, den Teig auch mit einer Menge wertvoller Tipps angereichert zu bekommen. Nebenbei bekommt man Einblicke ins Bäckerhandwerk und erfährt z. B., wie schwierig es ist, geeignete Lehrlinge zu finden. Auf der anderen Seite wollen immer mehr Menschen das Stollenbacken lernen. Zu den blitzschnell ausgebuchten Kursen der Bäckereien in der Vorweihnachtszeit reisen sogar Berliner an. Alle werden in der Zeit, in der sie kneten, kosten, abmessen, stäuben und Prisen verteilen (große Prise passt zwischen drei Finger, kleine Prise zwischen zwei Finger), auf das Beste unterhalten.

Und zum Schluss die Sultaninen
Hefe ist nicht gleich Hefe. Die feuchten Würfelchen aus dem Supermarkt haben jedenfalls wenig gemein mit der trockenen, appetitlich duftenden, brüchigen Scheibe, die den Backnovizen hingelegt werden. Wo es diese Variante gebe, wird in den Kursen oft gefragt. Beim Bäcker natürlich – beim Bäcker, der noch selbst backt, lautet die Antwort. Hefekrümel kommen an den Rand des Mehlberges, eine Prise Zucker als Sofort-Nahrung dazu, ein Schwapp warme Milch in die Mitte. Noch kein Salz! Das behindert das Aufgehen.

Eine halbe Stunde später geht es weiter. Mit kalter Milch, Butter, Schmalz und Mazisblüte – dem Samenmantel der Muskatnuss. Bittermandeln dazu als pure Marzipan-Geschmacksträger, schließlich noch das Mark aus einer prallen, ölig glänzenden Vanilleschote. Die ausgekratzten Schoten werden wieder eingesammelt – in Zucker gesteckt ergeben sie Vanillezucker und in Weinbrand Vanillearoma.

Die hohe Schule besteht darin, die Sultaninen im Teig unterzubringen. Sie lagern schon seit dem Vortag in Rum, nicht nur für den Geschmack, sondern auch, weil sie dessen Feuchtigkeit aufnehmen und nach und nach an den Stollen abgeben sollen. Prall vollgesogen würden sie vom vielen Kneten schnell platzen, deshalb gelangen sie erst zum Schluss in den Klumpen. Es erweist sich als ungeahnt schwierig, sie alle unterzubringen: Im Teig sind sie klar in der Überzahl. Im Heizgasumwälzer kommt die große Stunde des Zuckers: Er karamellisiert und sorgt für eine braune Kruste und Aroma.

Wie aus dem Stollen der Dresdner Stollen wurde
Bei Kaffee und Plätzchen geht es in den Kursen auch ums Früher: Um den berühmten Butterbrief von 1491, der endlich Butter statt Öl im Striezel erlaubte. Um den Siebenlehner Bäckerkrieg, den die Dresdner Stollenbäcker bereits 1615 für sich entschieden – und damit jegliche fremde Backwerke aus dem Dresdner Striezelmarkt verbannten. Um Augusts Riesenstollen im Zeithainer Lustlager, der zum Stollenfest von mehr als 60 Dresdner Bäckereien nachgebacken wird, natürlich allesamt Inhaber des Stollensiegels. Eigentlich haben auch das Erzgebirge und Thüringen eine jahrhundertealte Tradition im Stollenbacken, doch nur in Dresden ist es den Bäckern gelungen, das Backwerk mit dem Namen der Stadt zu verbinden. ■

Stollenbackkurse bietet z. B. die Bäckerei Willner an: Clara-Zetkin-Str. 19, 01159 Dresden, T 0351 30 93 67 12, www.dresdnerstollenbaeckerei.de.

Das zählt

Zahlen sind schnell überlesen — aber sie können die Augen öffnen. Nehmen Sie sich Zeit für ein paar Überraschende Einblicke. Und lesen Sie, was in Dresden zählt.

10

Brücken überqueren die Elbe. In ihrer Reihenfolge von Ost nach West: Blaues Wunder, Waldschlößchenbrücke, Albertbrücke, Augustusbrücke, Marienbrücke (als Doppelbrücke für Schienenfahrzeuge und sonstigen Verkehr), Flügelwegbrücke, Autobahnbrücke und Niederwarthaer Brücke, ebenfalls eine Doppelbrücke.

1.070

Tiere aus rund 200 Arten wohnen im Dresdner Zoo. 348 gehören zu den Säugetieren, 45 zu den Wirbellosen und 64 zu den Reptilien.

252

Meter hoch ragt der Dresdner Fernsehturm über das Elbtal. Damit ist er der höchste Turm der Stadt. Öffentlich begehbar ist allerdings erst der drittplatzierte Hausmannsturm des Schlosses mit 100,27 m. Der Rathausturm misst übrigens nur dank des Goldenen Rathausmannes auf seiner Spitze 3 m mehr.

48

Museen können Sie in Dresden besuchen. Am interessantesten ist offensichtlich die Gemäldegalerie Alte Meister: Jährlich schauen sich ca. 500.000 Besucher die Sixtinische Madonna plus weitere 750 Gemälde an.

187

Gramm Gold sind nötig, um den Goldenen Reiter glänzen zu lassen.

3.850

Kilo wiegt der Stollen, der zum Stollenfest am zweiten Adventssonnabend durch das Stadtzentrum geschoben wird. An seiner Herstellung beteiligen sich viele Dresdner Bäcker. Vorbild ist der Stollen, den August der Starke 1721 für sein Zeithainer Lustlager anlässlich des Endes des Nordischen Krieges backen ließ. Damals wog der Stollen zwar ›nur‹ 1800 kg, wurde dafür aber im Ganzen gebacken.

12

Sitze im Stadtrat erhielt die AfD nach der Wahl 2019, genauso viele wie die CDU. Doch die 15 Sitze der Grünen, die 12 der Linken und die 6 der SPD reichten für ein Grün-Rot-Rotes Regierungsbündnis. Im Juni 2024 wird neu gewählt. Oberbürgermeister Dirk Hilbert ist Mitglied der FDP.

70.000.000

der weltweit 500 Mio. Impfdosen gegen Grippe stellt GSK (ehemals GlaxoSmithKline) in Dresden her. Das Werk liegt deshalb so innenstadtnah, weil Karl August Lingner (der mit Odol reich wurde) es bereits 1911 als Sächsisches Serumwerk an dieser Stelle gründete – damals vor den Toren der Stadt.

30

Kilometer lang durchfließt die Elbe die Stadt.

572.240

Einwohner hatte Dresden Ende 2023. Jährlich wächst die Stadt um ca. 2500 Bewohner.

50

Chöre gibt es (mindestens) in Dresden. Der älteste ist der Kreuzchor: Ihn gibt es bereits seit 650 Jahren. Traditionelles Liedgut aller Art beherrschen auch der Bergsteigerchor »Kurt Schlosser«, der Polizeichor oder der Kneipenchor.

32.848

Hektar beträgt die Fläche der Stadt. Dazu gehören die 1214 ha Elbwiesen und die Dresdner Heide mit 684,6 ha Wald. Insgesamt besteht Dresden zu 62 % aus Wald- und Grünflächen – und ist damit eine der grünsten Großstädte Deutschlands. Zum Vergleich: München nimmt 31.069 ha ein, hat aber mehr als doppelt so viele Einwohner.

235

Jahre ist die Kamelie im Pillnitzer Schlossgarten etwa alt – und damit die älteste nördlich der Alpen.

213

Kilometer Streckenlänge umfasste das Schienennetz der 12 Straßenbahnlinien 2022. Jahr für Jahr kommen ein paar Streckenkilometer hinzu.

8,2

Gramm wiegt der Dresdner Grüne Diamant und ist damit der größte geschliffene Stein dieser Art auf der Welt. Beim Einbruch im Grünen Gewölbe 2019 verschwanden über 4300 Diamanten, mit denen die gestohlenen Adlerorden, Degen, Epauletten, Palmetten und Aigretten besetzt waren. Einen großen Teil bekam die Sammlung zurück. Der Grüne Diamant allerdings war nie weg. Er liegt ein Stockwerk höher.

Wenn eine Behörde die Leidenschaft packt

Wahre Romantik — Im Dresdner Schloss verbindet das Sächsische Immobilien- und Baumanagement uralte Handwerkskunst mit technischen Neuentwicklungen.

Das Ringen um die richtigen Rippen

Ein 350 Jahre alter Kupferstich, drei Steinfragmente, ein paar Ziegel und ein Aufriss ohne Decke – das waren die wenigen Zeugnisse der protestantisch geweihten Kapelle, die 1553 zusammen mit dem Nordflügel des Schlosses errichtet wurde. Schon kurz nach dem Tode von August dem Starken (der, um polnischer König zu werden, zum Katholizismus konvertiert war) wurde die Kapelle entwidmet und der Raum anderweitig genutzt, bevor ihn das Feuer nach der Bombardierung von 1945 dann endgültig zerstörte. Doch der Protestantismus ist die prägende Religion in Sachsen. Diese Kapelle war nach der im Torgauer Schloss die zweite protestantische Kapelle der Welt. Nicht zuletzt: Hier hatte Heinrich Schütz als sächsischer Hofkapellmeister seine Kirchenkompositionen erklingen lassen. Grund genug für Romantiker, die Schützkapelle im 21. Jh. wieder auferstehen zu lassen – mitsamt ihren spätgotischen Schlingrippen, die sich über 10 x 22 m spannen.

Doch der Enthusiasmus der Rekonstrukteure kollidierte zunächst mit einer Fülle von Niederlagen: Die Perspektive im Kupferstich von 1676 stimmte nicht, kunsthistorische Herleitungen führten genauso ins Leere wie die Versuche, die Kubatur am Computer zusammenzusetzen. Alle Beteiligten rätselten. Die Puzzlesteine passten nicht. Mit einem speziellen Entzerrungsprogramm kam der Dresdner Architekt Jens-Uwe Anwand dem Geheimnis des Kupferstichs auf die Schliche: Der Künstler Daniel Konrad hatte zwei Fluchtpunkte eingebaut, um den Raum größer wirken zu lassen. Im nächsten Schritt half eine Doktorarbeit, die die typischen Baupraktiken der mittelalterlichen Bauhütten erforschte: Lehrgerüst, Arbeitsplattform, Baumstämme als Stützen unter den Scheitelpunkten wurden beim Wiederaufbau genau so eingesetzt. Dann ging es um die Details. Heute üblicher Mörtel wäre zu nass, die Ziegel zu schwer und zu glatt, um beim Über-Kopf-Vermauern an ihrem Platz zu bleiben. Die Gewölbeziegel, rund 55 000 Stück, brannte ein sächsischer Betrieb exakt nach den originalen Maßen, was sie sehr breit und flach aussehen lässt, die

Vom Schlingrippengewölbe der Schlosskapelle existierten nur noch ein Rippenrest und ein Kupferstich mit verfälschter Perspektive.

Oberfläche rau vom Sandbett, in dem sie geformt wurden – viel Haftfläche für den historischen Kalkspatzenmörtel. Seine Kennzeichen: ungesiebter Sand mit verschiedenen Korngrößen und Kalk mit ungestoßenen Anteilen, eben den Kalkspatzen. Was heute als minderwertiges Material gelten würde, erwies sich im Zusammenspiel seiner Unperfektheiten als ideal: Das Gewölbe, ein Selbstträger ohne Säulen, bestand alle Belastungstests.

Gold und Glanz

Im Historischen Grünen Gewölbe vervielfachen Spiegelensembles die Schätze ins Unendliche – so, wie sie einst August der Starke in Szene setzen ließ. Dazu kunstvoll bemalte Pilaster und Risalite im Dutzend; vergoldete Konsolen, aufgemalte Marmoradern, zierliches Gesprenge und polierte Steinböden – ein barockes Hintergrundrauschen, aus dem Pokale, Juwelen und Figuren hervortreten. Doch all diese Pracht wurde doch im Krieg zerstört. Wie ist sie wieder auferstanden, wie kamen die fast 500 m^2 stilgetreue Spiegelfläche zustande?

Ein Stockwerk höher, vor dem Neuen Grünen Gewölbe, lüftet eine kleine Ausstellung das Geheimnis dieser Auferstehung: Die noblen dunklen Spiegel mit den Goldradierungen auf rotem Grund entpuppen sich dort als neuzeitlich geschaffene Kunstwerke.

S

DAS SCHLOSS

– Ab 1485 Sitz der sächsischen Kurfürsten und Könige
–1945 brannte die Residenz mit Renaissanceanmutung im Krieg zur Ruine aus.
– Seit 1986 läuft das Projekt Wiederaufbau.
– 2020 wird als letzter Bauabschnitt der Lange Gang eingeweiht.
– Die Kosten des Wiederaufbaus von 350 Mio. € wurden aus dem Landesetat bestritten.

Denkmalschützer, Kunsthistoriker und Restauratoren griffen auf Schwarz-Weiß-Fotos, wenige Fundstücke und ein Interieur-Gemälde zurück, um Einrichtung und den Farbkanon des Gewölbes zu rekonstruieren. Doch die alten Techniken zum Verspiegeln und Vergolden, die im frühen 18. Jh. Anwendung fanden, schienen nun ausgestorben. Zinnamalgam, das im Barock für Spiegelflächen verwendet wurde, bricht weniger Licht als die Silbernitratspiegel heute. Das lässt die alten Spiegel dunkler und geheimnisvoller wirken. Die alte Feuervergoldung glänzt warm und weich wie keine andere. Das Problem: Beide Techniken starben aus, weil sie auf hochgiftigen Amalgamen mit Quecksilber beruhen. Für das Schloss wurden sie wiederbelebt. Probenplatten zeigen die Annäherung an die ideale Feuervergoldung: Die Proben ›gebürstet & steinpoliert‹, ›eingefärbter Schellack aufpoliert‹, ›eingefärbter Spirituslack, Pinselauftrag‹ und ›geschwärzter Wachsüberzug‹ schimmern unterschiedlich intensiv. Allein für die Rottöne der alten Goldradierungen entwickelten die Restauratoren fünf Varianten Karmesin.

Der Unterschied einer Preziosenschau beim Luxusjuwelier und dem Historischen Grünen Gewölbe besteht aus uralter Handwerkskunst, Geduld zu zahllosen Versuchen und der Summe Dutzender perfekt ausgeführter Details.

M

MUSEEN IM SCHLOSS

– Historisches und Neues Grünes Gewölbe
– Rüstkammer mit den Ausstellungsbereichen Riesensaal, Türckische Cammer, Auf dem Weg zur Kurfürstenmacht, Weltsicht und Wissen um 1600, Kurfürstliche Garderobe und Silberwaffensaal
– Münz-Kabinett
– Kupferstich-Kabinett
(Infos unter www.skd.museum)

Menschen im Strom

Wer Museumsräume konstruiert, muss sich nicht nur Gedanken um Kunst machen, sondern auch um den Publikumsverkehr. Eine Studie kanadischer Museumsplaner von 2001 stellte fest, was Entzücken wie Besorgnis auslöste: Mit bis zu 1,5 Mio. Besuchern jährlich könnten die Kunstsammlungen im Residenzschloss rechnen (was die Zahlen heute bestätigen). Eine Traumquote – logistisch jedoch nahe am Albtraum. Denn diese Besucherströme bedeuten beispielsweise, dass sich im Eingangsbereich durchschnittlich jederzeit 250 Menschen aufhalten würden, mithin ein mindestens 250 m² großes Foyer nötig sei, dazu Platz für sechs Kassen; weitere Zugänge zu Café, Shop, Garderoben, Toiletten, …

Viel Platz, den man zuvor in keiner Planung vorgesehen hatte. Da kam die mitgelieferte Idee der Studie, den Kleinen Schlosshof zu nutzen, einem Heureka gleich – doch die 650 m² große Fläche stand buchstäblich im Regen. Ein Dach müsste Licht durchlassen, doch Glas verlangte störende Stützen und konnte das Traufhöhenwirrwarr schlecht einbinden. Die Lösung war einfach, elegant und strebte hoch hinauf: Der Architekt Peter Kulka schlug eine Kuppel vor, ganz oben auf die Dachfirste aufgesetzt und in filigranen Stahlprofilen leichte Folienkissen statt Glas. Die Rauten des neuen Gewölbes ragen über die Giebel, verschafften Dresden ein weiteres Wahrzeichen und den perfekten Treffpunkt: Touristengruppen verabreden sich im Hof, er ist eine Abkürzung von der Schlossstraße zum Taschenbergpalais. Und die schalldämpfende Wirkung der Membranen schafft trotz allem Trubel eine feine Festlichkeit. ■

Die fabelhafte Welt der Fantasie

Aus Liebe zur Schönheit — Das Elbhangfest und die Bunte Republik Neustadt sind beide im Jahr 1990 entstanden – dem Todesjahr für untaugliche Ideen und dem Geburtsjahr von etwas Neuem.

Beide Feste haben den gleichen Ursprung und könnten doch unterschiedlicher nicht sein: Zum Elbhangfest scheint die Strecke zwischen dem Blauen Wunder und Pillnitz in jene Zeit versetzt, in der die Frauen lange Röcke zum Mieder trugen und die Herren ihr Westen-Monokel-Ensemble mit einem Strohhut krönten. Hätten die Impressionisten nicht schon Mitte des 19. Jh. die Dreifaltigkeit von Licht, Farben und fröhlichen Menschen für sich entdeckt, wären ebendiese Motive spätestens hier und jetzt auf einer Leinwand gelandet. In Stegreif-Konzerten, Garten-Inszenierungen, in Ausstellungen am Lattenzaun und natürlich auch beim 8 km langen Festumzug geht es um das Erbe jener Dichter, Maler und Musiker, die hier einst lebten, logierten – und inspirierten. Gut möglich, dass zu nächtlicher Stunde ein überdimensionales

Die Bunte Republik Neustadt ist ein Fest der Improvisation.

Das Elbhangfest hat die schönsten Örtlichkeiten – wie hier den Fliederhof vom Schloss Pillnitz.

Grammophon über die Elbe schippert und Opernklänge über die Wellen ans Ufer wehen lässt. Naheliegend, dass sich der Loschwitzer Ortskern plötzlich mit über 100 Sofas, Sesseln und Stehlampen in ein gemütliches Wohnzimmer verwandelt. Ehrensache, dass die Loschwitzer Kirche das Fest konzertant eröffnet und die Pillnitzer Weinbergkirche das Abschlusskonzert bestreitet – ohne die beiden Häuser gäbe es schließlich gar keinen Elbhang.

Was dagegen zum Stadtteilfest Bunte Republik Neustadt geschieht, können dessen Besucher im Voraus nicht wissen. Es gibt weder ein Festprogramm noch einen Veranstalter. Es gibt nur das zweite Wochenende im Juni, den Raum zwischen Albert- und Alaunplatz und jede Menge Straßennutzungs-Anmeldungen von Anwohnern, Laden- und Gastrobetreibern beim Ordnungsamt. Freitagabend geht's los – mit infernalischem Krach aus meterhohen Boxentürmen, mit schnell zusammengezimmerten Bars, mit Liegestühlen und sonstigem Mobiliar, das sich problemlos auf die Straßen schleppen und zu Oasen zusammenstellen lässt. Am nächsten Morgen wird mehr daraus: Da finden sich eine Wasserraketen-Abschussrampe für Kinder, die Ankündigung eines Bart-Contests, Tangotanzstunden und Freiluft-Fotoateliers, die die absonderlichsten Requisiten für Schnappschüsse bereitstellen. Jungs und Mädchen bessern ihr Taschengeld mit dem Verkauf selbst fabrizierter Waffeln auf, Punker beißen in Zuckerwatte und jede Newcomer-Band hat sich irgendwo einen Auftritt gesichert. Schwul, schwarz, schick, dick? Nirgendwo in Dresden ist das egaler als hier.

Die Schönheit des Verfalls

Als die Mauer fiel, waren sowohl die Stuckbauten der Äußeren Neustadt als auch die Weinbergkirche in Pillnitz und die Loschwitzer Kirche in marodem bis ruinösem Zustand. Doch während die einen immer noch von der natürlichen Schönheit ihrer Lage zwischen Hang und Elbe zehren konnten, fiel es schwer, im vielbeschworenen Grau des Ostens, das die Neustädter Fassaden besonders nachdrücklich einfärbte, etwas Schönes zu entdecken. Auf 114 ha hatte Dresdens Gründerzeit zahllose Mietshäuser, Läden und Hinterhofwerkstätten eng zusammengeschoben; Parks und Spielplätze kamen auch in der DDR nicht hinzu; Bäder in den Wohnungen ebenso wenig.

Und doch wurde dieses Viertel in der ausgehenden DDR zur Heimat für viele, die eine andere Vorstellung von ihrem Leben hatten als die staatlich vorgesehene. Denn es bot Freiräume – im wahrsten Sinne des Wortes: Fast ein Viertel der Wohnungen stand leer, weil das Stadtbauamt ohnehin den Abriss der maroden Häuser plante. Doch Studenten, Lehrlingen, Künstlern machte es wenig aus, sich als Schwarzmieter einzuquartieren, Schüsseln unter die lecken Stellen im Dach zu schieben und die Körperhygiene aus einem Wasserhahn zu bestreiten.

Segen und Fluch der Sanierung

Und während die Bürger in Pillnitz und Loschwitz im Jahr 1990 eine Chance sahen, endlich die Mittel für die Sanierung beziehungsweise den Wiederaufbau ihrer beiden kriegsversehrten, DDR-vernachlässigten Kirchen zusammenzubekommen, einte die Neustädter eine große Sorge: Eben hatte der Rat der Stadt Dresden die Neustadt zum Sanierungsgebiet erklärt, aber würden sie die Mieten in den sanierten Häusern noch zahlen können? Würde das Viertel seinen Charme behalten, gespeist aus Kneipen, Lädchen, Ateliers und dazugehörigen Originalen? Würde die Fantasie, die für schräge Kunstprojekte ähnlich gefordert war wie für provisorische Dach-Abdichtungen, dann noch Nahrung finden? Während der Elbhang sich aufmachte, mit dem kreativen Einsatz seiner Bewohner ein 8 km langes Fest zu organisieren, das Geld für den Kirchenaufbau einsammeln sollte, gebar ein Kneipenabend in der Neustadt die Idee einer Mikronation: Für ein Wochenende sollte die Neustadt nach eigenen Regeln funktionieren, ausdrücklich nichtregiert von einem Monarchen ohne Geschäftsbereich, ausdrücklich nichtverantwortet von einer ordentlich provisorischen Regierung, und ausdrücklich nicht bezahlt von DDR- oder D-Mark, sondern von kleinen, selbstgedruckten Scheinen, die ein Micky-Maus-Logo im Ährenkranz zierte. Das Programm dieser Bunten Republik? So, wie es die Bewohner spontan auf die Beine stellten: Punkkonzerte und Lesungen, Off-Theater und Hinterhof-Spielwiesen – flüchtig, wild, wechselhaft.

Mit dem Tisch auf die Straße

Längst bestimmen die BRN und das Elbhangfest das Selbstverständnis derjenigen, die dort wohnen: Seit es das Elbhangfest gibt, sind alle Bewohner zwischen Loschwitz und Pillnitz ›die vom Elbhang‹. Jeder, der zur BRN seinen Tisch auf die Straße stellt, weiß, dass richtig gute Feste aus eigenem Herzblut entstehen. Und wenn es etwas gibt, was die Dresdner alljährlich zu Tausenden zu den beiden Festen lockt, dann ist es die Schönheit, die Fantasie bewirken kann. ■

F

FESTMONAT JUNI

– **1. Juniwochenende:** St. Pieschen (Stadtteilfest Pieschen), Eintritt frei, www.sanktpieschen.de
– **2. Juniwochenende:** BRN, Eintritt frei, aktuelle Infos: www.neustadt-ticker.de; Lange Nacht der Wissenschaften, TU-Campus und alle Forschungsinstitute, Eintritt frei, www.wissenschaftsnacht-dresden.de
– **letztes Juniwochenende:** Elbhangfest: teilweise mit Eintritt, www.elbhangfest.de

Eine wundersame Verwandlung

Die Äußere Neustadt — Dresdens jüngstes Viertel sah mal sehr alt aus. Seit es zum Sanierungsgebiet erklärt wurde, hat es eine beispiellose Entwicklung genommen. Aus dem hässlichen Entlein ist ein stolzer Schwan geworden.

Eigentlich war hier alles in Ordnung nach dem Krieg«, sagt eine ältere Frau in rosafarbener Bluse. »Die Zerstörung kam erst hinterher.« Die Kamera schwenkt, fährt über Treppenhäuser voller Bauschutt, verharrt bei tropfnassen, vermoderten Wänden. »Auf der Suche nach der verlorenen Stadt« heißt der Dokumentarfilm von 1990. Er handelt von der Äußeren Neustadt, eins dieser Gründerzeitviertel, in denen jeder wohnen möchte. Heute ist das Karree zwischen Rothenburger Straße, Alaunstraße und Louisenstraße das belebteste von ganz Dresden. Im Film sind sie kaum wiederzuerkennen. Die Hausfassaden scheinen tatsächlich gerade einen Krieg überlebt zu haben: zerbrochene Scheiben, schwärzlich verfärbte Fensterrahmen, ganze Ecken sind aus den Mauern gebrochen.

»Wie schnell man das alles vergisst«, sagt Iduna Böhning und stoppt den Film. Sie leitet den Verein Kunsthaus Raskolnikow – eins der Häuser, die eben zu sehen waren. »Eigentlich bin ich Bauingenieurin. Als solche kann ich sagen: Die Wende hat das Viertel gerettet. Viele Häuser hätten keine drei Jahre mehr durchgehalten.« In der Tat gab es seit 1985 Pläne, das Viertel einfach abzureißen und mit Plattenbauten zu ersetzen. Zur Erhaltung der maroden Substanz sah sich die KWV – die Kommunale Wohnungsverwaltung Dresdens zu DDR-Zeiten – wirtschaftlich schlicht außerstande. Glücklicherweise war sie aber ebenso unfähig, Mittel zum Abriss bereitzustellen. Ihre einzige Maßnahme: leergezogene Wohnungen nicht neu vermieten. »Doch die Wohnungsnot trieb viele junge Menschen dort rein. Die fragten nicht nach, ob sie das dürfen«, erzählt die Galeristin.

Ein Biotop für Lebenskünstler

Auch der Fotograf Günter Starke, der in den 1980er-Jahren die Bewohner der Neustadt porträtierte, erinnert sich an die wilde Mischung in den letzten Jahren der DDR: »Da wohnte eine Opernsängerin neben einem Knasti, ein hochbetagter Schneidermeister neben der Elektrotechnik-Studentin, dazu eine Gleisbauarbeiterin und ein Psychologe.« Zu Wende-Zeiten hatte die Neustadt einen denkbar schlechten Ruf als ›Assi-Viertel‹. Und einen denkbar guten bei allen, die am Staat – dem alten wie dem neuen – vorbeileben wollten. Denn das ging wunderbar in diesen Wohnungen, die für ein paar kurze Jahre niemandem zu gehören schienen. Deren Toilette zwar meist ein halbes Stockwerk tiefer lag, dafür standen die Türen zu Nachbarn mit ähnlicher Denkweise immer offen. Noch in der Wendezeit formierten sich die Neustädter, um sich für ihr Viertel einzusetzen.

Die Wende für die Äußere Neustadt

1991 standen 20 % der Wohnungen leer, die restlichen boten Ofenheizung und im günstigsten Fall eine Dusche in der Küche. Doch Hauseigentümer bekamen nun ein Drittel der Baumaßnahmen gefördert – im Gegenzug galt eine Mietpreisbindung von zwölf Jahren. Rund 588 Mio. € bilanzierte die Stadt zehn Jahre später für die Sanierungsarbeiten der Äußeren Neustadt. Das Viertel war gerettet.

Und seine Bewohner? Auf den ersten Blick sind sie immer noch so vielschichtig, wie sie der Fotograf Günter Starke porträtiert hat – und doch ist manches vorbei. Die Arbeiterklausen haben sich längst zu veganen Cafés gentrifiziert. Die Mietpreisbindungen sind ausgelaufen, die Mieten ziehen schmerzhaft an. Junge Künstler suchen andernorts nach preiswerten Ateliers. Die Räume, die sich wahlweise mit einem Off-Theater, einer zwei-Wochen-Kneipe, einem Club oder einer Druckerpresse füllten, sind verschwunden. Und die Neustädter, die das Feiern einst auf eine höhere Stufe gehoben haben, sind genervt vom Partyvolk, das ständig durch die Nächte grölt.

Nicht alles muss sich rechnen

Aus dem maroden Haus und ein paar Träumen ist inzwischen die Galerie Raskolnikow (Böhmische Str. 34, T 0351 804 57 08) mit Kneipe, Restaurant und Pension (»Raskolnikoff«) entstanden. Günther Starke gibt in seinem Atelier (Louisenstr. 6, T 0351 801 08 64) inzwischen Fotobücher und -kalender von der alten Neustadt in Schwarz-Weiß heraus. Ehemalige Neustädter in der ganzen Welt ordern sie. Und doch wollen hier alle wohnen – weil das Straßenbild zehn Jahre jünger ist als der Rest der Stadt. Weil manche der Spinner von damals nach wie vor die besten Kneipen führen. Weil sich die schönen Ideen, die sich nie rechnen werden, immer wieder durchkämpfen durch die sanierten Fassaden – wie zähes Unkraut, dessen Bedeutung für ein funktionierendes Ökosystem nicht zu unterschätzen ist. ■

Inzwischen wird der abgeblätterte Zustand des Raskolnikoff (Restaurant und Pension) bzw. Raskolnikow (Kunsthaus) sorgsam bewahrt.

Eine Geschichte von Musik und Freundschaft

Das DAVE-Festival — exportiert die Clubkultur aus der Neustadt und dem Industriegelände nach ganz Dresden. Je unpassender die Orte, desto besser.

Hinter spannenden Sachen steckt meist eine gute Geschichte. Im Fall des DAVE-Festivals beginnt sie am 3. April 2012. An diesem Tag schauten Dennis Bartetzko und Fabian Schneider durch die zerschlagenen Scheiben in den rußschwarzen Raum, der einmal ihr Plattenladen war. Und ist: Fat Fenders heißt er bis heute, spezialisiert auf Elektronika, beliebt bei DJs, bei Nerds, bei Technoapologeten, bei Liebhabern elektronischer Klänge jeglicher Spielart – diese Szene eben.

Schnelle Nachbarschaftshilfe

Diese Szene mobilisierte damals in kürzester Zeit 200 Leute, um die Spuren des Brandunglücks zu beseitigen: Sie wuschen Platten, schliffen Möbel ab, malerten neu. Die Läden in der Neustadt stellten Spendenboxen auf, die Nachbarn kochten Kaffee, und nach zwei Wochen hatte das Fat Fenders wieder geregelte Öffnungszeiten. Als Dankeschön für alle Helfer sponserten 30 Clubs, Musiklabels und DJs Technik, Musik und Leute für eine inzwischen legendäre Musikfreunde-Party im Sector Evolution, einem Club im Dresdner Industriegelände.

Hinterher war noch jede Menge Geld übrig. Und eine Stimmung, ein Gefühl, eine Idee: Da war gerade so viel Solidarität und Hilfsbereitschaft gewachsen, die Community so gewinnbringend zusammengerückt, so viel gute Musik entstanden: Das hatte Potenzial für Größeres! 2014 gab es das erste DAVE-Festival für Clubkultur, DAVE für »Dresden Audio Visual Experience«, vier Tage lang und vom Start weg ein Erfolg. »Wir hatten uns da im Vorfeld so einen Organisationsplan gebastelt«, sagt Kai-Uwe Reinhold, Mitbegründer des DAVE-Festivals. »Aber wir haben schnell gemerkt, dass so eine übergestülpte Struktur nicht funktioniert. Die muss von selbst wachsen.« Schließlich sind die über 20 Mitwirkenden, die das Festival inzwischen alljährlich auf die Beine stellen, keine professionellen Veranstalter. Sondern Leute mit ganz verschiedenen Berufen, die nebenbei und ehrenamtlich jeden Oktober zehn Tage Programm anzetteln.

Wissenstransfer über die Elbe

Die eigentliche Arbeit steckt in den Workshops: »Das ist Basisarbeit, etwas, was sich DAVE auf die Fahnen geschrieben hat«, sagt Reinhold. Der Nachwuchs – ob als Musikfrickler oder DJ – kann dort bei zumeist freiem Eintritt Informationen einsammeln. Gestandene Künstler geben ihre Erfahrungen weiter, erklären, wie sie einen Track bauen, legen ihr Handwerkszeug offen. Die Reihe »Beyond The Club« wiederum ist der DAVE-Leuchtturm, soll raus aus den Clubs, elektronische Musik spielen, die auch über die Elbe führt. »Wir wollen die Trennung zwischen Klassik in der Altstadt und junger Szene in der Neustadt aufheben«, sagt Reinhold.

Basecaps und Schulterklappen

Die DAVE-Macher scheinen mit allem und jedem in Dresden vernetzt zu sein, was zu den ungewöhnlichsten Kombinationen führt – so bekam Sergej Eisensteins Stummfilm »Panzerkreuzer Potemkin« live einen neuen Soundtrack, aufgeführt im futuristischen Ausstellungsfoyer des Militärhistorischen Museums der Bundeswehr, gefüllt von einer schrägen Mischung aus militärisch korrekten Schulterklappenträgern und den Rastas und Basecaps der Clubgänger. Vielleicht gelingen solche Zusammenarbeiten so gut, weil sich die maßgeblichen Leute in Dresden häufiger über den Weg laufen und sich nicht als Konkurrenz, sondern als Chance empfinden.

Ehre, wem Ehre gebührt

Ach, und die Preise, die DAVE ständig für alles Mögliche von Nachwuchsförderung bis zum Kulturverein des Jahres bekommt, stehen natürlich dort, wo alles begann: im Fat Fenders, dem Plattenladen auf der Böhmischen Straße. ■
(Infos unter www.dave-festival.de)

Je unpassender die Orte, desto besser: Die DAVE-Veranstaltungsreihe »Beyond The Club« lockt Clubgänger u. a. in die Martin-Luther-Kirche und nutzt die tolle Raumakustik für elektronische Klänge.

Der Narziss an der Elbe

Schwieriger Dialog — Frank Richter hat es versucht: das Gespräch mit Pegida. Es hat nicht funktioniert. Eine Suche nach Gründen, warum die Stadt manchmal seltsam tickt.

Wie setzt sich Ihr Dresdner-Tal-Gefühl zusammen?

Aus Verwurzelung, Beheimatung, aber auch aus Enge. Und in dieser Enge liegt immer auch Anstrengung. Wie jedes unserer Gefühle speist sich mein Dresden-Gefühl aus Erfahrungen: Die waren nicht nur 1989 mit viel Mühe und Konfrontationen verbunden; sie sind es bis heute. Statt Doppelpunkten und Fragezeichen werden in Dresden vor allem Punkte und Ausrufungszeichen gesetzt.

Dresden betont seine Weltoffenheit. Ist das eher Behauptung als Realität?

Dresden hat in seiner Geschichte sehr viele Einflüsse aus aller Herren Länder an- und in sich aufgenommen, nicht nur italienische. Man könnte auch sagen: Die Stadt hat diese Einflüsse als etwas Eigenes vereinnahmt. Das hat sie im Laufe der Jahrhunderte zu einem sehr stolzen Ort gemacht. Ich fühle natürlich auch ihr Licht, ihre Helligkeit, ihre Bedeutung. Dresden ist sehr selbstbewusst. Und sehr selbstbezogen.

Die Fragilität dieses Selbstbewusstseins ist vielen Menschen, auch vielen Einwohnern, ein Rätsel. Dresden findet sich ganz großartig, wird darin auch oft – oft zu Recht – von außen bestätigt. Doch auf Kritik reagiert man schnell beleidigt, fühlt sich geringgeschätzt und bevormundet.

Das ist der Preis der Dresdner Prominenz. Die Stadt ist berühmt und populär und weiß das auch. Ihren Glanz lässt sie gern vom Scheinwerferlicht zum Leuchten bringen. Aber so viel Helligkeit kann niemand auf Dauer aushalten. Also werden immer wieder die Schatten gesucht, auch von den Dresdnern selbst, und natürlich gefunden. Diese Ambivalenzen muss man aushalten. Aber je stolzer man wird, je brüchiger unser Selbstbewusstsein ist, desto schwerer fällt das – und desto schneller empfinden wir Kritik als Beleidigung.

Das klingt einigermaßen narzisstisch?

Ist es auch. Wie Narziss am See, so liegt Dresden an der Elbe, spiegelt sich selbstverliebt darin und wird todunglücklich, wenn Wellen kommen und das Spiegelbild trüben. Diese Angst vor Kränkung und Bedrohung ist untergründig immer fühlbar.

Nun hat Sachsens Hauptstadt in den letzten 200 Jahren ja auch viele Verluste einstecken müssen. In der Schlacht 1813 und im Preußisch-Österreichischem Krieg 1866 auf der falschen Seite, 1918 Schluss mit Königreich, 1933 braune Musterstadt, 1945 das Antlitz verloren, dann gegenüber Ost-Berlin in den Rang einer Provinzstadt herabgesunken, in der DDR belächelt als Tal der Ahnungslosen …

… vieles davon ist anderen Städten so oder ähnlich ebenfalls widerfahren.

Aber deswegen reagiert man dort auf Kritik nicht mit dieser Dresdner Empfindlichkeit, Geringschätzung und oberlehrerhaften Herablassung.

Warum tritt die im ganzen Land schwelende Politikverdrossenheit, Zukunftsangst und Fremdenfeindlichkeit ausgerechnet in Dresden so offen zutage?

Was sich hier an Unzufriedenheit zeigt, ist nicht allein Dresden-gemacht. Es kommt zum erheblichen Teil aus dem großen Umfeld der Stadt in sie hinein und sucht sich in ihr ein Podium. Aber Dresden wehrt sich auch nicht genug gegen diese Unzufriedenheit, die Stadt trägt sie zum Teil sogar mit und verstärkt sie. Ganz in ihrer Tradition der selbstdarstellenden Inszenierung. Dresden ist die einzige Großstadt im Osten mit politisch konservativer Prägung. Hier kann man mit geringerem Widerstand gegen Pegida rechnen als in einer links geprägten Stadt wie beispielsweise Leipzig. Dresden ist eben Residenz geblieben.

Könnte die Stadt nicht aus dem Schatten ein Licht tragen und vom Ort des Streits zu einem des Dialogs werden? Auch Sie haben schließlich auf Gespräche mit Pegida gesetzt, wo andere Abgrenzung betrieben.

Diese Dialoge bestanden leider oft nur aus einer Abfolge von Monologen. Deren Redner wollten keine Argumente austauschen, sie wollten sich von ihresgleichen feiern lassen. Aber jenseits dieser Selbstdarstellungen gab es tatsächlich auch den offenen Austausch und den Diskurs. Und da haben sich dann doch die Dinge gezeigt, die so wichtig sind für eine offene Gesellschaft, nämlich Empathie und Perspektivwechsel. Der Dresdner beherrscht ihn nämlich sehr wohl, den offenen Blick über den Teller- und Talrand hinweg.

Welches Dresdner Selbstbild nervt Sie am meisten?

Dass Dresden der schönste, intelligenteste und wertvollste Flecken auf Erden ist.

Und welches Vorurteil über Dresden regt Sie auf?

Dass die Stadt nicht nur narzisstisch, sondern auch nazistisch ist. ■

Interview: Oliver Reinhard

R

FRANK RICHTER

- geb. 1960 in Meißen
- Studium der Theologie, 1987 Priesterweihe
- 1989 gehörte er zur »Gruppe der 20«: Dresdner Bürger, die während der Oktoberdemonstrationen einen Forderungskatalog nach mehr Freiheit stellten.
- Als Leiter der Sächsischen Landeszentrale für politische Bildung suchte er 2015 das Gespräch mit Pegida-Mitstreitern und wurde dafür bundesweit kritisiert. Andere begriffen seine grundsätzliche Gesprächsbereitschaft mit allen gesellschaftlichen Strömungen als wegweisend für gesellschaftlichen Zusammenhalt. Sein persönliches Fazit: »Obgleich ich über 20 Jahre als Seelsorger in verschiedenen Orten mit sozialen Spannungen gearbeitet habe, sind mir niemals so viele verschlossene, verbitterte und teilweise hasserfüllte Menschen begegnet wie bei den Demonstranten von Pegida in Dresden.«
- Autor des Buches: Gehört Sachsen noch zu Deutschland? Meine Erfahrungen in einer fragilen Demokratie. Ullstein Verlag, 2019, 128 Seiten

Mit den Worten »Macht euern Dreck alleene« dankte mit Friedrich August III. (1865–1932) im Jahr 1918 der letzte sächsische König ab.

Reise durch Zeit & Raum

Das ist Dresden — Die Elbe, die Kurfürsten und die Nähe zum Erzgebirge haben die Stadt geprägt und mit Standortvorteilen versehen, von denen sie heute noch zehrt.

Slawische Siedlungen
ca. 1000 n. Chr.

Blasewitz, Tolkewitz, Seidnitz – die ›-itz‹-Endung vieler Dresdner Stadtteile verrät die slawische Herkunft. Um das Jahr 1000 herum siedelten Slawen auf dem Dresdner Gebiet. Die Bewohner einer linkselbischen Siedlung nannten sich Drezdany (Auewaldbewohner).

Zum Anschauen: Stadtmuseum, S. 62

Eine Burg bewacht die Elbfurt
12. Jh.

Als der Fernhandel zwischen Meißen, Süddeutschland, Franken und Böhmen immer bedeutender wurde und viele Routen auf dem Wasserweg Elbe zusammentrafen, gewann die Siedlung der Drezdany an Bedeutung, denn sie lag an einer Furt. Ihre Funktion übernahm später die Augustusbrücke. Die Herrschaft über die Furt wurde bald zu einem einträchtigen Geschäft. In den Jahren 1143 und 1144 sicherte sich der Meißner Markgraf Konrad der Große (1123–56) seinen Zugriff auf diese Passage, indem er zur Sicherung eine Burg davor baute – der Vorläufer des späteren Residenzschlosses. Die erste urkundliche Erwähnung von Dresden folgte 1206.

Zum Anschauen: Augustusbrücke und Schloss, S. 37

Erwähnung der Kreuzschule
1300

Als erste Schule Dresdens wird die Kreuzschule urkundlich erwähnt. Die Lateinschule bildet Chorknaben für die Liturgie in der Kreuzkirche aus – den Kreuzchor gibt es bis heute.

Zum Anschauen: Kreuzkirche, S. 58

Bedeutungsgewinn als Residenzstadt
ab 1486

Zur Residenzstadt und damit zu einer politischen und kulturellen Größe wurde Dresden, als sich die Wettiner-Brüder Kurfürst Ernst (1441–86) und Herzog Albrecht (1443–1500) entschlossen, Sachsen und Thüringen nicht mehr gemeinsam von Meißen aus zu regieren, sondern es untereinander aufzuteilen. 1486 vollzogen sie die »Leipziger Teilung«, Kurfürst Ernst begründete die Ernestinische Linie der Wettiner mit Sitz auf Schloss Hartenfels in Torgau. Sein Bruder Albrecht entschied, den Stammsitz der Albertinischen Linie nach Dresden zu verlagern.

Zum Anschauen: Albrechtsburg, S. 201

Einzug des Protestantismus
1539

Anders als seine Ernestinischen Onkel Friedrich der Weise und Johann der Beständige war der Albertiner Herzog

Georg der Bärtige in Dresden ein strikter Gegner des Protestantismus. Erst als sein Bruder und Nachfolger Herzog Heinrich der Fromme (1473–1541) 1539 die Regierungsgeschäfte übernahm, hielt die Reformation auch in Dresden Einzug.

Zum Anschauen:
Schlosskapelle, S. 282

Hauptstadt des Kurfürstentums Sachsen
ab 1547

Fast noch entscheidender für die weitere Entwicklung der Stadt sollte die Herrschaft seines Sohnes werden. Moritz von Sachsen (1521–53) nutzte den Krieg um den rechten Glauben geschickt, um mal mit dem katholischen Kaiser seine Gegner auszuschalten, dann wieder im protestantischen Fürstenaufstand seine Machtstellung und Sachsen zu einem der wichtigsten deutschen Territorialstaaten auszubauen. Am Ende errang er die Kurfürstenwürde für Sachsen. In Dresden legte er Altendresden, die heutige Neustadt, mit dem Dresden der anderen Elbseite zusammen und ließ das Dresdner Schloss zu einer Residenz erweitern, die seiner neuen Rolle als Sitz eines Kurfürstentums gerecht werden sollte. Zum Residieren kam er allerdings nicht mehr: Mit 32 Jahren starb er nach der Schlacht bei Sievertshausen an einer Kugel.

Zum Anschauen:
»Auf dem Weg zur Kurfürstenmacht« im Residenzschloss, S. 61

Barockstadt unter August dem Starken
ab 1694

Nachdem August der Starke 1694 die Kurfürstenwürde übernahm, prägt er das Erscheinungsbild der Stadt wie kein Zweiter. Zwinger, Taschenbergpalais, Japanisches Palais, Schloss Pillnitz, Schloss Übigau, Schloss Moritzburg und Großsedlitz ließ er in seiner Regierungszeit erbauen oder barock ausbauen – das galt auch für Altendresden, das bereits 1685 ein Großbrand zerstörte. Ihm zu Ehren hieß der Stadtteil nun »Neue Königstadt«, was bald zu Neustadt verkürzt wurde. Seine Manie beim Porzellan- und sonstigen Schätzesammeln füllte schon damals etliche Porzellanzimmer und die Kunstkammer des Grünen Gewölbes. Heute bilden sie den Grundstock der Staatlichen Kunstsammlungen Dresden.

Zum Anschauen:
z. B. die Porzellansammlung, S. 65

Gründung der Porzellanmanufaktur
1710

Vorerst in Dresden. Erst ein halbes Jahr später wurde die Manufaktur in die ungenutzte Albrechtsburg in Meißen verlagert. Dort sah August das kostbare Betriebsgeheimnis der Porzellanherstellung nach der Erfindung von Johann Friedrich Böttger und Ehrenfried Walther von Tschirnhaus weniger gefährdet.

Zum Anschauen:
Staatliche Porzellanmanufaktur Meissen, S. 198

Die Nachfolgeregelungen Augusts des Starken
1719

Die Hochzeit des Kurprinzen Friedrich August II. (später August III., König von Polen) mit Maria Josepha, der Erzherzogin von Österreich und Tochter des habsburgischen Kaisers, war einer der größeren machtpolitischen Coups Augusts des Starken. Die Feierlichkeiten zogen sich über 23 Tage, für sie wurde eigens der Zwinger fertiggebaut und das Schloss erhielt neue Paraderäume.

Nach dem Tod Augusts des Starken übernimmt Friedrich August II. das Regierungsgeschäft in Sachsen und Polen. Seine Kunstankäufe begründen den Ruhm der Gemäldegalerie.

Zum Anschauen:
Paraderäume im Schloss, S. 45

Noch genialer als August der Starke: Moritz von Sachsen

Siebenjähriger Krieg

1756–63

Preußische Truppen verheeren das Land und zerstören ein Drittel Dresdens. Sachsen verliert die polnische Königskrone. Es folgen Missernten, Hungersnot und Seuchen.

Zum Anschauen:
»Die Trümmer der ehemaligen Kreuzkirche zu Dresden« (Canaletto), S. 60

Königreich Sachsen

ab 1806

Nach einem halbherzigen Bündnis mit Preußen gegen Napoleons Truppen wird Kurfürst Friedrich August III. (›der Gerechte‹) König von Sachsen – unter Napoleons Schirmherrschaft. Zusammen mit Napoleon verliert er 1813 bei der Völkerschlacht in Leipzig und bleibt bis 1815 in preußischer Gefangenschaft. Zurück in Dresden, regiert er ein Sachsen, das etwa die Hälfte seines Gebietes an Preußen abtreten musste.

Zum Anschauen:
Palais Brühl-Marcolini, S. 130

Universitätsgründung und erster Stadtrat

1828–1832

Nachdem im nahen Freiberg bereits 1765 die Bergakademie für Montanwissenschaften gegründet wurde, wird in Dresden die Königliche Technische Bildungsanstalt (heutige TU Dresden) eingerichtet.

Im Jahr 1832 wird nach der neuen Ständeordnung in Dresden erstmals ein Rat der Stadt gewählt (Bürgermeister, fünf besoldete Stadträte, fünf unbesoldete Stadträte).

Zum Anschauen:
TU Campus, S. 133; Ständehaus, S. 51

Industrialisierung

1839–1901

1839 wird die erste deutsche Fernbahnlinie Dresden–Leipzig eröffnet. Im gleichen Jahr stellt Friedrich Wilhelm Enzmann die erste gewerblich vertriebene Kamera her (100 Jahre später bringt die Dresdner Firma Pentacon die erste Spiegelreflexkamera heraus). 1862 entsteht Deutschlands erste Zigarettenfabrik in Dresden. 1869 beginnt Bruno Neumann mit der Herstellung von Nähmaschinen, seine Firma produziert ab 1886 erstmals in Deutschland fabrikmäßig Fahrräder. 1901 geht in Loschwitz die erste Bergschwebebahn der Welt in Betrieb.

Zum Anschauen:
Schwebe- und Standseilbahn, S. 150

Dresdner Maiaufstand

1849

Mit Waffengewalt, aber erfolglos versuchen die Dresdner Bürger, eine demokratische Regierung durchzusetzen. Der republikanisch engagierte Architekt Gottfried Semper und sein Freund, der Hofkapellmeister Richard Wagner, müssen die Stadt verlassen.

Zum Anschauen:
Semperoper, S. 37

In vier Kirchen informierte die DDR-Opposition »Gruppe der 20« am 17. Oktober 1989 über die Gespräche mit dem damaligen Oberbürgermeister Berghofer (hier in der Hofkirche).

Reform in Kunst und Leben

ab 1905

Die expressionistische Künstlergemeinschaft trifft nicht in der Kunstakademie, sondern beim Architekturstudium an der TU aufeinander. In Dresden arbeiten Ernst Ludwig Kirchner, Fritz Bleyl, Erich Heckel und Karl Schmidt-Rottluff u. a. bis 1911 zusammen. Auch in anderen Bereichen wird sich ein neues Lebensgefühl seinen Weg:

Der Möbelfabrikant Karl Schmidt verlegt 1909 seine Fabrik nach Hellerau und reformiert dort nicht nur die industrielle Möbelproduktion, sondern auch die Lebensbedingungen seiner Angestellten. Ins Umfeld der Lebensreform fällt auch Gret Paluccas Gründung der Schule für künstlerischen Tanz (1925, heute Palucca Hochschule für Tanz) und die Eröffnung des Deutschen Hygiene-Museums (1930).

Zum Anschauen:
Gartenstadt Hellerau, S. 102

Novemberrevolution und Gründung des Freistaates Sachsen

1918–20

Im Zuge der Novemberrevolution tritt 1918 Friedrich August III. ab. Populär ist sein Ausspruch »Macht doch eiern Dreck aleene«. Danach wird Dresden im Jahr 1920 Hauptstadt des (ersten) Freistaates Sachsen.

Zum Anschauen:
Stadtmuseum, S. 62

Die Zerstörung Dresdens

1938–1945

In der Reichspogromnacht 1938 wird die Dresdner Synagoge zerstört. Später zerstören die alliierten Fliegerverbände am 13. und 14. Februar 1945 die Altstadt und beschädigen die angrenzenden Stadtgebiete schwer. Am 7. Mai erreicht die Rote Armee Dresden von Norden aus.

Zum Anschauen:
Soldatenfriedhöfe, S. 94

Bezirksstadt in der DDR

1952

Das Land Sachsen wird 1952 aufgelöst, Dresden ist die Hauptstadt des Verwaltungsbezirks Dresden (heutiges Ostsachsen).

Zum Anschauen:
Finanzministerium (1952–90 Rat des Bezirkes Dresden), S. 79

Wiederaufbau in der DDR

1953–89

In den 1950er-Jahren beginnt der Wiederaufbau rund um den Altmarkt. Der Kulturpalast und die Prager Straße folgen in den 60er- und 70er-Jahren. In den 80ern werden historische Gebäude rekonstruiert: 1985 wird die Semperoper wiedereröffnet, im gleichen Jahr der Wiederaufbau der Schlossruine beschlossen.

Zum Anschauen:
Prager Straße, S. 54

Wende und Wiedervereinigung

1989/90

Der Zug, der am 4. Oktober 1989 die DDR-Flüchtlinge aus der Prager Botschaft in die BRD bringt und dabei durch den Dresdner Hauptbahnhof fährt, ist der Startschuss für Demonstrationen. Tagelang stehen die freiheitsfordernden Bürger bewaffneten Polizisten gegenüber. Am 9. Oktober trifft sich die »Gruppe der 20« mit Oberbürgermeister Wolfgang Berghofer und Bezirkschef Hans Modrow – ein Signal für eine friedliche Lösung.

Die ersten freien Kommunalwahlen am 6. Mai 1990 gewinnt die CDU. Herbert Wagner, Mitglied der »Gruppe der 20«, wird Oberbürgermeister. Der neu gewählte Sächsische Landtag konstituiert sich unter Ministerpräsident Kurt Biedenkopf in der Dreikönigskirche. Dresden ist wieder Landeshauptstadt des Freistaates Sachsen.

Zum Anschauen:
Gedenkstätte Bautzner Straße, S. 169

Wiederaufbau Frauenkirche

2005/2006

Nach einer weltweiten Spendenaktion für den Wiederaufbau wird die Frauenkirche am 30. Oktober 2005 geweiht. Ein Jahr später eröffnet auch das wiederaufgebaute Residenzschloss als Museum.

Zum Anschauen:
Frauenkirche, S. 49

Weltkulturerbe

2004–09

Für seine Kulturlandschaft im Elbtal wird Dresden in die Liste der Weltkulturerbe-Städte aufgenommen. Den Titel verliert die Stadt allerdings bereits 2009 mit dem Bau der 800 m langen Waldschlößchenbrücke an einer »empfindlichen Stelle«.

Zum Anschauen:
Waldschlößchenbrücke, S. 75

Ein neuer Stadtteil

2015/16

Die Staatsoperette und das theater junge generation erhalten neue Spielstätten im Areal des ehemaligen Heizkraftwerks Mitte. Die dazugehörige Wilsdruffer Vorstadt hat sich ebenfalls zu einem entdeckenswerten Stadtteil entwickelt.

Zum Anschauen:
Kraftwerk Mitte, S. 46

›Spaziergänger‹ in der Innenstadt

2014 bis heute

Pegida, die »Patriotischen Europäer gegen die Islamisierung des Abendlandes«, gehören inzwischen leider seit zehn Jahren zum Stadtbild. Mal mehr, mal weniger Demonstranten heizen montags die Stimmung gegen Ausländer an. Trotz regelmäßiger Gegendemonstrationen hat das Dresden etliche Sympathien gekostet.

Zum Anschauen:
Mo auf dem Neumarkt, S. 292

Zu Pegida gibt es auch jede Menge Gegendemos.

Die Stunde Null

Der 13. Februar 1945 — Die alles zerstörende Bombardierung durch die Alliierten ist noch heute ein Gesprächsthema in Dresden. Erinnerung einer Dresdnerin an die Bombennacht des 13. Februar 1945.

»Es war halb zehn Uhr abends, als Albert gestürzt kam und sagte: ›Sofort alle mit allem Luftschutzgepäck in den Keller. Im Londoner Rundfunk melden sie Großangriff auf Dresden.‹ In Eile stürzten wir los. Alle waren noch sehr gesprächig. Marga wollte das Kellerfenster in der Mehlkammer mit Ziegeln zusetzen, als sie rief: ›Kommt mal her; es ist taghell draußen.‹ Frau Willmann sagte: ›Sie haben Christbäume gesetzt‹, und los ging der furchtbare Schrecken. Die Bomben wurden abgeworfen mit ihrer Last und Schwere. Ein Volltreffer hatte Altstriesen 19 getroffen. Unser Haus fing dabei unheimlich zu wackeln an. Es war, als wenn die Kellerdecke herunterkam und wieder zurückging. Durch das Backstubendach war eine Stabbombe geflogen, die auf dem Backofen ohne zu explodieren abbrannte. Ununterbrochen dröhnten die Bomben über uns. Eine halbe bis dreiviertel Stunde dauerte es, ehe die Tod und Verderben bringenden Fliegerverbände abflogen …

Ganz Altstriesen und die umliegenden Häuser brannten lichterloh … In unserer Wohnung lagen die Fenster und Türen herausgeworfen; überall trat man auf Glas. Es war kein Wasser in der Leitung. Es herrschte in den Räumen eine Finsternis, auf der Straße brauste der Feuersturm. Frau Wüstrich, Frau Frenzel und ich holten Wasser in Eimern aus dem Löschteich auf dem Platze. Ich schwemmte damit das Backstubendach, weil dauernd feurige Holzstücke von oben herunterfielen … Wir hatten das Feuer sehr zurückgedämmt. Da kam gegen halb zwei Uhr ein neuer Angriff … Wir mussten eiligst in den Keller, und schon ging das furchtbare Dröhnen und Krachen der schweren Bomben wieder los …

Frau Müller (Preißens Lotte) sagte zu mir: ›Frau Troschütz, wollen wir lieber ins Freie wegen der Einsturzgefahr.‹ Ich hielt es auch für besser. Wir rannten runter auf den Wäscheplatz und legten uns lang auf die Erde. Zwei bis drei Meter vor uns fiel eine Stabbombe und brannte ab. Ich fand eine Wanne, die ich über den Kopf nahm. Ich habe dort nur an Marianne, Johannes und den eigenen Tod gedacht … Nach zwei Uhr flogen die Bomber wieder ab … Frau Müller sah ich nicht wieder.

Ich eilte in unsere Wohnung und dachte, was nun machen. Überall ringsum brannte es lichterloh. Ich nahm einen Tragekorb, legte Mäntel, Kleider von mir rein, Nähkörbchen, Kamm, ein Geldkästchen voll mit 50-Pfennig-Stücken und ein braunes Emailletöpfchen mit Butter, einen Marmeladeneimer und zwei Brote. Da erschien auf einmal Albert …

Wir wollten damit in unseren Garten. In der Laube hatten wir verschiedene Sachen für die erste Unterkunft. Auf dem Platz rissen die Bänder vom Korb und ich musste ihn stehen lassen …

Als wir in die Haenel-Claus-Straße wollten, mussten wir über Steinberge von zusammengeschossenen Häusern klettern. Die Flammen schlugen uns von rechts und links entgegen. In unseren Garten kamen wir nicht. Wir fanden ihn einfach nicht in der Verwüstung. In einem ganz kleinen Holzbudel, wo höchstens zwei Personen Platz hatten, verbrachten wir den Rest der Nacht. Eine Frau, die sehr jammerte, war mit dort. Es wurde erst gegen 9 bis 10 Uhr ein bisschen hell. Der Feuerqualm verdunkelte die Natur ganz und gar. Ich bat Albert, den Korb zu holen … Der Korb war auf dem Platz verbrannt. Albert brachte die zwei angekohlten Brote mit, worüber wir uns trotzdem sehr freuten.

Ich wollte zurück in unser Haus. Aber es war unmöglich vor Trümmern, über die Schandauer Straße zu kommen. Da kam gegen zwölf Uhr mittags schon wieder ein neuer starker Angriff, dem sämtliche Hinterhäuser in Altstriesen zum Opfer fielen. Ich war so gleichgültig geworden, dass ich den Angriff im Freien entgegennahm. Albert ging in den Bunker. Fiedlers Kühe haben den

Tod im Stall erlitten. Sie konnten nicht mehr losgebunden werden.«

Erinnerungen von Elisabeth Troschütz, Inhaberin der Bäckerei Altstriesen 23, an die Bombenangriffe am Faschingsdienstag und Aschermittwoch, aufgeschrieben im Frühling 1945 (aus: Dubbers, Annette: Striesen. Aus der Geschichte eines Stadtteils. Michel Sandstein Verlag, Dresden 2002)

Die Zerstörung Dresdens in Zahlen

Im Zweiten Weltkrieg war Dresden die letzte unbeschädigte Großstadt in Deutschland. Die etwa 630 000 Bewohner hofften auf die schützende Kraft der berühmten Kunstwerke. Die Bebauung aus Renaissance- und Barockzeiten hatte Weltruhm, der Zwinger und die Frauenkirche waren eben erst restauriert worden.

Die Nacht vom Faschingsdienstag auf Aschermittwoch, vom 13. zum 14. Februar 1945, setzte dem kriegsfernen Dresdner Alltag ein Ende. In zwei Wellen warfen englische und amerikanische Bomber insgesamt 2400 t Luftminen, Brand- und Sprengbomben ab. Dabei ging es weniger um bestimmte Ziele, sondern um eine dichte Zerstörung, die schließlich in einen alles vernichtenden Feuersturm überging. Zwischen 25 000 und 40 000 Menschen verloren ihr Leben. Dresdens Innenstadt und angrenzende Viertel wurden auf einer Fläche von 15 km^2 vollständig zerstört. Nur 21 % aller 220 000 Wohnungen und rund 6000 von 35 000 Häusern blieben unbeschädigt. Pro Einwohner fiel eine Trümmermenge von 19 m^3 an – so viel passt in etwa in einen Güterwaggon.

Die beiden Tagesangriffe am 14. und 15. Februar und die später noch folgenden Bombardierungen nehmen sich nach dem Schrecken dieser Nacht nahezu bedeutungslos aus. Selbst unter den Alliierten blieb der Fliegereinsatz umstritten, der britische Premierminister Winston Churchill sah wohl den Terror an der Zivilbevölkerung. Andererseits war Dresden durchaus ein militärisches Ziel, barg es doch kriegswichtige Industrie, die große Garnisonsstadt, einen militärisch genutzten Flughafen und die Gleisverbindungen gen Osten – nur zerstörte der Bombenangriff lächerlich wenig davon. Der Bevölkerung war jegliche Ursachenforschung egal. Die allermeisten waren hinlänglich damit beschäftigt, die Toten zu bergen, ihre Familien wiederzufinden und ein Dach über dem Kopf zu organisieren. Die Trümmerberge, die bei der späteren Beseitigung des Schutts anfielen, fügen sich heute unauffällig ins Stadtbild. Sie sind von Gras überwachsen, doch die Zerstörung ihrer Stadt sitzt den Dresdnern noch in den Gliedern. Bis heute treffen sich die Dresdner am Abend des 13. Februar an der Frauenkirche und beten für Frieden und Versöhnung. ■

T

VERSTECKTE TRÜMMERBERGE

Schutt, Schutt, Schutt: Das »Geringe«, so nannte man das Trümmergestein, das nicht wieder zu vermauern war, türmt sich unsichtbar in Dresden – und formt doch ein wenig die Topografie. Am meisten am Johannstädter Elbufer westlich der Waldschlößchenbrücke. Ursprünglich gab es dort kein Gefälle, sondern eine flache Wiese – bis die Trümmerbahnen dort insgesamt 1,5 Mio. m^3 Schutt abluden. Das heutige Dresden Stadion liegt 5 m höher als das benachbarte Arnhold-Bad – aufgeschüttet mit den Trümmern der Altstadt. Die Bahndämme der Wiener Straße und Ammonstraße nahmen immerhin 300 000 m^3 Trümmerschutt auf.

Wandern auf dem Meeresgrund

Die Sächsische Schweiz — nicht besonders groß, nicht besonders hoch, und trotzdem geraten immer neue Generationen ins Schwärmen. Was hat es mit diesem Miniaturgebirge aus Sandstein und Basalt auf sich?

Nur 20 km von Dresden flussaufwärts, in der Nähe von Pirna, beginnt die erste Etappe des Malerwegs. Er führt in den Liebethaler Grund, und an den Felswänden links und rechts der Wesenitz bekommen es die Wanderer erstmals mit dem berühmten Sandstein zu tun, aus dem halb Dresden aufgebaut wurde.

Auch im Hochsommer sind diese Gründe – die Sächsische Schweiz hat einige davon – dunkel, feucht und kühl, umrahmt von glitschig-bemoosten Felsen. Kein Wunder eigentlich, dass die Gegend östlich von Dresden – bis in die zweite Hälfte des 18. Jh. ›Böhmische Wälder‹ genannt – bei der Bevölkerung über Jahrhunderte hinweg mehr Furcht als Begeisterung auslöste. Die wenigen Menschen, die dort lebten, lieferten vor allem das Holz der Wälder und den Sandstein, der in Dresden für nahezu jede Kirche, jedes Palais und jede Brücke Verwendung fand. Sonst gab es kaum einen Grund, die menschenarme Gegend aufzusuchen.

Es mussten erst zwei Fremde kommen, um das Naheliegende mit neuen Augen zu sehen. Die Schweizer Anton Graff und Adrian Zingg unterrichteten an der Dresdner Kunstakademie und erkundeten die Umgebung der sächsischen Residenz. Nachweislich 1766 fertigten sie Zeichnungen von den Felsen rund um Pirna und Königstein. Schriften berichten, dass Adrian Zingg Briefe mit Grüßen aus der ›Sächsischen Schweiz‹ in die Heimat schrieb. So gelangte die Bezeichnung in die Welt.

Wer in die höheren Gefilde hinaufsteigt und von oben auf die vielen Formen des weichen Steins blickt, gerät unweigerlich ins Schwärmen über den Formenreichtum der Natur. Zingg, der Landschaftsmaler, wanderte oft tagelang durch die bizarren Felsformationen. Bald begleiteten ihn Schüler. Auf ihren Zeichnungen erschienen die verwitterten Felsen wie die Überbleibsel von Burgen, in denen Riesen gehaust haben mussten. Auch Caspar David Friedrich brach in seinen Dresdner Jahren häufig auf, um im Elbsandstein Landschaftsstudien anzufertigen. 1813 lebte er gleich mehrere Monate in Krippen. Schon gegen Ende des 19. Jh. gehörte es bei den Dresdner Heranwachsenden zum guten Ton, sich ein Wochenende wandernd und kletternd auf schwer zugängliche Feldbuckel zu begeben und den weiten Blick übers Land und das Elbtal zu lobpreisen. Doch wie ist diese Landschaft eigentlich entstanden?

Entstehungsgeschichte

Etwa 95 Mio. Jahre muss man für die Erklärung zurückgehen: Während der Kreidezeit bedeckte ein großes Meer das Gebiet des heutigen Elbsandsteingebirges. Flüsse spülten über Jahrtausende hinweg Sand und Geröll hinein. Grober Quarzsand, Ton und feiner Mergel sanken hinab auf den Grund und verdichteten sich zu einer festen Sedimentschicht, die an einigen Stellen bis zu 600 m dick war. Vor etwa 80 Mio. Jahren zog sich das Meer zurück. Eine Platte aus Sand, festgefügt zu Stein, stand frei – und unter gigantischem Druck: Von Norden schob sich die Lausitzer Granitplatte heran, im Süden richtete sich das Erzgebirge auf – zusammen nahmen sie die Sandsteinplatte in die Zange. So begann der Zerfall des kompakten Massivs schon fast mit seiner Entstehung. Es stellte sich schräg, zerbarst, an den Bruchlinien kam es im Tertiär zu vulkanischen Aktivitäten. Das Magma erkaltete zu Basaltgestein. Die Aschekegel der Vulkane sind heute verschwunden. Was blieb, sind die steil aufragenden, unbewachsenen Basaltkuppen, die heute das Bild der Sächsischen Schweiz bestimmen. Übrigens lässt nicht nur die Form des Felsens seine Entstehung erahnen, auch sein Name gibt Auskunft: Felsen aus Sandstein wie der Königstein, der Lilienstein oder die Schrammsteine tragen den »Stein« im Namen. Die Felsen vulkanischen Ursprungs dagegen enden auf »Berg«: Großer Winterberg, Rosenberg oder Raumberg.

In den folgenden Jahrmillionen brachte die Natur einiges an Gestaltungskraft auf. Frost und Hitze, Regen, Sturm und Sonne fressen und nagen und beißen sich bis heute durch das Gestein. Das Wasser wäscht Kuhlen und trifft in dem weichen, porösen Sandstein kaum auf Gegenwehr. Die aufwendigen Bauarbeiten für eine neue Bastei-Aussicht zeugen davon: Weil das Plateau mittlerweile zu porös für einen gefahrlosen Besucherverkehr am meistbesuchten Felsen der Sächsischen Schweiz geworden ist, wird eine darüber schwebende Plattform in Beton gegossen. Andernorts brechen Felsstücke aus, Gipfel stürzen ab – ein Grund für die strengen Kletterregeln, die in diesem Gebirge gelten (s. S. 248).

Die Touristen kommen

Spätestens mit der Eröffnung der ersten Eisenbahnlinie im Jahr 1855 war die Sächsische Schweiz kein Geheimtipp mehr. Zeitgenossen vermerkten mit verächtlichem Unterton, dass es möglich wäre, zu Hause zu dinieren, auf der Bastei einen Kaffee zu trinken und abends in der Stadt ins Theater zu gehen. Das intensive Erlebnis der einsamen, unberührten Natur, dem sich die ersten Maler und Wanderer hingaben, wich an immer mehr Stellen dem Trubel ausschwärmender Großstädter.

Die historische Route, auf der sich Maler und Wanderer einst bewegten, geriet in Vergessenheit. Als »Malerweg« wurde sie 2006 reaktiviert (s. S. 216). Wer den 120 km in acht Etappen folgt, kommt vorbei an den schönsten Aussichten, Schluchten und Felsgebilden, die die Sächsische Schweiz zu bieten hat. Inzwischen machen steile Stiegen und Treppen zugänglich, was die Romantiker sich noch schwer erklettern mussten. Ein Kinderspiel ist das Gebirge deshalb noch lange nicht. Auf den wenigsten Felskuppen gibt es Geländer, die vor den steil abfallenden Felswänden abschirmen. Auf den Felsen sollte man sich im wahrsten Sinne des Wortes vorausschauend bewegen.

Eine Filzdecke ausrollen und sich unter einem Felsvorsprung das Nachtmahl bereiten muss heute natürlich trotzdem niemand mehr. Gasthäuser und Herbergen gibt es zur Genüge. Und doch – ein richtiger Dresdner war mindestens einmal im Leben ›boofen‹: die Sterne über dem Kopf, den Rotwein im Emailletopf. ■

Wie hier an der Barbarine gehen Wanderwege am Felsen oft in Stiegen über. Bei den Affensteinen werden aus den Stiegen Klammern – immerhin mit Halteseil.

Unten: Die Idagrotte am Frienstein liegt mitten im Nationalpark – zum Boofen ist sie nicht freigegeben.

Ein richtiger Dresdner war mindestens einmal im Leben ›boofen‹: die Sterne über dem Kopf, den Rotwein im Emailletopf.

FSC
www.fsc.org
MIX
Papier | Fördert gute Waldnutzung
FSC® C018236

Siiri Klose lebt und arbeitet als Journalistin in Dresden. Seit ihrem Studium der Kunstgeschichte an der TU Dresden verfolgt sie gespannt die Geschicke der Stadt. Neben den einzigartigen Kunstsammlungen gefällt ihr an der Elbmetropole besonders die abwechslungsreiche Umgebung und dass man leicht zwischen Natur und Kultur hin- und herpendeln kann.

Noch mehr aktuelle Reiseinformationen und News zum Reiseziel finden Sie auf www.dumontreise.de/dresden.

Abbildungsnachweis
Altes Wettbüro, Dresden: S. 19, 101 (Stephan Böhlig) **art+form,** Dresden: S. 21 M. **Bettina Kletzsch,** Dresden: S. 21 re.; 111 li., 111 re. (Philipp W.L.Günther) **Blue Note Club & Bar,** Dresden: S. 26 (Mirko Glaser) **Botanischer Garten,** Dresden: S. 121 **DAVE,** Dresden: S. 291 (Moritz Schlieb) **DuMont Bildarchiv,** Ostfildern: S. 10, 32/33, 34 li., 37, 42, 51, 59, 61, 34 re., 67, 80, 95, 112 re., 119, 127, 113 M. re., 139 M., 139 u. re., 141, 138 li., 179, 198, 171 re., 203, 210 li., 211 M., 222, 227, 232, 260/261, 286 (Ernst Wrba); 6 li., 20, 23, 45, 91, 96, 103, 69 M., 137, 170 re., 182 (Peter Hirth); 85 (Thomas Härtrich) **Elements DELI & Restaurant,** Dresden: S. 109 (Marlen Mieth) **Frank Grätz,** Dresden: S. 156, 170 li., 311 **gmp Architekten,** Hamburg: S. 57 (Christian Gahl) **Hofcafé,** Dresden: S. 8 **Hoffnungsschacht,** Klipphausen: S. 209 **Hotel Gewandhaus,** Dresden: S. 29 (Uwe Gärtner) **Hotel Martha,** Dresden: S. 30 **Kneipenrestaurant »lila Soße«,** Dresden: S. 18 **Kulturgarten Hellerau,** Dresden: S. 106 (Stephan Floss) **laif,** Köln: S. 299 (Daniel Biskup); 68 li. (Dorothea Schmid); 249, 307 re. (GAFF/Yorck Maecke); 149, 160 (Gregor Lengler); 14 (Gulliver Theis); 307 u. li. (Keystone Schweiz); Titelbild (Malte Jaeger); 7 re., 173 (Peter Granser); 27, 76, 285, 289 (Peter Hirth); 304 (Pierre Adenis); 242 (Theodor Barth) **Look-photos,** München: S. 11 (Bernard van Dierendonck) **Mauritius Images,** Mittenwald: S. 7 li., 155 (Alamy/Bildagentur-online/Exss); 24, 169, 139 o. re. (Alamy/Cum Okolo); 297 (Alamy/Florilegius); 135, 113 o. re. (Alamy/Frank Bienewald); 294 (Alamy/Historical image collection by Bildagentur-online); 252 (Alamy/Krino); 16 o. (Alamy/Mark Dunn); 99, 68 re. (Alamy/Peter Forsberg); 83 (Alamy/Photopat); 138 re. (Alamy/Stephen Finn); 16 u. (Alamy/travelbild-germany); 246 (Alamy/Volker Preusser); 2/3 (Alamy/Yevhen velishchuk); 211 re., 239 (Andreas Vitting); 71, 124, 167 (Ernst Wrba); 213 (Günter Gräfenhain); 272 (Haag + Kropp); 69 re. (imagebroker/Ernst Wrba); 87 (imagebroker/Torsten Becker); 240 (imagebroker/Wilfried Wirth); 210 re. (Novarc Images/Hans P. Szyszka); 53 (Novarc Images/Nico Stengert); 300/301 (Prisma/Schultz Reinhard); 235, 307 o. li. (Udo Siebig); 112 li., 176 (Volker Preusser); 218 (Westend61); 275 (Ypps) **Ostdeutsche Sparkassenstiftung,** Berlin: S. 22, 115 (Uwe Tölle) **Paula Kirchner,** Dresden: S. 262 **picture-alliance,** Frankfurt a. M.: S. 35 re., 189 (akg-images); 129 (akg-images/Herve Champollion); 271 u. (dpa/Eckehard Schulz); 271 o. (dpa/Jens Wolf); 283 (dpa/Sebastian Kahnert); 298 (dpa/Ulrich Hässler); 267 u. (ZB/Matthias Hiekel) **Sächsische Staatskapelle,** Dresden: S. 267 o. (Matthias Creutziger) **Shutterstock.com,** Amsterdam (NL): S. 245 (Dziegler); 250 (Edler von Rabenstein); 231 (Hans Brause); 217 (Klaus Jung); 6 re. (Nikita Rublev); 229 (Oleg Senkov); 15 (Olinda); 171 M. (Sergey Kohl); 143 (TY23); 113 u. re. (Ugis Riba) **SideDoor,** Dresden: S. 25 **Siiri Klose,** Dresden: S. 47, 153 **Staatliche Kunstsammlungen** Dresden: S. 62 (David Brandt) **Thorsten Eckert,** Dresden: S. 278 **VG Verbrauchergemeinschaft eG,** Dresden: S. 263 o., 263 u. **Weißer Hirsch,** Dresden: S. 147 (Anke Wollten-Thom) **Wikimedia Commons:** S. 35 M. (CC BY-SA 4.0/Albrecht Voß); 193 (CC BY-SA 4.0/Bybbisch94, Christian Gebhardt)

Umschlagfoto: Radler am Elberadweg mit Blick auf Dresdens Altstadt

Kartografie
© KOMPASS-Karten GmbH, A-6020 Innsbruck; DuMont Reiseverlag, D-73751 Ostfildern

Autorin: Siiri Klose **Redaktion/Lektorat:** Michaela Jancauskas, Erika E. Schmitz **Bildredaktion:** Michaela Jancauskas, Titelbild: Carmen Brunner **Grafisches Konzept und Umschlaggestaltung:** zmyk, Oliver Griep und Jan Spading, Hamburg

Hinweis: Autorin und Verlag haben alle Informationen mit größtmöglicher Sorgfalt geprüft. Gleichwohl erfolgen alle Angaben ohne Gewähr. Bitte schreiben Sie uns! Über Ihre Rückmeldung und Ihre Verbesserungsvorschläge freuen wir uns: DuMont Reiseverlag, Postfach 3151, 73751 Ostfildern, info@dumontreise.de, www.dumontreise.de

2., aktualisierte Auflage 2024

Printed in Poland

Offene Fragen*

Warum ist Klettern im Sandstein so schwierig?
Seite 248

Was kommt alles in den Stollen?
Seite 15

Warum sind Wunder blau?
Seite 157

Was unterscheidet Steine von Bergen?
Seite 306

Sixtinische Madonna oder Grüner Diamant?
Seite 22

Wo badeten die »Badenden« der Brücke-Maler?
Seite 188

Was ist neu an der Neustadt?
Seite 12

Führt der Elberadweg durch ganz Dresden?
Seite 74

Woher kommen die Bergmänner in der Weihnachtszeit?
Seite 268

Was zeigt ein Hygiene-Museum?
Seite 115

Mit wie vielen Frauen hatte August der Starke wie viele Kinder?
Seite 276

Wo sind die Zwiebeln im Zwiebelmuster?
Seite 205

** Fragen über Fragen – aber Ihre ist nicht dabei? Dann schreiben Sie an info@dumontreise.de. Über Anregungen für die nächste Ausgabe freuen wir uns.*